D1717268

Translatio : traduire et adapter les Anciens

Ce volume paraît sous la responsabilité éditoriale de Pierre Glaudes.

Ouvrage publié avec le soutien du laboratoire PLH (Patrimoine, Littérature, Histoire, EA 4601), de l'IUF et de l'université Toulouse II – Le Mirail

Translatio : traduire et adapter les Anciens

Études réunies par Corinne Bonnet
et Florence Bouchet

PARIS
CLASSIQUES GARNIER
2013

Corinne Bonnet est professeur d'histoire grecque à l'université Toulouse II – Le Mirail et membre senior de l'IUF, spécialiste d'histoire des religions anciennes et des pratiques savantes aux XIXe-XXe siècles.

Florence Bouchet est professeur de littérature médiévale à l'université Toulouse II – Le Mirail. Elle est spécialiste de la littérature française des XIVe-XVe siècles et de l'histoire de la lecture.

ISBN 978-2-8124-0860-1 (livre broché)
ISBN 978-2-8124-1105-2 (livre relié)
ISSN 2103-5636

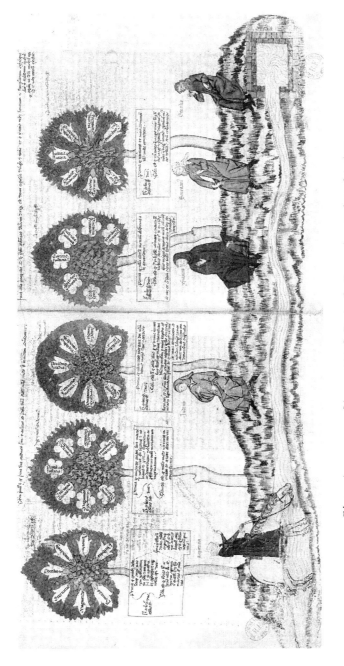

Electrorium magnum [Arras, 1325], Paris, BnF, ms. lat. 15450, fol. 457

INTRODUCTION

Le corpus des œuvres (au sens le plus large du terme) des Anciens a toujours été, dans l'espace et dans le temps, sujet à *translatio*, traduction et transfert : d'une part parce que l'Antiquité, géographiquement parlant, a embrassé un monde pluriel où s'épanouirent diverses civilisations susceptibles d'entrer en contact par le biais de relations économiques, politiques et culturelles ; d'autre part parce que, sur l'axe du temps historique, elle fait figure et fonction d'origine, dont il faut conserver la mémoire et l'exemple.

Il est donc particulièrement stimulant (tant l'horizon est vaste !) de s'interroger sur la réception de l'Antiquité à travers le prisme de la *translatio*. On désignera ici, par ce terme, les diverses modalités de traduction, de transmission et d'appropriation que l'on fait subir à une œuvre du patrimoine antique, afin d'en favoriser la diffusion et la connaissance auprès d'un public donné. Ce geste ample et généreux, traduire (*traducere*), a partie liée avec la constitution d'une tradition (*traditio, tradere*), facteur d'identité culturelle. Mais il n'assure pas pour autant une continuité uniforme de l'Antiquité à nos jours : lacunes et ruptures ponctuent son histoire.

Au plan théorique de multiples questions surgissent, que l'on isole par commodité, mais qui interfèrent.

QUE TRADUIRE ? Toute opération de traduction a un effet modélisant et normatif, en ce qu'elle désigne ce qui est digne d'être transmis, mémorisé, imité, et contribue à la constitution d'un corpus d'*auctoritates*, d'un patrimoine de références : des pères sont présentés à des héritiers. Qu'en est-il de la motivation et de la légitimité de ces choix ? Quelle utilité peut-il y avoir à alléguer une source ou une autorité fictive ? Et que dire des oublis, des refus ou des renoncements à traduire ? Peut-on traduire un texte « inspiré » tel que la Bible ?

COMMENT TRADUIRE ? Toute traduction est une (re)création et pose le problème de la fidélité à l'original. La traduction linguistique opère une « mise en sens » du texte qui doit s'accommoder des différences (morpho-syntaxiques et plus largement culturelles) séparant la langue-source et la langue-cible. Comment réduit-on cet écart, est-ce toujours possible ? Faut-il privilégier la traduction *ad verbum* ou la traduction *ad sensum* ? Dans ce dernier cas, quels procédés d'explicitation du sens la *translatio* se permet-elle (paraphrase, mise en prose / en vers, glose, commentaire, annotation mais aussi travail d'édition, illustration) ? On n'oubliera pas que le terme *translatio* désigne aussi en latin la métaphore et la métathèse ; par conséquent, toute *translatio* provoque, délibérément ou non, des déplacements de sens qu'il convient d'évaluer et d'interpréter. Plus largement, comment fonctionne la *translatio* appliquée à d'autres types d'œuvres (caractérisables par un ensemble de traits formels, un « style »), telles que peintures, sculptures, éléments d'architecture, etc. ? Moulages, copies et imitations constituent-ils autant de modalités différentes de traduction ?

QUEL STATUT POUR LE TRADUCTEUR ? Souvent anonyme dans l'Antiquité, il gagne progressivement le statut d'auteur. Le rôle du *translateur* est fondamentalement celui d'un passeur, qu'il soit artiste ou technicien, poète ou érudit besogneux. Quelle est sa compétence, de quels savoirs s'autorise-t-il ? Est-il autonome ou bien au service d'un commanditaire ? De quels outils dispose-t-il ? Dans quel contexte matériel et social exerce-t-il son art ? Quel statut la société lui reconnaît-elle ? Quelles traces laisse-t-il de son activité ? Perçoit-il et/ou assume-t-il le décalage qui s'opère au moment de la *translatio* ? Cette dernière fait-elle l'objet d'un discours réflexif, qui s'interroge sur ses moyens et ses fins ?

POUR QUI ET POURQUOI TRADUIRE ? S'agit-il de revenir à la « vérité » du texte en lui-même (Jérôme) ou de le rendre accessible, en l'actualisant, à un certain public, défini socio-culturellement par un « horizon d'attente » ? Quelles couches sociales sont visées et/ou touchées ? La *translatio* a-t-elle nécessairement pour objectif d'élargir la circulation des savoirs (vulgarisation) ou peut-elle, au contraire, fonctionner comme un outil de distinction sociale (élitisme) ? Les traductions fonctionnent-elles dans le cadre de réseaux de communication culturelle ? Quels medias pour quels publics ? La transmission d'une œuvre n'étant jamais neutre,

quelles intentions (esthétiques, didactiques, idéologiques, épistémolo-
giques, religieuses ou politiques) y président-elles ? Entre révérence et
appropriation, l'opération de transfert culturel s'expose à des tensions
peut-être insolubles. Le passage du paganisme antique à l'ère chrétienne
se résout-il, dans les traductions, en syncrétisme, en dialectique, ou
bute-t-il sur des contradictions ?

Ces questions, appelant des réponses multiples, ont offert un riche
terrain d'enquête et de réflexion aux collègues issus d'horizons divers qui
ont bien voulu participer au Séminaire transversal du Laboratoire PLH
(Patrimoine, littérature, histoire, EA 4601) de l'université Toulouse II – Le
Mirail. Coordonné par nos soins, ce Séminaire a réuni, en 2008-2010,
divers spécialistes de ces questions, dans une perspective diachronique
(historicité et évolution des méthodes et des enjeux) et pluridisciplinaire
(philologie, histoire, littérature, histoire de l'art, histoire des idées). Les
lignes de force résumées ci-dessous vont en donner un premier aperçu.

PENSER LA TRADUCTION

L'objectif est de s'intéresser à la manière dont, dans différents contextes
historico-linguistiques, on a pensé l'opération de traduction : quelles
limites, quels risques, quels résultats, quel profit ? Un dilemme traverse
toute l'histoire de la traduction : faut-il traduire fidèlement ou librement,
ad verbum ou *ad sensum* ? S'agissant de textes littéraires, comment prendre
en compte leur dimension esthétique dans la traduction ? S'agissant de
textes religieux, comment préserver le message inspiré, la révélation
qu'ils contiennent ? Ce qui renvoie à la question de l'identité, de la
singularité, de la vérité d'un texte, entre mots, styles et idées.

Dans l'Antiquité, divers contextes multiculturels ont nécessité le
recours à la traduction ; on pense notamment à l'inspiration que divers
auteurs latins trouvaient dans des modèles grecs, mais aussi, dans le
cadre de la *koinè* hellénistique, à l'intérêt croissant que manifestent les
Grecs envers les « sagesses barbares ». En particulier, le dialogue difficile entre hellénisme et judaïsme, puis entre judaïsme et christianisme
est à l'origine de réflexions pénétrantes sur la façon de concevoir et de

pratiquer la traduction. Du moment qu'il s'agit de faire partager une révélation, le respect de la « vérité » du texte devient un enjeu crucial. Pourtant, les inévitables contresens, volontaires ou non, qui dérivent de la traduction, par exemple chez les Pères de l'Église, ont une vertu productive de sens qui participe d'une sorte de chaîne herméneutique ou d'« ombre portée » de la traduction.

À la Renaissance, le renouveau de l'approche philologique des textes latins et *a fortiori* grecs amène les érudits humanistes à réinstruire l'alternative entre la lettre et le sens. Comme l'avaient déjà remarqué les traducteurs médiévaux de Cicéron ou Valère Maxime, entre la fin du XIIIᵉ et le début du XVᵉ siècle, les difficultés propres à l'entreprise de traduction s'accentuent dès lors que l'on passe de langues flexionnelles, comme le grec et le latin, à une langue analytique telle que le français. De fait, il s'agit bien aussi, pour les traducteurs du XVIᵉ siècle, de promouvoir leur propre langue à travers la restitution des *auctores* antiques et d'affirmer la primauté de la langue nationale. Ceci les autorise à revendiquer pour eux-mêmes une part des mérites reconnus à l'écrivain, en tant qu'« auteurs en second ».

La question esthétique de la traduction se prolonge, au cours du XVIIIᵉ siècle, dans un débat animé concernant le choix de la prose ou des vers pour « naturaliser » les poètes anciens. Alors que la prose pourrait sembler, dans un premier temps, plus adéquate à la restitution fidèle des idées, c'est en définitive le vers qui sera estimé plus expressif, et donc plus conforme au « génie » du poète. Par d'autres voies qu'à la Renaissance, le débat mène lui aussi à une autonomie du texte traduit. Plusieurs versificateurs, dominés par le brio de l'abbé Delille, se mesureront ainsi, jusque dans les premières décennies du XIXᵉ siècle, aux poèmes, ô combien imposants, de Virgile.

L'ANTIQUE COMME ENJEU DES TRANSFERTS CULTURELS

Ancrée dans une source, qui a valeur d'autorité, la traduction répond à un horizon d'attente constitué de paramètres esthétiques, politiques, intellectuels au sens large. Celui-ci met en jeu des processus complexes de réception de l'Antique selon une gamme qui va de l'imitation à l'appropriation, de l'émulation à l'adaptation. Modèle certes, mais éminemment plastique, l'Antique, dans ses migrations d'un lieu à l'autre, d'une époque à l'autre, est mis au service de projets qui en renouvellent la portée. À travers la *translatio*, le modèle est non seulement transféré, mais aussi transformé plus ou moins profondément.

Ainsi, si l'art romain n'a jamais caché sa dette envers l'art grec et a même affiché une certaine fascination pour ses canons esthétiques, la *translatio* qui s'opère débouche sur des expressions iconographiques originales. Les copies cohabitent avec les pastiches ; l'imitation avec l'éclectisme. Loin de recevoir passivement l'art grec, les Romains en redistribuent les formes en des configurations singulières. Auguste place même le classicisme d'inspiration grecque au cœur de son projet de restauration de l'âge d'or.

Au Moyen Âge, l'adaptation en langue vernaculaire des textes latins obéit aussi, bien souvent, à des visées politiques et répond aux attentes culturelles des milieux de cour. L'histoire d'Énée, héros fondateur en terre étrangère d'une dynastie prestigieuse à la suite d'un mariage pourvoyeur de territoire, offre un miroir à Henry II Plantagenêt, pour qui fut écrit le *Roman d'Eneas* au milieu du XIIᵉ siècle. Les manuscrits qui nous en sont parvenus présentent, voire combinent, une tendance « humaniste » (par fidélité à l'hypotexte virgilien) et une tendance « courtoise » (par l'adaptation aux préoccupations morales et culturelles du XIIᵉ siècle). Sont alors à noter les digressions savantes, la réévaluation du personnage d'Eneas, le développement des amours de ce dernier avec Lavine. Dans des contrées plus septentrionales, la traduction de textes latins divers a vu le jour après la christianisation des pays scandinaves et son corollaire, la constitution d'un corps clérical *litteratus*, apte à lire le latin. Ce corpus latin est venu se fondre dans le genre assimilateur de la *saga*. Au XIIIᵉ siècle, des « sagas d'Antiquité » ont servi à promouvoir la figure royale, au moment où la Norvège menait une politique expansionniste.

Les processus de *translatio* se cristallisent parfois autour de figures d'autorité, autour de lieux ou encore de personnalités de passeurs. La Renaissance foisonne de cas exemplaires à cet égard. Au tournant du XVIᵉ siècle, le Quartier Latin devient, plus que jamais, un carrefour intellectuel où philosophie et théologie dialoguent sous l'égide, notamment, de Guillaume Budé. Son ouvrage intitulé *De Asse* aborde l'héritage classique sous un angle nouveau, celui de l'économie, en particulier dans le cadre de l'Empire romain. L'humaniste français fut également un grand helléniste, mais c'est par d'autres médiations que Platon devint français. Bonaventure Des Périers, Antoine Héroët et Louis Le Roy, rattrapés par les convenances culturelles de leur temps, ne purent faire autrement qu'estomper, voire esquiver la dimension de l'amitié grecque présente dans plusieurs dialogues platoniciens, en réorientant la question philosophique de l'amour sur le terrain des relations entre hommes et femmes.

MODERNISER L'ANTIQUE : INNOVER DANS LA TRADITION

Pour qu'un héritage vive, il faut qu'il s'adapte aux nouveaux contextes qui l'accueillent. L'Antique n'est pas seulement contesté ou rejeté par la Modernité ; il est aussi apprivoisé, récupéré, reformulé. La tradition devient alors le socle de l'innovation, un « lieu de mémoire » qui permet au présent de se construire. Il ne s'agit plus de restaurer l'Antique, mais de refonder ou de revisiter le présent : l'inversion du rapport dialectique entre passé et présent fait de l'Antique un ferment de modernité.

Les pratiques de *translatio* à la Renaissance, loin de relever de l'érudition pure, visent bel et bien à actualiser l'Antiquité, comme le montre le sort réservé l'*Histoire naturelle* de Pline. Son immense succès, en particulier dans la tradition des livres de merveilles, touche à un point sensible tant de la science que de la théologie et de l'éthique de la Renaissance, dans la mesure où il représente une alternative à Aristote, qui régnait sans partage sur le domaine de la philosophie de la nature. Le thème de la terre-mère et de sa clémence est certes un topique qui traverse toute la littérature latine, mais l'originalité de son traitement par Pline entre en résonance, pour un lectorat humaniste, avec la question du corps et de la relation réciproque entre l'homme et l'univers qui l'abrite, suscitant des « réécritures » plus ou moins autonomes, mais toujours fécondes, dans un mouvement de *translatio* à la fois individuel et collectif.

Au siècle des Lumières, l'Antiquité s'est vue promue à travers toute l'Europe. Elle offrait un réservoir de modèles politiques, repensés dans la perspective révolutionnaire, le culte de l'Antiquité classique signifiant alors une rupture avec la tradition chrétienne d'Ancien Régime. Les révolutionnaires revendiquent l'héritage de Sparte ou d'Athènes (réactivant là une opposition d'abord formulée par Thucydide), avant de se tourner vers le référent romain. Tous ces archétypes antiques qui ont aidé à concevoir (entre autres) la *Déclaration des droits de l'homme et du citoyen* ou la devise « liberté, égalité, fraternité » sont érigés en une vulgate républicaine activement diffusée dans l'enseignement scolaire et universitaire, de l'Empire au ministère de Jules Ferry.

Si le drame des deux guerres mondiales a fait courir à l'humanisme le risque d'une disqualification éthique tandis que l'aspiration à de nouvelles formes d'expression dévaluait, sur le plan esthétique, l'Antique en « académique », le divorce entre classicisme et modernité n'a jamais été radicalement consommé. Les mythes antiques, certes plus ou moins profondément revisités, innervent le théâtre de l'entre-deux-guerres (Cocteau, Sartre, Giraudoux). Même un tenant du Nouveau Roman tel que Claude Simon s'interroge, dans *La Bataille de Pharsale*, sur un legs historique associé aux récits de César, Lucain et Plutarque. L'écrivain engage un travail d'enquête et de mémoire sur un lieu (à la fois géographique et rhétorique), Pharsale, qui, tel un palimpseste, superpose événements et significations. Cette anamnèse déceptive amène à penser, au-delà du « latin langue morte », la caducité de tout langage humain, la démythification de l'imaginaire héroïque reproduit de guerre en guerre, puis réinvesti dans l'affrontement sportif, mais pour aboutir à l'idée que ce champ de ruines reste malgré tout constitutif de notre être.

Plus récemment encore, Philippe Jaccottet, en publiant en 1955 une traduction de l'*Odyssée*, se mesure à un monstre sacré du patrimoine littéraire, un authentique horizon culturel partagé : Homère. L'obsession philologique est-elle de nature à brider la poétique du traducteur ? La désuétude de la lettre épique est-elle un obstacle à la limpidité du sens et des effets ? Le traducteur opère entre distance et rapprochement, médiation et immédiateté, sensible à l'air cristallin et à la simplicité du discours des Grecs, mais conscient, en contrepoint, de l'étrangeté d'un style à mi-chemin entre sacré et profane. Altérité et universalité de l'*Odyssée* construisent un mode de ressaisissement complémentaire, entre miroir déformant et modèle impossible, un détour profitable en somme qui invite, une fois Homère relégué, à une sobriété toute moderne, à une épopée épurée et, comme chez Claude Simon, démythifiée.

Cette traversée des siècles sous l'angle des pratiques de traduction et d'adaptation des œuvres antiques invite notre pensée à ne pas s'enfermer dans un concept univoque ou absolu : l'Antiquité ne peut nous parvenir, *translatée*, que diffractée et plurielle. Elle constitue pour l'humanité un *patrimoine*, en somme, soumis à des choix, érigé en autorité ou mis en débat, qui, loin de représenter une tradition monolithique ou des racines fossilisées, irrigue ou innerve les multiples présents de l'histoire, de l'Antiquité elle-même aux époques les plus contemporaines.

Les questionnements engagés par les diverses contributions à ce volume n'épuisent pas, on s'en doute, le champ des possibles. La Bibliographie générale en fin de volume vise à prolonger et à élargir les perspectives en rassemblant toutes sortes de références sur les problématiques inhérentes à l'opération de *translatio*, dans l'espace et dans le temps. Quant à l'index[1] (titres d'œuvres, noms de personnes, lieux), il fournit au lecteur de multiples entrées lui permettant de circuler autrement dans l'ouvrage.

Nous voudrions, au terme de cette introduction, inviter à considérer une image[2] emblématique de l'esprit de la *translatio*. Observons, de droite à gauche : une fontaine donne naissance à un fleuve ; à son bord est assis un païen (*gentilis*) ; suivent un sarrasin (*sarracenus*), un chrétien (*christianus*) et un juif (*judeus*) ; les arbres auxquels ils sont adossés sont des motifs mnémotechniques (arbres de science) ; enfin, dans le lit du fleuve, la Sagesse (*Sapientia*) est montée sur son cheval qui boit à même l'eau du fleuve. Cette image assez fascinante illustre un recueil des œuvres de Raymond Lulle (Ramon Llull, † 1315), philosophe et mystique catalan qui rêvait d'une société unie dans le partage d'une même langue et d'une même foi. La scène respire l'harmonie : pas de conversion obtenue par la violence, mais une conversation, un partage des savoirs. Au-delà de l'optique religieuse de Lulle, on peut y reconnaître le processus de *translatio* également à l'œuvre dans tous les domaines profanes. Les quatre personnages assis au bord du fleuve ne sont pas sans évoquer d'éminentes figures de traducteurs et de passeurs du savoir du Moyen Âge : Aristote, communément appelé « le Philosophe », pourrait incarner le païen ; Averroès (1126-1198), le sarrasin ; Thomas d'Aquin,

---

1   Nous remercions vivement Anthony Andurand, post-doctorant et membre associé de PLH-ERASME qui a établi l'index.

2   Reproduction ci-avant : Paris, ms. BnF lat. 15450, fol. 457. Il s'agit de l'*Electorium magnum*, compilation d'œuvres de Raymond Lulle réalisée par son disciple Thomas le Myésier.

le « Docteur angélique » (1225-1274), le chrétien ; Maimonide (1135-1204), le juif. Le cheval de la Sagesse, buvant les eaux mêlées de leurs différents apports, opère la synthèse. Le fleuve, fil conducteur, vectorise l'opération de *translatio*, de transmission. Au Moyen Âge, explique Claude Buridant, « on considère [...] la latinité comme un grand fleuve, toujours en mouvement, dont les eaux ne viennent pas seulement des sources, mais des affluents successifs[1] ». Puisse à son tour ce volume étancher la soif de chacun !

Le présent volume a bénéficié d'une série de soutiens qu'il nous est agréable de mentionner ici. En premier lieu, le laboratoire PLH (Patrimoine, littérature histoire, EA 4601) a financé le séminaire lui-même et la publication du livre qui en est issu. Que chaque composante – ELH, ERASME et CRATA – soit vivement remerciée, sans oublier Pascal Payen et Daniel Lacroix, directeurs de PLH entre 2008 et 2010, ainsi que le gestionnaire de l'équipe Philippe Marengo pour son soutien logistique. Des subsides complémentaires ont été alloués par les budgets de recherche IUF d'Olivier Guerrier et de Corinne Bonnet.

Corinne BONNET
et Florence BOUCHET

---

1   « *Translatio medievalis*. Théorie et pratique de la traduction médiévale », *Travaux de linguistique et de littérature*, **XXX-**1, 1983, p. 123-124.

PREMIÈRE PARTIE

PENSER LA TRADUCTION

« TRADUIRE OU NE PAS TRADUIRE »

Un dilemme bien connu des auteurs grecs et latins

C'est un très vieux débat de savoir si la traduction est possible. Il existe à ce sujet toute une tradition intellectuelle qui remonte à l'Antiquité[1]. La première formulation du proverbe *traduttore/traditore* se trouve dans la lettre 84 de saint Jérôme, écrite en 399, où il défend, contre Rufin[2], sa propre traduction du περὶ ἀρχῶν d'Origène, en disant : *dum et mutare quippiam de Graeco, non est uertendis, sed euertendis* « si l'on change quoi que ce soit du texte grec, ce n'est pas une version, mais une éversion[3]. » Dans un essai publié en 1955 et réédité en 1994, au titre évocateur, *Les Belles Infidèles* (Lille, Presses Universitaires de Lille), Georges Mounin a instruit le dossier à charge et à décharge : dans quelle mesure est-il possible de traduire ? Ce petit ouvrage, qui a été suivi par d'autres travaux, comme celui de Jean-René Ladmiral, *Traduire : théorèmes pour la traduction* (Paris, Gallimard, 2ᵉ éd., 1994), est l'une des premières tentatives pour comprendre les méthodes et les conceptions de la traduction dans leur évolution historique[4]. S'il faut admettre la possibilité de traduire, encore faut-il en préciser les moyens. C'est ce qu'a voulu faire Jean-Claude Margot dans son ouvrage *Traduire sans trahir. La théorie de la traduction et son application aux textes bibliques* (Lausanne, L'Âge d'Homme, 1979). Comme nous allons le voir, les auteurs grecs et latins ont contribué à alimenter cette réflexion.

---

1   Le titre de ma contribution s'inspire de Cl. Préaux, « De la Grèce classique à l'Égypte hellénistique. Traduire ou ne pas traduire », *Chronique d'Égypte*, 42, 1967, p. 369-382.

2   Rufin, en donnant une traduction *de uerbo* des *Sentences* de Sextus, réussissait à sauvegarder l'intégrité du latin tout en reproduisant les modèles lexicaux et syntaxiques de l'original. Voir J. Bouffartigue, « Du grec au latin. La traduction latine des *Sentences* de Sextus », *Études de littérature ancienne*, édit. F. Desbordes, J. Bouffartigue, A. Moreau, Paris, Presses de l'École Normale supérieure, 1979, p. 81-95.

3   Trad. J. Labourt.

4   On verra aussi : M. Ballard, *De Cicéron à Benjamin. Traducteurs, traductions, réflexions*, Lille, Presses Universitaires de Lille, 1992, spéc. p. 38-43 et, plus généralement, S. Nergaard, *La teoria della traduzione nella storia : testi di Cicerone, san Gerolamo, Bruni, Lutero, Goethe, von Humboldt, Schleiermacher, Ortega y Gasset, Croce, Benjamin*, 3ᵉ éd., Milan, Bompiani, 2007.

INTRODUCTION

Tandis que les Grecs restaient fermés aux cultures des autres et ont donc peu traduit, les Latins se sont montrés conscients que ne pas traduire, c'est se priver d'un trésor littéraire dont ils ne pouvaient se passer. Ils ont toutefois développé une stratégie permettant de traduire sans véritablement traduire : une véritable poétique de la traduction. Lorsqu'ils traduisent une œuvre littéraire, les Latins ne se l'approprient pas telle quelle, mais ils s'efforcent de l'adapter. Telle fut l'attitude des premiers poètes de Rome, originaires d'un milieu grec ou de culture grecque. Il ne faut pas se méprendre en effet sur le sens du mot « traduire » chez les Romains. Les traducteurs latins, qui jalonnent toute la latinité[1], pratiquent la traduction littéraire, qui a pour but non seulement de rendre l'équivalence sémantique (comme la traduction de textes techniques), mais aussi de porter une attention aux aspects stylistiques du message. Leur spécificité est incontestablement d'avoir été les « inventeurs » de la traduction littéraire ou artistique (*uertere*), inconnue des Grecs. Pour les Latins, le *uertere* est moins un acte de médiation entre un émetteur et un destinataire parlant une autre langue qu'une œuvre de création qui peut revendiquer une autonomie par rapport à l'original[2].

Dans l'Antiquité, les réflexions théoriques sur la traduction suivent la pratique ou sont parallèles à elle. Elles ne la précèdent jamais. Il n'existe pas de traité qui envisagerait de façon détaillée les problèmes théoriques de la traduction, pour reprendre le titre d'un ouvrage de Georges Mounin (Paris, Gallimard, 1963). La première contribution de ce genre est le *De recta interpretatione* de Leonardo Bruni, qui date des environs de 1420. C'est bien plus tard encore qu'apparaîtront les études théoriques sur la traduction, considérée comme discipline scientifique, lorsque, à partir de la fin du XIXe siècle, les *Translation Studies* deviendront un domaine autonome d'étude. Le monde antique a toutefois donné naissance à des réflexions que l'on pourrait appeler « pré-scientifiques » et qui sont le

---

1 A. Traina, « Le traduzioni », *Lo spazio letterario di Roma antica*, II (*La circolazione del testo*), édit. G. Cavallo, P. Fedeli, A. Giardina, Rome, Salerno, 1989, p. 93-123.

2 A. Seele, *Römische Übersetzer. Nöte, Freiheiten, Absichten. Verfahren des literarischen Übersetzens in der griechisch-römischen Antike*, Darmstadt, Wissenschaftliche Buchgesellschaft, 1995.

fait non de traducteurs professionnels, mais de lettrés[1]. Dans le monde grec, on les trouve presque exclusivement à l'époque hellénistique et sous l'Empire, essentiellement dans le contexte de la traduction en grec de l'Ancien Testament et dans des régions périphériques, comme l'Égypte, où le contact des civilisations et des langues est permanent. Du côté des Romains, la réflexion théorique sur la traduction, qui commence avec Cicéron[2], connaît un développement important durant l'Antiquité tardive, avec les propos de saint Jérôme et d'autres chrétiens qui proposent une réflexion profonde sur leurs propres réalisations. Voilà donc les trois ensembles de réflexions métalinguistiques que je propose d'étudier. Comme le montre l'ouvrage de Douglas Robinson, *Western Translation Theory from Herodotus to Nietzsche* (Manchester, St. Jerome Pub., 1997), elles constituent les fondements sur lesquels s'est élaborée toute la réflexion occidentale sur la traduction.

LE VERSANT GREC : DE LA SEPTANTE À JAMBLIQUE

La première œuvre significative est la traduction pré-chrétienne de l'Ancien Testament, celle que l'on connaît sous le nom de « traduction des Septante », réalisée au IIIe siècle av. J.-C. au sein de la communauté juive hellénisée d'Alexandrie. Il s'agit incontestablement de la première traduction au sens moderne du terme[3]. Les traducteurs étaient des Juifs

---

1 A. Etchegaray Cruz, « Teoría de la traducción en la antigüedad latina », *Helmantica*, 23, 1972, p. 493-502 ; Cl. Montella, « La rivincita della 'Latinitas'. Alcuni aspetti della riflessione sulla traduzione nella latinità classica », *Aion (ling)*, 8, 1986, p. 225-233 ; B. Kytzler, « *Fidus interpres* : the Theory and Practice of Translation in Classical Antiquity », *Antichthon*, 23, 1989, p. 42-50 ; R. Dostálová, « La traduzione nell'antichità classica », *Comunicazioni dell'Istituto Papirologico G. Vitelli*, I, Florence, Istituto Papirologico « G. Vitelli », 1995, p. 19-42 ; Br. Rochette, « Du grec au latin et du latin au grec. Les problèmes de la traduction dans l'Antiquité gréco-latine », *Latomus*, 54, 1995, p. 245-261 ; M. Pérez González, « La reflexión traductora desde la antigüedad romana hasta el s. XVIII : una propuesta de interpretación », *Minerva*, 10, 1996, p. 107-124.

2 R. Kopeczky, « Cicero and the Roman Tradition of Translation », *Klassisismus und Modernität. Beiträge der internationalen Konferenz in Szeged (11.-13. September 2003)*, édit. I. Tar, P. Mayer, Szeged, Szegedi Tudomanyegyetem, 2007, p. 51-58.

3 A. Léonas, *L'aube des traducteurs. De l'hébreu au grec : traducteurs et lecteurs de la Bible des Septante (IIIe s. av. J.-C. – IVe s. apr. J.-C.)*, Paris, éd. du Cerf, 2007, p. 33-38.

bilingues d'Alexandrie, appelés par le roi Ptolémée Philadelphe. Faute
de pouvoir se reporter à une théorie antérieure sur la traduction, ces
traducteurs vont établir un rapport avec l'original inspiré par la tradition orientale, selon laquelle un seul principe doit guider le traducteur
de textes sacrés : « ni ajouter, ni retrancher, ni modifier[1] ». Pour que
le texte ne perde pas l'efficace de l'original, il devait être sacralisé, ce
qui fut fait grâce à la légende sur l'inspiration divine, qui fit coïncider
les traductions des 72 traducteurs. De ce récit nous avons différentes
versions, dont la plus complète et la plus ancienne est celle de la *Lettre
d'Aristée à Philocrate*[2]. De plus, pour légitimer cette traduction et lui
conférer le statut de texte sacré inaltérable doté d'une valeur égale au
texte primitif, il était nécessaire de la consacrer par une lecture publique
à l'intérieur de la communauté juive d'Alexandrie. Il fallait aussi une
lecture en présence du roi, qui accomplit une προσκύνησις devant le
texte sacré traduit.

Nous avons un autre récit relatif à la genèse de la version des Septante,
plus riche en détails relatifs à la traduction. Il se trouve dans la *Vie de
Moïse* de Philon d'Alexandrie, qui conjugue le vieux principe oriental de
la littéralité « ni ajouter, ni retrancher » (μήτε προσθεῖναι μήτε ἀφελεῖν)
avec la théorie linguistique platonicienne. Il souligne le fait que chaque
mot hébreu de l'original a été remplacé par un mot grec spécifique qui
était en adéquation avec la chose désignée. Selon Philon, la traduction
a été rendue possible par le caractère sémiologique des mots qui, dans
les deux langues, recouvrent la même substance des choses. Dans la *Vie
de Moïse*, la perspective adoptée est opposée à celle de la *Lettre d'Aristée*.
Le texte de départ est le texte sacré dans lequel tout doit être préservé
à tous les niveaux. Les traducteurs doivent non seulement ne pas altérer
le texte inspiré par Dieu, mais ils ont aussi le devoir de préserver le
caractère distinctif de l'ἰδέα originelle, c'est-à-dire la typologie littéraire,
et la forme dans laquelle elle est exprimée. Philon décrit l'endroit où se
retirent les traducteurs et évoque leur demande d'être aidés par Dieu
dans l'accomplissement de leur tâche. C'est alors (37) qu'il mentionne la
légende selon laquelle les traductions ont coïncidé. Il dit des traducteurs

---

1   W.C. Van Unnik, « De la règle μήτε προσθεῖναι μήτε ἀφελεῖν dans l'histoire du canon »,
     Vigiliae Christianae, 3, 1949, p. 1-36.
2   A. Passoni Dell'Acqua, « La tradizione della traduzione : riflessioni sul lessico del 'tradurre'
     nella Bibbia greca e nel giudaismo-ellenistico », *Liber Annuus*, 58, 2008, p. 195-276.

qu'ils sont sous l'emprise de la divinité (ἐνθουσιῶντες), qui dicte, tel un ὑποβολεύς invisible, les mots à chacun. Le récit légendaire s'interrompt ici pour faire place à des considérations personnelles sur la traduction, qui sont développées en au moins trois paragraphes (37-39).

[II.37] καθίσαντες δ' ἐν ἀποκρύφῳ καὶ μηδενὸς παρόντος ὅτι μὴ τῶν τῆς φύσεως μερῶν, γῆς ὕδατος ἀέρος οὐρανοῦ, περὶ ὧν πρῶτον τῆς γενέσεως ἔμελλον ἱερο-φαντήσειν—κοσμοποιία γὰρ ἡ τῶν νόμων ἐστὶν ἀρχή—, καθάπερ ἐνθουσιῶντες προεφήτευον οὐκ ἄλλα ἄλλοι, τὰ δ' αὐτὰ πάντες ὀνόματα καὶ ῥήματα, ὥσπερ ὑποβολέως [38] ἑκάστοις ἀοράτως ἐνηχοῦντος. καίτοι τίς οὐκ οἶδεν, ὅτι πᾶσα μὲν διάλεκτος, ἡ δ' Ἑλληνικὴ διαφερόντως, ὀνομάτων πλουτεῖ, καὶ ταὐτὸν ἐνθύμημα οἷόν τε μεταφράζοντα καὶ παραφράζοντα σχηματίσαι πολλαχῶς, ἄλλοτε ἄλλας ἐφαρμόζοντα λέξεις;ὅπερ ἐπὶ ταύτης τῆς νομοθεσίας οὔ φασι συμβῆναι, συνε-νεχθῆναι δ' εἰς ταὐτὸν κύρια κυρίοις ὀνόμασι, τὰ Ἑλληνικὰ τοῖς Χαλδαϊκοῖς, ἐναρμοσθέντα εὖ μάλα τοῖς δηλουμένοις [39] πράγμασιν. ὃν γὰρ τρόπον, οἶμαι, ἐν γεωμετρίᾳ καὶ διαλεκτικῇ τὰ σημαινόμενα ποικιλίαν ἑρμηνείας οὐκ ἀνέχεται, μένει δ' ἀμετάβλητος ἡ ἐξ ἀρχῆς τεθεῖσα, τὸν αὐτὸν ὡς ἔοικε τρόπον καὶ οὗτοι συντρέχοντα τοῖς πράγμασιν ὀνόματα ἐξεῦρον, ἅπερ δὴ μόνα ἢ μάλιστα τρανώσειν ἔμελλεν ἐμφαντικῶς τὰ δηλούμενα.

[II.37] « S'étant donc établis dans cette retraite, et sans aucune présence autre que celle des éléments naturels : terre, eau, air, ciel, sur la genèse desquels ils s'apprêtaient à faire les hiérophantes – car la Loi commence par la création du monde – ils prophétisèrent, comme si Dieu avait pris possession de leur esprit, non pas chacun avec des mots différents, mais tous avec les mêmes mots et les mêmes tournures, chacun comme sous la dictée d'un invisible souffleur. [38] Et pourtant, qui ne sait que toute langue – et particulière-ment la grecque – est foisonnante en mots, et que la même pensée peut être rendue de multiples manières en changeant les termes ou en employant des synonymes et en recherchant le mot propre dans chaque cas ? Ce qui n'eut pas lieu, à ce que l'on dit, à propos de notre propre code de lois, mais le mot propre chaldéen fut rendu exactement par le même mot propre grec, parfaitement adapté à la chose signifiée. [39] De même, en effet, à mon sens, qu'en géométrie et en dialectique, les choses à signifier ne supportent pas la bigarrure dans l'expression, qui reste inchangée une fois établie, de même aussi, semble-t-il, ces traducteurs découvrirent les expressions adaptées aux réalités à exprimer, les seules ou les plus capables de rendre avec une parfaite clarté les choses signifiées[1]. »

Le paragraphe 38 contient plusieurs expressions intéressantes (notam-ment l'emploi récurrent de composés de μεθαρμόζω – pour indiquer la correspondance entre la pensée et les mots et entre les mots et les choses).

---

1   Trad. R. Arnaldez-Cl. Mondésert-J. Pouilloux-P. Savinel.

Pour souligner l'adéquation exacte entre la traduction et l'orignal et l'identité du texte grec avec la version en hébreu, Philon fait référence, dans le paragraphe 39, à l'analogie avec les langues univoques, comme celle de la dialectique et de la géométrie. Les deux versions apparaissent ainsi comme ἀδελφαί, placées sur un même pied d'égalité et revêtues d'une dignité égale, ou plutôt comme une seule et même écriture ἐν τοῖς πράγμασι καὶ τοῖς ὀνόμασι. Ceux qui ont accompli cette tâche ne sont pas appelés ἑρμηνεῖς, mais prophètes et hiérophantes. Philon est conscient de la complexité de la langue grecque et de ses possibilités de former, à partir d'un nombre réduit de mots, une quantité infinie d'expressions. Il a aussi conscience des différences entre l'hébreu et le grec. Pour répondre à ces deux aspects négatifs, il utilise deux arguments. Il insiste d'une part sur le rapport univoque entre le signifiant et le signifié et réfute la variété sémantique, dans la mesure où l'identité sémantique du nom trouve une garantie dans le rapport avec la chose. Conscient d'autre part des limites de l'identité entre texte hébreu et traduction grecque, Philon se sent obligé de recourir à l'intervention divine. C'est ainsi que prend un sens particulier le mot προφήτης[1]. Philon d'Alexandrie a donc trouvé une façon astucieuse de résoudre le dilemme « traduire ou ne pas traduire ».

Les réflexions concernant la traduction de la Bible d'Alexandrie qui se font jour dans la *Lettre à Philocrate* et chez Philon ont connu un précurseur en la personne de l'auteur du prologue de la version grecque du Siracide (ou *Ecclésiastique*), exécutée en Égypte en 132 av. J.-C. Dans la préface à ce livre, qui est une sorte de manuel de comportement moral, le traducteur parle à la première personne. Il demande l'indulgence des lecteurs, car, malgré ses efforts, il n'est pas parvenu à rendre certaines expressions (λέξεις). Il poursuit en disant : οὐ γὰρ ἰσοδυναμεῖ αὐτὰ ἐν ἑαυτοῖς ἑβραιστὶ λεγόμενα καὶ ὅταν μεταχθῇ εἰς ἑτέραν γλῶσσαν (21-22)[2]. S'il y a dans cette préface des lieux communs – l'affectation de modestie du traducteur pour son incapacité à traduire –, la justification qu'il

---

1 E. Tagliaferro, « Teorizzazione della traduzione in greco nei testi dell'età ellenistico-imperiale », *La cultura ellenistica : l'opera letteraria e l'esegesi antica. Atti del convegno COFIN 2001, Università di Roma Tor Vergata, 22-24 settembre 2003*, édit. R. Pretagostini, E. Dettori, Rome, Quasar, 2004, p. 285-297.

2 « Car elles n'ont pas la même force, les choses dites en hébreu dans ce livre, quand elles sont traduites dans une autre langue. » Trad. J. Hadot.

fournit est intéressante : le constat que les λέξεις dans la langue-cible ne sont pas ἰσοδυναμεῖν à celles de la langue-source. Dans un article de 1998[1], en accord avec la plupart des traductions, je parlais de la « force des mots ou des expressions ». E. Tagliaferro a suggéré toutefois une autre interprétation[2]. Se référant au sens du verbe δύναμαι chez Hérodote « signifier » et à celui de δύναμις dans le *Cratyle* de Platon « sens », elle propose comme traduction « avoir le même sens », c'est-à-dire seulement l'équivalence inter-linguistique.

Nous trouvons encore une réflexion sur la traduction dans le traité XVI du *Corpus Hermeticum*, dont la doctrine baigne dans un contexte gréco-égyptien. Il s'agit cette fois d'une condamnation sans appel de la traduction. Au début de ce traité, Asclépios, s'adressant au roi Ammon, l'invite à ne pas faire traduire en grec les textes hermétiques, qui, sous une apparence de clarté et de simplicité, cachent en réalité un sens profond difficile à saisir. S'ils sont traduits en grec, ils deviendront encore plus obscurs, car la traduction entraîne inévitablement distorsion (δια-στροφή) et obscurité (ἀσάφεια). En effet, la traduction ne maintient pas le sens des mots et fait perdre aux mots égyptiens leurs caractéristiques sonores et leur intonation qui recèlent en eux la puissance (ἐνέργεια) de ce qui est dit. Nous sommes clairement dans un contexte dans lequel la parole est chargée d'une valeur magique, qui s'exprime à travers les sons. Selon la doctrine chaldaïque, les ὀνόματα βάρβαρα ne doivent pas être traduits sous peine de leur faire perdre leur efficace. Dans le traité du *Corpus Hermeticum*, une opposition est établie entre le λόγος des Grecs, doté d'une valeur démonstrative, et l'ὄνομα égyptien, qui a une capacité opérative, ἐνέργεια, capable d'unir la divinité, l'univers et l'homme.

Une même aversion à la traduction se retrouve dans un autre texte. Il s'agit d'un passage des *Mystères d'Égypte* de Jamblique (VII, 256-257), marqué par la théorie platonicienne sur l'origine des noms[3]. L'auteur prend d'abord position dans ce débat. Les noms, selon lui, ne sont pas fixés selon une convention (κατὰ συνθήκην), mais dépendent de la nature des choses (τῇ φύσει συνήρτηται). C'est un écho très clair au débat qui anime le *Cratyle* de Platon. Cette idée l'amène à envisager la « traductibilité »

---

1   « Le prologue du livre de Ben Sirach le Sage et la traduction des textes sacrés », *Babel. Revue internationale de la traduction publiée sous les auspices de l'UNESCO*, 44/2, 1998, p. 139-149.

2   E. Tagliaferro, « Teorizzazione », p. 288-289.

3   Cl. Préaux, « Traduire ou ne pas traduire », p. 376-378.

des noms. Les noms, une fois traduits, ne conservent plus du tout leur sens, car certaines caractéristiques (ἰδιώματα) sont spécifiques à chaque peuple et ne peuvent pas être exprimées dans la langue d'un autre peuple. Même s'il était possible de traduire ces ὀνόματα, poursuit Jamblique, ils ne conserveraient pas la même δύναμις, la même efficace.

Nous percevons l'existence de deux courants antithétiques relatifs à la traduction[1] : l'un implique une fermeture complète et un refus de la traduction – *Corpus Hermeticum* et Jamblique – dû au conservatisme en matière religieuse et à la volonté de ne pas perdre l'auréole d'antique vénération qui entoure ces textes ; l'autre – la *Lettre d'Aristée* et Philon – est ouvert et accepte la traduction en vue de faire partager une révélation. C'est dans ce courant d'ouverture que vont se situer les traducteurs chrétiens, dont la manière de concevoir la traduction est préparée par Cicéron.

LE VERSANT ROMAIN

CICÉRON

Il n'est pas nécessaire d'insister sur l'importance de Cicéron comme traducteur, au sens étymologique du terme, c'est-à-dire celui qui « a fait passer » la philosophie grecque à Rome[2]. Sa créativité porte sur l'outil linguistique, qu'il doit forger pour rendre en latin une pensée grecque complexe, essentiellement celle de Platon. Aux yeux des Romains, la traduction n'est jamais considérée comme une simple activité méca-nique. C'est la raison pour laquelle Cicéron place l'activité traductrice dans la sphère du *bene dicere* et lui confère la même valeur qu'à l'art oratoire lui-même. Il légitime ainsi l'existence d'une rhétorique de la

---

1 Br. Rochette, « La traduction de textes religieux dans l'Égypte gréco-romaine », *Kernos*, 8, 1995, p. 151-166.
2 D. Woll (« Übersetzungstheorie bei Cicero ? », *Energeia und Ergon. Sprachliche Variation – Sprachgeschichte – Sprachtypologie, III. Das sprachtheoretisch Denken Eugenio Coserius in der Diskussion*, édit. J. Lüdtke, Tübingen, Gunter Naar Verlag, 1988, p. 343-350) montre toutefois que Cicéron ne peut pas être considéré comme étant à l'origine d'une théorie de la traduction.

traduction et assimile la fonction de l'*interpres* à celle de l'*orator* tout en les opposant. Cette opposition apparaît clairement dans un passage du *De optimo genere oratorum*, texte qui doit dater de 48-47[1].

14-15 : *Conuerti enim ex Atticis duorum eloquentissimorum nobilissimas orationes inter seque contrarias, Aeschinis et Demosthenis ; nec conuerti ut interpres, sed ut orator, sententiis isdem et earum formis tamquam figuris, uerbis ad nostram consuetudinem aptis. In quibus non uerbum pro uerbo necesse habui reddere, sed genus omne uerborum uimque seruaui. Non enim ea me adnumerare lectori putaui oportere, sed tamquam appendere.*

« J'ai mis en latin les deux plus célèbres discours des deux Attiques les plus éloquents, Eschine et Démosthène, discours dont l'un répond à l'autre ; je les ai mis en latin non pas en traducteur, mais en orateur ; les pensées restent les mêmes, ainsi que leur tour et comme leurs figures ; les mots sont conformes à l'usage de notre langue. Je n'ai pas cru nécessaire de rendre mot pour mot ; c'est le ton et la valeur des expressions dans leur ensemble que j'ai gardés. J'ai cru qu'il me fallait payer le lecteur non pas en comptant pièce par pièce, mais pour ainsi dire en pesant la somme en bloc[2]. »

Cicéron conçoit la traduction selon deux principes antithétiques, mis en évidence par le jeu d'oppositions (*sed* est répété trois fois) : *interpres/orator, non uerbum e uerbo/genus omne uerborum uimque, adnumerare/appendere*. Le terme *interpres* doit être entendu dans un sens neutre ou peut-être même péjoratif : c'est un simple intermédiaire (*inter-pretium*), qui fait correspondre un mot à un autre. *Orator*, en revanche, doit être compris dans un sens positif. L'activité de l'*orator* est valorisée, car il ne cherche pas à remplacer un mot par un autre, mais à conserver deux caractéristiques des mots : *genus* et *uis*. Ces deux mots appartiennent au vocabulaire de la rhétorique. Cicéron nous aide à les comprendre : *nouerit primum uim, naturam, genera uerborum et simplicium et copulatorum* (*Or.*, 115). *Vis*, c'est le sens, *natura*, la nature, et *genera*, les catégories. Cette vision est encore soulignée par l'image des pièces de monnaie que l'on compte une par une : *adnumerare/ appendere*. La tâche du traducteur-*orator* est décrite par la phrase *sententiis isdem et earum formis tamquam figuris, uerbis ad nostram consuetudinem aptis*, où le vocabulaire de la rhétorique est à nouveau omniprésent.

---

1   G.L. Hendrickson, « Cicero *De optimo genere oratorum* », *American Journal of Philology*, 47, 1926, p. 109-123.
2   Trad. H. Bornecque.

Aux yeux de Cicéron, un bon traducteur ne doit pas se contenter de connaître le sens du mot grec. Il doit en quelque sorte percer le mot et la réalité exprimée par lui. Toutefois, ce que recommande Cicéron, ce n'est pas le *uertere* comme l'ont fait les premiers poètes latins, mais une sorte de voie moyenne, le *conuertere ut orator*[1], qui concilie ce qui paraît souvent inconciliable, les exigences de fidélité à l'original avec celles d'un style élevé dans la langue-cible, la *consuetudo*, c'est-à-dire les habitudes langagières qui définissent le *uir bonus, dicendi peritus*.

Le procédé de la traduction *ut orator* a trois caractéristiques selon Cicéron. Il faut traduire : a) en conservant intact le contenu du modèle (*isdem sententiis*) et la disposition des phrases (*rerum ordine*) ; b) en reproduisant la forme (*earum formis tamquam figuris*) de l'original, c'est-à-dire en calquant les figures de rhétorique ; c) en traduisant chaque mot en choisissant parmi les mots latins appartenant au même champ sémantique celui qui exprime au mieux le sens et les valeurs contextuelles (*genus omne uerborum uimque*). Nous avons ainsi trois paramètres, *ordo, forma/figura, genus/uis*, qui sont les trois piliers sur lesquels se fondent les conceptions de la traduction – le fil d'Ariane en quelque sorte du traducteur.

Dans un passage du *De finibus* (III, 15), Cicéron revient sur le principe de littéralité. Il fait référence à des *interpretes indiserti*, qui se contentent de rendre mot pour mot.

> *Nec tamen exprimi uerbum e uerbo necesse erit, ut interpretes indiserti solent, cum sit uerbum, quod idem declaret, magis usitatum. Equidem soleo etiam quod uno Graeci, si aliter non possum, idem pluribus uerbis exponere. Et tamen puto concedi nobis oportere ut Graeco uerbo utamur, si quando minus occurret Latinum...*

> « Il ne sera cependant pas nécessaire de rendre le terme grec par un mot latin <calqué sur lui>, comme ont coutume de le faire les traducteurs à court d'expression, alors qu'il existe un mot plus usuel disant la même chose. On peut même faire ce que j'ai coutume de faire : là où les Grecs ont un mot, j'emploie, si je ne peux pas faire autrement, plusieurs mots ; cela n'empêche pas qu'on doive nous accorder le droit d'user d'un terme grec, toutes les fois que le latin ne nous offrira pas d'équivalent[2]... »

---

1   L. Cicu, « *Conuertere ut orator*. Cicerone fra traduzione scientifica e traduzione artistica », *Studi di filologia classica in onore di Giusto Monaco*, II, Palerme, Università di Palermo, 1991, p. 849-857.
2   Trad. J. Martha.

Comme l'a montré Paolo Lamagna[1], Cicéron fait sans doute allusion à des traducteurs épicuriens qui, en traduisant *uerbum e uerbo*, sont parvenus à un résultat tout à fait inacceptable, en tout cas si la traduction doit sortir du cercle étroit de l'école. L'adjectif *(in)disertus* n'est pas choisi par hasard. *Disertus*, qui peut désigner une compétence bilingue, sera souvent associé à la pratique de la traduction, surtout chez saint Jérôme. Un passage de la lettre 114, adressée à Théophile, qui accompagne l'envoi d'une traduction latine d'un livre de Théophile, le montre.

> 114, 3 : *Tibi enim meum sudauit ingenium, et facundiam Graecam Latinae linguae uolui paupertate pensare. Neque uero, ut <in>diserti[2] interpretes faciunt, uerbum uerbo reddidi ; nec adnumerarui pecuniam, quam mihi per partes dederas, sed pariter appendi ut nihil desit ex sensibus, cum aliquid desit ex uerbis.*
>
> « C'est pour toi, en effet, qu'a sué mon esprit ; j'ai voulu échanger l'éloquence grecque contre la pauvreté de la langue latine. Car ainsi que le font les interprètes sans instruction, je n'ai pas traduit mot à mot ; je n'ai pas rendu pièce pour pièce l'argent que tu m'avais remis, mais je l'ai rendu au poids exact, en sorte que rien ne manque au sens, si quelque chose manque dans les mots[3]. »

Si Cicéron envisage donc deux modes de traduction, il ajoute un jugement de valeur à propos de l'opération traductrice dite *ad uerbum*, dans la mesure où il la considère comme une opération purement technique qui a pour but de clarifier et d'expliquer, mais qui n'est pas dotée d'une dignité littéraire. Voilà pourquoi Cicéron porte toute son attention à la forme : comment un traducteur part d'un modèle grec pour le réécrire dans une forme élégante. La traduction peut aussi consister en la reprise d'une œuvre grecque et en sa réélaboration dans une forme originale pour en faire une œuvre complètement neuve. C'est ce qu'ont fait Plaute et Térence avec les pièces grecques de la comédie nouvelle.

Cicéron a pratiqué ces deux modes de traduction. Alors qu'il traduit librement les écrits de Platon[4], il reste très proche des textes d'Épicure.

---

1   P. Lamagna, « *Ut interpretes indiserti solent* : per l'esegesi di *De finibus* III 15 », *Aevum (Ant)*, 7, 1994, p. 267-284.

2   La leçon des manuscrits, *diserti*, fait problème. Si l'on maintient l'adjectif tel quel, il faut alors lui donner une valeur ironique, ce qui est peu probable vu le contexte.

3   Trad. J. Labourt.

4   La position de R. Poncelet (*Cicéron traducteur de Platon : l'expression de la pensée complexe en latin classique*, Paris, de Boccard, 1953), selon lequel Cicéron traduit selon une méthode floue et irraisonnée, ne résiste pas à une analyse scrupuleuse.

Il les traduit, comme l'a montré A. Traglia[1], littéralement, forçant au besoin les structures particulières à la langue latine. Si, pour la terminologie technique, Cicéron a pratiqué la traduction littérale, la « verbumexverbalité[2] », il a toutefois privilégié la première voie. Cicéron envisage de devenir un *Platonis aemulus* en s'efforçant de créer un lexique philosophique en latin selon les principes des *uirtutes dicendi*[3].

La terminologie utilisée par Cicéron est tout à fait éclairante sur sa conception de la traduction. Le verbe le plus fréquent qu'il emploie pour désigner l'activité traductrice est *conuertere*[4]. Le seul terme technique pour désigner le traducteur est *interpres*, associé chez Cicéron au littéralisme rigoureux, jamais à l'activité littéraire. Il s'agit donc d'une terminologie beaucoup plus sélective que celle qui a cours aujourd'hui. Dans les langues modernes, les verbes « traduire » (« traduire », « tradurre », « translate », « übersetzen ») indiquent des opérations génériques qui ont comme point commun le principe de fidélité à l'original et la finalité pratique de faire passer le message dans un domaine linguistique différent. Dans les langues modernes occidentales, il n'existe pas de ligne de démarcation sémantique qui se fonderait sur des critères littéraires ou rhétoriques. En revanche, on trouve une frontière très nette entre traduction et « refonte », deux opérations que les anciens avaient unies sous un vocable unique : *(con)uertere*. Ce verbe, qui est attesté dès Plaute (*Trin.*, 19), est formé sur une racine indo-européenne *wert- qui indique le mouvement circulaire vu en position verticale, donc celui de la roue[5]. *(Con)uertere* désigne l'action de traduire dans son devenir, tandis que

1   A. Traglia, « Note su Cicerone traduttore di Platone e di Epicuro », *Studi filologici e storici in onore di Vittorio De Falco*, Naples, Libreria scientifica editrice, 1971, p. 305-340.

2   Chr. Nicolas, « La néologie technique par traduction chez Cicéron et la notion de 'verbumexverbalité' », *La création lexicale en latin. Actes de la Table Ronde du IXe Colloque International de Linguistique Latine organisée par Michèle Fruyt à Madrid le 16 Avril 1997*, édit. M. Fruyt, Chr. Nicolas, Paris, Presses de l'Université de Paris-Sorbonne, 2000, p. 109-146.

3   Très importante est la contribution de M. Puelma, « Cicero als Platon-Übersetzer », *Museum Helveticum*, 37, 1980, p. 137-178.

4   G. Folena, « 'Volgarizzare' e 'tradurre' : idea e terminologia della traduzione dal Medio Evo italiano e romanzo all'umanesimo europeo », *La traduzione. Saggi e studi*, Trieste, Edizioni Lint, 1973, p. 112-113 ; A. Passoni Dell'Acqua, « La tradizione della traduzione », p. 199-200.

5   Cl. Montella, « Etimologia e traduzione : le parole latine del tradurre », *Aion (ling)*, 15, 1993, p. 313-321 et Br. Rochette, « À propos du nom de l'interprète en latin », *Glotta*, 76, 2000, p. 83-93.

interpretari ou *transferre* implique un mouvement en ligne droite, d'un point de départ à un point d'arrivée[1].

SAINT JÉRÔME

Avec les traducteurs chrétiens de la fin de l'Antiquité, nous passons de la pragmatique à une véritable dialectique de la traduction. Entre 380 et 407, Jérôme s'exprime à maintes reprises sur la manière dont il conçoit la traduction[2], que ce soit dans les préfaces des livres qu'il a traduits ou dans des lettres[3]. C'est dans la lettre 57 à Pammachius, qui date de 395 ou 396, qu'il expose sa méthode et ses opinions avec le plus de détail[4]. Cette missive est un texte de polémique, où Jérôme est amené à répondre aux accusations de ses adversaires qui lui reprochent d'être un mauvais traducteur, un *falsarius*. Rufin d'Aquilée lui a reproché la façon dont il a traduit la lettre d'Épiphane de Chypre à l'évêque Jean de Jérusalem relative à diverses questions dogmatiques. C'est un moine de l'entourage de Jérôme, Eusèbe de Crémone, qui ignorait le grec, qui lui avait demandé de traduire la lettre d'Épiphane. Jérôme accepta et s'acquitta rapidement de sa tâche, à condition que le document restât confidentiel. On ne sait trop comment, la traduction arriva entre les mains de ses adversaires – notamment Rufin – qui critiquèrent sévèrement le travail de Jérôme lui reprochant de n'avoir pas pu – ou, plus grave, de n'avoir pas voulu – traduire correctement.

---

1   A. Reiff, Interpretatio, imitatio, aemulatio : *Begriff und Vorstellung literarischer Abhängigkeit bei den Römern*, diss., Cologne, Universität zu Köln, philosophische Fakultät, 1959, p. 100-111.

2   Ces passages sont relevés par F. Winkelmann., « Einige Bemerkungen zu den Aussagen des Rufinus von Aquileia und des Hieronymus über ihre Übersetzungstheorie und –methode », *Kyriakon. Festschrift Johannes Quasten*, édit. P. Granfield, J.A. Jungmann, II, Münster, Aschendorff, 1972, p. 538-539, n. 27 et réunis par H. Marti *Übersetzer der Augustin-Zeit. Interpretation von Selbstzeugnissen*, Munich, Wilhelm Fink Verlag, 1974.

3   P. Serra Zanetti, « Sul criterio e il valore della traduzione per Cicerone e s. Gerolamo », *Atti del I congresso internazionale di Studi ciceroniani*, II, Rome, Centro di Studi ciceroniani, 1961, p. 355-405 ; F. Winkelmann, « Einige Bemerkungen », p. 532-547 ; L. Gamberale, « Problemi di Gerolamo traduttore fra lingua, religione e filologia », *Cultura latina cristiana fra terzo e quinto secolo. Atti del Convegno Mantova, 5-7 Novembre 1998*, Florence, Leo S. Olschki, 2001, p. 311-345 ; A. Svenbro, « Théoriser la traduction à la fin de l'Antiquité et au début du Moyen Âge », *Traduire, Transposer, Transmettre dans l'Antiquité gréco-romaine*, édit. B. Bertolussi, M. Keller, S. Minon, L. Sznajder, Paris, Picard, 2009, p. 9-16.

4   G. J. M. Bartelink, « Hieronymus over de vertaalproblematiek », *Hermeneus*, 50, 1978, p. 105-111 ; *Hieronymus*. Liber de optimo genere interpretandi (Epistula LVII). *Ein Kommentar*, Leiden, Brill, 1980.

Avec un ton sévère, Jérôme fait d'abord le procès des auteurs de l'indiscrétion. Il traite ensuite du fond. Jérôme dénie à ses adversaires toute compétence et attribue à Pammachius la fonction de juge dans ce débat délicat. Il fait appel à la *prudentia* de son correspondant. Le reproche d'*interpretatio maligna* est fondé sur un cas d'« hypertraduction » – *pro 'honorabili' dixisse carissimum* – et un autre d'« hypotraduction » – l'absence de traduction de l'adjectif αἰδεσιμώτατον. Plus généralement, on lui reproche de ne pas avoir été attentif à la traduction *ad uerbum* (*me uerbum non expressisse de uerbo*)[1].

Dans sa traduction de la Bible en latin, saint Jérôme pouvait faire référence à une théorie élaborée de la traduction, qui accordait du prix à la beauté du style et recommandait la traduction *ad sensum*. Le lien de solidarité qu'il établit avec Cicéron est évident. On ne peut guère douter en effet qu'il ait intitulé la lettre 57 *De optimo genere interpretandi* par référence au texte cicéronien. Jérôme invoque explicitement l'autorité de l'Arpinate dans le célèbre passage où il professe *libera uoce* que la pratique de la traduction doit tenir compte du sens de l'original plutôt que de la littéralité liée à la transmission du sens des mots considérés séparément.

> 5 : *Ego enim non solum fateor, sed libera uoce profiteor, me in interpretatione Graecorum absque scripturis sanctis, ubi et uerborum ordo mysterium est, non uerbum e uerbo, sed sensum exprimere de sensu.*
>
> « Oui, quant à moi, non seulement je le confesse, mais je le professe sans gêne tout haut : quand je traduis les Grecs – sauf dans les saintes Écritures, où même l'ordre des mots est mystère – ce n'est pas un mot par un mot, mais une idée par une idée que j'exprime[2]. »

Après avoir rappelé la figure de l'Arpinate (*habeo huius rei magistrum Tullium*), même s'il pousse sa réflexion beaucoup plus loin, Jérôme cite les vers 133-134 de l'*Ars poetica* d'Horace – en les interprétant de façon erronée[3] – et rappelle les traductions de Térence, de Plaute et de Caecilius, respectueuses du *decor* et de l'*elegantia* de l'original[4]. Jérôme

---

1 S. Brock, « Aspects of Translation Technique in Antiquity », *Greek Roman and Byzantine Studies*, 20, 1979, p. 69-87.

2 Trad. J. Labourt, légèrement modifiée.

3 V. García Yebra, « Cicerón y Horacio preceptistas de la traducción ? », *Cuadernos de Filología clásica*, 16, 1979-80, p. 139-154 ; A. Seele, « Horaz als Anwalt der Übersetzer ? Zur Rezeption zweier Verse der *Ars Poetica* », *Arcadia*, 1991, p. 198-203 (spéc. 199-200).

4 M. Banniard, « Jérôme et l'*elegantia* d'après le *De optimo genere interpretandi* », *Jérôme entre l'Occident et l'Orient. XVIe centenaire du départ de saint Jérôme de Rome et de son installation à*

se trouve toutefois dans une situation bien différente de celle de ses prédécesseurs romains. Il traduit un texte religieux et doit donc tenir compte de l'approche mystique de la langue d'une œuvre inspirée par Dieu. C'est dans ce contexte qu'il faut comprendre une phrase célèbre, qui ne laisse pas d'être ambiguë. Dans la lettre à Pammachius, Jérôme est amené à faire une exception au principe cicéronien qu'il s'est donné pour règle de suivre. Il déclare que la traduction de la Bible constitue un cas particulier dans le domaine de la traduction libérale telle que la conçoivent les Romains. Cette exception se justifie par le fait que, dans la Bible, l'ordre des mots a un sens plus profond, presque mystique : *ubi et uerborum ordo mysterium est*[1]. Dans le latin des chrétiens, *mysterium* est un synonyme de *sacramentum*, c'est-à-dire « ce qui relie[2] ». L'*ordo uerborum* ne représente pas seulement la structure syntagmatique du texte, mais est le symbole d'un sens mystique de la parole divine. *Mysterium* représente la vérité cachée dans les mots, révélée par Dieu. C'est un peu l'équivalent de δύναμις/*uis* avec une dimension métaphysique supplémentaire.

Dans d'autres passages, Jérôme manifeste une position moins tranchée. Tantôt il admet une traduction plus libre qui suit le sens, tantôt il pose l'exigence d'une traduction qui tient compte du caractère spécifique des mots, de leur force d'attraction dans la langue de départ. En réalité, l'idéal de saint Jérôme n'est ni une traduction littérale, ni une traduction libre, mais un *tertium quid*, une traduction qui s'efforce de maintenir tous les éléments caractéristiques de la langue de départ et, quand c'est impossible, donne la priorité à la conservation du sens dans le respect des particularités de la langue-cible. Tel est le principe fondamental que donne Jérôme de la traduction en le mettant en évidence par une jolie figure de style (*Ep.*, 106, 3) : *esse regulam boni interpretis ut* ἰδιώματα *linguae alterius suae linguae exprimat proprietate*.

Le problème du libéralisme ou du littéralisme de la traduction – *uerbum de uerbo / sensus de sensu*[3] – n'est pas le seul que soulève Jérôme. Il

---

Bethléem. Actes du Colloque de Chantilly (septembre 1986), édit. Y.-M. Duval, Paris, Études augustiniennes, 1988, p. 305-322.

1   Cl. Montella, « 'Et verborum ordo mysterium est'. Dialettica e paradosso nel *De optimo genere interpretandi* di Girolamo », *Aion (ling)*, 9, 1987, p. 253-267.

2   Chr. Mohrmann, « *Sacramentum* dans les plus anciens textes chrétiens », *Études sur le latin des chrétiens*, I², Rome, Edizioni di storia e letteratura, 1961, p. 233-244.

3   H. Marti, *Übersetzer*, p. 64-81 ; P. Chiesa, « *Ad uerbum o ad sensum* ? Modelli e coscienza metodologica della traduzione tra tarda antichità e alto medioevo », *Medioevo & Rinascimento*,

est aussi attentif aux aspects stylistiques et esthétiques. Selon Jérôme, les caractéristiques stylistiques du texte à traduire doivent être traitées avec respect, comme le montre la préface de la traduction en latin du *Chronicon* d'Eusèbe, dont Jérôme cite un passage dans la lettre 57[1] :

> 5, 7 : *Difficile est alienas lineas insequentem non alicubi excedere, arduum, ut, quae in alia lingua benedicta sunt, eundem decorem in translatione conservent. Significatum est aliquid unius uerbi proprietate : non habeo meum, quid efferam, et, dum quare inplere sententiam, longo ambitu uix breuis uiae spatio consumo. Accedunt hyperbatorum anfractus, dissimilitudines casuum, uarietas figurarum, ipsum postremo suum et, ut ita dicam, uernaculum linguae genus : si ad uerbum interpretor, absurde resonant ; si ob necessitatem aliquid in ordine, in sermone mutauero, ab interpretis uidebor officio recessisse.*

> « Il est malaisé, quand on suit les lignes tracées par un autre, de ne pas s'en écarter en quelque endroit ; il est difficile que ce qui a été bien dit dans une autre langue garde le même éclat dans une traduction. Une idée est-elle indiquée par un seul mot propre, mais je n'ai pas à ma disposition de quoi l'exprimer ? Alors, pour chercher à rendre complètement le sens, je parviens malaisément, et par un long détour, à couvrir la distance d'un chemin qui est bien brève en réalité. Ajoutez les écueils des hyperbates, les différences de cas, les variantes des figures, enfin, le génie de la langue lui-même, qui lui est propre et, pour ainsi dire, de son cru. Si je traduis mot à mot, cela rend un son absurde ; si, par nécessité, je modifie si peu que ce soit la construction ou le style, j'aurai l'air de déserter le devoir du traducteur[2]. »

Le métalangage utilisé dans cet extrait pour décrire les problèmes de la traduction met en lumière la conscience de Jérôme relative aux difficultés de surpasser les obstacles inhérents à l'organisation textuelle de l'original. Jérôme arrive à l'idée du refus de la traduction mot à mot en partant de la constatation de l'incompatibilité des structures de la langue de départ et de la langue d'arrivée aux niveaux morpho-syntaxique, sémantique et stylistique.

Un certains nombre d'expressions importantes apparaissent dans la lettre 106, une longue missive (40 pages dans l'édition CUF [Labourt]) qui traite des problèmes qui affectent la traduction latine des Psaumes d'après la Septante[3].

1, 1987, p. 1-51.
1   P. Serra Zanetti, « Criterio », p. 367-368.
2   Trad. J. Labourt.
3   L. Gamberale, « Problemi », p. 335-336.

Ep., 106, 3 : … *perdes* εὐφωνίαν : *et dum interpretationis* κακοζηλίαν *sequimur, omnem decorem translationis amittimus ; et haec esse regulam boni interpretis, ut* ἰδιώματα *linguae alterius suae linguae exprimat proprietate…* [Jérôme cite les traductions de Cicéron ainsi que Plaute, Térence et Caecilius]. *Nec ex eo quis Latinam linguam angustissimam putet, quod non possit uerbum transferre de uerbo ; cum etiam Graeci pleraque nostra circuitu transferent, et uerba Hebraica, non interpretationis fide, sed linguae suae proprietatibus nitantur exprimere.*

« … on perdrait l'euphonie. Si nous avions le zèle fâcheux pour l'exactitude de l'interprétation, on laisserait de côté tout le charme de la traduction ; c'est la règle d'un bon interprète d'exprimer les idiotismes d'une langue par les expressions propres de la sienne… Et qu'on ne conclue pas que le latin est une langue très pauvre, incapable d'une version mot à mot, alors que les Grecs, eux, traduisent la plupart de nos textes par des paraphrases, et cherchent à exprimer les mots hébreux, non par une fidélité servile d'interprétation, mais selon le génie propre de leur langue. »

Dans ce passage, Jérôme met abondamment à profit le vocabulaire grec et latin de la rhétorique et de la grammaire, répandu chez Cicéron et Quintilien : *idioma, uis, elegantia,* εὐφωνία, κακοζηλία[1], *proprietas* (l'équivalent latin du grec ἰδίωμα)[2], sans oublier *consuetudo* ou *mos.*

CONCLUSION

L'Antiquité gréco-romaine a incontestablement contribué à définir une poétique de la traduction qui, allant bien au-delà de la pure fidélité, croise les principes de la rhétorique et de l'esthétique du discours. Cicéron parle de la traduction non pas de façon absolue, mais dans le cadre d'une activité imitative et d'emprunt. Lorsque la diffusion du christianisme réactualisa le problème de la traduction, les intellectuels chrétiens – à commencer par Jérôme lui-même – reprirent les formules cicéroniennes. Il s'agit pour eux de chercher à respecter – quand c'est possible – la langue étrangère dans tous ses aspects lexicaux, mais aussi stylistiques : ἰδιώματα *linguae alterius.* Mais il faut aussi veiller à ne pas violer la langue dans laquelle on traduit : *suae linguae proprietates.*

1　Sur εὐφωνία/κακοζηλία, H. Marti, *Übersetzer*, p. 81-83.
2　P. Chiesa, « *Ad verbum* », p. 19 et L. Gamberale, « Problemi », p. 329 et n. 62.

Jérôme est à l'origine de ce que l'on peut appeler une dialectique de la traduction. Il met en parallèle une thèse (« traduire ») et son antithèse (« ne pas traduire ») et tente de dépasser la contradiction qui en résulte par une synthèse finale. Il doit concilier sa propre pensée théorique sur la traduction avec une exigence de fidélité au texte original, en particulier lorsqu'il s'agit des Saintes Écritures. Il doit faire coïncider la traduction vraie (*ueritas interpretationis*) sur le plan herméneutique avec la traduction adéquate sur le plan linguistique et stylistique. C'est cette gageure que doit relever l'*interpres disertus* : traduire *fideliter et ornate*. Dans la lettre 57, 5[1], Jérôme dit : *quam uos ueritatem interpretationis, hanc eruditi* κακοζηλία *nuncupant* (« ce qu'il vous plaît d'appeler exactitude de la traduction, les gens instruits l'appellent mauvais goût[2] »)

Le dilemme devant lequel se sont trouvés les traducteurs de l'Antiquité n'est pas « traduire ou ne pas traduire ». C'est plus subtil. C'est traduire *fideliter* et *ornate* ou seulement *ornate*[3]. Ils ont réfléchi sur la traduction en linguistes avant la lettre. Ils se sont demandés à quel niveau se trouve la *ueritas* dans un texte : au niveau du signifiant ou du signifié. Il n'y a qu'un seul cas où la *ueritas* se situe au niveau du signifiant, c'est celui des textes sacrés. Dans le cas des textes profanes, il faut privilégier le signifié et donc traduire *sensus de sensu* en mettant en œuvre toutes les ressources de la rhétorique.

Bruno ROCHETTE
Université de Liège,
département des sciences
de l'Antiquité

---

1 P. Chiesa, « *Ad uerbum* », p. 17.
2 Trad. J. Labourt.
3 H. Marti, *Übersetzer*, p. 86-93.

L'OMBRE PORTÉE DE LA TRADUCTION

Des erreurs initiales, de la Genèse à Goethe

Ich muss es anders übersetzen, « Je dois traduire autrement ». L'injonction de Faust (I, « Cabinet d'étude », v. 1227) est sans conteste la meilleure expression de ce qu'il faut bien appeler pulsion de traduction, qui est aussi tyrannie de la petite différence comme dit la sociologie d'inspiration freudienne. Faut-il traduire *Italianische Reise* de Goethe par « Voyage en Italie » ou, plus littéralement, « Voyage italien » ? Les fameux trois essais de Freud (1905) portent-ils sur la « théorie de la sexualité », comme l'a imposé la vulgate française, ou plus exactement et littéralement sur la « théorie sexuelle » *(sexualtheorie)* ? Et les *Wuthering Heights* seraient-ils mieux rendus par « Hurlevent des monts » plutôt que par l'irrésistible « Hauts de Hurlevent » qui a su énamourer chaque lecteur de la sublime Emily Brontë ? Chacune de ces questions admet des réponses à l'infini, et toutes ne sont pas du ressort de la seule traductologie ni de la seule grammaire des langues. S'agissant de Freud, comment décider de la bonne version si l'on ignore que le psychanalyste utilise la même expression allemande de *sexualtheorie* quand il traite des théories échafaudées par les enfants pour expliquer la naissance ou qu'il expose ses propres vues ? Un élément de la réponse tient à l'ambivalence voulue par Freud, que le traducteur devra traduire non moins qu'il traduit les mots. La nécessaire contextualisation a pour corollaire que la traduction change de sens au gré des contextes : si cela explique que la traduction vieillit plus vite que l'original, l'effet n'est pas exclusivement négatif. La traduction peut avoir en effet un aspect actif, visant à exploiter délibérément le changement de contexte : qu'on parle de « rupture épistémologique » avec Michel Foucault ou de « changement de paradigme » avec Thomas Kuhn, il en résulte une « indétermination de la traduction », pour parler comme W. O. Quine, qui devient un enjeu de traduction, mais aussi un enjeu de pouvoir pour les divers maîtres qui veulent faire de la traduction la servante de leur pouvoir.

Mais l'enjeu de pouvoir est aussi enjeu de savoir. L'incomparable spécialiste de Goethe qu'est Jean Lacoste reconnaît ce que l'expression « voyage italien » peut avoir de « discutable au regard de l'usage français » (où l'on retrouve la trop fameuse querelle des « sourciers » et des « ciblistes »), mais il observe qu'à la différence de la traduction classique, qui met l'accent sur la « destination et la visée géographique », la traduction suggérée met en valeur le moment d'une vie et la trace d'une époque. Qui plus est, cette deuxième traduction ne se contente pas de traduire les mots du titre, mais des références plus ou moins implicites, pouvant se réclamer de la traduction des *Römische Elegien* par « Élégies romaines » (et respectant ainsi le principe informel mais tenace de cohérence des traductions) en même temps qu'il rend compte d'une « dimension profondément subjective et autobiographique » du texte en écho au « Voyage sentimental » de Sterne, modèle cher entre tous du solitaire de Weimar. Le traducteur qui voudra traduire, plus qu'un texte, un réseau intertextuel en restituant l'enjeu d'une époque, choisira la solution que propose Jean Lacoste… sans la retenir. Le changement de traduction eût été un changement de paradigme.

Quitte à forcer le trait, un exemple emprunté à Raymond Queneau, dans « Philosophes et voyous[1] », permet de mesurer les enjeux et éclaire une pratique qui remonte aux origines de la traduction raisonnée (l'époque de Cicéron ou de saint Jérôme, où l'on a à la fois la traduction et les commentaires et justifications de la traduction). Citant Diogène Laërce sur Héraclite, préférant jouer aux osselets que de participer à la vie politique, Queneau s'amuse. Aux Éphésiens consternés, Héraclite lance : « Qu'avez-vous à vous étonner, *vauriens*, cela ne vaut-il pas mieux que d'administrer la république avec vous ? » *Vauriens* traduit le grec *kakistoi*, mais Queneau demande : ne vaudrait-il pas mieux traduire par « bande de caves » ? – sachant que si le philosophe ne veut pas être pris pour un cave, il a pour adage : « N'affranchissez jamais les caves. » On perçoit les enjeux de ces différences de traduction, et la charge affective, morale, violente qu'elles peuvent comporter. Le traducteur voudra affranchir un « cave », mais à quelle fin ? À moins qu'il ne se veuille philosophe… Le traducteur n'a plus droit à l'innocence.

---

1   R. Queneau, *Journal 1939-1940, suivi de Philosophes et voyous*, Paris, Gallimard, 1986, p. 231-232.

FIGURES DU DIVORCE JUDÉO-CHRÉTIEN EN TRADUCTION

Sur un plan religieux, on le conçoit, les enjeux peuvent être autrement plus conséquents. Un exemple emprunté à la théologie du pain en donne une illustration d'autant plus éloquente que s'y reflète le divorce même du christianisme et du judaïsme. Apparemment, rien de plus simple à traduire que le mot pain, mais sa traduction d'une langue à l'autre, ou sa transposition, dissimule autant qu'elle révèle : le *pat* ou *lèhem* hébreu est devenu le *artos* des Grecs ou le *panis* des Latins. Et si le grec utilisait le *azumos* pour désigner le pain sans le levain (*matsah*, en hébreu), dont le latin hérita *azymus*, le *artos* qui désignait le pain d'orge ou de froment est devenu une appellation générique, comme le *panis*. L'universalisation du christianisme a changé le sens du mot, imposant un terme générique, quand l'hébreu s'appliquait à distinguer. Le « pain » des versions courantes dissimule des réalités matérielles et théologiques très différentes.

Der Herr brach das Brot, / das Brot brach den Herrn. « Le Seigneur a rompu le pain, / le pain a rompu le Seigneur », écrit le poète Paul Celan (« Tau », *Fadensonnen*). À première vue, ces vers pourraient sonner comme une adaptation de l'Hymne 7 que la tradition a attribué à Ambroise de Milan (deuxième moitié du IVe siècle) : « Entre les mains de qui le rompt, / le pain s'écoule à profusion ; / ce qu'ils n'ont ni touché ni rompu / se rompt et glisse sous les hommes. » Après l'Holocauste, cependant, la formule lapidaire résume deux mille ans d'histoire judéo-chrétienne et conjoint d'un même mouvement les symboles judaïque et christologique de la bénédiction juive et de l'incarnation sacramentelle : comment mieux dire que par le symbole du pain la solidarité et l'antinomie d'une filiation ou d'une paternité tantôt assumée, tantôt récusée (avec le marcionisme), mais aussi la place centrale qu'occupe le pain dans ce que Jean-François Lyotard appelait le « trait d'union » ? Du judaïsme au christianisme, le pain reste, mais la traduction de l'hébreu en grec ou en araméen, puis en latin et dans les langues vernaculaires ne donne pas (toujours) la recette : qu'il soit azyme ou « levé » est, temporairement, passé sous silence par un effet sinon de contresens, du moins de « violente transposition » qui est au cœur de ce que l'on est en droit d'appeler, à la suite du poète Pierre Emmanuel (*Qui est cet homme*, 1947), une « théologie du pain » (et du vin). Le « pain rompu comme figure théologique de la présence eucharistique » de la Pâque chrétienne n'a, de toute évidence, plus rien à voir avec le pain sans levain de l'Exode (12, 33-34, 39), liant le pain sans levain à la hâte dans laquelle les Israélites fuirent l'Égypte. Alors que celui-ci nourrit des pratiques rituelles et alimentaires commémoratives, celle-là fonde une théologie qui participe du processus « E(xc)lu » analysé par Shmuel Trigano à partir de saint Paul. Ne pas « traduire autrement » un mot aussi simple que pain, ou plutôt traduire le mot plutôt que la recette, participe du coup de force des Pères de l'Église dans leur œuvre de traduction et de conversion. Surtout quand s'oublie la langue d'origine. Il semble ainsi exister un contresens naturel que l'oubli impose à une traduction correcte en son temps. L'oubli de connotations du mot initial multiplie les risques de lecture à contresens.

Le même écueil se rencontre avec le sens de Pentecôte. « Un jeu sur le sens du mot *Penteconta*, écrit Renée Balibar, a fait passer du judaïsme au christianisme[1]. » Dans la tradition juive la fête de Chavouot, « les semaines », doit son nom au fait que la Bible prescrit de dénombrer les sept semaines qui courent du premier soir de Pessah (la Pâque juive), jusqu'à cette seconde fête. Les Juifs hellénisés parlaient donc de *Pentaconto*, « les Cinquante », incluant dans leur décompte le jour de départ et le jour d'arrivée. « Les juifs de foi chrétienne sont devenus des chrétiens juifs lorsqu'ils ont cru que le dernier jour de la Semaine de semaines était le premier jour de la nouvelle liberté. » Autrement dit, ils ont imaginé que le cinquantième jour était intégré aux quarante-neuf autres. L'hébreu interdisait cela puisque les Juifs, fussent-ils chrétiens, nommaient séparément Pessah et Chavouot, d'autant qu'il était interdit de mêler l'action de Dieu aux actes des hommes. En revanche, si l'on comptait les semaines « à la façon grecque » (comme on dit dans huit jours pour une semaine), en « incluant une de ses bornes sans la nommer, le dernier jour pouvait se confondre avec le premier ».

Dans les deux cas, du pain et de la Pentecôte, les traducteurs ont gardé un mot en changeant la chose, fidèle en cela à Saint Jérôme, connaissant fort mal l'hébreu, mais expliquant à ses amis Juifs qu'ils

---

1   R. Balibar, *Le Colinguisme*, Paris, PUF, coll. « Que sais-je ? », 1993. p. 26.

étaient les « bibliothécaires » des chrétiens, lesquels savaient mieux le sens d'une révélation dite dans une langue qu'ils ne savaient pas. La traduction est alors une demi-vérité dans le premier cas, une vérité et demie dans le second. Mais peut-elle vraiment espérer mieux ?

PRÔTON PSEUDOS : AU COMMENCEMENT ÉTAIT LE CONTRESENS

Comment mieux dire que « les erreurs sont toujours initiales », suivant le mot de l'écrivain Cesare Pavese dans *Le Métier de Vivre* ? Volontaires ou non, les décisions de sens, ou les erreurs volontaires, si nombreuses aux origines du christianisme, s'enchaînent, et créent une ombre portée dont le texte d'origine garde à jamais la trace. Goethe lui-même en fit l'expérience à maintes reprises, que ses méprises fussent ou non volontaires. Il n'est pas sans intérêt, à cet égard, d'observer, que le « traduire autrement » de Goethe, dans le « Faust I », a précisément pour enjeu le texte biblique, et plus précisément le « texte fondamental » du Nouveau Testament.

Plus exactement, traduisant l'évangile de Jean 1, 1, le Dr Faust bute aussitôt sur le *Logos* du *en archê en ho logos*. « Au commencement était le verbe ». Littéralement, la Bible hébraïque commence par « en un commencement... Dieu », repris en traduction grecque dans l'Évangile de Jean. Au commencement était le « verbe », le *logos* dit Jean, que saint Jérôme a rendu sans détours par le latin *verbum*, qui s'est imposé, et que le Concile de Trente a ratifié en consacrant la Vulgate au moment même où Érasme montrait que le latin *sermo*, discours, avec ses connotations d'art oratoire[1], aurait mieux fait l'affaire. Où la traduction Louis Segond, par exemple, dira « Au commencement était la parole », quand celle de Lemaître de Sacy, au XVIIᵉ, se contentait de transcrire *verbum* en verbe, dans la tradition allemande, c'est Luther qui choisit de passer outre saint Jérôme et de retourner au grec pour rendre le *o logos* par *das Wort*. C'est sur cette traduction que Faust « achoppe déjà ».

---

1 Sur la traduction du *logos* de Jean 1 par Érasme, voir M. O'Rourke Boyle, *Erasmus on Language and Method in Theology*, Toronto, University of Toronto Press, 1977, p. 1-31.

« Tout de suite, et pour l'Allemagne entière par procuration, il recule :
Voici que se définit la création même de la vie par le terme qui, fondamentalement, signifie sa fixation, donc sa mort », observe Marcel Beaufils
dans un passage étonnamment clair sur les mouvements herméneutiques
de la traduction[1]. Faust veut aller plus loin, comme les traducteurs
chrétiens avec les « mots juifs » des écritures héritées. Faute de pouvoir
« estimer assez » le mot verbe, il en arrive à sa conclusion : « il faut que je
traduise autrement », et en appelle à l'esprit, suivant un trope irrésistible
dans la traduction des textes sacrés depuis saint Augustin. Délaissant
le verbe qui se fait chair, Faust va suivre une progression logique qui
va le conduire du mot pensée ou sens *(Der Sinn)*, car c'est la pensée qui
« crée et anime tout », puis il risque « la force » et en conclut très vite
qu'il ne « doit pas en rester là » : « L'esprit me vient enfin en aide ! D'un
coup je vois la solution, / Et j'écris avec assurance : "Au commencement
était l'action" ! » *Am Anfang war die Tat.* Le contresens est consommé.
« Cette fois, le Docteur Faust a trouvé. Et, d'une main ferme, il inscrit, inaugurant sa traduction par un contre-sens ». En l'occurrence, le
choix est délibéré, et ce choix est de disséquer ce qui était synthétique.
Mais aussitôt, Marcel Beaufils corrige son affirmation de contre-sens
en ajoutant « Contre-sens, ou tautologie, comme on voudra[2] », comme
si le fait qu'un contresens soit fondateur lui donnait le statut d'une
décision de sens presque légitime. Intervient aussi, dans la succession
des traductions, un effet de « relève » *(Aufhebung)* qui interdit d'annuler
désormais tout à fait un sens, fût-il approximatif : une traduction n'en
dépasse pas une autre, elle en prend la relève[3].

Jacques Lacan, glosant ce passage dans son fameux « Discours de
Rome », va dans le même sens en expliquant que la seconde formulation « ne saurait contredire » la première, puisqu'il ne saurait y avoir
d'acte sans l'horizon du langage ; autrement dit l'action du Verbe lui
est « coextensive et renouvelle chaque jour sa création[4] ».

---

1   M. Beaufils, *Wagner et le wagnérisme*, Paris, Aubier, 1980, p. 126 *sq.*
2   *Ibid.*, p. 127.
3   A. Koyré « Note sur la langue et la terminologie hégéliennes » (1931), *Id.*, *Études d'histoire
     de la pensée philosophique*, Paris, Gallimard, TEL, 1971, p. 209, note 2 : traduire *Aufheben*
     par « dépassement » « est un contresens, peut-être délibéré ». Koyré suggère « tollere »,
     d'où le « relever » de J. Derrida, in « Qu'est-ce qu'une traduction "relevante" ? », *Cahiers
     de l'Herne. Derrida*, Paris, L'Herne, 2004, p. 561-576.
4   J. Lacan, « Discours de Rome », *Id.*, *Autres écrits*, Éditions du Seuil, 2001, p. 133-164,
     ici p. 133 ; et « Fonction et champ de la parole et du langage », *Écrits*, Paris, Seuil, 1966,

« Au commencement était le verbe », donc, et presque aussitôt est arrivée la traduction Au commencement de la traduction, donc, était le contresens volontaire, et par le contresens commença la traduction… Au commencement était le contresens sur le commencement, que réédite Goethe par Faust interposé, mais en s'inscrivant dans une longue lignée. Balzac, dans son « Louis Lambert », s'en fait le continuateur : quand le premier tranche « *Aussi, peut-être un jour le sens inverse de* l'ET VERBUM CARO FACTUM EST, *sera-t-il le résumé d'un nouvel évangile qui dira* : ET LA CHAIR SE FERA le VERBE, ELLE DEVIENDRA LA PAROLE de DIEU », le second veut en finir avec les mots, ou plutôt dans la « guerre des tropes », il réclame un performatif : « Au commencement était l'action… ». *Im Anfang war des Wort*, « au commencement était le mot » – *Wort* ayant le double sens de « mot » et « parole » –, il fallait choisir l'actif ou le passif, le résultat ou la cause. Inversion de sens, contresens volontaire sont le lot du commencement. Pour la simple raison que la première phrase énonce le paradoxe du Crétois évoqué par saint Paul, qui ment s'il dit vrai, et dit vrai s'il ment. Ainsi que l'observe Canetti, en effet, « Au commencement était le Verbe, mais il *était*, donc le passé existait avant le Verbe[1]. » Et la traduction aussi, qui fait que cette première phrase est déjà une traduction fausse de ce qu'elle croit vouloir dire. Cela vaut pour la traduction chrétienne du judaïsme, mais aussi pour diverses interprétations qui ont fait polémique au sein du judaïsme, avec l'inversion « gnostique » de l'ordre sujet-verbe dans le premier verset de la Genèse, qui risquait de « faire passer le sujet "Dieu" pour le complément d'objet d'une phrase dont le sujet serait une entité nommée "commencement" » – l'idée étant que les traductions de la Bible en grec avaient « intentionnellement inversé l'ordre des mots » pour corroborer cette lecture (Talmud de Babylone, *Meguilah*, 8a[2]). Et quand il n'y a plus ni Dieu ni commencement, le débat oppose le verbe et l'action : *Kommt wort vor tat kommt tat vor wort ?*, « Le verbe précède-t-il l'action l'action le verbe[3] ? » Ce qui, de la part de George,

---

p. 271. Voir le commentaire de G. Haddad, *Le Péché originel de la psychanalyse*, Paris, Seuil, 2007, p. 151-152.

1 E. Canetti, *Auto-da-fè*, trad. de P. Arhex, Paris, Gallimard, 1968, p. 193-194.

2 A. Funkenstein, « Gershom Scholem : charisme, *kairos* et dialectique messianique », *Scholem*, édit. M. Kriegel, Paris, Cahiers de l'Herne, 2009, p. 214-222, ici p. 216.

3 S. George, *L'Étoile de l'alliance, Id., Poésies complètes*, trad. L. Lehnen, Paris, La Différence, 2009, p. 612-613.

a pu passer pour coquetterie – l'abandon des capitales pour des bas de casse, prend ici une tout autre portée, surtout dans un recueil dont le titre a une connotation biblique si évidente. L'œuvre de traduction est d'emblée assumée comme laïcisation : aucune capitale ne lui résiste. Mais l'ombre portée de la traduction demeure, jusqu'à brouiller les sens et les langues, et à induire des chaînes de contresens, comme si, du contresens initial, il fallait déduire qu'on ne corrige pas les contresens.

« La traduction de Goethe, a-t-on pu dire, nie ironiquement la trahison amoureuse déplorée ou redoutée sur le ton de la plainte dans l'original grec, la rejette et lui préfère d'autres choix. Ainsi se trouve exemplifiée de double manière la règle selon laquelle "traduire, c'est trahir"[1]. » Faust procède à l'exemple de Goethe, s'appliquant à se « déconvertir » de l'original, quand la tradition, de Tertullien à John Donne, voulait faire de la traduction une œuvre de conversion. Dès lors qu'on refuse au texte original sa dimension, sinon sacrée, du moins canonique, les stratégies de traduction s'ouvrent davantage. Au demeurant la rencontre du profane et du sacré dans le creuset alchimique de Goethe montre que les problèmes sont les mêmes dans la traduction de la littérature ou des textes religieux ou savants. Avec les mêmes effets d'ombre portée.

CONTRESENS INAVOUÉS
OU POSTULATS PHILOLOGIQUES

L'examen d'un autre texte, de Flavius Josèphe, montrera à l'inverse comment à trop vouloir traduire un texte apparemment simple, on peut s'exposer au contresens inavoué en faisant passer une idéologie sous couvert de traduction.

Le *Testimonium* ce sont les quelques douze lignes de Flavius Josèphe évoquant l'influence acquise auprès de quelques fidèles par un dénommé Jésus. Depuis quatre siècles que l'on débat de ce texte, le consensus n'a

---

1   H. Magrit Müller, « Goethe, collectionneur et traducteur de chants populaires grecs modernes », *Johann Wolfgang Goethe : l'un, l'autre et le tout*, édit. J.-M. Valentin, Paris, Klincksieck, 2000, p. 110.

jamais pu se faire : s'agit-il d'un hapax, c'est-à-dire d'une évocation bienveillante du messie des chrétiens par un historien juif, ou d'une interpolation par un scribe antique. On subodore que des considérations identitaires et religieuses « faussent » les éléments de la controverse, et que d'« une hypothèse peut naître une inflexion dans la traduction ». Au terme de son analyse minutieuse, Bardet conclut que le texte est écrit dans « une langue apparemment dépourvue de difficultés », mais a donné lieu à d'innombrables traductions : une quarantaine rien qu'en français au cours des deux derniers siècles alors même que le texte « ne pose aucun problème syntaxique ; aucun vocable rare ou (hormis *Khristos*) d'un emploi très spécifique ne s'y rencontre ; il ne nous parle de rien que nous ne puissions saisir le plus directement du monde[1] ». Le savant anglais Henry St. John Thackeray, qui a étudié le cheminement de *La Guerre des Juifs* à partir d'une traduction slavonne dérivée d'une première traduction grecque de la première version du livre que Josèphe avait rédigée en araméen, en a proposé cette traduction dans les années 1920 :

> Vers le même temps survient (*ou* naît, *gignetai*) Jésus, habile homme, si du moins il faut le dire homme. Il était en effet faiseur de prodiges et maître de ceux qui reçoivent avec plaisir des vérités. Il se gagna beaucoup de Juifs et aussi beaucoup du monde hellénistique. Le Christ, c'était lui. Et Pilate, l'ayant condamné à la croix, selon l'indication des premiers d'entre nous, ceux qui avaient été satisfaits (*ou* qui l'avaient aimé) au début ne cessèrent pas. Il leur apparut en effet le troisième jour, vivant à nouveau, les divins prophètes ayant prédit ces choses étonnantes et dix mille autres merveilles à son sujet. Et jusqu'à présent, la race (*ou* tribu, *phulôn*) des chrétiens, dénommée d'après celui-ci, n'a pas disparu[2].

Au terme de ses recherches[3], Serge Bardet, observe pourtant qu'« il paraît impossible à ce stade de proposer une autre traduction que cet indigeste montage de formules » :

---

1 S. Bardet, *Le* Testimonium flavianum. *Examen historique. Considérations historiographiques*, Préface de P. Geoltrain, Paris, Cerf, 2002, chap. 1, ici p. 49.

2 H. St. John Thackeray, *Flavius Josèphe. L'homme et l'historien*, adaptation de l'anglais par É. Nodet, Paris, Cerf, 2000, p. 88 et 125, n. 276.

3 S. Bardet, « Le *Testimonium Flavianum*, intraduisible et illimité ? (Flavius Josèphe, *Antiquités judaïques* XVIII, § 63-64) », *Pierre Geoltrain ou comment « faire l'histoire des religions » ? Le chantier des « origines », les méthodes du doute et la conversation contemporaine entre les disciplines*, édit. C. Mimouni et I. Uttern-Weité, Turnhout, Brepols, 2006, p. 207-214.

§ 63 C'est à[1] cette époque qu(e) {intervient/se situe[2]} [un certain[3] ?] Jésus,
{un homme de sagesse/un homme sage[4]/un habile homme}
s'il faut l'appeler un homme. Car il produisait des œuvres étonnantes[5], ins-
truisant ceux qui reçoivent avec plaisir des [enseignements]
    {véridiques[6]/justes/intègres[7]} et il attirait à lui beaucoup de juifs
    {et aussi/il faisait entrer} beaucoup de grecs [de la gentilité]
    {Khristos, c'était lui[8]/Voilà qui était Khristos[9]}

§ 64   Et, après que Pilate l'eut condamné à la croix, [suite à[10]]
    {une dénonciation/une procédure sommaire[11]} {des premiers dirigeants/
des plus hautes autorités}
    {de chez nous[12]/en poste chez nous[13]}

---

1   Traduire « vers », explique Bardet, est l'expression de la « conscience critique du traducteur »
     sachant que Joseph ou l'interpolateur a « bricolé » alors que l'expression ne comporte pas
     d'« incertitude particulière »

2   Traduire par une autre formule risque d'accréditer la thèse de l'interpolation.

3   *Ginétai dé Ièsous*. Le présent historique est d'usage courant chez Josèphe, plutôt que le
     passé choisi par de nombreux traducteurs (« pourquoi traduire un présent par un passé ? »
     demande Bardet). Le *tis* est fourni par certains manuscrits d'Eusèbe : il trouve un parallèle
     dans Ac 25, 19 ; *cf.* Bardet, *op. cit.*, p. 105.

4   *Sophos anêr*. Le risque d'une autre solution est de « préjuger gratuitement » de nombreuses
     nuances de sens.

5   *Paradoxôn ergôn*. Expression que l'on retrouve dans le Siracide, mais où elle n'a pas forcé-
     ment le même sens.

6   Revient à préserver l'ambiguïté du texte sans préjuger de l'authenticité.

7   Les deux dernières traductions insistent sur la figure morale de Jésus.

8   La traduction met en évidence l'opposition implicite entre le Jésus inconnu du lecteur et
     le Christ qui a défrayé la chronique.

9   *Ho Khristos houtos èn*. En traduisant, Bardet explique qu'il « parie sur un arrière-plan judi-
     ciaire » et ajoute : « Une hypothèse n'exclut pas l'autre ; une traduction, si. Si l'on penche
     pour l'interpolation, on réintègrera les traductions dirimantes », mais linguistiquement
     légitimes, du style « Il était le Messie » ou « c'était le Christ ». Toutes ces solutions sont
     légitimes au regard du grec tel qu'il se pratiquait dans le monde judéo-chrétien à l'époque
     romaine.

10   Le problème est ici lié à l'ambiguïté temporelle-causale du génitif absolu.

11   *Endeixis*.

12   Hypothèse classique ; Josèphe évoque le Sanhédrin.

13   Hypothèse fondée sur l'épigraphie : Josèphe suppose que les Romains ou leurs hommes
     de main ont recouru à une procédure sommaire. Voir Bardet, *op. cit.*, p. 148 *sq.* sur le
     rapprochement avec le récit lucanien, qui est lui aussi affecté d'une certaine ambiguïté :
     seul des quatre évangélistes, rappelle Bardet, à souligner que, selon Pilate, Jésus est
     galiléen et relève de la justice de Hérode Antipas ; et, avec Marc, ne mêle pas person-
     nellement Caïphe au procès de Jésus. « Le lecteur ne peut, à la lecture, décider qui est
     compétent, d'Hérode ou de Pilate ; si Caïphe est ou non acteur du procès ; si les autorités
     agissantes du *Testimonium* sont romaines ou nommées par Rome au sein de l'aristocratie
     juive ».

{ceux qui s'étaient attachés à lui auparavant ne cessèrent pas/ses partisans lui restèrent attachés sans désemparer[1]}
car il leur apparut de nouveau vivant le troisième jour[2] – les divins prophètes avaient dit à son sujet et cela et dix mille autres merveilles[3]. Encore aujourd'hui[4],
{les/le groupe des/le min des[5]}
Chrétiens – qui tire(nt) son nom de lui – n'a (n'ont) pas disparu.

L'une des conclusions les plus claires est que, quand on traduit, on fait toujours autre chose que traduire, et les décisions de sens opérées ne relèvent pas toutes de la linguistique et de la traductologie – l'exégèse, voire l'acte de foi, suppléant aux lacunes du texte. À propos de *ginétai*, et expliquant les connotations antiques et modernes des diverses solutions possibles – « il y a », « intervient » qui risque de faire penser au *Deus ex machina* et « se situe », qui perd le sens original – Bardet conclut : « Bref, un traducteur ne peut pas feindre de croire que son lecteur et lui vont conjointement s'abstraire du passé de la question. » Autrement dit, il n'y a pas une première étape qui serait l'établissement d'un texte et sa traduction, puis une seconde qui serait celle de son interprétation : celle-ci fait partie intégrante de celle-là. Même si certaines décisions jurisprudentielles s'imposent pour éviter de tirer des conclusions avant même que la recherche historique n'ait été accomplie. Il faut donc compter avec la paresse du contresens, qui n'est autre que le fait accompli.

À propos d'*agapô*, Bardet explique : « [...] Toutes ces difficultés sont liées à une contrainte générale de la traduction : sauf coïncidence générale du champ sémantique de deux termes dans chacune des deux langues utilisées (c'est le cas d'*agapô*/être attaché à), la traduction est un

---

1 Bardet présente deux solutions : l'une plus littérale, et l'autre se voulant plus élégante pour traduire *agapô* : « être attaché à ».
2 Le problème est celui de la traduction d'*ékhôn*, qui « semble introduire l'idée d'un délai en continuité avec l'événement fondateur » : « le terme ne paraît pas traduisible sans une lourdeur disproportionnée à son intérêt pour le lecteur ».
3 De deux choses l'une : ou l'on accepte l'étonnement de Josèphe devant une époque « fertile en miracles » ou l'on y voit une « interpolation monastique ». La traduction, pour une fois n'est pas très problématique, ce qui se cache derrière l'est davantage, sans qu'on ait d'indice déterminant.
4 Élément venant d'Eusèbe.
5 *Phulon*. Trois solutions possibles : « respectivement, valeur périphrastique, valeur "neutre" et valeur péjorative dans un cadre de pensée juif ».

choix que ne veulent pas forcément l'auteur ni la richesse d'un texte » ;
la « *distinction* est déjà de l'ordre de la traduction ».

L'exemple de *phulon*, en fin de texte, pose par ailleurs la question des
établissements successifs du texte. En l'état actuel de nos connaissances, les
différentes hypothèses sont « aussi plausibles qu'invérifiables » et mènent
à des traductions différentes : le même mot peut avoir une connotation
péjorative, neutre, voir relever d'un hébraïsme : *phulon* = *min*, groupe
minoritaire qui peut être hétérodoxe, « plus ou moins objet de répro-
bation[1] ». La question se pose alors de la possibilité de traduire un mot
« problématique » par un mot étranger, ce qui est aussi une forme de
refus de la traduction. Puisque même si Josèphe utilisait un hébraïsme,
il n'a pas utilisé l'hébreu. On retrouve au demeurant le problème de
l'identification de la langue à traduire : s'il s'agit d'un hébraïsme, c'est
l'hébreu qu'il faudrait traduire derrière le grec. En revanche, si l'on pense
au rôle d'Eusèbe de Césarée dans la transmission du texte, l'expression
to tôn khristianôn phulon peut désigner la communauté des chrétiens. En
réalité le choix entre les diverses solutions suppose que l'on fasse un choix
sur la traduction implicite qui a présidé au choix du mot *phulon* chez
Josèphe. La traduction explicite suppose préalablement résolus divers
problèmes de traduction implicite, qui demeure comme l'ombre portée.

Il ne faut pas perdre de vue que même un auteur aussi « bien ren-
seigné » que Josèphe « semble présenter des mots araméens comme de
l'hébreu[2] ». De même est-il extrêmement difficile de savoir quand un
auteur utilise un mot en respectant le sens d'origine, « auquel cas il faut
faire entendre l'effet de diachronie », ou s'il a détourné un mot en ayant
présent à l'esprit le sens contemporain, « auquel cas il faudrait aujourd'hui
traduire conformément aux usages du temps où vivait le rédacteur ».
L'apparente simplicité du texte de Flavius Josèphe met en évidence un
problème majeur théorisé par Quine, celui de « l'indétermination » de
la traduction et de l'indécidabilité du sens, même dans des cas apparemment limpides. Les inflexions virtuelles sont innombrables, suivant
les hypothèses de départ, et dès lors que l'exégèse ou la foi vole au
secours de la philologie, le « forcènement du sens », pour parler comme
Derrida à propos d'Artaud, peut cesser d'être involontaire pour être

---

1   Voir C. Mimouni, *Le Judéo-christianisme ancien. Essais historiques*, Paris, Cerf, 1998, p. 180 *sq.*
2   *Cf.* A. Léonas, *L'Aube des traducteurs. De l'hébreu au grec : traducteurs et lecteurs de la Bible
     et des Septante (IIIᵉ s. av. J.-C.-IVᵉ s. ap. J.-C.)*, Paris, Cerf, 2007, p. 49-52 et 111.

volontaire. Si l'on suit l'analyse de Bardet à propos de ces douze lignes, force est de conclure que tous les traducteurs qui sortent de ces paramètres et décident du sens quand l'indécidabilité est, en l'état actuel de nos connaissances, l'horizon incontournable du lecteur, se rendent coupables d'inflexions de sens, voire de contresens volontaires. « Il n'en reste pas moins une difficulté sournoise, ajoute encore Serge Bardet, liée à la position du traducteur moderne, pris quoi qu'il en ait dans les conséquences de la querelle : une traduction sans être fausse, peut prendre, même involontairement, une coloration biblique qui induit les esprits vers la thèse de l'interpolation monastique ; ou au contraire une coloration manifestement laïcisée, qui peut induire à la conclusion inverse… ou laisser excessivement sentir le travail pour ne pas "avoir l'air" monastique (et un tel choix renvoie fréquemment au soupçon de fraude) ». La traduction a des conséquences que le traducteur ignore, ou, pour paraphraser Char, la traduction sait de nous des choses que le traducteur ignore. L'ombre portée de son travail rejaillit sur le sens choisi par l'auteur.

Au-delà de ces inflexions, volontaires ou involontaires, se pose la question de la nécessité de traduire qui se manifeste dans ce texte. *Khristos* devrait rester ici intraduisible, faute d'éléments ne serait-ce que pour décider, sur des bases strictement linguistiques, s'il s'agit d'un simple anthroponyme ou d'un premier usage de la motion de messie, d'oint du Seigneur, au sens pleinement chrétien du mot. Le maintien de *Khristos* évite de prendre position en conservant l'anthroponyme sous sa forme originelle. Autrement dit, on fait exception à la règle suivant laquelle tout doit être traduit pour éviter de sombrer trop vite dans une polémique. Pourtant aucune des traductions n'est fausse : même non traduit, le mot peut être compris comme simple nom de personne ou au contraire revêtir son sens pleinement messianique. En revanche, toute traduction semble « trahir » le choix du traducteur et de sa vision du christianisme, suivant qu'il professe des opinions hostiles, partagées ou favorables[1].

---

1   S. Bardet, *op. cit.*, p. 52-53.

OMBRES PORTÉES DE LA TRADUCTION

On aura remarqué que, dans le mot de Goethe, *Ich muss es anders übersetzen*, le *anders* est précédé d'un *Ich muss*. Il faut traduire. La tentation de la traduction, on le voit sur le texte de Flavius Josèphe, est presque irrésistible. Une fois la traduction effectuée, elle est acquise. D'autres traductions peuvent venir s'y ajouter, voire corriger la traduction initiale, mais rarement la traduction fautive initiale, volontaire ou involontaire, change. L'exégèse évolue parfois, rarement la traduction. Évoquant la persistance des traductions fautives, Guillaume Gardascia pose trois questions centrales : « Comment un contresens grossier a-t-il pu survivre pendant près de deux millénaires ? Comment une fois dénoncé, peut-il rester ignoré pendant plusieurs lustres par la quasi-totalité des interprètes ? Comment enfin, après une correction indiscutable et suffisamment diffusée, peut-on revenir si souvent à l'erreur ancienne[1] ? » Sa réponse se limite à un constat. Paresse et passivité font bon ménage. Le constat dressé par John Donne dans son *Biathanatos* à propos des « erreurs consacrées » vaut pour tous les domaines sans qu'on puisse apporter de réponses définitives aux questions posées.

L'un des exemples invoqué est d'autant plus curieux qu'il a donné naissance à une aporie qui ne pouvait être dissipée qu'avec le secours de l'exégèse. Nb 5, 31 est la conclusion de l'épisode de « l'ordalie des eaux amères » que subit la femme adultère : la traduction la plus courante indique que le mari est exempt de la peine, mais que la femme doit porter celle de son iniquité. La traduction erronée admet deux lectures : l'une, ironiste, perçoit dans l'absolution du mari trompé, un signe d'humour ; l'autre, plus sérieuse, comprend que, si la femme est innocente, le mari est absous de la faute qu'il a commise en la soupçonnant tandis que la femme coupable est châtiée. En réalité, la solution est simple et tourne autour de l'incompréhension du mot hébreux *iš*, qui peut vouloir dire tantôt « mari » tantôt « homme ». En réalité, le verset ne vise pas le mari, mais l'amant, c'est-à-dire « l'homme », qui en l'occurrence bénéficie de

---

1   G. Gardascia, « "Trahisons" bibliques : Nb 5, 31 & Lc 10, 25-37 », *Revue Biblique*, 3, juillet, 2005, p. 369-371.

la présomption d'innocence. Si la grammaire ne suffisait pas, il suffirait de se reporter au Code sumérien d'Ur-Nammu, où il est question de la relaxe de l'« homme » (Correction effectuée par un exégète américain en 1975, confirmée par Sophie Demare-Lafon en 1987, précise l'auteur.) La persistance de la traduction fautive est d'autant plus troublante que La Septante avait donné une traduction juste en rendant le *iš* du dernier verset par *anthrôpos*, plutôt que par *anêr*... mais la Vulgate, qui est déjà, au moins en partie une traduction de traductions, a choisi *maritus*, qui n'a plus la moindre ambiguïté. Et c'est cette traduction qui a fait ensuite jurisprudence[1].

Mais la « paresse du contresens » – l'ombre portée – obéit aussi à d'autres ressorts : « La philologie biblique progresse, observe Daniel Lys, cependant que la langue de réception du texte traduit évolue. La combinaison des deux est génératrice de contresens » : le contresens naturel évoqué plus haut à propos du pain. Par habitude, « on garde des interprétations dépassées ». L'un des domaines les plus patents de cette paresse touche à la question de l'image de Dieu. Le décalogue (Ex 20, 1-17 ; Dt 5, 6-21) interdit à l'homme de faire une image de Dieu juste après que la Genèse 1, 26-27 déclare que Dieu a fait l'homme « à son image ». La contradiction est difficile à résoudre si l'on ne revient pas à l'hébreu. La polysémie du mot image dans les langues romanes modernes sème la confusion. D. Lys précise qu'il faut rechercher la « ressemblance » non pas dans la forme, mais dans la fonction. La préposition française « à » admet une pluralité de sens en hébreu : dans, parmi et surtout « à la place de » (*cf.* Dt 19, 21, qui utilise la même préposition à propos du talion). Le lien entre les deux passages est clair : « Dieu a créé l'homme *à la place* de son image », pour être son représentant dans le temple de la création, au sens ou Col. 1, 15-18, dit de Jésus qu'il est « l'image du Dieu invisible, le premier-né de toute la création ».

Enfin, un dernier exemple montre comment une traduction décide d'une interprétation autant qu'une interprétation dicte une traduction. Le fameux *Hoc est corpus meum* de la Vulgate, « ceci est mon corps » de 1 Co 11, 24 ; Mt 26, 26 ; Mc 14, 22 ; Lc 22, 19, fait de ceci le sujet, comme dans le Ps 23, 1 où l'on a traduit (?) « Le Seigneur est mon

---

1 Sur cette notion, voir P.-E. Dauzat, « Jurisprudence(s) de la traduction », *Interpréter et traduire*, édit. J.-J. Sueur, Bruxelles, Bruylant, 2007, p. 217-231.

berger », quand on aurait dû écrire, « Mon berger, c'est le seigneur », l'image à rendre étant moins pastorale que celle du titre proche-oriental. Lys, qui fait cette observation, observe : « La paresse cache le sens ». Dans le Nouveau testament, en revanche, « la paresse viole le sens ». Or, observe-t-il, dans l'hébreu biblique ou en grec (adossé à l'hébreu ou à l'araméen), l'attribut est placé normalement en tête, sans article, alors que l'épithète est mise après le nom et prend l'article si le nom l'a : « grand le roi » = le roi est grand ; « le roi le grand = le grand roi ».

Alors que les mots ont sans doute été prononcés en araméen et que le grec est déjà une traduction, les traducteurs n'ont jamais voulu voir un hébraïsme avec la construction plaçant l'attribut en tête précédent le sujet avec l'article comme dans Jn 1, 1 : « Au commencement était le Verbe, et le Verbe était avec Dieu, et le Verbe était dieu » alors que l'ordre des mots est « dieu était le verbe » (dieu étant ici sans article, il a clairement valeur d'attribut – alors qu'à l'occurrence précédente *Theos* est précédé de l'article). Pour Daniel Lys, on devrait alors traduire : « Mon corps, c'est ceci » : le pain partagé entre vous, d'autant que Paul insiste en indiquant « mon corps pour vous ». Les chrétiens rompent ici avec la pratique du « manger les dieux » : que Paul ajoute plus tard « Vous êtes le corps du Christ » (12, 26) va dans le même sens. Le passage de l'ancien testament au nouveau, du Père au Fils, avec les problèmes de titulature qu'il pose, est révélateur des effets de contresens en chaîne dont le creuset alchimique de Faust est le témoin. Le contresens volontaire de Faust, s'il avait pu échapper à l'ombre portée des traductions fautives antérieures, aurait évité les atermoiements du sens.

« La plupart des occasions des troubles du monde sont grammairiennes » déplore Montaigne. En l'espèce d'une simple correction d'un contresens grammatical dépend la solution de la question de savoir en quoi le « ceci » est le corps de Jésus, laquelle querelle oppose la transsubstantiation des catholiques (qui fait de ces mots un performatif) à la consubstantiation des luthériens et à la simple présence spirituelle des réformés. On aurait alors simplement « Mon corps, ma présence parmi vous, c'est ce pain que je partage » (et l'enjeu serait le partage, non plus la nature du pain au cœur du poème de Celan évoqué pour commencer). Avant de souscrire à cette simplicité de bon aloi, il est bon de rappeler qu'en 1577 un certain Christoph Rasperger avait déjà répertorié pas moins de deux cents interprétations de ces quelques mots : entre les théologiens de Port-Royal pour qui le *est* transforme le *hoc* qu'est le pain dans le corps qui prononce ces mots[1] et les théologiens anglicans modernes pour qui la simplicité de la copule est trompeuse[2]. Est-il alors possible de corriger la théologie par la grammaire quand on sait, comme dit le critique littéraire Frank Kermode, que « Dieu, dans l'Ancien Testament, et son fils, dans le Nouveau ont des droits particuliers sur le verbe être » ?

À l'inverse, il est des cas de figure, où c'est la grammaire qui devrait corriger la théologie : les mêmes textes évangéliques parlent ensuite du sang, dit de « l'alliance », *diathèkhé*, dans un passage dont la traduction devient d'autant plus redoutable que s'y mêlent des querelles diverses entre juifs et chrétiens. Il n'est pas innocent que les problèmes de traduction s'enchaînent ; autant il pourrait être justifié de corriger la première, autant la correction de la seconde est problématique car elle se prête au contresens dans sa propre langue. La philologie ne fait pas bon ménage avec l'honnête médiocrité de l'entendement du lecteur lambda : le mot Testament provient de la traduction du mot *diathèkè* (alliance) par *Testamentum*, « hérésie philologique » due à Tertullien. Le mot alliance, à en croire certains, convient mieux aux écrits vétérotestamentaires aussi bien qu'aux récits évangéliques, car il met l'accent sur le rapport essentiel des hommes avec les dieux, qui est un pacte[3]. L'expression elle-même de Nouveau Testament, qu'il serait donc plus juste de rendre par « nouvelle alliance », observe le bibliste Robert Alter, vient de la lecture faite dans la lettre aux Hébreux 8, 6-13, d'une prophétie de Jérémie 31, 31. Alors que chez Jérémie elle signale en fait un grand renouveau de l'existence nationale israélite sous l'égide de Dieu, la lettre aux Hébreux l'entend comme le remplacement d'une alliance « vieillissante » et sur le point d'expirer par une nouvelle.

L'enjeu moderne et le problème du « trait d'union » judéo-chrétien a cependant tendance à faire oublier la polysémie et le choix du mot

---

1   *Cf.* S. Greenblatt, « The Mousetrap », *Practicing New Historicism*, edit. C. Gallagher & St. Greenblatt, Chicago et Londres, Chicago University Press, 2000, p. 136-162, ici p. 141-142.

2   Voir Th. Hermans, « Real Presence », *The Conference of the Tongues*, Manchester, St Jerome Publishing, 2007, p. 85-108, ici p. 93.

3   M. de Diéguez, *Jésus*, Paris, Fayard, 1985, p. 481, n. 36. Voir A. Paul, « Les diverses dénominations de la Bible », *Recherches de science religieuse*, 83/3, juil.-sept. 1995, p. 373-402.

en traduction relève autant de la paresse que de l'arrière-pensée. « Lors de la Cène, observe Glen Bowersock, Jésus s'adresse à ses disciples et invoque une alliance suivant laquelle ses disciples devaient partager son corps et son sang en consommant du pain et du vin. Dans les évangiles grecs, l'emploi du mot grec *diathêkê* le rend explicite. Chez Mathieu : "Ceci est mon sang, de l'alliance" *(tês diathêkês)*. Chez Marc : "Ceci est mon sang", de nouveau *tês diathêkês*. Chez Luc : "Cette coupe est la nouvelle alliance *(diathêkê)* dans mon sang", tandis que Paul emploie au fond les mêmes mots en s'adressant aux Corinthiens[1]. Les nouvelles traductions de la Bible rendent régulièrement *diathêkê* par "alliance", mais il n'en a pas toujours été ainsi. Et c'est bien pourquoi le Nouveau Testament est appelé Nouveau Testament. » Les traducteurs de la King James Version, en choisissant *testament* au lieu de *covenant*, c'est-à-dire un mot aussi peu familier au sens d'alliance qu'il l'était en grec, selon l'*Oxford English Dictionary*, « reflétaient exactement le sens normal de *diathêkê* dans le grec qui avait cours du temps de Jésus. C'était le mot pour "testament" ou "dernières volontés", et il ne signifiait "alliance" que dans le contexte du judaïsme hellénistique[2]. Il est donc juste de dire que le sens de "testament" était donc beaucoup plus général que le sens d'"alliance". Les auditeurs de langue grecque pour qui la doctrine chrétienne était peu familière eussent certainement entendu dans ces expressions le mot "testament" ou "dernières volontés", et compris les instructions de Jésus invitant les siens à manger et boire comme les stipulations testamentaires d'un homme sur le point de mourir. Le mot *diathêkê* devait être courant dans les récits grecs de la Cène à compter de la mort de Jésus. [...] si nous oublions l'association et entendons le mot "testament" au sens normal, nous avons une idée de ce qu'un Grec entendait par *diathêkê*. Le testament, ou "alliance", est dit *kainê*, nouveau. Ce mot aussi a des connotations particulières qui le différencient du mot ordinaire pour "nouveau" en grec, *néos* ou, au féminin, *néa*. *Kainôtês*, "nouveauté", implique et signifie souvent "innovation", quelque chose de radicalement neuf et différent, voire d'étrange. La *Kainê Diathêkê* est donc quelque chose de tout à fait neuf et différent en matière de

---

1   Mathieu 26, 28, Marc 14, 24, Luc 22, 20, 1 Corinthiens 11, 25.
2   Voir *Theologisches Wörterbuch zum Neuen Testament*, vol. 2, Stuttgart, 1935, p. 127, s. v., *diathêkê*, pour l'usage normal en grec ; sur la transition vers « alliance » dans le judaïsme hellénistique, *via* la Septante, pour rendre l'hébreu *berīt*, voir *ibid.*, p. 128-131.

testament[1]. » Le néologisme de sens justifie la traduction par testament d'un mot que les impératifs du dialogue judéo-chrétien conduiraient à traduire par « alliance ».

Le lien entre les deux derniers exemples évoqués met en évidence le phénomène des chaînes de contresens et l'impossibilité, passé un certain stade, de confier à la traduction le soin de résoudre un problème. Si l'on admet que la traduction courante de *hoc est corpus meum* et de *diathêkê* sont des contresens, force est alors de conclure que les contemporains ont fait un contresens dans leur propre langue. Il n'est qu'à se reporter au *Satiricon* de Pétrone pour en avoir la confirmation : parodique ou non, le testament d'Eumolpe associe implicitement les deux formules en un sens qui paraît curieusement dissonant aux linguistes et traductologues qui veulent corriger les erreurs des modernes et fustigent la paresse du contresens : « Tous ceux qui sont mes légataires dans mon testament, à l'exception de mes affranchis, ne prendront ce que je n'ai donné qu'à la condition expresse qu'ils découpent mon corps en petits morceaux et le mangent en public » (141, 2). Suit une invitation à « manger mon corps », qui incite à revenir au vocabulaire courant qui, au gré des cultures et des interprétations, a pu dénoter un contresens, mais qui aujourd'hui rend exactement ce qu'entendait un contemporain de Jésus. Reste que, dans les deux cas, celui de la traduction fautive ou de la bonne traduction, on s'expose à un contresens : inter-linguistique ou dans sa propre langue. Et il n'est pas sûr qu'il y ait moins de paresse dans l'un que dans l'autre. La paresse vaut autant pour le contresens que pour la rhétorique du contresens. Mais qui acceptera de corriger les traductions modernes de la Bible, de la TOB à la bible Bayard, en invoquant Pétrone ? D'en effacer les ombres ? Depuis Chamisso et Hofmannsthal, chacun le sait : nul n'échappe à son ombre, pas même la traduction.

Pierre-Emmanuel DAUZAT
Traducteur, écrivain

---

1 Cette analyse suit la démonstration de G. Bowersock, *Le mentir-vrai dans l'Antiquité. La littérature païenne et les évangiles*, Bayard, 2007, p. 167-168. [Après « En vérité, en choisissant… », lire, *testament*, non pas *covenant*.]

AUTEUR – TRADUCTEUR – PUBLIC AUX XVIᵉ ET XVIIᵉ SIÈCLES

Enjeux et mutations d'une relation triangulaire

« Translation » (du latin *translatio*) ou encore « translater », « transférer », sont deux termes largement utilisés à la Renaissance pour dire le passage et le déplacement. Puisque le terme « translation » a un spectre sémantique très large, nous proposons de réduire ici notre étude à une de ses acceptions, la principale à l'époque, celle de « passage d'une langue à une autre », autrement dit la « traduction ». Du latin classique *traductio* (traversée, action de faire passer d'un point à un autre), à ne pas confondre avec le latin classique et chrétien *traductio* qui désigne le blâme, le reproche, la critique, « traduction » est attesté dans son sens moderne pour la première fois dans le « Prologue du translateur » (Herberay des Essarts) de l'*Amadis* espagnol de Montalvo (1540), lequel emploie d'ailleurs indifféremment « translation » et « traduction » pour désigner le phénomène.

La restriction du spectre sémantique des termes à la « traduction », au sens moderne, a certainement à voir avec l'imprimerie et avec le nombre important de textes antiques traduits en vernaculaire qu'elle va favoriser. Elle est contemporaine en outre de nouveaux débats et de nouveaux enjeux dont on va tâcher de suivre l'évolution aux XVIᵉ et XVIIᵉ siècles, à partir du triangle Auteur – Traducteur – Public[1].

---

1 Seront principalement examinées ici les questions liées aux textes de l'Antiquité et à leur traduction. L'important dossier de la traduction de la Bible, dont les problèmes qu'il pose ne recoupent que partiellement ceux que nous évoquerons, sera volontairement laissé de côté, ou seulement mentionné à l'occasion.

LE TRADUCTEUR FACE À L'AUTEUR ET À SON TEXTE

La liberté du traducteur dans l'interprétation du sens par-delà les mots concrets, vivace dans l'humanisme italien chez Manetti, Salutati ou Bruni, prolonge la conception médiévale de la *iusta via media*, selon laquelle une brèche irréductible existe entre la phrase, globale, et les mots isolés. Elle trouve son fondement dans le *Cratyle* et la position d'Hermogène, qui affirme une inadéquation essentielle entre le *nomen* et la *substantia* qu'il désigne, le premier étant promis irrémédiablement à dégradation. Il s'agit donc de restituer le sens global des phrases (*sententiae*), et d'accepter la transformation, le geste se rapprochant alors de la paraphrase, comme l'affirme Barthélemy Aneau en parlant de la traduction des *Psaumes* par Marot :

> Quant aux Psaumes de David veritablement il les a mieux entenduz, et à son plaisir [à la suycte de Campense] paraphrasez bien doucement plustost que translatez[1].

Le seul traité en forme sur la théorie de la traduction de l'époque, le *Traité sur la Manière de bien traduire* de Dolet (1540), reste attaché à cette condamnation de la traduction « parole pour parole », ou mot à mot. La « Tierce regle » se formule ainsi :

> Le tiers point est, qu'en traduisant il ne se fault pas asservir iusques à la, que lon rende mot pour mot. Et si aulcun le faict, cela luy procede de pauvreté, & deffault d'esprit. Car s'il a les qualitez dessusdisctes (lesquelles il est besoing estre en ung bon traducteur) sans avoir esgard à l'ordre des mots il s'arrestera aux sentences [...][2].

Seulement, en insistant en même temps, dans la première règle, sur le respect dû au « sens de l'auteur », Dolet ébauche les conditions d'une autre théorie, qui aura cours dans la seconde moitié du siècle.

---

1   *Préparation de voie à la lecture et intelligence de la Métamorphose d'Ovide, et de tous les poètes fabuleux*, préambule aux *Trois premiers livres de la Metamorphose d'Ovide, Traduictz en vers François. Le premier et second par Cl.Marot. Le tiers par B. Aneau...*, Lyon, G. Roville, 1556, éd. critique par J.-C. Moisan, Paris, Champion, 1997, p. 17.
2   *La Manière de bien traduire d'une langue en aultre*, fac-similé de l'édition de Lyon, 1540, Genève, Droz, 1972, p. 40.

Avant de l'envisager, on relèvera l'existence d'un « littéralisme », théorie inverse à la précédente en ce qu'elle postule cette fois une relation essentielle entre le mot et la chose. Dans *Le vrai et grand art de pleine rhétorique* de 1521, Pierre Fabri déclare ainsi que « les parolles ou les substances sont quasi tout ung ». Une telle perspective repose sur la croyance selon laquelle on peut retrouver des restes d'une langue primitive, la traduction devenant un acte de foi dans l'homme antérieur à Babel. Mais cela ne va pas sans quelque réserve, puisque c'est alors restaurer ce que Dieu a confondu : le « littéralisme » comporte sa part d'hérésie et sera pour cela cantonné à certains domaines comme la pratique scolaire, ou des types de traductions pouvant l'exiger (traductions parfois d'épigrammes, ou d'emblèmes), ou encore les cercles cabalistiques juifs.

La traduction « fidèle », qui donc peu à peu prévaut, n'est pas une traduction littérale, *ad verbum*. On comprendra la mutation qui a lieu en s'attachant au sort réservé aux vers 133 et 134 de l'*Art poétique* d'Horace : *Nec verbum verbo curabis reddere, fidus interpretes* (« Tu ne te soucieras pas de rendre chaque mot par un mot, tout en restant fidèle interprète »), utilisés en général pour la défense de la traduction *ad sensum*[1]. Peletier du Mans dans son *Art poétique* à lui (1555) en donne une interprétation nouvelle :

> E ne me peu assez ebahir de ceus, qui pour blâmer la Traduction de mot a mot, se veulent eider de l'autorite d'Horace, quand il dit *Nec verbum verbo curabis reddere, fidus interpretes* : la ou certes Horace parle tout au contraire de leur intancion[2].

La condamnation du mot à mot n'a en effet que peu de rapport chez Horace avec la question de la fidélité en traduction en général, puisqu'il est question chez lui en contexte de l'imitation de l'*Iliade*, préférable sous conditions pour le poète à toute création personnelle. Toujours est-il que Peletier prône, comme avant lui Dolet du reste, le respect de l'« intention », notion très importante, dans seconde moitié du XVIᵉ siècle en particulier, et qui permet de trouver une sorte d'équilibre entre l'esprit et la lettre[3]. Ce respect postule une affinité nécessaire entre auteur et

---

1   Sur ce point, voir G. P. Norton, *The ideology and language of translation in Renaissance France and their Humanist Antecedents*, Genève, Droz, 1984, p. 57-65 et 121.

2   *Art poëtique*, Lyon, J. de Tournes, 1555, p. 32.

3   Pour plus de précisions sur la position de Peletier, voir T. Cave, *Cornucopia. Figures de l'abondance au XVIᵉ siècle*, Paris, Macula, 1997, coll. « Argô », p. 81-86 (traduction française

traducteur, ce qu'exprime François de Fougerolles, dans la traduction
du *Théâtre de la nature universelle* de Jean Bodin (1597) :

> [...] il faut que l'interprète exprime fidellement l'ame de l'auteur sans rien
> changer, diminuer ou adjouter au sens[1].

Il y a là en germe toute une série de paramètres, dont le respect du
« style », ce que rappelle Amyot en 1559 dans le Préambule à sa traduction des *Vies parallèles* de Plutarque :

> L'office d'un propre traducteur ne gît pas seulement à rendre la pensée de
> son auteur, mais aussi à représenter aucunement et à adombrer la forme du
> style et manière d'icelui[2].

La terminologie en est volontiers impressionniste, voire un peu « mystique », avec relents parfois platoniciens. Montaigne déclare ainsi au
sujet du même Amyot, dans son rapport à Plutarque :

> [...] je vois un sens si beau, si bien joint et entretenu partout en sa traduction,
> que ou il a certainement entendu l'imagination vraie de l'auteur, ou ayant, par
> longue conversation, planté vivement dans son âme une générale Idée de celle
> de Plutarque, il ne lui a au moins rien prêté qui le démente ou qui le dédie[3].

Et Claude Morel, éditeur des *Œuvres morales et meslées* en 1618, pourra
se féliciter dans sa *Vie de Plutarque* de ce « que la nature mesme ne pouvoit
jamais mieux assortir deux beaux esprits en la rencontre d'un mesme
dessein », le terme de « rencontre » n'étant pas non plus à galvauder, en
raison de l'épaisseur sémantique[4] qu'il a dans la langue du XVIe siècle.

S'élabore donc ainsi une « voie médiane », *via media*, expression que
l'on trouve dans le *De Interpretatio linguarum* de Laurence Humphrey paru

---

de *The cornucopian text*, Oxford, Clarendon Press, 1979).

1   J. Bodin, *Le théâtre de la nature universelle*, trad. F. de Fougerolles, Lyon, J. Pillehotte, 1597,
    « Préface du traducteur ».

2   *Vies parallèles*, Paris, Vascosan, 1559, Dédicace à Henri II.

3   *Essais*, II, 4, éd. A. Tournon, Paris, Imprimerie Nationale, 1998, « La Salamandre »,
    tome 2, p. 57.

4   La « rencontre » au XVIe siècle a une acception courante (rencontre amoureuse) mais aussi
    militaire, linguistique, et elle est parfois la traduction d'« *apohtegme* ». Voir O. Guerrier,
    « "Rencontres", de mots et de pensées, de Montaigne à Richelet », *L'Ombre du souvenir.
    Littérature et réminiscence, du Moyen Âge au XXIe siècle*, édit. J.-Y. Laurichesse, Paris, Classiques
    Garnier, 2012, p. 35-52.

à Bâle en 1559, et qui aura la vie longue puisqu'elle subsistera encore dans l'ouvrage de Pierre-Daniel Huet, le *De optimo genere interpretandi* (1661-1680), conversation entre trois humanistes, dont Casaubon, traducteur de Polybe.

LE TRADUCTEUR, SON STATUT, SON IMAGE

L'évolution que nous venons de rapidement retracer s'accompagne d'une mutation du statut du traducteur, qui prétend à l'autonomie et l'autonomisation. Sociologiquement en effet, si nombre de traducteurs vivent assez misérablement, il existe un petit nombre de privilégiés de renom, qui tissent des liens réguliers et suivis avec les éditeurs, ont des contrats enviables, d'autant que leur labeur – on le verra plus bas – est encouragé par le pouvoir. Du coup, s'il leur arrive de déplorer l'humilité de leur besogne et le peu d'estime où ils sont tenus, ils n'en soulignent pas moins la noblesse de leur office et leur souhait de partager à proportion des mérites la gloire promise au poète. On pourrait mentionner à cet égard, à la suite d'H. Cazes[1], l'attitude révélatrice de Regius traduisant en latin et éditant les *Apophthegmes* de Plutarque en 1507, puis d'Érasme faisant de même en 1531, qui ont tous deux tendance à présenter leur collation comme le fait de « nouveaux Plutarque », apparentant leur geste à celui de l'auteur antique.

Cela suffit-il pour autant à les faire considérer comme des « auteurs » à part entière ? On pourrait plutôt parler, à la manière d'A.-L. Metzger-Rambach étudiant le *Narrenschiff* de Brant[2], d'« auteurs en second », ce qui se manifeste par des nuances, des tensions, voire des contradictions, dans les discours comme les pratiques. Retrouvons ainsi Peletier, dans son *Art Poétique* :

> Somme, un Traducteur n'a jamais nom d'Auteur. Mais pour cela, veu je decourager les Traducteurs ? nanni. E moins ancores les frustrer de leur louange due : pour être, an partie, cause que la France a commancé a gouter les bonnes choses. E mesmes il leur demeure un avantage, que s'ilz traduisent

---

1 Voir « Genèse et renaissances des Apophtegmes : aventures humanistes », *Moralia et Œuvres morales à la Renaissance*, édit. O. Guerrier, Paris, Champion, 2008, p. 15-35.

2 *Le texte emprunté. Étude comparée du* Narrenschiff *de Sébastien Brant et de ses adaptations (1494-1509)*, Paris, Champion, 2008.

bien e choses bonnes : le nom de leur Auteur fera vivre le leur […]. E bien
souvant ceux qui sont invanteurs, se metent an hasard de vivre moins que
les Traducteurs : d'autant qu'une bonne Traduccion vaut trop mieux qu'une
mauvaise invention[1].

Ce n'est là que conférer en partie aux traducteurs leurs lettres de noblesse,
et cette demi-mesure, nous semble-t-il, et ce en dépit de la thèse de
L. Guillerm sur la question[2], reste valable dans la seconde moitié du siècle.
Pour exemple, la *Bibliothèque française de tous ceux qui ont écrit ou traduit
en français* (1585) d'Antoine Du Verdier, qui propose un titre double
– deux rubriques – à chaque fois, mais une seule liste alphabétique,
pour tous les auteurs. Également, Montaigne qui, on l'a vu, accorde une
place de choix à Amyot, dont on reprendra l'éloge vibrant qu'il en fait
dans le chapitre « À demain les affaires » des *Essais* :

> Je donne avec raison, ce me semble, la palme à Jacques Amyot, sur tous nos
> écrivains Français […]. Nous autres ignorants, étions perdus, si ce livre ne
> nous eût relevés du bourbier : sa merci, nous osons à cette heure et parler
> et écrire : les dames en régentent les maîtres d'école : c'est notre bréviaire[3].

Montaigne donne « la palme à Jacques Amyot » pour la pureté de son
langage, la constance de son travail, la profondeur de son savoir, nécessaire
pour « développer » un auteur « si espineux et ferré ». Surtout, il célèbre
le don fait par Amyot à son pays, occasion d'une véritable résurrection
intellectuelle, jugement qui reflète le sentiment de contemporains qui
trouvent dans le « Plutarque Français » un modèle stylistique autant qu'un
creuset de la « science morale » antique. Mais en d'autres circonstances
des *Essais*, justement, le « Plutarque Français » en vient comme à effacer
celui qui l'a rendu possible : nombre de passages de l'ouvrage d'Amyot
– dont les citations traduites en français – sont attribués à Plutarque, et,
dans le chapitre « De l'incertitude de notre jugement », il arrive même
à Montaigne de suivre le texte de son contemporain en le présentant
comme « les mots mêmes » de l'auteur antique[4]. Tout se passe finalement

---

1   *Art poëtique*, p. 31-32.
2   *Sujet de l'écriture et traduction autour de 1540*, Paris, Aux Amateurs de Livres, 1998.
3   *Essais*, II, 4, p. 57.
4   « [A] À la bataille de Pharsale, entre autres reproches qu'on donne à Pompeius, c'est
    d'avoir arrêté son armée pied coi attendant l'ennemi : pour autant que cela (je déroberai
    ici les mots mêmes de Plutarque, qui valent mieux que les miens) affaiblit la violence que

comme si la question du contenu du message l'emportait sur celle de la paternité du texte, et comme s'il y avait équivalence pour Montaigne entre l'original et la « copie », le tout au détriment du traducteur et de son affirmation[1].

LE TRADUCTEUR, LA TRADUCTION ET LE PUBLIC

Comme nombre de discours et de pratiques lettrés, la traduction aux XVIᵉ et XVIIᵉ siècles doit être envisagée comme une activité pragmatique, très fortement contextualisée, qui répond à des demandes, obéit à des attentes, se soumet à des stratégies politiques, éditoriales, esthétiques… On le sait, François Iᵉʳ attache à sa cour des traducteurs, qui ont souvent une charge auprès de lui ou reçoivent de lui une pension, pour éclairer la « noblesse ignorante de son royaume ». Jacques Colin, son secrétaire ordinaire, publie ainsi la traduction restée manuscrite de Thucydide par Claude de Seyssel car le roi le charge de le faire « au prouffit de la chose publicque, et édification de soy-mesmes[2] ». Acte politique, donc, la traduction doit contribuer à l'enrichissement national, et affirmer en outre la supériorité du français sur les autres langues vernaculaires, ce que ne se prive pas de revendiquer Amyot dans sa dédicace à Henri II de 1559, en ouverture des *Vies*. Les destinataires peuvent se faire plus précis : c'est pour les soldats que Pierre Saliat traduit Hérodote, et Blaise de Vigenère, César. On reprend aussi, tel Amyot s'adressant à

---

le courir donne aux premiers coups, et quant et quant ôte l'élancement des combattants les uns contre les autres, qui a accoutumé de les remplir d'impétuosité et de fureur, plus qu'autre chose, quand ils viennent à s'entrechoquer de roideur, leur augmentant le courage par le cri et la course, et rend la chaleur des soldats, en manière de dire, refroidie et figée. Voilà ce qu'il dit pour ce rôle ». Montaigne reprend la traduction d'un passage de la *Vie de Pompée*, chap. 99.

1   Sur ce sujet, et dans la même perspective, on mentionnera également le *Trésor des Morales* de François Le Tort (1577), qui s'inspire manifestement de la version d'Amyot, mais dans le plus grand silence. Voir F. Frazier, « Le *Trésor des Morales de Plutarque* de François Le Tort », *Moralia et Œuvres morales à la Renaissance*, p. 71-89.

2   *L'histoire de Thucydide,… de la guerre qui fut entre les Péloponnésiens et Athéniens, translatée en langue françoyse par feu messire Claude de Seyssel, …*, Paris, J. Badius, 1527, Prologue de J. Colin.

Charles IX dans le Préambule des *Œuvres morales et meslées* cette fois, la tradition de l'«institution» du Prince. Enfin, la visée peut en être vulgarisatrice, un des meilleurs exemples étant fourni par les traducteurs de la Bible, Sébastien Castellion en tête, dont le texte de 1555 utilise un langage populaire, «jargon des gueux» qui a pu choquer au regard de la majesté de la source.

Sur ce point, le travail sur le texte sacré et celui sur le texte profane mobilisent des gestes assez équivalents dans leur principe ; tandis que Castellion recourt à de nombreuses «transpositions», qui portent sur les qualités stylistiques de la Bible autant que sur les *realia* hébraïques[1], on observe tôt dans le siècle un mouvement de francisation des notions (politiques, religieuses…) propres à l'Antiquité païenne, le tout au moyen notamment des gloses et autres binômes synonymiques. Barthélemy Aneau, dans son Préambule à la traduction des trois premiers livres des *Métamorphoses*, peut ainsi écrire :

> Je donc ay traduit [...] au plus proche & plus pres des appellations presentes, & des noms François, tant qu'il m'a esté possible par interpretation, equipollence et usurpation[2].

François de Fougerolles fera du coup du traducteur un «ambassadeur», un «négociateur», dans le bon sens du terme. Il parlera également de «truchement» (de l'arabe *tarjuman*, à l'origine celui qui faisait office de traducteur lors des contacts entre Maures et Espagnols), de même que Denis Sauvage ou encore Ramus. Et, au siècle suivant, cette dynamique se perpétuera avec le travail sur les textes de Lucien de Perrot d'Ablancourt, désireux de rendre «la chose à nostre air» par ces «belles infidèles» qu'a étudiées R. Zuber[3].

Est-ce à dire que ce souci grandissant de l'*aptum* et de l'accommodement aura rendu secondaire le respect de l'original, et jusqu'à la fidélité à la

---

1　Voir M.-C. Gomez-Géraud, «Traduire et translater. La Bible de Sébastien Castellion», dans «Translater, transmuer : traduire à la Renaissance», *Camenae*, Revue en ligne de l'Université Paris-Sorbonne, n° 3, novembre 2007, http://www.paris-sorbonne.fr/la-recherche/les-unites-de-recherche/mondes-anciens-et-medievaux-ed1/rome-et-ses-renaissances-art-3625/revue-en-ligne-camenae/article/camenae-no-3-novembre-2007.

2　*Préparation de voie à la lecture et intelligence de la Métamorphose d'Ovide, et de tous les poètes fabuleux*, p. 13.

3　*Les «Belles infidèles» et la formation du goût classique*, Paris, Armand Colin, 1968 (Albin Michel, 1995).

lettre ? Pas exactement, puisque Amyot lui-même, très soucieux de vulgarisation dans ses écrits liminaires, semble distinguer entre les publics possibles, lorsqu'il déclare, toujours en ouverture des *Œuvres morales et meslées* :

> Je laisseray iuger à la commune voix de ceux qui voudront prendre la peine de conferer & examiner ma traduction sur le texte grec, avec quel succez ie m'en seray acquitté [...][1].

À son grand détriment, il sera écouté. En 1635, Bachet de Méziriac dans *De la traduction* tentera une critique systématique de l'ouvrage de son illustre prédécesseur, critique destinée au projet d'une traduction nouvelle de l'œuvre de Plutarque[2]. D'une certaine façon, Méziriac prendra position dans un débat qui est toujours vivace aujourd'hui lorsqu'il s'agit des « translations » du passé, qu'on doit ou « corriger » sur fond des progrès de la science, des méthodes, voire des esprits, ou alors considérer comme des documents révélateurs d'une situation historique, à une époque donnée.

« L'ouvrage, de sa propre force, et fortune, peut seconder l'ouvrier outre son invention et connoissance, et le devancer », écrivait Montaigne[3], décidément très en avance sur son temps. La traduction n'échappe pas à la règle, et nous voudrions, pour achever ce parcours, souligner encore deux phénomènes. D'abord, l'opération de divulgation n'est pas seulement le fait des traducteurs, tant les grandes entreprises de ces derniers, à l'âge de l'humanisme, semblent susciter des vocations. S'inscrivant ainsi dans les pas de leurs aînés, des lettrés rééditent leurs œuvres, flanquées de leurs propres commentaires. En 1613, par exemple, Maxime Politien propose des Annotations à la traduction par Jean Baudoin des *Œuvres de Lucien de Samosate*. On ne saurait passer sous silence également la réalisation de Simon Goulart à partir du *corpus* qui nous a servi de fil directeur : tandis qu'en 1581 paraît la dernière version des *Œuvres morales* contrôlée par Amyot, le pasteur

---

1   *Œuvres morales et meslées*, Paris, Vascosan, 1572, « Épître à Charles IX ».
2   Sur ce dossier, voir M. Ballard, *De Cicéron à Benjamin. Traducteurs, traductions, réflexions*, Villeneuve d'Ascq, Presses Universitaires de Lille, 1992, p. 161-170. Méziriac souhaite « faire voir en combien de manières Amiot si célèbre pour sa version du même auteur, a manqué à l'exactitude que demande une bonne traduction ».
3   *Essais*, III, 8, p. 242.

procure sa première « contrefaçon » de celles-ci, en y ajoutant, dans un souci de repérage et de lisibilité, quatre « indices » ou index, des manchettes qui sont autant de jalons pour faciliter la lecture des traités, ainsi que des sommaires résumant l'argument de chacun d'entre eux et qualifiant parfois son genre. La quarantaine d'éditions que connaîtra la version Goulart jusqu'en 1621 lui donnera raison, mais cela contribuera à placer le texte de Plutarque sous un certain éclairage : renforcement de la cohérence du recueil comme de celle des discours, systématiquement pourvus d'articulations logiques[1], et radicalisation d'une interprétation chrétienne, certes déjà présente chez Eusèbe[2], les néo-platoniciens, voire Amyot lui-même, mais qui prendra ici un tour sévèrement orthodoxe, au risque de la caricature. Lisons à cet égard l'étonnant sommaire qui ouvre le traité « Pourquoi la Prophetesse Pythie ne rend plus les oracles en vers », qui découvre un Diable à Delphes, et le débusque pour ainsi dire dans sa tanière :

> Ceux qui ont tant chanté l'excellence de l'homme et la vigueur de l'entendement humain, en disant quelque chose, ont ordinairement oublié le principal, qui était de montrer que toute l'adresse de son intelligence est une guide furieuse, sa volonté un abîme de confusion, la lumière de sa raison une nuit profonde, ses désirs autant de bêtes enragées pour le tirailler et dépecer, si Dieu par une singulière grâce ne l'illumine, régénère et conduit. Entre un million de témoignages pour confirmation de cela, celui qui se présente en ce dialogue est très suffisant : car est-ce pas merveilles et un signe certain de l'étrange aveuglement de la sagesse humaine, de voir ceux qui ne font autre chose tout le temps de leur vie que chercher le souverain bien, maintenir la vertu, détester les vices, condamner les Athéistes, Epicuriens et Libertins, redouter néanmoins, craindre, et même adorer l'ennemi juré de leur salut et vraie vie, à savoir le diable ? Tant y a qu'il est ainsi, et ce que nous lisons maintenant rapporté avec quelques discours du premier Tome, notamment celui où l'on dispute pourquoi les oracles ont cessé, et que signifie le mot Ei, montre non seulement l'opinion de Plutarque et de quelques autres philosophes touchant telles choses,

---

1 Voir D. Carabin, « Comment Goulart indexe-t-il le Plutarque d'Amyot ? », *Bibliothèque d'Humanisme et Renaissance*, t. LXV, 2003, n° 2, n. 23, p. 338 : « Ainsi Goulart corrige-t-il l'interprétation d'Érasme selon laquelle l'œuvre de Plutarque est un centon, non un discours. »

2 Voir S. Morlet, « Plutarque et l'apologétique chrétienne : la place de la Préparation évangélique d'Eusèbe de Césarée », « La tradition des *Moralia* de Plutarque de l'Antiquité au début de la Renaissance », édit. P. Payen et O. Guerrier, *Pallas*, PUM, n° 67, mars 2005, p. 115-138.

ains aussi le misérable état de tous ceux qui sont abandonnés à leur sens et destitués de la connaissance du vrai Dieu [...]. Doncques en ce dialogue nous contemplons la sagesse des Grecs courante après Satan, et se donnant beaucoup de peine à remuer une matière, qu'il faut détester et ensevelir d'oubliance éternelle, ou y toucher de toute adresse que ne sauroit faire la prudence de la chair. Il y a ici divers personnages qui remuent les oracles de la devineresse de Delphes, où était le temple renommé d'Apollon, vraie caverne de Satan, et en laquelle il exerçait son métier avec des impostures et illusions presque incroyables, par une fort longue espace d'années [...][1].

Par ailleurs, les traductions vont pouvoir influer, en aval de l'ensemble du processus, sur la « République des Lettres ». La traduction des *Éthiopiques* d'Héliodore, toujours par Amyot, en 1547, jouera probablement un rôle dans la constitution du roman baroque[2]. Elle contribuera également, avec bien d'autres, à l'élaboration du style et du goût classiques, en servant de modèle ou de repoussoir, lorsqu'on opposera l'atticisme d'Amyot à la prose d'art de Vigenère, dans un débat qui se poursuivra du père Bouhours à La Bruyère. Enfin, on peut gager que les traducteurs n'auront pas été pour rien dans certains déplacements notionnels ou intellectuels enregistrés au sein des *corpus* du savoir. Si le passage d'une langue à l'autre, et les relais de texte en texte ont ainsi occasionné des mutations au sein du *corpus* physique par exemple[3], il y aurait lieu d'observer aussi plus en détail comment le travail d'Amyot sur la *paideia* antique, en fonction des outils et coordonnées à la disposition de ce dernier, a pu avoir un impact sur les débats spéculatifs contemporains, et ce jusque dans et par les lacunes ou gauchissements qui lui sont imputables[4]. Bref, semblable influence sur la langue, les genres et les idées aura semble-t-il fini par

---

1 *Les Œuvres morales et meslées de Plutarque*, Paris, F. Estienne, 1581, 627r.
2 On renverra ici le lecteur à la très remarquable édition critique des *Éthiopiques* par L. Plazenet, accompagnée d'un dossier qui ne l'est pas moins, Paris, Champion, 2008.
3 Voir sur ce point les travaux de V. Giacomotto-Charra.
4 La perspective en a été ouverte par au moins deux premiers textes, auxquels nous nous permettons de renvoyer le lecteur : « Lectures de Plutarque au XVIᵉ siècle : la fortune providentielle », communication présentée avec A. Tournon au colloque *Hasard et Providence, XIVᵉ-XVIIᵉ siècles*, édit. M.-L. Demonet, coll. « La Renaissance en ligne », CESR, http://umr6576.cesr.univ-tours.fr/publications/HasardetProvidence/fichiers/pdf/Tournon.pdf, et « La "prudence" chez Plutarque et dans ses traductions humanistes. Les jeux de *phronèsis* et de *synésis* », *La vertu de Prudence de Gerson à Gassendi*, à paraître en 2012. Les travaux de Bérengère Basset devraient continuer et élargir l'enquête.

donner au traducteur, presque malgré lui, le statut, sinon d'auteur, du moins d'acteur, dans un champ où il était somme toute entré par la petite porte.

Olivier GUERRIER
Université Toulouse II – Le Mirail,
laboratoire PLH (EA 4601)
IUF

L'ANTIQUITÉ COMME SOURCE D'INSPIRATION ET MATIÈRE À RÉFLEXION CHEZ LES TRADUCTEURS DE LA RENAISSANCE

Les choix de Charles Fontaine

La Renaissance s'est caractérisée par la redécouverte et la diffusion de la culture antique, qui ne s'était certes jamais complètement éteinte au Moyen Âge, mais qui était restée jusque-là l'apanage d'un petit nombre. À la fin du XVe siècle et au début du XVIe, on découvre ou redécouvre avec passion les manuscrits anciens. Les grands humanistes italiens établissent les premières éditions majeures et leurs premiers commentaires érudits, suivis par les humanistes et les ateliers d'imprimeurs du reste de l'Europe, qui les diffusent à une échelle inédite. L'admiration pour les Anciens et le trésor incomparable d'expériences et de savoirs qu'ils ont accumulé est immense. Leurs textes sont, dans les écoles, le support des exercices d'apprentissage des langues anciennes mais aussi de la rhétorique, et certains sont connus par cœur.

C'est au sein de cet intérêt de la Renaissance pour l'Antiquité qu'il faut inscrire le large mouvement de traductions. En France, à la fin du XVe siècle, les traductions en langue vernaculaire sont le fruit de commandes royales ou de familles puissantes proches de la cour. Louise de Savoie, mère de François Ier, reçoit par exemple autour des années 1500 plusieurs traductions manuscrites d'Octovien de Saint-Gelais, poète et évêque attaché à la cour de Cognac : les *Héroïdes* d'Ovide ou l'*Énéide* de Virgile. Par sa politique énergique en faveur des traductions, François Ier comprend rapidement l'intérêt politique que représentent la mise à l'honneur et l'enrichissement de la langue nationale. La langue française y gagne des modèles qui inspirent les poètes comme Marot, imitateur de l'élégie latine et inspirateur du genre de l'élégie en France, Ronsard, qui veut doter la langue nationale d'une épopée moderne, et l'on redécouvre des genres antiques tout au long de la Renaissance.

Mais si l'on s'accorde à admirer l'Antiquité et si l'on voit communément en elle une source d'inspiration inépuisable, il existe différentes manières de la représenter, de la restituer et de la traduire. Le cas de Charles Fontaine (1514-1573 ?), poète et traducteur lié à d'autres traducteurs, qui a très souvent accompagné ses traductions de commentaires, est intéressant pour qui veut saisir la relation d'un poète de la Renaissance avec l'Antiquité et les manifestations précises par lesquelles se traduit son admiration pour elle[1]. Fervent marotique, régent au collège de la Trinité de Lyon dans les années 1540-1550, Fontaine a beaucoup traduit les textes latins et su sentir, souvent guidé par des protecteurs et des amis bien placés, les œuvres qui allaient plaire. Ses premières traductions, composées dans les années 1530-1540 et restées à l'état de manuscrits, sont des textes religieux adressés à des personnages de la cour : Marguerite de Navarre, François Ier et son fils Charles de Valois[2]. La traduction des *Héroïdes* d'Ovide, en 1552, est son œuvre maîtresse, celle à laquelle il a consacré plusieurs années de sa vie[3]. Offerte à la très puissante famille de Crussol, proche de François Ier puis d'Henri II, elle paraît une première fois en 1552, encadrée d'un dispositif savant et critique, puis une seconde fois en 1556, enrichie d'autres versions des *Héroïdes* que la sienne[4]. Ses dernières traductions, adressées aux quatre fils d'Henri II, restituent en français une grande partie des préceptes de Caton ou des Sages de la Grèce antique[5].

Avant d'examiner la relation particulière que Fontaine entretient avec l'Antiquité, faite de respect humaniste des textes sources dans la

---

1 Sur ce traducteur voir R.-L. Hawkins, *Maistre Charles Fontaine parisien*, Cambridge, Harvard University Press, 1916 ; voir également *Charles Fontaine : un humaniste parisien à Lyon*, Actes du colloque organisé à Lyon 2 par E. Rajchenbach et G. de Sauza les 5-6 juin 2009, à paraître chez Droz ; M. Molins, *Charles Fontaine traducteur. Le poète et ses mécènes à la Renaissance*, Genève, Droz, « Travaux d'Humanisme et Renaissance » 491, 2011.

2 Traductions de trois épîtres de Paul (aux Colossiens, aux Philippiens, à Philémon) pour Charles de Valois et Marguerite de Navarre, et traduction du premier livre de la *Prédestination des sainctz* d'Augustin pour François Ier.

3 *Les Epistres d'Ovide nouvellement mises en vers françoys par M. Charles Fontaine Parisien : avec les préfaces et annotations*, Lyon, J. Temporal et E. Barricat, 1552.

4 *Les XXI Epitres d'Ovide. Les dix premières sont traduites par Charles Fontaine Parisien : le reste est par lui revu et augmenté de préfaces. Les Amours de Mars et Venus, et de Pluton vers Proserpine : imitacion d'Homere et d'Ovide*, Lyon, J. de Tournes et G. Gazeau, 1556.

5 *Les Dicts des sept Sages*, Lyon, J. Citoys, 1557 ; *Mimes de Publian*, Lyon, J. Citoys, 1557 ; *Les Sentences du poëte Ausone, sur les Dits des sept Sages*, Lyon, J. Brotot, 1558. La traduction des sentences de Caton due à Fontaine semble aujourd'hui perdue.

traduction et de dialogue avec eux dans les commentaires qui la suivent (comme cela se produit dans les *Héroïdes* qu'il traduit d'Ovide ou les recueils de sagesse antique sur lesquels nous centrerons cette étude), nous rappellerons les débats qui interviennent au sujet de l'Antiquité à la Renaissance, notamment ceux sur la rivalité entre les langues, les éventuelles adaptations ou encore les manières de traduire. Nous verrons à quel point l'exigence de fidélité est devenue incontournable autour des années 1540-1550.

LA CONCURRENCE ENTRE LES LANGUES
Entre affirmation de la langue vulgaire et respect des modèles antiques

La Renaissance a été traversée par ce qu'on peut appeler la « querelle de la langue », qui a opposé les partisans de la langue latine, considérée comme seule langue littéraire (avec le grec), et ceux de la langue française, qui ont cherché à la promouvoir notamment par le biais des traductions, lieu privilégié de la confrontation entre les deux langues. La rivalité entre celles-ci fut réelle. Luce Guillerm en a analysé les tensions, notamment à travers l'étude des *topoi* qui l'expriment, grec et latin faisant figure de modèles absolus[1]. Marot, qui se tourna vers la traduction de Virgile et d'Ovide dès sa jeunesse, semble avoir senti et défendu, malgré son immense admiration pour la littérature latine, combien cet exercice recelait de richesses pour la langue vernaculaire[2]. Il souligne le rôle décisif de sa « belle Metamorphose » qui est « decoration grande en nostre langue ». Il s'agit bien pour lui de

---

1 Luce Guillerm, *Sujet de l'écriture et traduction autour de 1540*, Paris, Aux Amateurs de Livres, 1988. Voir également du même auteur, « L'auteur, les modèles, et le pouvoir ou la topique de la traduction au XVIᵉ siècle en France », *Revue des Sciences Humaines*, 180/4, 1980, p. 5-31 ; « Les *Belles infidèles*, ou l'auteur respecté (de Claude de Seyssel à Perrot d'Ablancourt) », *La Traduction en France à l'âge classique*, édit. M. Ballard et L. D'Hulst, *Travaux et recherches*, Lille, Presses universitaires du Septentrion, 1996, p. 23-42.

2 Voir I. Hersant, « Les traductions de Marot dans l'illustration de la langue française », *Le Génie de la langue française : autour de Marot et La Fontaine*, édit. J.-C. Monferran, Fontenay-aux Roses, E.N.S. Éditions, 1997, p. 37-51.

donner au français ses lettres de noblesse en le fondant dans le creuset
de la langue latine. Les Grecs eux-mêmes ne se sont-ils pas nourris,
malgré leur « arrogance », de cette langue lorsqu'ils ont traduit des
textes latins[1] ? La rivalité est donc un phénomène ambigu puisqu'elle
n'empêche pas l'imitation du modèle, mais avec l'objectif de le dépasser. En 1540, Dolet l'exprime simplement :

> Mon affection est telle envers l'honneur de mon païs, que je veulx trouver
> tout moyen de l'illustrer. Et ne le puis myeulx faire, que de celebrer sa langue,
> comme ont faict Grecs, et Romains la leur[2].

Thomas Sébillet, qui publie un *Art poetique François* en 1548 dans
lequel plusieurs passages sont consacrés à la traduction, insiste sur l'intérêt
collectif qu'elle représente, à plus forte raison lorsqu'elle est versifiée :

> Pourtant t'avertis-je que la Version ou Traduction est aujourd'hui le Poème
> plus fréquent et mieux reçu des estimés Poètes et des doctes lecteurs, à cause
> que chacun d'eux estime grand œuvre et de grand prix, rendre la pure et
> argentine invention des Poètes dorée et enrichie de notre langue. Et vraiment
> celui et son œuvre méritent grande louange, qui a pu proprement et naïvement
> exprimer en son langage, ce qu'un autre avait mieux écrit au sien, après l'avoir
> bien conçu en son esprit. Et lui est due la même gloire qu'emporte celui qui
> par son labeur et longue peine tire des entrailles de la terre le trésor caché,
> pour le faire commun à l'usage de tous les hommes[3].

En 1555, Jacques Peletier exprime sa reconnaissance aux traducteurs
grâce auxquels « la France a commencé à goûter les bonnes choses » et
souligne à son tour l'apport immense dont ils dotent la culture nationale :

> Une bonne Traduction vaut trop mieux qu'une mauvaise invention. Davantage,
> les Traductions quand elles sont bien faites, peuvent beaucoup enrichir une
> Langue. Car le Traducteur pourra faire Française une belle locution Latine

---

1   Marot, traduction de la première *Métamorphose* d'Ovide : « Ceste belle *Metamorphose* laquelle
aux Poëtes vulgaires, et aux Painctres seroit tresproffitable : et aussi decoration grande
en nostre langue : veu mesmement, que l'arrogance Grecque l'a bien voulu mectre en
la sienne » (Clément Marot, *Œuvres poétiques*, éd. G. Defaux, Paris, Classiques Garnier,
1993, t. II, p. 406). Marot fait certainement référence aux traductions du latin au grec
de l'époque byzantine.

2   E. Dolet, « Épître à Monseigneur de Langei », dans *La manière de bien traduire d'une langue
en aultre*, Lyon, E. Dolet, 1540 (sans numérotation de page).

3   Th. Sébillet, *Art poetique François*, Paris, G. Corrozet, 1548, dans *Traités de poétique et de
rhétorique à la Renaissance*, éd. F. Goyet, Paris, Le Livre de Poche, 1990, p. 146.

ou Grecque : et apporter en sa Cité, avec le poids des sentences, la majesté des clauses et élégances de la langue étrangère[1].

Pour les traducteurs, il s'agit donc de constituer, grâce à l'Antiquité mais aussi dans la concurrence avec elle, une littérature en français, comme le demandent la cour et les seigneurs.

Comment restituer l'Antiquité ? Le passage d'une langue à une autre doit-il « convertir » tous les éléments initiaux, abolir les dénominations latines ou les sonorités antiques ? De nouveau, des divergences apparaissent. Pour « la reverence de l'Antiquité », Fontaine est l'un des rares traducteurs qui, avec Marot (bien que la position de ce dernier soit moins fermement établie), conserve généralement la terminaison latine des noms propres. C'est un hommage aux représentations portées par la langue latine, ainsi accueillie dans la langue française qui la fait résonner : Fontaine conserve ainsi « Antilocus », « Phedra », « Theseus », « Eneas » ou « Sicheüs » qu'il estime d'autant plus légitimes que l'orthographe française n'a pas encore fixé la forme de ces noms. Mieux vaut donc conserver la sonorité latine plutôt que de prendre le risque de l'artifice ou du ridicule. Quand il francise parfois librement certains termes géographiques, il s'appuie alors sur l'autorité des savants ou sur des usages nettement établis de son temps (dans ce cas, il indique parfois le nom antique en manchette) :

> Je n'ay osé m'assurer des propres noms presens, sinon de quelques uns, que j'ay pris, d'un livre intitulé, l'estat du grand Turc, et des tables de la Grece, et de ceus qui ont reveu et addicionné le Ptolemée, desquels noms presens j'ay usé en ma traduccion[2].

Mais il n'oublie pas le parti que peuvent éventuellement en tirer le rythme et la souplesse du vers. Parfois en effet, ce sont les propriétés phonétiques de la langue française qui le conduisent à respecter et jus- tifier une prononciation moderne :

> J'ay escript ledict nom de montaigne [Oita] par la diphtongue oi, que nous Françoys avons prinse de nous, et que nous prononçons selon leur ancienne, et vraye prononciation qu'ilz prononçoyent la diphtongue omicron iota, combien que les modernes Grecs, pour la plus grand part, proferent ladicte diphtongue par i, simple. Ainsi donc je prononce Oita, comme croistre, voir, voisin, oison,

---

1   J. Peletier, *ibid.*, p. 263.
2   Ch. Fontaine, *Les Epistres d'Ovide*, 1552, « Le translateur aux lecteurs », p. 231.

toison, loisir, joye : ce qui est bien plus propre et naturel à nostre langue,
que de le mettre par la diphtongue oe, comme font les Latins, qui n'ont pas
la diphtongue oi, comme nous, et nous aussi n'avons pas la diphtongue oe,
comme eux, au moins qui nous soit propre[1].

En 1549, dans son *Iphigene*, Sébillet prit lui aussi le parti de maintenir
certaines terminaisons antiques, mais avec d'autres arguments :

> Si j'ay dit icy Menelaüs, Tyndarus, etc, là Menelae, Tyndare, etc, la sugetion
> de la couppe et quelque fois de la Ryme m'y a contreint, mais aussi m'aidant
> du mot latin à mon besoin, je ne suy tant loin de raison, que je ne le face à
> l'exemple de Virgile et autres classiques Poëtes Latins, lesquelz souvent d'ïent,
> Pallada, Thesea, etc semblables, là où le pié du vers les contreint, et ne veut
> recevoir, Palladem, Theseum, et semblables purs Latins[2].

Le maintien, dans les traductions, des graphies antiques s'oppose à la
francisation qu'adoptent au contraire Ronsard et la Pléiade. Du Bellay
affirme de façon plus belliqueuse vouloir « naturalizer cest estranger
[Virgile] », et l'on trouve dans le livre IV de son *Énéide* une « Elize », un
« Bache », un « Dardan », ou encore un « Marcel ». Trois ans plus tôt, il
en avait établi le principe en soulignant l'incohérent mélange des deux
langues dans les traductions :

> Entre autres choses, se garde bien nostre poëte d'user de noms propres latins
> ou grecz, chose vrayment aussi absurde, que si tu appliquois une piece de
> velours verd à une robe de velours rouge. Mais seroit-ce pas une chose bien
> plaisante, user en un ouvraige latin d'un nom propre d'homme ou d'autre chose
> en françoys ? Comme *Jan currit, Loyre fluit*, et autres semblables. Accommode
> donques telz noms propres, de quelque langue que ce soit, à l'usaige de ton
> vulgaire : suyvant les Latins, qui [...] ont dit *Hercules*, [...] *Theseus*, et dy
> *Hercule, Thésée, Achile, Ulysse, Virgile, Cicéron, Horace*. Tu doibz pourtant user
> en cela de jugement et discretion, car il y a beaucoup de telz noms, qui ne se
> peuvent approprier en françoys : les uns monosyllabes, comme *Mars*, les autres
> dissyllabes, comme *Venus*, aucuns de plusieurs syllabes, comme *Jupiter*, si tu
> ne voulois dire *Jove*, et autres infinitz, dont je ne te sçauroy' bailler certaine
> reigle. Parquoy je renvoye tout au jugement de ton oreille[3].

Barthélemy Aneau, dont la traduction du troisième livre des *Métamorphoses*
d'Ovide paraît en 1556, choisit ce parti et donne une équivalence – très

---

1   *Ibid.*, « Déjanire », « annot. », p. 205-206.
2   *L'Iphigene d'Euripide*, Paris, G. Corrozet, 1549, « Aus lecteurs ».
3   *Deffence*, 1549, II, vi, p. 255-256.

plaisante – à la liste des chiens qui composent la meute d'Actéon, en s'appuyant, pour la francisation des noms, sur le commentaire en latin que Raffaele Regio, humaniste italien de la fin du XVe siècle, avait donné des *Métamorphoses*[1] :

> Item ay mis les noms Grecz, en François gardans la mesme signifiance, ou mesme composition comme es noms des chiens d'Actéon, pour Adamas Diamant, pour Hyleus Forestier, pour Sticte Marquete, pour Oribasus Trenchemont, Ichnobates Tracallant, Aglaodos Clairedent, et ainsi des aultres. En quoy j'ay approprié les motz Grecz à la diction Françoise, qui n'est moins heureuse en composition de noms, que la Grecque[2].

Mais, qu'ils francisent ou non les noms propres antiques issus de la mythologie, les traducteurs ont généralement tendance à les simplifier, à l'exception parfois de Du Bellay. Suivant Marot, ils troquent les périphrases généalogiques au profit de termes plus directs censés faciliter l'accès aux textes et rendre leur lecture plus naturelle.

Dans leurs efforts respectifs se lisent l'admiration profonde et la révérence envers l'Antiquité. Car en dépit de leur désir de légitimer la langue française, les traducteurs ont recherché une fidélité croissante dans la restitution de l'original antique. Mais, de nouveau, les choix divergent et deux conceptions se sont affrontées : le désir de rester fidèle à la lettre (le mot à mot) et celui de restituer le sens (paraphrase), qui reproduisent les divergences opposant Cicéron[3] à Quintilien ou Horace[4]. Parmi ceux qui revendiquent la fidélité à la lettre du texte originel figure Octovien de Saint-Gelais, l'un des premiers grands traducteurs d'Ovide et de Virgile à la Renaissance, qui en formule la théorie dans sa préface :

---

1   P. *Ovidii Metamorphosis cum Raphaelis Regii enarrationibus*, Venise, B. Benalium, 1493.
2   *Préparation de voie à la lecture, et intelligence de la Métamorphose d'Ovide, et de tous poëtes fabuleux*, f. b7v°-b8r°, éd. J.-Cl. Moisan, Paris, Champion, 1997, p. 13. Aneau dit avoir suivi Macault dans son *Acrostichide*. Il francise les noms grecs pour ne pas heurter la langue française ni lui imposer des noms « qui y sonnent aussi absurdement comme feroit une corde d'orcal, entre plusieurs cordes de boyaux en un luc, etc. » (p. 14).
3   Plusieurs textes de Cicéron sont consacrés à la traduction : *De orat.*, I, 154-5 ; *De off.*, I, 6 et II, 60 ; *De fin.*, I, 4, 6 et III, 15 ; *De leg.*, II, 17 ; *De opt. Gen.*, 14.
4   Quintilien, *Institutio oratoria*, X, v ; Horace, *Ars Poetica*, 133-5. L'opposition entre ces auteurs latins et Cicéron, à propos de la traduction, est soulignée par G. P. Norton, *The Ideology and language of translation in Renaissance France and their humanist antecedents*, Genève, Droz, « Travaux d'Humanisme et Renaissance » 201, 1984, p. 41.

Si pensay sans plus muser jecter ma charrue legiere en ce fertil pourpris pour
en tirer grains et substance. Et conclu lors d'ardant desir si force au cueur ne
me deffault icelluy livre translater de son latin hault et insigne de mot à mot
et au plus pres de le mettre en langue francoise et vulgaire[1].

Bien que conscient des difficultés liées à ce choix, Aneau conserve ces
principes dans la préface du *Livret des Emblèmes* d'Alciat qu'il traduit
en 1549. Ces épigrammes accompagnés de figures

sont tous translatez vers pour vers et au plus pres de la diction Latine, sans
paraphrase extravagante ou changement de sens et de parolle. Chose de difficulté incroyable, attendu que la langue Latine comprent plus de sentence
en moins de parolle[2], que la Françoise : qu'elle n'a poinct d'articles qui sont
requis à la Françoise, et tousjours remplissent et allongent le vers. Aussi que
le vers Latin est communement plus long que le Françoys de cinq ou six syllabes, qui beaucoup emportent et que tressouvent l'Auteur faict licencieuses
eclypses [*sic*], et synalephes, tousjours accroissantes le vers Latin. [...]. Si de
rechef on me replicque la licentieuse permission de Horace au translateur : à
ne rendre mot pour mot, ne vers pour vers, je respondray (ce que aultres foys
j'ay faitct) en la personne du livre

LE LIVRE
En translatant vers pour vers rendre, Horace
Point ne commande. et ne defend aussi :
Qui le peut faire en ha il moins de grace ?
Si c'est mal faict, mal tourné suys ainsi[3].

Dans la pratique, ces principes sont difficilement tenables, et la multiplication des traductions au milieu du siècle modifie la perception du
rapport entre les deux langues. La conscience de l'unicité de chacune et
de son caractère historique fait évoluer les débats. Bien qu'il défende la
recherche du mot à mot, Jacques Peletier du Mans, qui s'est déjà beaucoup exercé à la traduction[4], pense impossible l'égalité parfaite entre
deux langues, même s'il rêve à l'exactitude idéale :

---

1   *Les Eneydes de Virgille*, Paris, A. Vérard, 1509, Prologue f. aiir°-aiiv°. Sur Octovien, partisan
du mot-à-mot, voir G. P. Norton, « Translation Theory in Renaissance France : the Poetic
Controversy », *Renaissance and Reformation*, XI, 1975, 1, p. 30-44.

2   *Plus de sentence en moins de parolle* : « plus de pensée en moins de mots ».

3   B. Aneau, *Emblemes d'Alciat, de nouveau Translatez en François vers pour vers jouxte les Latins*,
Lyon, G. Roville, 1549, p. 11 et 13.

4   Il publie, en 1547, sa traduction des chants I et II de l'*Odyssée* (réclamée par François Ier),
celles du premier livre des *Géorgiques* de Virgile et de trois *Odes* d'Horace : voir les *Œuvres*

Les Traductions de mot à mot n'ont pas grâce : non qu'elles soient contre la loi de Traduction : mais seulement pour raison que deux langues ne sont jamais uniformes en phrases. Les conceptions sont communes aux entendemens de tous hommes : mais les mots et manières de parler sont particuliers aux nations. Et qu'on ne me vienne point alléguer Cicéron : lequel ne loue pas le Traducteur consciencieux. Car aussi ne fais-je. Et ne l'entends point autrement, sinon que le Translateur doive garder la propriété et le naïf de la Langue en laquelle il translate. Mais certes je dis qu'en ce que les deux Langues symboliseront : il ne doit rien perdre des locutions, ni même de la privauté des mots de l'Auteur, duquel l'esprit et la subtilité souvent consiste en cela. Et qui pourrait traduire tout Virgile en vers Français, phrase pour phrase, et mot pour mot : ce serait une louange inestimable. Car un Traducteur, comment saurait-il mieux faire son devoir, sinon en approchant toujours le plus près qu'il serait possible de l'Auteur auquel il est sujet[1] ?

En 1540, dans sa *Maniere de bien traduire d'une langue en aultre,* Dolet s'était déjà inquiété de la mauvaise qualité d'une grande partie des traductions composées plus ou moins en hâte dans la première moitié du siècle. Il critique leur négligence et l'inintelligence avec laquelle travaillent certains traducteurs[2]. Cinq règles sont fondamentales : comprendre le sens de l'œuvre, connaître la langue de l'auteur d'origine et celle dans laquelle on veut traduire, se garder du mot à mot, employer des expressions usuelles et pour finir, écrire harmonieusement[3]. En 1548, dans son *Art poétique françois,* Thomas Sébillet prolonge cette réflexion, dénonce les travers de la littéralité improductive et défend la paraphrase. Bien traduire ne consiste pas tant à rendre mot pour mot le texte d'origine, qu'à imiter la pensée de l'auteur et à la transposer dans la langue du traducteur :

> Glorieux est donc le labeur de tant de gens de bien qui tous les jours s'y emploient : honorable aussi sera le tien quand t'adviendra de l'entreprendre. Mais garde et regarde que tu aies autant parfaite connaissance de l'idiome de

---

Poetiques de Jacques Peletier du Mans, Paris, M. de Vascosan, 1547, respectivement p. 7-36, 37-46, 59-63.

1   J. Peletier, *Art poétique,* dans *Traités de poétique,* éd. F. Goyet, p. 265.

2   *La maniere de bien traduire d'une langue en aultre,* Lyon, É. Dolet, 1540, p. 11-16 et, plus particulièrement, p. 13. Dolet a contribué à vulgariser quelques textes de l'Antiquité. Sur ces traductions, voir V. Worth, « Etienne Dolet : le choix des textes à traduire », *Cahiers V.-L. Saulnier,* 3, Collection de l'E.N.S., n° 31, 1986, p. 51-61.

3   Sur Dolet traducteur, voir V. Worth, *Practising translation in Renaissance France. The example of Etienne Dolet,* Oxford, Clarendon Press, 1988.

l'auteur que tu entreprendras tourner, comme celui auquel tu délibéreras le traduire. Car l'un des deux défauts ou tous les deux ensemble, rendraient ta version égale en mauvaise grâce à la sottie de celui qui pour plaire aux Dames entreprend bal, et est boiteux d'une jambe, ou cloche de toutes les deux. Ainsi recevras-tu pour récompense de ton labeur tout tel salaire comme lui, grand ris et pleine moquerie. Pour fuir de ce danger, ne jure tant superstitieusement aux mots de ton auteur, que iceux délaissés pour retenir la sentence, tu ne serves de plus près à la phrase et propriété de ta langue, qu'à la diction de l'étrangère. La dignité toutefois de l'auteur, et l'énergie de son oraison tant curieusement exprimée, que puisqu'il n'est possible de représenter son même visage, autant en montre ton œuvre, qu'en représenterait le miroir[1].

À leurs côtés, Du Bellay, qui pratique la traduction en vers depuis sa jeunesse, condamne sévèrement les mauvais poètes qui s'en préoccupent bien malheureusement[2]. Seule compte à ses yeux la restitution du sens de l'original qui est son objectif revendiqué dans le chant IV de l'*Énéide* (1552), et qu'il atteint en multipliant les équivalences, suivant sa théorie de la « compensation[3] ».

SIGNES EXTÉRIEURS DE FIDÉLITÉ, ET LIMITES

Conquête de la première moitié du XVIe siècle, l'exigence de fidélité et de respect du modèle antique, quelles que soient les voies pour y parvenir, se manifeste dans l'édition. Certaines traductions font parfois apparaître dans les marges tout ou partie du texte latin, affichant, dans les intentions du moins, ce désir nouveau[4]. Faire ainsi apparaître le latin est un dispositif valorisant à tous points de vue : pour la langue française,

---

1   Th. Sébillet, *Art poétique françois*, dans *Traités de poétique*, éd. F. Goyet, p. 146-147.

2   Du Bellay, *Deffence et illustration de la langue francoyse*, éd. H. Chamard, Paris, S.T.F.M., 1970 (Chap. 6, « Des mauvais traducteurs, et de ne traduyre les Poëtes », p. 39-42).

3   Pour l'analyse de cette traduction du chant IV par Du Bellay, voir notre thèse, *Traduction et narration à la Renaissance*, sous la dir. de M.-M. Fontaine, Lille, 2003, p. 281-321.

4   Voir par exemple, très tôt, G. Michel, *Les Bucoliques de Virgille*, Paris, J. de la Garde, 1516. D'une édition à une autre, la présence du latin dans les marges peut croître : c'est ce qui se produit dans les éditions successives de l'*Énéide* traduite par O. de Saint-Gelais. Voir successivement *Les Eneydes de Virgille*, Paris, A. Vérard, 1509, *Les œuvres de Virgille*, Paris, N. Couteau, 1529 et *Les Œuvres de Virgille*, Paris, J. Petit, 1540, où le latin occupe une place grandissante dans les marges.

désormais placée au centre de la page alors que la langue latine l'est sur le côté, mais aussi pour la langue latine car sa présence appelle la fidélité tout en la garantissant déjà. Le dispositif est anoblissant pour le traducteur qui montre qu'il se lance au grand jour dans la compétition, et l'on sait que les traducteurs se mobilisaient parfois aux mêmes dates sur les mêmes textes au profit et à la recherche de la perfection esthétique, un peu, toutes proportions gardées, à la manière des peintres florentins du Quattrocento, qui s'exerçaient au même moment sur les mêmes Annonciations ou les mêmes Adorations des Mages[1]. Le dispositif est flatteur, enfin, pour le lecteur, à qui est offerte la possibilité de contrôler en permanence la relation entre les deux langues et de juger de la justesse de la traduction.

La fidélité aux textes antiques et les scrupules dont on use à leur égard apparaît dans un autre phénomène inédit : les corrections apportées d'une édition à une autre par un même traducteur qui se reprend et modifie une première version jugée insatisfaisante[2] ou, de façon plus évidente encore, les corrections apportées par un traducteur sur la version de l'un de ses prédécesseurs. Barthélemy Aneau innove ainsi lorsqu'il fait apparaître, dans les interlignes de la traduction du premier livre de la *Métamorphose* d'Ovide due à Marot, des propositions plus respectueuses du latin (en caractères d'imprimerie plus petits[3]), qu'il commente et justifie éventuellement dans sa *Préparation de voie à la lecture, et intelligence de la Metamorphose d'Ovide, et de tous poëtes fabuleux*, introduction qui sert de commentaire aux *Trois premiers livres de la Métamorphose d'Ovide* parus chez G. Roville en 1556. D'autres auteurs intègrent aux commentaires qui suivent leurs propres traductions la critique des passages erronés traduits avant eux. Loin de la satire péremptoire d'un Du Bellay, la critique peut simplement viser la

---

1   Voir Du Bellay et Des Masures mobilisés au même moment sur la traduction de l'*Énéide*.

2   Du manuscrit à l'imprimé apparaissent souvent des modifications. Voir Habert et ses *Métamorphoses* : on observe quelques corrections (mélioratives) entre le manuscrit offert à Henri II autour de 1549 (*Le Troysiesme livre de la Metamorphose traduyct de latin en rythme francoyse par Fr Habert et par luy presenté à Henry de Valloys, Roy de France*, Bibliothèque du musée de Chantilly, Ms. 450) et les deux éditions successives : chez M. Fezandat en 1549 et chez E. Groulleau en 1557.

3   De telles interlignes s'observent dans l'édition Grieninger des œuvres de Térence (*Terentius cum directorio, glosa, interlineali, commentariis*, Strasbourg, J. Grieninger, 1496). Mais l'interligne introduit un commentaire du texte de Térence, et non une autre suggestion de traduction, ce qu'Aneau est seul à faire, à notre connaissance.

recherche de la vérité. Ainsi, dans les commentaires qui accompagnent sa traduction des *Dicts des sept sages*, Fontaine reprend-il, à quelques reprises, la version de Gilles Corrozet lorsqu'il la juge insatisfaisante[1]. Ces préventions illustrent le respect avec lequel on cherche à restituer l'Antiquité à travers ses œuvres majeures.

L'exigence de fidélité, quel que soit le chemin emprunté pour s'y soumettre, s'est heurtée à la nature profondément distincte de la langue latine et de la langue française qui ne disposent pas de la même syntaxe. Si les « propriétés » diverses des deux langues sont souvent mises en avant par les traducteurs avec lucidité, peu ont réfléchi sur la nécessaire concision vers laquelle doit tendre le français dans la restitution du texte antique. Fontaine, qui veut « suivre l'intencion de l'auteur au plus pres » est l'un des traducteurs les plus concis : « Bien souvent, j'ay tourné deux vers latins en trois françois, et quelque foys un pour un[2] ». Le phénomène est également revendiqué par Aneau en 1549 dans sa traduction des *Emblèmes* d'Alciat[3], mais difficile à mettre en œuvre chez tous en raison de la structure synthétique du latin.

Le désir très humaniste de rester fidèle à l'Antiquité s'est heurté à une autre difficulté. Les traducteurs de la Renaissance, comme des autres périodes, sont tendus entre deux postulats contradictoires, qui révèlent le caractère profondément historique de chaque traduction : le désir de restituer le texte latin de façon fidèle et la volonté de plaire en trouvant des équivalences contemporaines aux réalités anciennes, au risque d'introduire dans le texte latin les préoccupations politiques, philosophiques, et les goûts de leur temps. Marot a par exemple enrichi ses *Métamorphoses* de toutes sortes d'éléments, sans doute à la mode ou en passe de le devenir au moment où il écrivait. Il rencontrait ainsi la bienveillance d'un public citadin dont les occupations s'accordaient difficilement avec l'étude érudite ; mais peut-être suivait-il aussi plus simplement ses goûts et les transmettait-il dans sa traduction. Ses architectures sont plus proches du château avec sa « salle », son « trône »,

---

1 Ch. Fontaine, *Les Dicts des sept Sages*, Lyon, J. Citoys, 1557, p. 9 et 11, ou encore p. 20 : « Celui qui a traduit ainsi, *Tu trouveras le povre ami moins chiche, / Voire plus prompt au besoing que le riche* n'a pas entendu le sens ».

2 Ch. Fontaine, *Les Epistres d'Ovide*, 1552, « Le translateur aux lecteurs », p. 224. Cette concision est rare chez les autres traducteurs.

3 En dépit de sa recherche de la brièveté, Aneau ne peut s'empêcher d'amplifier le livre III des *Métamorphoses* (733 vers chez Ovide ; 1460 chez lui).

ses « sièges » et ses « huys » que de la maison romaine[1] ; ses « robes »,
ses habits « de soye et de fine toile » ou ses « cappes » sont plus représentatives des tenues de la Renaissance que des tuniques ou clamydes
antiques[2]. Le phénomène est bien connu dans la peinture. Fontaine est
plus mesuré dans la modernisation des *Héroïdes* : si l'« hostel » (maison
de notable en ville) peut paraître déplacé par rapport à la *domus* dans
laquelle Phèdre invite Hippolyte à se refugier[3], c'est pourtant alors la
seule manière de l'évoquer correctement à la Renaissance. En revanche, il
s'éloigne du texte originel quand il écrit que Didon rend visite à l'effigie
sacrée de Sichée, non dans un édifice de marbre indéterminé (*marmorea
aede*) mais dans une « chappelle » de marbre[4].

CHARLES FONTAINE ET LE RENOUVELLEMENT
DES COMMENTAIRES HUMANISTES
Penser les rapports humains à la Renaissance
dans le dialogue avec l'Antiquité

La grande originalité de Charles Fontaine reste d'avoir accompagné
plusieurs de ses traductions d'une somme de commentaires. À lire ses
traductions et les commentaires qui les entourent, à la manière des
grands commentaires humanistes relatifs aux œuvres classiques – mais
à la manière seulement, car les intentions divergent –, on perçoit mieux
la relation que la Renaissance a entretenue avec l'Antiquité : celle-ci
est perçue comme un matériau ou une somme d'expériences humaines
où puiser les conduites idéales sur lesquelles les lecteurs et les lectrices
pourront modeler leurs comportements à condition d'avoir « un tant
soit peu de sel en [leur] teste » pour séparer le bon grain de l'ivraie[5].
Les *Héroïdes* peuvent ainsi se lire comme l'analyse fine et détaillée des
manifestations de la psychologie amoureuse en proie à la solitude. Mais

---

1   Cl. Marot, *Premier livre de le Metamorphose d'Ovide*, Paris, E. Roffet, 1534, v. 333-340.
2   *Ibid.*, I, 750, 782 ; II, 1587 ; II, 1345.
3   Ch. Fontaine, *Les Epistres d'Ovide*, 1552, « Phèdre », p. 83. *Hér.*, IV, 143.
4   *Ibid.*, « Didon », p. 147. *Hér.*, VII, 99.
5   Ch. Fontaine, *Les Epistres d'Ovide*, 1552, « Le translateur aux lecteurs », p. 236.

si toutes les lectrices des *Héroïdes* peuvent admirer la patiente fidélité de Pénélope, l'identification ne saurait s'appliquer à la conduite de Phèdre :

> Que si d'aventure l'on peut tirer quelque mauvais exemple d'aucune de ces epitres, ce sera principalement de la quatrieme, où est declarée l'amour desesperée de Phedre à Hippolyt : mais pourquoy prendra l'on plutost exemple sur la vicieuse amour de la malheureuse Phedra, que sur la belle et honorable chasteté du vertueux Hippolyt ? lequel ne voulut jamais consentir au desordonné et enragé desir de sa folle marastre Phedra[1] ?

Fontaine situe les avertissements dans les préfaces, qu'il ajoute à chaque épître, comme le faisaient déjà les commentateurs latins du texte, en particulier Guy Morillon[2]. Mais tandis que les préfaces de Guy Morillon donnaient surtout des précisions généalogiques et érudites, Fontaine les transforme en courts résumés destinés à disposer efficacement des éléments nécessaires à la compréhension de l'histoire et à la lecture morale du texte. Ainsi, avant de lire la lettre de Phyllis,

> Toute femme doit bien ici prendre un bel exemple de ne mettre son amour trop ardemment et folement en un homme, quel qu'il soit, car la fin de folle amour jamais n'en fut bonne[3].

Ou encore :

> Or Phedra, ayant sceu la mort de Hippolyt, se tua d'un glaive, ou se pendit comme aucuns disent. Bien se doivent donq contregarder les dames d'entrer en amour tant desraisonnable et effrenée à fin que ainsi, ou pis ne leur avienne[4].

Dans les commentaires qu'il ajoute en fin d'épîtres (en s'appuyant de nouveau sur les grands commentateurs latins dans le principe, plus que dans les contenus), il développe de nouvelles préventions :

> « Mais n'ay bien faict pour les miens ny pour moy :
> Tu n'as soucy de nous comme je voy »
> *Voyez l'inconstance des propos d'une femme amoureuse[5].*

---

1 *Ibid.*, p. 235-236.
2 *P. Ovidii nasonis Heroïdes Epistolae*, Lyon, M. et G. Trechsel, 1533.
3 Ch. Fontaine, *Les Epistres d'Ovide*, 1552, « Phyllis », « préface », p. 33.
4 *Ibid.*, « Phèdre », « préface », p. 72.
5 *Ibid.*, « Phyllis », « annotations », p. 50.

On trouve de semblables mises en garde chez de nombreux poètes du siècle, à commencer par Marot, qui s'instruisaient dans la morale des anciens, mais aussi en tête des romans (voir la traduction des « *allegorie per ciascun canto* » de l'Arioste en 1542, qui légitime le *Roland Furieux* en démontrant combien le contenu en est moral)[1]. Cette présentation nouvelle de l'Arioste a plu aux lecteurs qui découvraient les mêmes intentions dans d'autres ouvrages que les fictions littéraires. Claude de Seyssel n'avait-il pas offert à Louis XII, dont il fut l'un des conseillers favoris, une série de traductions d'historiens anciens – Diodore de Sicile, Thucydide, Plutarque, Appien ou Justin –, en soulignant à quel point la traduction des ouvrages d'histoire devait permettre,

> en lieu des Tristan, Girons et Lancelots qui emplissent les papiers de songes et où plusieurs ont souvent mal colloqué les bonnes heures, faire cognoistre les saiges et vaillants capitaines de l'Antiquité[2] ?

On trouvait dans l'histoire des successeurs d'Alexandre une occasion de méditer sur l'inconstance de la fortune et sur la nécessaire modération en politique. Pour Claude de Seyssel, la lecture de Thucydide est utile

> non pas tant pour la narration d'icelle histoire, combien qu'elle soit belle et assez nouvelle aux Françoys, qui n'ont guere de livres des histoires des Grecz au long en leur langaige, comme pour la profundité et excellence des oraisons et harengues que l'on appelle concions, contenues en icelles, qui contiennent enseignement universel de toutes choses grandes, et tout l'art et efficace d'éloquence[3].

Évoquant les « histoires » de Xénophon, Diodore, Appien et Justin, Claude de Seyssel ajoutait :

> Lesquelles toutes oultre la delectation que l'on peult prendre en la lecture d'icelles, sont pleines d'enseignemens et de documens à qui les veult gouster

---

1   Sur cette lecture moralisée du *Roland Furieux* de l'Arioste, voir R. Gorris, « 'Non è Lontano a discoprirsi il porto' : Jean Martin, son œuvre et ses rapports avec la ville des Este », *Jean Martin, Un traducteur au temps de François Ier et de Henri II, Cahiers V.-L. Saulnier*, 16, 1999, p. 43-83.

2   *L'Histoire de Thucydide Athenien, de la guerre qui fut entre les Peloponnesiens et Atheniens, translatée en langue Françoyse par feu Messire Claude de Seyssel*, Paris, J. Bade, 1527, Prologue adressé à Louis XII (non paginé). Cité par H.-J. Martin, *La Naissance du livre moderne (XIVe-XVIIe siècles)*, Paris, Éditions du Cercle de la Librairie, 2000, p. 174.

3   Cl. de Seyssel, Prologue, 1527 (non paginé).

et digerer et reduyre à sens moral. Car l'on y voit maintz passaiges qui peuvent grandement servir à la conduyte des affaires publicz, tant par temps de paix que par temps de guerre[1].

Comme si la restitution en français du texte latin ne suffisait pas, Fontaine confie aux très nombreux commentaires dont il encadre sa traduction des dix premières épîtres des *Héroïdes,* celle des *Remèdes d'amour,* mais aussi celles des préceptes gnomiques, le soin de dégager le bénéfice que peut en retirer tout lecteur. Ses choix montrent à quel point l'Antiquité est perçue, à la Renaissance, comme un socle original intemporel auquel la traduction vient donner une interprétation actualisée. Restituée au plus près, l'Antiquité permet toujours, alors que la société a changé, de penser les rapports humains et de modeler les conduites contemporaines. L'allégorie est un outil privilégié pour opérer cette actualisation. Pour Fontaine, les *Héroïdes,* en dehors de leurs qualités littéraires qui en font aussi des modèles de rhétorique, possèdent un « tresgrand artifice » parce qu'elles sont « brieves, utiles et recreatives : trois points qui emportent l'honneur en une euvre Poëtique, et qui passent tout[2] ». Il partage les vues sur la fable qui animent la vie intellectuelle de la Renaissance et notamment les discussions de son entourage lyonnais, qui a en effet longuement réfléchi sur son usage et l'a pratiquée dans la poésie comme dans la prose : parce qu'elle interroge la relation entre le vrai et le faux, la fable ou narration fabuleuse est un genre littéraire dans lequel le récit imaginaire faux est la base d'une histoire présente et d'une réflexion vraie. Des mythographes comme le naturaliste suisse Conrad Gesner ou Simon de Vallambert ont montré l'utilité de l'exégèse allégorique et valorisé la fiction en rappelant qu'Aristote, Plutarque, Macrobe et plus récemment Politien voyaient déjà dans les fables des instruments pour philosopher et dans les mythes une forme de sagesse. La fable trouve une incarnation audacieuse dans l'*Alector* de Barthélemy Aneau, vaste fiction qui rassemble de nombreux mythes (gaulois, mythes de fondation…) dans une *Histoire fabuleuse* où l'histoire est historiquement fausse mais fondamentalement vraie :

Ainsi se trouve soubz la fabuleuse mensonge la verité historialle. Brief toute la Poësie ancienne autre chose n'est que la Philosophie et faulse Theologie

---

1 *Ibid.*
2 Ch. Fontaine, *Les Epistres d'Ovide,* 1552, « Epitre à Antoine de Crussol », p. 4.

Payanne […]. Parquoy la Poësie ancienne conjoinct avec la Physique et Metaphysique, aussi la Moralle, et l'une et l'autre, elle preuve et clarifie par exemples memorables des Histoires veritables en faulses fables defigurées. Vela l'utilité qui doibt estre cerchée en l'intelligence des fables Poëtiques[1].

Fontaine croit aux vertus de la fable antique, source de sens, mais aussi de vérité historique. Pourtant, il s'est tourné vers les *Héroïdes* car l'œuvre lui a semblé plus « historique » que « fabuleuse » (contrairement aux *Métamorphoses*), convaincu que les lecteurs et lectrices modernes pourront plus aisément se reconnaître dans les situations et les personnages. Par conséquent, plutôt que de déchiffrer l'allégorie à partir du matériau antique, ce qu'a fait le Moyen Âge, et ce que fait encore Aneau, il s'attache au contraire à tirer ces *Héroïdes* vers le réel (ou l'illusion du réel) comme le prouvent ses multiples interventions autour des épîtres. Des préfaces propres à chaque épître introduisent dans le résumé de l'histoire des dates qui se veulent précises :

Troye fut détruite en l'an de la creacion du monde deus mil sept cens quatre vingts et trois, et avant la nativité de nostre Sauveur Jesuschrist, mil cent septante neuf ans, le dixsettieme jour devant le Solstice estival[2].

[Démophon] fut le douzième roi des Athéniens et son règne qui dura trente trois ans commença en l'an du monde 2784 avant la nativité de Jesuchrist 1178 ans[3].

Les références géographiques sur lesquelles porte un commentaire sont actualisées et deviennent plus accessibles aux lecteurs qui reçoivent des équivalents contemporains. La réalité des contenus et des représentations s'en trouve fortement renforcée :

Sparte, autrement dicte Lacedemon, et à présent Mizitre, est une ville de Laconie en Peloponese à présent appellée la Morée, qui est une partie de Grece[4] ; Ithaque, à présent Compare, ou Tiachi ; Samos, à présent Samo ou Same[5].

1 B. Aneau, *Preparation de voie à la lecture et intelligence des Poëtes fabuleux*, f. b4r°, éd. J.-Cl. Moisan, Paris, Champion, 1997, p. 11. Pour cette réflexion sur la fable, voir *Alector ou le coq. Histoire fabuleuse*, éd. M.-M. Fontaine, t. I et II, Genève, Droz, 1996, notamment l'introduction, p. XL-LXVIII (« L'Histoire fabuleuse »).
2 Ch. Fontaine, *Les Epistres d'Ovide*, 1552, « Pénélope », « préface », p. 12.
3 *Ibid.*, « Phyllis », « préface », p. 32.
4 *Ibid.*, « Pénélope », « annot. », p. 24.
5 *Ibid.*, « Pénélope », « annot. », p. 29.

Fontaine renforce également la crédibilité historique des *Héroïdes* par le dialogue critique qu'il instaure avec les auteurs qui ont jadis pu inspirer Ovide ou qui ont ensuite commenté ses *Héroïdes*. Il exprime ses doutes quand sont mises à mal la véracité ou la vraisemblance de la conduite d'un personnage. Il ajoute par exemple dans son édition des *Héroïdes* de 1556 un nouveau commentaire (absent de l'édition de 1552) chargé de défendre la chasteté de Pénélope, mise en doute – à tort – par Lycophron, poète grec du IVe siècle avant J.-C. qui a écrit sur les malheurs de Troie :

> son pere Icar la contraint de se remarier : que la jeunesse de son filz Telemachus, et la vieillesse de son pere Laërtes requierent sa venue, et sa presence et non pas seulement sa reponse par lettres : *Je me tais de ce que je trouve que le seul Lycophron, ancien auteur, ha mal senti et escrit de la chasteté de Penelope contre la commune opinion et renommée*[1].

Ailleurs, Diodore de Sicile est convoqué pour être infléchi. Fontaine semble suivre le poète du début de la Renaissance Jean Lemaire de Belges :

> Diodore ne veult affermer (ce me semble) qu'il y ayt eu plus de troys Hercules, mais ceux qui ont bien cherché et leu, ont trouvé qu'il y en a eu six, dond le cinquieme est Indien, qui est nommé Belus, le sixieme est filz d'Alcmene et de Jupiter[2].

Parfois, ce ne sont plus les commentateurs d'Ovide qui sont mis en cause, mais les auteurs latins eux-mêmes. Virgile et Ovide sont jugés trop hostiles à Didon : pour des raisons politiques – parce que tous deux défendaient Rome contre Carthage – ils ont corrigé l'histoire en faisant coexister des personnages qui n'auraient jamais pu se croiser. Fontaine rétablit alors la vérité :

> Nonobstant Bocace, en son livre des nobles et vertueuses Dames, escrit de la mort de Didon autrement, et à son honneur, la mettant au rang des vefves chastes, et la verité est aussi qu'Eneas vint en Italie plus de cent ans avant que Didon fust ; et aussi Ausonius ha escrit un epigramme à la louenge de la pudicité d'elle. Mais Virgile ha ainsi escrit de Dido, et apres lui Ovide, en

---

1   Ch. Fontaine, *Les XXI Epitres d'Ovide*, 1556, « Pénélope », « préface », p. 14. Nous signalons en italiques l'addition qui ne figurait pas dans l'édition de 1552.
2   Ch. Fontaine, *Les Epistres d'Ovide*, 1552, « Déjanire », « préface », p. 180. Voir J. Lemaire de Belges et ses *Illustrations de Gaule et singularitez de Troie*, Lyon, E. Baland, 1509.

faveur de Cesar Auguste et des Rommeins et en defaveur et deshonneur des Carthaginois, leurs anciens ennemis[1].

Sa réflexion sur les relations entre la fable et l'histoire le conduit donc à réévaluer le traitement réservé à certains personnages. Il suit les traces de Boccace lorsque celui-ci rend hommage à Didon dans son *De mulieribus claris*[2]. D'autres traducteurs, comme Du Bellay, emprunteront la même voie[3]. La matière de ces lettres, source d'enseignements, est donc pleine d'intérêt.

L'admiration pour l'Antiquité ne signifie donc pas la complaisance : elle invite toujours au dialogue. C'est dans cet esprit que sont traduits et commentés par Fontaine les *Mimes* de Publian, offerts au dauphin (futur François II) et parus en 1557. Ces *Mimes* constituent, avec les autres recueils de sagesse gréco-latine (ceux que Fontaine offre aussi aux autres enfants d'Henri II, et tous les autres), une mine d'enseignements humains que la Renaissance a choisi de conserver et de valoriser, appréciant dans la brièveté des sentences antiques, des règles de vie commune sur lesquelles fonder les principes d'une éducation saine, réglée sur le bon sens, l'encouragement à pratiquer la vertu, l'honnêteté, la réflexion, l'amour filial, l'amitié et la générosité. Il y a pourtant quelques exceptions, dans les *Mimes* notamment, puisque des sentences incitent à la vengeance et soulignent le plaisir qu'on en peut tirer, ou bien sont peu amènes envers les femmes. Mais Fontaine, qui compte sur « le sel » dont disposent ses lecteurs « en leur teste » profite de ses propres commentaires pour faire entendre une voix singulière, voire discordante. Loin d'être un matériau éteint, qu'on se contente de traduire et de faire revivre dans une autre langue, le texte antique devient, grâce à ces commentaires, le lieu d'élaboration d'une pensée et de réflexions nouvelles. Certaines sentences s'éclairent ainsi à la lumière de l'expérience personnelle du traducteur :

188

Ita amicum habeas, posse ut fieri inimicum putes.
Aye ton ami en tel degré d'amitié, que ce pendant tu penses qu'il peut estre fait ton ennemi.
À ce propos dit un des sept sages (et me semble que c'est Cleobule)

---

1   *Ibid.*, « Didon », « préface », p. 139.
2   Ch. Fontaine, *Odes, Enigmes et Epigrammes*, Lyon, J. Citoys, 1557, Ode II, p. 15.
3   Du Bellay, *Œuvres poétiques*, éd. H. Chamard, t. VI, p. 331. Voir notre thèse, p. 187-197.

Ama tanquam osurus : odi tanquam amaturus.

Ayme comme si tu devois haïr, hais comme si tu devois aymer : laquelle sentence, bien qu'elle soit reprovée de plusieurs gens de bonne nature, et de bonne amitié, toutesfois est assez approuvée par Valere le grand[1], et à la vérité il se trouve de grans amis avoir esté faits ennemis : et, au contraire, de grans ennemis, amis. Pourtant ne semble pas mauvais, de donner tel frain à l'amitié, à ce que l'ami de bonne foy, ne se detruise pour son ami, qui (peut-etre) apres avoir receu biens et honneurs de luy, se convertira en ennemi, comme tous les jours il se voit par experience en une infinité de gens ingrats, et moymesme en ay experimenté quelque chose, et pourtant soyent les autres sages, s'ils veulent, apres en avoir esté advertis[2].

D'autres, éventuellement jugées trop archaïques ou virulentes, sont gentiment moquées :

20

Aperte mala cum est mulier, tum demum est bona.
Quand la femme est apertement mauvaise, adonc elle est bonne.
Publian ne les vouloit pas vendre, je ne sçay qu'elles luy avoyent faict[3].

6

Foemine naturam regere, desperare est omnium.
Gouverner l'esprit d'une femme, c'est ce que tout le monde dit qu'il ne peut faire.
Publian n'estoit pas trop grand ami des dames : il faut qu'elles luy eussent fait quelque mauvais tour. Mais au contraire il y en a des bons Auteurs qui ont bien écrit à leur honneur, dont j'en fay mencion en certaine ode que j'adressoys à notre Tres-illustre et tres-vertueuse Princesse votre mere[4].

D'autres sentences encore manifestent la surprise du traducteur :

47

Blanditia, non imperio, fit dulcis Venus.
Venus est faite douce, par blandices, humanité, et caresse, et non par audace, maistrise et commandement.
Je me suis ebahi cent foys quel plaisir ont ceux qui prennent les femmes ou filles par force[5].

---

1 Valère Maxime.
2 Ch. Fontaine, *Mimes de Publian*, Lyon, J. Citoys, 1557, p. 77-78.
3 *Ibid.*, p. 15. À plusieurs reprises, Fontaine prend le parti des femmes malmenées par Publian (ex : n° 6, n° 241, n° 246, etc.).
4 *Ibid.*, p. 58. « Vostre mere » : Catherine de Médicis.
5 *Ibid.*, p. 25.

Ou sa prise de distance. Les commentaires ajustent les représentations en tenant compte des nouvelles valeurs religieuses :

133
Fides, ut anima, unde abiit, nunquam eo redit.
La foy, non plus que la vie, ne retourne jamais d'où elle est departie.
Publian n'avoit pas entendu le principal article de nôtre foy, qui est la resurrection, par laquelle l'ame rentre au propre corps au jour du grand jugement[1].

174
Inimicum ulcisci, vitam est accipere alteram.
Se venger de son ennemi, c'est prendre une seconde vie.
Cette sentence ne convient pas à nôtre loy, qui nous deffend de la vengence, mais Publian parle icy selon l'affection naturelle de plusieurs gens, auxquelz il semble qu'ils ont fait un tresbeau fait, et qu'ils sont du tout allegez en leur cœur, quand ils se sont vengez : joint qu'ayans occis leur ennemi, ils ne le craignent plus, mais il en faut craindre d'autres, et Dieu principalement[2].

208
Laeso, doloris remedium, inimici dolor.
A celuy qui est offensé, le remede à sa douleur, c'est de voir son ennemi en douleur.
C'est bien à la commune manière, mais ce n'est le fait d'un homme vertueux, ny mesme d'un Crétien, qui doit estimer le mal d'autruy, quasi comme le sien propre. Tant s'en faut qu'il s'en doyve réjouir, ny le prendre pour remede au sien : car c'est le fait d'un enuyeux ou malheureux[3].

Proposer une synthèse sur la manière dont sont traduits et adaptés les Anciens à la Renaissance reste bien difficile, tant les textes traduits sont divers et les pratiques de traduction variées. Tout au plus peut-on donner un aperçu des tendances qui se dessinent et surtout des débats qui animent les traducteurs, partagés entre l'admiration pour les langues de l'Antiquité et le raffinement qu'elles incarnent, et le désir de promouvoir leur langue nationale en captant, dans l'activité traductrice, le reflet de ses aînées. Dans la première moitié du siècle, les débats se manifestent dans les prises de positions opposées sur la francisation des noms propres par exemple comme, plus généralement, sur la manière

---

1   *Ibid.*, p. 56.
2   *Ibid.*, p. 73.
3   *Ibid.*, p. 84.

de traduire, qui ne donne pas seulement son titre à l'ouvrage de Dolet
sur le sujet, mais fait couler beaucoup d'encre. Entre les adaptations
médiévales et les « belles infidèles » du XVIIe siècle, la Renaissance a
soulevé dans la théorie mais plus encore dans la pratique toutes les
questions qui se posent aux traducteurs, quelle que soit leur époque.
On comprend des discussions sur les particularités de chaque langue
ou le souci des lecteurs, que traduire et adapter les Anciens est avant
tout le produit d'une lecture historique, nécessairement subjective, d'un
matériau initial. Parce qu'il pratique le commentaire dans ses propres
traductions, Charles Fontaine nous a semblé digne d'être étudié plus
particulièrement ici, car il manifeste et déploie dans cet exercice même
qu'est le commentaire cette lecture subjective et pénétrante propre à
chaque traduction, qui peut naturellement refléter celle d'une période,
mais qui reflète aussi la relation du poète avec la langue, ou plutôt les
langues, et leurs représentations mutuelles.

Marine MOLINS
Université Lille III,
laboratoire Alithila

NATURALISER[1] VIRGILE EN VERS FRANÇAIS

Le cas des *Bucoliques* et des *Géorgiques* (1770-1820)

Pour Maurice Brivet.

À sa parution, en 1770, la traduction en vers des *Géorgiques* par l'abbé Jacques Delille (1738-1813), pour l'heure encore discret professeur de troisième au collège de La Marche, fit grand bruit : accueillie par un concert de louanges[2], elle était la première à paraître depuis celle – posthume – de Jean Renaud de Segrais (1624-1701), imprimée en 1712, Jean-Jacques Le Franc de Pompignan (1709-1784) n'ayant laissé connaître de la sienne, entreprise pourtant dès 1738 – et communiquée alors à l'abbé Desfontaines, traducteur lui-même de Virgile en prose et, surtout, journaliste influent – mais publiée seulement en 1784 au tome IV de ses *Œuvres*, que des fragments. Apparue, au moment où la mode agronomique battait son plein, quelques mois à peine après le poème des *Saisons* (1769), de Jean-François de Saint-Lambert (1716-1803), qui ambitionnait, en s'inspirant – sans le traduire – de l'ouvrage de même titre (1725-1730) du Britannique James Thomson (1700-1748), de donner à la France ses *Géorgiques* modernes, la traduction de Delille,

---

1   *Naturaliser* « se dit figurément des mots et des phrases que l'on transporte d'une langue en une autre » (*Dictionnaire de l'Académie*, 1798). « Il se dit, au sens moral, en parlant des sciences, des arts, des inventions, des institutions qu'on apporte dans un pays, et qui y prospèrent » (*Dictionnaire de l'Académie*, 1835). C'est à l'époque de l'Empire, semble-t-il, qu'on commence couramment à écrire qu'une belle traduction poétique, considérée comme « définitive », *naturalise* un auteur ancien ou étranger en France.

2   La seule voix discordante fut celle de Jean-Marie-Bernard Clément (1742-1812), futur traducteur en vers de la *Jérusalem délivrée* (1799), dans ses *Observations critiques sur la nouvelle traduction en vers français des* Géorgiques *de Virgile, et sur les poèmes des* Saisons, *de La Déclamation* [de Dorat] *et de* La Peinture [de Le Mierre], Paris, Le Jay, 1771, mais même l'*Année littéraire* (lettre X, 2 septembre 1771) s'employa à la réfuter.

assortie d'un important *Discours préliminaire*, remettait à l'ordre du jour un vieux débat littéraire jamais vraiment décidé, celui de savoir s'il était préférable de traduire les poètes anciens et étrangers en vers plutôt qu'en prose.

En effet, si les régents de collège et les critiques de profession, en rangs serrés, considérant comme le père Noël-Étienne Sanadon (1676-1733), savant éditeur et traducteur d'Horace, que les traductions en vers ne pouvaient concilier « les grâces de la versification » et la restitution « des pensées et des expressions[1] » des auteurs, tenaient, selon la formule de l'abbé Charles Batteux (1713-1780), autre traducteur d'Horace, que « toute traduction de poète devait être littérale[2] » et n'hésitaient pas, avec l'abbé Pierre-François Guyot Desfontaines (1685-1745), traducteur quant à lui de Virgile (1743) et d'Horace (en prose) et des *Psaumes* (en vers), à préférer sans nuances « le prosateur au versificateur », considéré, à cause des inévitables ajouts ou omissions que la langue poétique lui impose, non plus comme « un traducteur proprement dit », mais comme « un imitateur ou un paraphraste », quelques poètes, amateurs éclairés comme le président Jean Bouhier (1673-1746) ou versificateurs de profession comme Louis Racine (1692-1763), défendaient avec ardeur la position opposée. Le parlementaire bourguignon, considérant que les traductions littérales étaient surtout destinées à « faciliter l'intelligence du texte original » et se devaient donc d'être « aussi littérales » que possible, les cantonnait à un rôle utilitaire de simples copies, tandis qu'il estimait que les versions en vers devaient se libérer de la lettre des textes pour devenir autonomes. « Bien saisir la pensée, et lui donner ensuite le tour et l'élégance que le poète lui aurait vraisemblablement donnée s'il avait écrit dans la langue du traducteur[3] », telle était pour lui la mission du traducteur en vers, autorisé de ce fait à omettre des expressions et

---

1   Sanadon, *Les Poésies d'Horace* [1728], nouvelle édition, Paris, Savoye, 1756, tome 1, *Préface*, p. 6.

2   Batteux, *Les Poésies d'Horace* [1750], nouvelle édition, Avignon, Chaillot aîné, 1813, tome 1, *Préface*, p. VIII.

3   Bouhier, *Les Amours d'Énée et de Didon*, Paris, Coignard, 1742, *Préface*, p. IX. On signalera que dans la *Préface* de son *Recueil de traductions en vers français* (Paris, Compagnie des Libraires, 1738, voir p. X), Bouhier rédige une véritable *Défense et illustration* de la poésie rimée, explicitement inscrite dans la suite des débats surgis à l'époque de la Querelle d'Homère, et estime, en ce qui concerne les traductions en prose, que « les meilleures et les plus travaillées n'approchent pas de l'agrément de celles qui sont faites en vers, quand même ces dernières ne seraient pas de la dernière beauté ».

des figures et à leur en substituer d'autres, plus conformes au génie de la langue française. Le plus jeune fils de Racine, qui devait largement exercer son talent sur les *Psaumes*, insistait quant à lui sur l'incapacité de la prose à rendre le « coloris qui anime tout[1] », ce qui le conduisait tout naturellement à prôner la traduction en vers.

L'abbé Delille, évidemment, connaissait parfaitement ces prises de position[2] – et bien d'autres, qu'il serait fastidieux d'énumérer – au moment de rédiger le *Discours préliminaire* de sa traduction des *Géorgiques*. Il les discute, les amplifie et les clarifie. Pour lui, la fidélité des traductions en prose n'est qu'apparente, car elles ne sauraient restituer « la hardiesse, le mouvement, l'harmonie, les figures », qui constituent « le mérite de la poésie[3] ». Il résume cela – après de longs développements sur l'agriculture, sur Virgile et sur la supériorité de la langue latine sur la langue française – dans une formule frappante : « la fidélité d'une traduction de vers en prose est toujours infidèle[4] ». De manière extrêmement spirituelle, précieuse même, il rappelle la supériorité des vers en matière d'expressivité, soutient paradoxalement que la « difficulté vaincue » est libératrice et oppose la « pesanteur » de la prose à la « vivacité de mouvement[5] » de la poésie. Surtout, à partir d'arguments et d'exemples fort judicieux, il redéfinit la fidélité en matière de traduction : non pas un calque systématique, qui est en réalité une « extrême infidélité », mais une adaptation permanente au génie de l'auteur que l'on entend transposer dans notre langue, en pleine conscience de la capacité

---

1 Louis Racine, *Réflexions sur la poésie* [1747], dans *Œuvres*, Paris, Le Normant, 1808, tome 1, p. 263.

2 En revanche il ne connaissait vraisemblablement pas celles de Jacques-Charles-Louis Clinchamps de Malfilâtre (1732-1767), dont *Le Génie de Virgile*, entrepris en 1762, ne fut compilé et édité par Miger que tardivement (Paris, Maradan, 1810). Le poète prématurément disparu estime, dans son *Discours préliminaire*, qu'« une traduction en vers mérite seule le titre de traduction proprement dite » (tome 1, p. 32), y insiste sur le rôle fondamental de la mécanique de la poésie (mesure, inversions, rythme, césure, rejets) dans la constitution de l'harmonie imitative et déclare que les beautés poétiques ne dépendent pas seulement « des pensées, des figures, des tours et du choix des mots » (*ibid.*, p. 42), pour conclure que « c'est en vers, et non pas en prose, que les poètes doivent être traduits » (*ibid.*, p. 43). On rappellera que, si l'ouvrage de Malfilâtre est souvent difficile à utiliser, la part de l'éditeur et celle de l'auteur n'étant pas toujours distinguables avec netteté, le problème, cependant, ne semble pas se poser dans le liminaire.

3 Delille, *Les Géorgiques* [1770], quatrième édition, *Discours préliminaire*, Paris, Bleuet, 1770, p. 52.

4 *Ibid.*, p. 50.

5 *Ibid.*, p. 52.

plus ou moins grande, selon les cas, de celle-ci à rendre le caractère du
style original. En somme, être fidèle, pour le traducteur, c'est rester
proche du texte quand c'est possible, mais « remplir l'intervalle par un
équivalent[1] », c'est-à-dire ne pas hésiter à prendre ses distances, quand
cela ne l'est pas. Au bout du compte, se dessine l'idée d'une autonomie
du texte traduit, devenu peu ou prou une œuvre originale, puisée aux
mêmes sources que le poème qu'on restitue :

> Mais pour traduire ainsi, il faut non seulement se remplir, comme on l'a
> dit si souvent, de l'esprit de son poète, oublier ses mœurs pour prendre les
> siennes, quitter son pays pour habiter le sien ; mais aller chercher ses beautés
> dans leur source, je veux dire dans la nature ; pour mieux imiter la manière
> dont il a peint les objets, il faut voir les objets eux-mêmes. Et à cet égard
> c'est composer jusqu'à un certain point, que de traduire[2].

On a bien compris : malgré la modalisation prudente *in fine*, traduire
Virgile en vers, c'est se transformer en nouveau Virgile, non seulement
en s'identifiant au poète romain, mais en allant chercher, comme lui,
la poésie à sa source, dans la nature. La démarche n'est pas seulement
celle, savante et scrupuleuse, de l'érudit : c'est celle, autonome malgré
le respect, de l'inventeur qui, pour *naturaliser* son auteur, doit *voir* tout
autant que *savoir.*

On demande pardon de ce préambule un peu long, mais nécessaire. Il
fallait en effet rappeler, fût-ce imparfaitement, la nouveauté de l'optique
imposée à la traduction versifiée[3] par l'abbé Delille, avant d'en venir
à un panorama rapidement commenté des principales tentatives pour
naturaliser les *Géorgiques* et les *Bucoliques* de Virgile[4] en vers entre 1770
et 1820.

---

1   *Ibid.*, p. 59.
2   *Ibid.*, p. 62-63.
3   Et pas seulement, on s'en doute bien, de la traduction de Virgile : en fait, de même que
    Les Saisons de Saint-Lambert lancent le *genre* du « poème de la nature », selon la formule
    d'Édouard Guitton (*Jacques Delille et le poème de la nature*, Paris, Klincksieck, 1974), *Les
    Géorgiques* de Delille provoquent la naissance du *genre* de la traduction en vers : non pas
    qu'on n'en ait pas publié auparavant, mais désormais cela va être un déferlement éditorial
    spectaculaire, qui se poursuivra bien au-delà des années 1830 et concernera non seule-
    ment les grands poèmes de l'Antiquité, mais aussi les chefs-d'œuvre épiques modernes,
    authentiques (Le Tasse, Milton, Camoëns) ou supposés (Ossian).
4   On laissera le cas de l'*Énéide* de côté, à la fois parce qu'il mériterait des développements
    que je ne peux pas donner ici et parce je l'ai abordé ailleurs partiellement. Voir Jean-Noël

En réalité, ce sont *Les Géorgiques* qui semblent avoir le moins suscité de vocations parmi les nombreux métromanes du temps. En effet, après la publication retentissante du travail de l'abbé Delille, on ne relève guère que deux autres traductions complètes parues dans les années considérées : celle de Le Franc de Pompignan, déjà indiquée et du reste partiellement ou totalement antérieure, malgré sa parution tardive l'année de la mort du poète (1784), et celle de l'abbé Antoine de Cournand (1742-1814), professeur au Collège royal avant la Révolution, plus connu aujourd'hui comme militant en faveur du mariage des prêtres – il avait été oratorien – ou de l'abolition de l'esclavage et membre du club des Jacobins que comme poète didactique, même s'il devait alors sa maigre renommée à son poème des *Styles* (1781), parue au début de l'Empire (1805). On rencontre bien, ici ou là, quelques traductions partielles d'épisodes fameux, notamment sous la plume de Ponce-Denis Écouchard Le Brun (1729-1807), le fameux poète lyrique, mais l'on verra bientôt que c'est fort peu en comparaison du nombre considérable de versions des *Bucoliques*.

En définir les traits majeurs respectifs n'est pas chose facile : là où Delille, conformément aux principes énoncés dans son *Discours préliminaire*, recherche avant tout la lisibilité d'une version autonome, sans renoncer à la concision, Pompignan apparaît tantôt plus bavard, soucieux qu'il est de demeurer exact[1], tantôt étrangement elliptique, et Cournand, pour sa part, confond aisément fidélité, diffusion et rudesse. On en trouvera un témoignage dans la restitution qu'ils donnent chacun de quelques vers empruntés au passage célèbre du livre IV consacré à la descente aux Enfers d'Orphée. C'est le moment où l'époux d'Eurydice, sur le chemin du retour (*Jamque pedem referens...*), oublie son fatal engagement[2]. Delille traduit :

Pascal, « Sur quelques fragments, traduits en vers, des discours amoureux de Didon, de Lefranc de Pompignan à Barthélemy », *La traduction du discours amoureux*, édit. A. Cointre, F. Lautel et A. Rivara, Metz, CET, 2006, p. 279-303. Les principaux traducteurs intégraux en vers, pour la période considérée, sont C.-P. Boissière, en 1797, Delille, en 1804, Claude Deloynes d'Autroche (1744-1823), en 1804, Hyacinthe de Gaston (1767-1808), entre 1803 et 1807 et Charles-Louis Mollevaut (1776-1844), en 1822.

1   Une étude scrupuleuse des caractéristiques du style de traduction chez Le Franc de Pompignan peut se lire dans la thèse de Guillaume Robichez, *J.-J. Le Franc de Pompignan, un humaniste chrétien au siècle des Lumières*, Paris, SEDES, 1984.

2   Voici la version, en prose, de l'abbé Desfontaines, considérée comme classique à l'époque : « Échappé de tous les dangers, Orphée revenait sur la terre ; Eurydice, qui lui avait été

> Enfin, il revenait des gouffres du Ténare,
> Possesseur d'Eurydice, et vainqueur du Tartare ;
> Sans voir sa tendre amante, il précédait ses pas ;
> Proserpine à ce prix l'arrachait au trépas.
> Tout secondait leurs vœux, tout flattait leur tendresse ;
> Soudain ce faible amant dans un instant d'ivresse
> Suivait imprudemment l'ardeur qui l'entraînait,
> Bien digne de pardon, si l'Enfer pardonnait.
> Presque aux portes du jour, troublé, hors de lui-même,
> Il s'arrête, il se tourne... Il revoit ce qu'il aime !
> C'en est fait, un coup d'œil a détruit son bonheur :
> Le barbare Pluton révoque sa faveur,
> Et des Enfers charmés de ressaisir leur proie,
> Trois fois le gouffre avare en retentit de joie.
> Orphée, ah ! cher époux ! quel transport malheureux,
> Dit-elle ! ton amour nous a perdus tous deux[1].

Le début, incontestablement, est plutôt un délayage paraphrastique – le poète court après la rime – qu'une restitution exacte de l'original, mais la suite concilie fort bien concision et efficacité pathétique, sans s'éloigner beaucoup de la source.

Chez Le Franc de Pompignan, on constate avec surprise qu'un large pan du texte virgilien disparaît dans une reconstruction destinée, visiblement, à concentrer l'instant fatal en un seul vers :

> Il retournait vainqueur, il touchait la barrière ;
> Eurydice bientôt revoyait la lumière ;
> De ce fidèle époux tout secondait l'espoir ;
> Elle suivait ses pas, il marchait sans la voir :
> Proserpine à ce prix lui redonnait la vie.
> Mais la loi fut bientôt oubliée ou trahie ;
> Crime, hélas ! puisqu'il faut l'appeler de ce nom,
> Si l'Enfer pardonnait, bien digne de pardon.

---

rendue, marchait après lui vers le séjour de la lumière ; mais la reine des Enfers lui avait défendu de tourner la tête, et de jeter les yeux sur son épouse. Cependant un mouvement subit, dont il ne fut point le maître, lui fit oublier la loi : faute pardonnable, si les Enfers savaient pardonner. Il s'arrêta ; et lorsqu'il était sur le point de revoir la lumière, vaincu par son ardeur, il voulut voir sa chère Eurydice. Il perdit en un instant tout le fruit de ses peines ; son traité avec l'impitoyable tyran des ombres fut rompu, et les étangs de l'Averne retentirent par trois fois d'un bruit affreux. Hélas ! s'écria la malheureuse Eurydice, qui nous arrache ainsi l'un à l'autre ? » (*Œuvres de Virgile, traduites en français* [1743], Paris, Catineau, an X-1802, tome 1, p. 395-396).

1   Delille, *Les Géorgiques*, éd. citée, p. 327.

> Il s'arrête, il se tourne, et les ombres frémirent ;
> De l'Averne trois fois les noirs étangs mugirent.
> Eurydice s'écrie : époux trop malheureux,
> Qu'as-tu donc fait ? l'amour nous a perdus tous deux[1].

Ce qu'on gagne ici en concentration ne va pas sans quelque morcellement et l'incontestable réussite du temps fort s'accompagne d'une mise à mal de la continuité narrative, que Delille, au contraire, assurait fort bien, en usant notamment de la versification (enjambement) et de l'interruption (points de suspension). Ce qu'on lit, chez Pompignan, c'est un fragment haché de nature épique, tandis que Delille fait glisser le texte, conformément du reste à ce qui se passe chez Virgile, vers la scène émouvante de roman.

Cournand, pour sa part, s'évertue à être aussi exact que possible, fût-ce au détriment de la fluidité et de l'harmonie :

> Échappé des périls de l'infernal séjour,
> Et suivi d'Eurydice, il marche vers le jour.
> Mais du moindre regard son cœur doit se défendre ;
> Proserpine, à ce prix, consent de la lui rendre.
> À son amour aveugle il se laisse entraîner ;
> Imprudent (mais l'Enfer ne sait rien pardonner),
> Il s'arrête ; déjà de ces demeures sombres,
> Une faible lueur éclaircissait les ombres ;
> Il oublie, il regarde, hélas ! Vaincu d'amour,
> Il regarde Eurydice, et perd tout sans retour ;
> Les traités sont rompus, l'Enfer va la reprendre ;
> Trois fois, l'affreux Averne au loin se fait entendre.
> Elle s'écrie : Ô ciel ! quel dieu nous perd tous deux,
> Cher Orphée ! ô fureur d'un amour malheureux[2] !

D'évidence, bien moins de détails de l'original sont négligés… On a même parfois l'impression (la parenthèse) d'assister à un cours de grammaire latine ! Mais l'homogénéité fait cruellement défaut et ce qui, chez un rhéteur moins balourd, pourrait faire beauté, la répétition par exemple d'« il regarde », paraît ici être essentiellement une trace d'application maladroite, qui nuit fâcheusement au pathétique.

---

1 Le Franc de Pompignan, *Les Géorgiques*, dans *Œuvres*, Paris, Nyon l'aîné, 1784, t. IV, p. 301.
2 Cournand, *Les Géorgiques* [1805], Paris, Tardieu-Denesle, 1816, p. 227. Cette édition (posthume) est une simple ré-émission, avec une page de titre refaite, de la première, parue en 1805 sous l'adresse parisienne du libraire Bernard.

L'épisode a encore été traduit, apparemment avant même la parution de la version de Delille[1], par Le Brun-Pindare. Il figure en tête des *Veillées du Parnasse*, choix d'épisodes mythologiques entrepris dans sa jeunesse par l'auteur mais jamais achevé :

> Déjà l'heureux Orphée est vainqueur du Ténare ;
> Il ramène Eurydice échappée au Tartare ;
> Eurydice le suit (car un ordre jaloux
> Défend encor sa vue aux yeux de son époux).
> Mais, ô d'un jeune amant trop aveugle imprudence !
> Si l'Enfer pardonnait, ô pardonnable offense !
> Orphée impatient, troublé, vaincu d'amour,
> S'arrête, la regarde, et la perd sans retour.
> Plus de trêve, Pluton redemande sa proie,
> Trois fois le Styx avare en murmure de joie.
> Mais elle : Ah ! cher amant, quel aveugle transport,
> Et nous trahit tout deux, et me rend à la mort[2] !

Quelques facilités (la course à la rime dans les premiers vers, le polysyndète au dernier) ne parviennent pas à gâcher ce morceau, dont la construction habile en gradation jusqu'à l'instant fatal est d'une bonne efficacité pathétique et dont certains détails d'écriture dénotent une réelle maîtrise poétique et rhétorique (la dérivation « pardonnait »/« pardonnable »). L'esthétique, cependant, semble être plus proche de celle de Pompignan que de celle de Delille : Le Brun est certes plus habile que le poète de Montauban, mais il est moins moderne que l'abbé Virgile[3].

Le nombre de traductions versifiées des *Bucoliques* est bien plus considérable. Delille considérait, dit-on, les *Églogues* de Virgile comme intraduisibles[4] et c'est probablement ce qui a provoqué, sous le Consulat et l'Empire principalement, une série assez impressionnante de parutions[5],

---

1   Fréron et Clément, dont on a parlé ci-dessus, connaissaient ces vers.
2   Le Brun, *Les Veillées du Parnasse*, chant I, dans *Œuvres*, éd. Ginguené, Paris, Warée, 1811, tome 2, p. 253.
3   Cette manière de désigner Delille, traducteur des *Géorgiques*, rapidement entrée dans l'usage, est due à Voltaire.
4   Voir Féletz, *Mélanges de philosophie, d'histoire et de littérature*, Paris, Grimbert, 1828, tome 2, p. 507-508 : « Cette divine poésie ne lui parut avoir aucun équivalent dans notre langue. [...] Notre langue poétique, ou pauvre et stérile, manque des expressions et des tours convenables à ces objets ; ou fière et dédaigneuse, elle les rejette. »
5   Il y eut même un libraire qui, en 1813, imagina de compiler – c'est Féletz qui l'affirme, mais Barbier attribue l'ouvrage au seul Claude Deloynes d'Autroche – une édition des

dont les principales sont dues à Pierre-François Tissot (1768-1854), en 1800 sous le titre d'*Églogues* puis en 1808 sous celui de *Bucoliques*, Égide-Louis-Edme-Joseph Lespinasse de Langeac (1752-1839), en 1806, Firmin Didot (1764-1836), en 1806, Charles-Hubert Millevoye (1782-1816), en 1809, Jacques-Nicolas-Pierre Dorange (1786-1813), en 1809, et Jean-Achille Deville (1789-1875), en 1813. On dira quelques mots de chacune en esquissant une comparaison du début de la dixième églogue, celle de Gallus, où le poète latin invoque, sur le ton élégiaque, pour refermer son recueil, la nymphe sicilienne Aréthuse[1].

Tissot, futur successeur de l'abbé Delille à la chaire de poésie latine du Collège de France, parvient à éviter l'excès de solennité ou d'emphase qui menace toujours un peu les poètes en posture d'invocation :

> Souris, belle Aréthuse, à mes derniers efforts ;
> Je veux pour un ami quelques tendres accords,
> Il faut que Lycoris les répète elle-même,
> Et plaigne dans Gallus l'infortuné qui l'aime :
> Voudrais-tu refuser quelques vers à Gallus ?
> Mais non, je ne crains pas un si cruel refus ;
> Ainsi puisse Doris, quand ta source tranquille
> Roule son pur cristal sous les bords de Sicile,
> Défendre aux flots amers de s'unir à ton cours.
> Commence, et de Gallus soupirant les amours,
> Que tes chants et ma voix ensemble se confondent :
> Ces monts ne sont pas sourds ; ces forêts nous répondent[2].

Bucoliques en empruntant la traduction de chaque pièce à un poète différent (*Églogues*, Paris, Égron, 1813). Je regrette de n'avoir pas pu disposer des versions du grammairien Urbain Domergue (1805), du vicomte de La Rochefoucauld (1812), d'Alexandre-Louis Baudin (Cherbourg, 1814), de Théodore Boyer (Albi, 1817), d'Henri de Villodon (1818), de Ract-Madoux (Clermont-Ferrand, 1819). J'ai laissé délibérément de côté celle de Stanislas Maizony de Lauréal (1821), ainsi que quelques traductions isolées de l'églogue de Gallus (notamment celles, intéressantes, de Denne-Baron, à la suite de son *Héro et Léandre*, en 1806, et de Louis Belmontet, à la suite de son *Malesherbes*, en 1821).

1   Voici la version de Desfontaines : « Ô Aréthuse ! inspirez-moi encore dans ce dernier ouvrage. Il faut que je fasse quelques vers pour mon ami Gallus, mais des vers qui soient lus de Lycoris. Peut-on refuser des vers à Gallus ? Ainsi puisse votre onde, coulant sous les flots de la mer de Sicile, ne se mêler jamais avec l'onde amère de Doris ! Commencez ; et tandis que mes chèvres broutent les arbrisseaux, chantons les malheureuses amours de Gallus. Nos chants seront entendus : les échos de ces bois répètent tous les chants » (*Œuvres de Virgile*, éd. citée, p. 169).

2   Tissot, *Les Bucoliques* [1799-1808], quatrième édition, Paris, Delaunay, 1822, p. 287.

La restitution n'est qu'à peu près fidèle : une adjonction décorative assez gratuite (le « pur cristal » de la fontaine) et un vers entier omis (fâcheusement celui qui situe le discours en contexte bucolique : « tandis que mes chèvres... ») signalent une certaine désinvolture vis-à-vis de la lettre du texte. En revanche, le rappel de la fable mythologique – les assiduités que le fleuve Alphée, « aux flots amers », fait subir à la nymphe, fille de Doris (et de Nérée) – n'est pas trop maladroit. Même l'épiphonème, en dépit de l'abus des monosyllabes, n'est pas dépourvu d'allure et ne trahit pas le geste inaugural du poète ouvrant son texte sur l'élégie amoureuse.

L'attitude du chevalier de Langeac, dont l'éditeur Michaud prit le parti de joindre les *Bucoliques* aux *Géorgiques* et à l'*Énéide* de Delille pour donner un *Virgile* complet, est très différente. Soucieux de ne rien omettre, le traducteur délaie amplement, jusqu'au contresens, les huit vers d'origine en quatorze alexandrins, plus solennels que ceux de Tissot :

> Viens, préside, Aréthuse, à mes derniers concerts !
> En faveur de Gallus accorde-moi des vers,
> Des vers tels que le cœur, l'amitié, les inspire,
> Et tels que Lycoris et les lise et soupire ;
> Dicte-les peu nombreux, mais dignes de Gallus.
> Gallus ! un nom si cher doit il craindre un refus ?
> Ainsi puissent tes flots, sous les mers de Sicile,
> Obtenir, toujours purs, un cours libre et facile,
> Et braver, au milieu de cent fleuves surpris,
> L'onde amère et les vents de l'antique Doris !
> Vers ces jeunes bourgeons quand mon troupeau s'empresse,
> De Gallus amoureux déplorons la tristesse !
> Commence : à nos accents rien n'est sourd dans les bois ;
> Ici tout est sensible et répond à ma voix[1].

L'abus de quelques formules rhétoriques voyantes (les anadiploses très scolaires), la glose embrouillée pour restituer le vœu du poète souhaitant ne pas être entravé dans sa marche, la tendance au pléonasme qui finit par ôter sa vigueur à l'épiphonème, tout cela dénonce un poète plus appliqué qu'inspiré[2], face à un texte, il est vrai, plutôt difficile.

---

1   Lespinasse de Langeac, *Les Bucoliques*, Giguet et Michaud, 1806, p. 327. Le faux-titre de l'ouvrage porte la mention « pour compléter les œuvres de Virgile ».

2   Dans la recension des *Bucoliques* de Langeac qu'il donne au *Journal de l'Empire* en juin 1807, Dussault concède au poète « un mérite relatif très remarquable » : « s'il est presque

C'est encore l'application qui caractérise la version de Didot, qui fut non seulement un imprimeur et un libraire actif et novateur, mais aussi un dramaturge tragique et un traducteur en vers non négligeable. On devine cependant, derrière l'effort soigneux, quelque chose comme une simplicité sensible, qui cherche à lutter contre le dictionnaire poétique et le français de traduction :

> Daigne encore, Aréthuse, une fois m'inspirer :
> C'est pour mon cher Gallus que je viens t'implorer,
> Il me faut peu de vers, mais d'un mode si tendre,
> Que même Lycoris se plaise à les entendre :
> Qui pourrait à Gallus refuser quelques vers ?
> Qu'ainsi jamais Doris ne vienne sous les mers,
> Quand vers les champs d'Enna tu fuis d'un pas rapide,
> Mêler son onde amère à ton onde limpide !
> Tandis que mes chevreaux tondent l'arbuste en fleur,
> Nous dirons de Gallus l'amoureuse douleur ;
> Nos chants sont écoutés, la forêt les répète[1].

On pardonnera volontiers la périphrase (« les champs d'Enna » pour désigner la Sicile : n'importe quel collégien du temps le savait) et même l'assourdissement coupable de l'épiphonème, sottement disparu parce que le dernier vers ne trouve sa rime que dans la suite, au profit de ce « mode si tendre » si judicieusement trouvé pour ouvrir sur une élégie et pour l'audace réelle qu'il y avait à calquer *attondent* de l'original latin par le français « tondent », dans le passage qui signale la nature pastorale du texte. L'imprimeur, en somme, est tout autant poète que bien d'autres plus renommés.

Millevoye est de ceux-là : du moins son nom n'est-il pas tout à fait oublié[2]. Ce précurseur incontestable de l'élégie romantique avoue lui-même une particulière dilection pour « ce chef-d'œuvre d'amoureuse mélancolie[3] » qu'est l'églogue de Gallus :

---

toujours au-dessous de Virgile, il est le plus souvent au-dessus de tous les autres traducteurs et c'est beaucoup. » (*Annales littéraires*, Paris, Maradan et Lenormant, 1818, tome 2, p. 269).

1   Didot, *Les Bucoliques* [1806], dans *Poésies et traductions en vers*, Paris, Didot, 1822, p. 225.

2   Voir Pierre Ladoué, *Millevoye (1782-1816), essai d'histoire littéraire*, Paris, Perrin et Cⁱᵉ, 1912.

3   Millevoye, *Les Bucoliques* [1809], dans *Œuvres complètes*, Paris, Ladvocat, 1823, tome 2, p. 131, note.

> Viens, préside, Aréthuse, au dernier de mes chants.
> Peu de vers pour Gallus, mais si doux, si touchants,
> Que même Lycoris s'empresse de les lire !
> Eh ! qui pour mon Gallus ne monterait sa lyre ?
> Que, pour prix de tes soins, ton cristal toujours pur
> Des flots siciliens perce le sombre azur,
> Et que n'ose jamais l'épouse de Nérée
> Mêler son amertume à ton onde sacrée !
> Commençons, et tandis que des jeunes ormeaux
> Nos chevreaux pétulants tondent les verts rameaux,
> Chantons Gallus en proie à sa langueur secrète.
> Rien n'est sourd à mes chants : la forêt les répète[1].

On retrouve ici quelque chose de la fluidité qui caractérisait l'écriture de Delille dans l'épisode d'Orphée des *Géorgiques*, avec en plus un mélange de familiarité et de jeu virtuose sur le coloris par l'emploi, à peine renouvelé, des stéréotypes et des périphrases. Le poète est incontestablement doué[2] : son texte avance (bon train : c'est son principal défaut) sur un rythme de chanson triste que quelques coupes irrégulières viennent bousculer, au moment où interviennent les impératifs destinés à lancer le discours élégiaque. Cela n'est pas sans rappeler la manière d'André Chénier[3], dont justement Millevoye avait pu lire les manuscrits inédits : il y a de la chaleur et du mouvement.

Ce sont justement les mots que Dorange, poète très prometteur[4] disparu, comme Millevoye, trop prématurément, emploie, dans le bref

---

1   Millevoye, *Les Bucoliques*, éd. citée, p. 76-77.
2   Dans sa recension des *Bucoliques* de Millevoye pour le *Journal de l'Empire*, en août 1809, Dussault exécute sévèrement le traducteur : « Le talent de M. de Millevoye n'a presque rien de commun avec les qualités du modèle qu'il s'est proposé de copier : une manière assez correcte, mais un peu froide, un peu sèche ; un style qui n'est point exempt de quelque affectation ; une versification généralement pénible, ornée de tous les petits agréments à la mode, de tout le clinquant des athénées ; je ne sais quoi de guindé, de mesquin et de rétréci. [...] Il est donc tout à fait simple que M. de Millevoye ait fait une mauvaise traduction d'un des plus agréables et des plus gracieux ouvrages de l'Antiquité. » (*Annales littéraires*, éd. citée, tome 3, p. 121).
3   Sur Chénier se rêvant en Gallus amant d'une Lycoris, voir Jean-Noël Pascal, « Chronique d'un échec annoncé : Gallus et Lycoris », *Lectures d'André Chénier*, édit. J.-N. Pascal, Rennes, PUR, 2005, p. 173-184.
4   Dans le *Journal de l'Empire*, en octobre 1809, Dussault ne tarit pas de louanges sur Dorange : « Le style du nouveau traducteur est pur, correct, élégant et doux ; il n'offre aucune trace d'affectation, de ce vice si contraire à la manière aussi simple et aussi naturelle que noble et savante de Virgile, aucun des défauts à la mode, des travers et des ridicules de l'école

Avertissement qui précède sa traduction, pour définir succinctement son attitude de traducteur : « Souvent j'ai préféré à la servitude du sens littéral la chaleur et le mouvement d'une traduction plus libre[1] ». L'application de ce principe rend sa version du début de la dixième églogue plutôt fluide, mais évidemment assez imprécise dans le détail :

> Viens, et préside encore à mes derniers accents,
> Aréthuse ! à Gallus je consacre mes chants.
> Inspire-moi ; je dois à cet ami que j'aime
> Des vers que lise un jour Lycoris elle-même :
> Ainsi puisse ton onde, en traversant les mers,
> Couler, toujours limpide, au sein des flots amers !
> Viens, chantons de Gallus les amoureuses peines,
> Tandis que nos brebis paissent l'herbe des plaines ;
> Ce chant n'est point perdu : du sein des bois,
> Les échos attentifs répondent à ma voix[2].

La difficulté principale est habilement éludée par une évocation très allusive de la fable mythologique attachée à la nymphe de Sicile qui, ainsi estompée, permet au discours de garder souplesse et simplicité, mais aussi un peu de la concentration virgilienne, souvent sacrifiée par les poètes trop soucieux de tout rendre.

C'est probablement l'objectif de Deville, dont l'exactitude est à peu près sans défaut[3] et dont les vers ne se ressentent pas trop de la gêne que cela impose, n'était la course à la rime qui conduit à délayer un peu l'allusion mythologique :

> Pour la dernière fois je t'invoque, Aréthuse ;
> Viens pour mon cher Gallus inspirer à ma muse
> Quelques vers qui du moins de Lycoris soient lus.
> Qui pourrait refuser quelques vers à Gallus ?
> Ainsi puisse Doris, lorsque pure et tranquille
> Tu fais rouler tes eaux sous les mers de Sicile,
> Défendre aux flots amers de souiller ton cristal.

---

moderne : il est évidemment formé sur les bons modèles » (*Annales littéraires*, éd. citée, tome 3, p. 130).

1 Dorange, *Les Bucoliques*, Paris, Delaunay et Arthus-Bertrand, 1809, p. VI.

2 Dorange, *Les Bucoliques* [1809], dans *Poésies*, Paris, Rosa, 1813, p. 207.

3 C'est Féletz qui donne au *Journal de l'Empire* le compte rendu des *Bucoliques* de Deville. La critique est pointilleuse, mais le jugement d'ensemble salue « un essai qui ne laisse pas sans espérance » (*Mélanges*, éd. citée, tome 2, p. 520).

Commence : de Gallus chantons l'amour fatal,
Tandis que des chevreaux la troupe bondissante
Va dépouiller les bois de leur feuille naissante.
Ne crains pas que l'écho soit sourd à nos accents ;
Les sonores forêts vont répéter nos chants[1].

Le rapprochement phonique « muse »/ « Aréthuse », dans cette invocation inaugurale, est une trouvaille plutôt suggestive, qui compense largement une relative tendance à l'abus des inversions.

Aucune des versions versifiées des *Bucoliques* que l'on vient d'évoquer ne parvint vraiment à s'imposer, comme l'avait fait celle des *Géorgiques* de l'abbé Virgile : celle de Tissot connut plusieurs rééditions entre 1799 et 1822, celle de Lespinasse de Langeac eut parfois un destin lié à celui des *Œuvres* de Delille, fréquemment réimprimées, celle de Millevoye figura régulièrement dans les séries d'*Œuvres complètes* de cet auteur, mais leur carrière était terminée vers 1840.

Elles ne sont pourtant globalement pas mauvaises et approchent parfois – celle de Millevoye, notamment, mais aussi celle de Dorange – de cette autonomie qui seule permet la *naturalisation* de l'auteur traduit dans l'univers esthétique de la langue de la traduction, que visait l'abbé Delille, dont l'empreinte les marque toutes.

Jean-Noël PASCAL
Université Toulouse II–Le Mirail,
laboratoire PLH (EA 4601)

---

1   Deville, *Les Bucoliques*, Paris, Cussac, 1813, p. 97.

DEUXIÈME PARTIE

L'ANTIQUE COMME ENJEU
DE TRANSFERTS CULTURELS

ROME, LES ROMAINS ET L'ART GREC

Translatio, interpretatio, imitatio, æmulatio…

INTRODUCTION : *TRANSLATIO…*

> *Graecia capta ferum uictorem cepit et artes*
> *intulit agresti Latio*

On ne saurait mieux qu'Horace (*Ep.*, II, 156-157) rappeler la place fondatrice de l'art grec dans la formation de l'esthétique, du goût et des styles de l'art romain. Certes, le poète évoque dans ces vers fameux les « arts » grecs au sens large, et plus particulièrement la littérature comme le suggèrent les vers suivants[1]. Quoi qu'il en soit, ces vers ont souvent été utilisés par les historiens de l'art pour illustrer, voire justifier, le rapport de dépendance étroit entre art grec et art romain. Or, il semble que, concernant la réception des arts figurés à Rome, la référence aux vers d'Horace mérite d'être nuancée, car la *translatio* s'est faite en plusieurs temps, et sur une longue période[2]. C'est, en premier lieu, un véritable transfert des œuvres qui s'est opéré quand l'art grec pénétra à Rome, à la fin du IIIᵉ siècle av. J.-C., à l'occasion des prodigieux défilés des généraux triomphants[3]. Non que les Romains n'aient rien connu de l'art grec jusqu'à cette date – l'archéologie en témoigne – mais sa

---

1 « Ainsi s'en est allé le mètre saturnien, ainsi les soins de l'élégance ont chassé l'âpre puanteur ». Horace, *Epîtres*, II, 158.
2 L'emploi de *ferum* par Horace ne serait donc peut-être pas le plus objectif pour évoquer les conditions de l'entrée de la plastique grecque à Rome.
3 Rappelons que le terme *translatio* revêt en latin plusieurs acceptions, du sens propre de transfert d'un objet ou d'une personne d'un lieu à un autre, au sens figuré du transfert d'idées (etc.) d'un contexte à un autre. (*Oxford Latin Dictionary*).

présence et son influence n'étaient que marginales, sans doute en raison, notamment, d'une certaine réticence des élites sénatoriales vis-à-vis de l'introduction de la culture grecque à Rome[1]. Quelques témoignages sont éloquents à cet égard, en particulier celui de Plutarque :

> Aussi Marcellus fut-il plus apprécié du peuple, pour avoir embelli Rome d'ornements plaisants et variés, pleins des charmes et des séductions de la Grèce. Mais les vieillards lui préféraient Fabius Maximus, car ce dernier n'avait rien pillé et rien emporté de tel, après la prise de Tarente [...] Ils reprochaient d'abord à Marcellus [...] d'avoir corrompu le peuple, jusqu'alors habitué à faire la guerre ou à labourer, ignorant le luxe et la paresse, tel l'Héraclès d'Euripide : *Rustre et mal dégrossi, mais fait pour les exploits*, en lui enseignant l'oisiveté, le bavardage, le poussant à discourir d'art et d'artistes et à perdre à cela la plus grande partie de la journée. Cependant Marcellus se glorifiait de sa conduite même devant les Grecs. « Les Romains, disait-il, ne savaient pas honorer et admirer les beautés et les merveilles de la Grèce ; je le leur ai appris »[2].

Le récit de Plutarque converge sur ce point avec celui de Tite-Live quand il évoque les invectives de Caton :

> C'est pour le malheur de Rome, vous pouvez m'en croire, qu'on a introduit dans ses murs les statues de Syracuse. Je n'entends que trop de gens vanter et admirer les chefs-d'œuvre de Corinthe et d'Athènes, et se moquer des dieux d'argile qu'on voit devant nos temples. Pour moi, je préfère ces dieux qui nous ont protégés, et qui nous protégeront encore, je l'espère, si nous les laissons à leur place[3].

Autrement dit, si l'on en croit les annalistes latins, ce fut M. Claudius Marcellus qui, le premier, en 212 av. J.-C., révéla en grande pompe au peuple de Rome – et sous le regard désapprobateur d'une partie

---

1   Sur les conditions et les conséquences de l'introduction de l'art grec à Rome au IIe siècle av. J.-C., voir l'ouvrage publié à l'occasion de l'exposition *I Giorni di Roma. L'età della conquista*, E. La Rocca édit., Milan, Skira, 2010. Cf également J.-C. Balty « Statuaire grecque, portraits romains. Le problème des copies », *Diogène*, 183, 46/3, 1998, p. 39-55 ; D.E.E. Kleiner., *Roman Sculpture*, New Haven, Yale University Press, 1992, p. 27-29 ; F. Coarelli, *Revixit Ars*, Rome, Quasar, 1996 ; R. Chevallier, *L'artiste, le collectionneur et le faussaire*, Paris, Armand Colin, 1991 ; P. Gros, « Les statues de Syracuse et les "dieux" de Tarente. La classe politique romaine devant l'art grec à la fin du IIIe siècle av. J.-C. », *Revue des Études Latines*, 57, 1979, p. 85-114 ; H. Juncker, *Vom Verhältnis der Römer zur Bildenden Kunst der Griechen*, Bamberg, Fränkischer Tag, 1950.

2   Plutarque, *Vie de Marcellus*, XXI, 4-7 (traduction Anne-Marie Ozanam, 2001)

3   Tite-Live, XXXIV, 4 (traduction Désiré Nisard).

de l'aristocratie romaine qui considérait l'art grec comme un affront
aux mœurs conservatrices républicaines – les œuvres d'art qu'il avait
arrachées à Syracuse. À travers ce triomphe, et ceux qui lui ont succédé,
Rome s'ouvrit à l'art grec, et, pour reprendre les termes d'Horace, en
fut « conquis ». Pour mesurer l'importance de la *translatio* d'œuvres qui
s'opère lors de la conquête du monde grec, citons encore ce passage de
Plutarque à propos du triomphe de Paul Émile : « La pompe triomphale
fut répartie sur trois journées. La première suffit à peine à voir défiler
les statues, les tableaux, les colosses pris à l'ennemi, que transportaient
deux cent cinquante chars[1]. »

Les chefs-d'œuvre de la Grèce, ronde-bosses, tableaux, et même
frontons et reliefs sont affectés à l'ornementation des monuments publics
et offerts à la contemplation de tous[2], suscitant ainsi l'enthousiasme du
peuple. Mais inévitablement, une partie de ces « trophées de guerre »
font l'objet d'une captation de la part des puissants pour leur jouissance
personnelle et, plus prosaïquement, la décoration de leurs demeures.
Réprouvées, de tels pratiques n'en sont pas moins courantes pendant
les deux siècles qui séparent la prise de Syracuse du siècle d'Auguste[3].
C'est ainsi que Caton composa un discours intitulé *Uti praeda in publi-
cum referatur* (« Pour que le butin soir rendu au domaine public »), qui
nous confirme l'ampleur du phénomène[4] ; plus tard, Agrippa, dans un
élan demeuré célèbre, appellera à la restitution de ces œuvres au peuple
romain, ainsi que nous le rapporte Pline :

> On conserve de lui [Agrippa] un discours magnifique et digne du plus grand
> des citoyens selon lequel il fallait verser dans le domaine public tous les
> tableaux et toutes les statues, ce qui eût été bien préférable à leur envoi en
> exil dans les villas[5].

---

1   Plutarque, *Vie de Paul Émile*, 32, 4 (traduction R. Flacelière, CUF, 1966).
2   Ainsi le cas exemplaire du fronton du temple d'Apollon Sosianus : E. La Rocca,
    Amazzonomachia. Le sculture frontonali del tempio di Apollo Sosiano, Rome, De Luca, 1985.
    Voir également sur ce point B. S. Ridgway, *Roman Copies of Greek Sculpture : the problem of
    the Originals*, Ann Arbor, University of Michigan Press, 1984. Sur les « rapts » d'œuvre
    d'art et leur exposition à Rome : R. Chevallier, *L'artiste*, p. 46-65.
3   J.-C. Balty, « Statuaire grecque, portraits romains », p. 45.
4   Sur ce point et sur les lieux d'exposition des collections d'art à Rome voir E. Prioux,
    Petits musées en vers. Épigramme et discours sur les collections antiques, Paris, CTHS, INHA,
    Collection l'Art et l'essai, n° 5, 2008.
5   Pline, **XXXV**, 24-27 (traduction J.-M. Croisille). R. Chevallier hésite sur l'interprétation
    de ce passage : *L'artiste*, p. 62 et p. 143-144.

Parallèlement se met progressivement en place un véritable commerce d'œuvres qui alimente une demande devenue insatiable[1], bien que discrète. En effet, qu'elles proviennent de « butin » ou d'achats, le souci du respect de la loi d'une part, et des valeurs d'austérité de la tradition républicaine d'autre part, incitent les riches amateurs à constituer en toute discrétion des collections jalousement gardées. Célèbre est l'exemple de Cicéron qui, bien qu'il s'en défende en public – l'orateur va jusqu'à prétendre, lors du procès contre Verrès, ne pas connaître le nom des grands artistes grecs[2] – consacre beaucoup de temps et d'argent à l'achat d'œuvres d'art grecques, comme en témoigne sa correspondance privée[3]. Si bien que, très vite, le commerce d'œuvres en provenance directe du monde grec ne suffit plus, alors même que la demande se répand dans des cercles toujours plus élargis de la société romaine. C'est ainsi qu'un nouveau marché prend son essor, celui de la fabrication de copies d'œuvres célèbres et d'œuvres d'art « à la grecque ».

---

1   R. Chevallier, *L'artiste*, p. 121 *sqq.*

2   R. Chevallier, *L'artiste*, p. 112-118 ; sur l'attitude ambiguë de Cicéron : *ibidem*, p. 183-188. Voir également M. Papini, « Avere 'occhi eruditi' a Roma. Arte greca – e sensi di colpa romani – nelle opere di Cicero », *I Giorni di Roma. L'età della conquista*, édit. E. La Rocca, Milan, Skira, 2010, p. 125-136.

3   Citons, par exemple, un extrait de cette lettre à son ami Fabius Gallus, qui lui servait d'intermédiaire en Grèce, où il lui reproche d'avoir acheté pour lui des statues d'un prix exorbitant : « Enfin, c'était quelque chose qui aurait pu à la rigueur convenir à ma bibliothèque et qui est en rapport avec mes goûts, mais des Bacchantes ! ! Où veux-tu que je les mette chez moi ! ? [...] En fait ce que j'achète d'habitude, ce sont des statues qui puissent décorer un coin de ma palestre à la manière d'un gymnase... » (*Ep.ad fam.*, VII, 23). Citons également un passage d'une lettre à Atticus, autre ami et intermédiaire de l'orateur en Grèce : « Ce que tu m'écris au sujet de l'Hermathéna m'est extrêmement agréable : c'est proprement l'ornement qui convient à mon Académie [...]. Aussi voudrais-je que, comme tu me l'écris, tu ornes ce lieu des autres objets d'art aussi, les plus nombreux possible. Les statues que tu m'as envoyé précédemment, je ne les ai pas encore vues. » (*ad Att.*, I, 4). Et cet autre : « Ne manque pas, je t'en prie, la première occasion commode d'embarquer mes statues [...] et tout ce que tu trouveras de bien pour le séjour que tu connais [...] Je te demande aussi des moulures pour le plafond de l'atrium, et deux couvercles de puits sculptés. » (*ad Att.*, I, 10, traduction de L.-A. Constans). Voir les réflexions pertinentes de V. Huet & F. Lissarrague, « Un relief néo-attique : Icarios le retour », *Metis*, 3, 2005 (= *Et si les Romains avaient inventé la Grèce ?*), p. 85-100.

INTERPRETATIO, IMITATIO, ÆMULATIO...

L'étude des relations complexes qu'entretiennent art grec et art romain est au cœur de la définition de ce dernier depuis les travaux fondateurs de J. Winckelmann. Bien longtemps, l'art romain n'a été considéré que comme une terminaison abâtardie de l'art grec, et sa production ne retenait les savants que dans la mesure où elle pouvait participer à la restitution des chefs-d'œuvre de l'art grec. Ce que l'on appelait les « copies romaines » constituait le corpus de base d'une méthode d'analyse mise au point par l'école allemande, et qui consistait à comparer les différentes répliques d'un supposé « original » grec afin de distinguer les éléments caractéristiques d'un « type statuaire[1] ». Parallèlement à cette *Kopienkritik* s'est développé un autre type de recherches que l'on désigne sous le nom de *Meisterforschung* (la « recherche des maîtres »). Il s'agissait alors de confronter les « copies romaines » aux sources classiques, en particulier les textes de Pline et de Pausanias, pour tenter de mettre en relation des œuvres fréquemment reproduites avec des chefs-d'œuvre des grands maîtres de l'art grec. Les travaux de G. Lippold ont alors marqué un tournant en proposant de distinguer les copies (*Kopien*) des répliques (*Wiederholungen*) et variantes (*Umbildungen*)[2]. Dans la caractéri-sation de la généalogie des copies, et dans l'appréciation des différences et des variations dans les versions d'une même œuvre, les exégèses des historiens de l'art se sont considérablement enrichies par l'introduction d'un vocabulaire emprunté aux rhéteurs latins, qui permit de distinguer plusieurs degrés d'éloignement vis-à-vis d'un original. À la suite des travaux de R. Wünsche[3], on a peu à peu appris à distinguer entre copie exacte, *interpretatio*, *imitatio* (l'imitation libre d'une œuvre, c'est-à-dire une variante) et *æmulatio* (une nouvelle création inspirée par plusieurs prototypes)[4]. Ce nouveau regard sur les « répliques » a ouvert la voie

---

1   J.-C. Balty, « Statuaire grecque », p. 41-42.

2   G. Lippold, *Kopien und Umbildungen griechischer Statuen*, Munich, O. Beck, 1923.

3   R. Wünsche, « Der Jüngling vom Helenenberg », *Festschrift L. Dussler*, Munich, Deutscher Kunstverlag, 1972, p. 45 *sq.* Voir également E. Perry, *The Aesthetics of Emulation in the Visual Arts of Ancient Rome*, Cambridge, Cambridge University Press, 2005, notamment le chapitre « The Marginalization of Innovation », p. 78-110.

4   La copie exacte était recherchée, à l'occasion, comme en atteste une lettre de Pline à l'un de ses correspondants : « Pline à son cher Vibius Severus, Salut. Le savant Herennius

à une possible appréciation de la part romaine de cette production. Si on considérait encore que les œuvres émanaient d'artisans grecs, on admettait qu'elles étaient le produit de commandes romaines, faite pour répondre au goût d'un public romain et réalisées en contexte romain. La définition des caractéristiques intrinsèques de l'esthétique, des styles, du « goût » romain furent au cœur des études de ces dernières décennies sur les œuvres nées à l'époque romaine, et en particulier ces « copies » sans lesquelles on ne saurait quasiment rien de l'art grec des Ve et IVe siècles av. J.-C. Pourquoi une œuvre était-elle copiée plutôt qu'une autre ? Pourquoi les répliques d'une même œuvre ne sont-elles pas systématiquement identiques l'une à l'autre[1] ? Jean-Charles Balty souligne, à juste titre, que l'absence totale de correspondance entre, d'une part, les quelques rares originaux grecs conservés (qui ne furent peut-être jamais copiés!) et, d'autre part, les séries de répliques d'originaux inconnus ne nous aide pas à résoudre ces épineuses questions[2]. Sans compter qu'on ne peut exclure que ces fameux « originaux » ne furent peut-être même pas d'authentiques œuvres grecques, mais des pastiches créés pour une clientèle romaine[3]. Prenons, à la suite d'A. Pasquier, l'exemple de la fameuse Aphrodite de Cnide[4]. Nombreuses sont les copies d'une œuvre figurant une jeune femme nue dissimulant son pubis de la main droite et tenant de la main gauche son vêtement en partie posé sur une hydrie. Ces œuvres sont depuis longtemps considérées comme des copies de la fameuse Aphrodite de Cnide de Praxitèle, dont Pline (XXXVI, 20) nous relate les circonstances de la création. Non seulement il n'existe pas deux exemplaires de cette œuvre qui soient complètement identiques,

---

Severus attache un grand prix à placer dans sa bibliothèque les portraits de vos deux compatriotes Cornelius Nepos et Titus Catius et il me demande, s'ils sont dans votre ville comme il est probable, de prendre soin d'en faire faire une copie peinte (...) Je vous prie seulement de choisir un peintre bon dessinateur. Car s'il est difficile de bien saisir la ressemblance sur l'original, c'est chose bien plus délicate encore de faire le portrait d'un portrait. Je demande que vous ne laissiez pas l'artiste de votre choix s'écarter du modèle, même pour l'embellir. Adieu. » (*Correspondance*, IV, 28, traduction A.-M. Guillemin).

1 Citons la belle démonstration de Ch. Landwehr sur les *Konzeptfiguren* dont elle montre l'originalité et les variations, dans un système formel inspiré par les prototypes grecs : Ch. Landwehr, « Konzeptfiguren. Ein neuer Zugang zur römischen Idealplastik », *Jahrbuch des Deutschen Archäologischen Instituts*, 113, 1998, p. 139-194.

2 J.-C. Balty, « Statuaire grecque », p. 40-41.

3 J.-L. Martinez, « Les styles praxitélisants aux époques hellénistique et romaine », *Praxitèle*, édit. A. Pasquier & J.-L. Martinez, Paris, Musée du Louvre éd., 2007, p. 294 *sqq*.

4 A. Pasquier, « Les Aphrodites de Praxitèle », *ibid.*, p. 139 *sqq*.

mais en plus la position de la main gauche transforme radicalement son interprétation. S'il s'agit bien de copies de l'Aphrodite de Cnide, Praxitèle avait-il créé une Aphrodite pudique, comme le suggère la Vénus du Belvédère (fig. 1) qui prend son vêtement pour dissimuler sa nudité, ou bien sa déesse était-elle impudique comme la Vénus Colonna (fig. 2) qui pose langoureusement sa tunique sur une hydrie[1] ?

Non que l'art antique ait ignoré, ni même dédaigné la copie exacte. Multiples sont les attestations littéraires ou archéologiques du phénomène du moulage d'œuvre célèbres à des fins de reproduction. Toujours féru d'étiologie, Pline croit connaître l'inventeur du procédé : « C'est encore lui [Lysistratus, frère de Lysippe] qui imagina d'exécuter des moulages à partir de statues, et le procédé prit une telle extension qu'on n'exécuta plus aucune figure ou statue sans un modèle en argile » (Pline, XXXV, 44). Une telle pratique est attestée par d'autres sources, parmi lesquelles la plus fréquemment cité est sans doute ce passage du *Zeus Tragoidos* (33) de Lucien où l'auteur fait allusion à l'Hermès de l'agora d'Athènes agressé tous les jours par les matériaux qui étaient utilisés pour réaliser des moulages de ses différentes parties, tantôt la tête, le torse, une jambe ou un bras... Les œuvres de bronze devaient être particulièrement touchées par ce procédé de reproduction mécanique difficilement applicable, en revanche, aux œuvres colossales ou aux marbres peints. Pour celles-ci, il existait d'autres techniques de reproduction parmi lesquelles la plus exacte est sans doute celle d'œuvres réalisées à la suite de mesures prises point par point par un instrument de type compas (procédé du pointage) sur un modèle ou une maquette[2].

La découverte, en 1954, d'un atelier de copistes à Baïes (baie de Naples) a permis le renouvellement des problématiques. En effet, la mise au jour sur ce site de pas moins de 430 morceaux de moulages de plâtre d'œuvres statuaires a offert de nombreuses clés de lecture sur le fonctionnement d'une manufacture de répliques. Christa Landwehr – auteur d'une étude très remarquée sur les vestiges de « l'atelier de Baïes » – a pu identifier, au sein de cet ensemble dont l'état de

---

1   Les deux œuvres sont conservées au Vatican, Museo Pio Clementino. Elles sont considérées comme des copies romaines du Ier ou du IIe siècle d'un original de Praxitèle créé vers 360 av. J.-C.

2   B. Holzmann, « Reproduction des œuvres d'art » dans *Encyclopédie Universalis*, 1996, p. 846-849.

conservation général était assez médiocre, 293 morceaux lisibles. Sa scrupuleuse analyse lui a permis de rattacher 67 d'entre eux à des statues grecques des Vᵉ et IVᵉ siècles av. J.-C[1]. Un des fragments les plus significatifs est sans doute celui qui reproduit une partie de la tête de l'Aristogiton du célèbre groupe de bronze de l'agora d'Athènes (fig. 3)[2]. La comparaison de ce fragment de moulage aux répliques connues permet de mesurer les simplifications, voire les libertés prises par certains copistes vis-à-vis de l'original. Particulièrement éloquent à cet égard est le cas de l'Amazone Mattei développé par Ch. Landwehr dans un article où elle montre que la légère sangle de cuir cloutée reposant sur son épaule droite et soulignant son sein gauche, qui apparaît nettement sur un fragment de Baïes et certaines copies (Amazone Mattei du Capitole-Este), a clairement disparu sur la plupart des répliques (Amazone Mattei de Tivoli)[3].

Comme le souligne très justement B. Holzmann, l'importance d'un atelier devait se mesurer à la quantité de moulage d'originaux grecs dont il disposait et dont il pouvait proposer des copies à sa clientèle[4]. Mais, au-delà de la simple reproduction mécanique, ces moulages permettaient également la création d'œuvres nouvelles, fusion des images et des styles, dans lesquelles on lit les conditions du fameux éclectisme romain.

ADAPTATIO : LE NU HÉROÏQUE ROMAIN

Contrairement aux Grecs pour lesquels la tête et le corps d'une statue formaient un tout indissociable, les Romains voyaient l'être humain comme un conglomérat de parties, dont la plus importante était la tête puisque là résidait l'individualité du personnage. Ainsi que le souligne finement D. Kleiner, c'est dans l'art romain que le buste devint un genre

---

1 Ch. Landwehr, *Die antiken Gibsabgüsse aus Baiae*, Berlin, Mann, 1985.
2 G.M.A. Richter, « An Aristogeiton from Baiae », *American Journal of Archaeology*, 74, 1970, p. 296-297.
3 Ch. Landwehr, « Bronze grec original, moulage en plâtre et copie romaine en marbre », *Pierre Éternelle : du Nil au Rhin, carrière et préfabrication*, édit. M. Waelkens, Bruxelles, 1990, p. 143-161.
4 B. Holzmann, « Reproduction », p. 849.

artistique à part entière. Simple accessoire de la tête, le corps est avant tout un marqueur social[1].

Moteurs de cette « seconde hellénisation de Rome » et acteurs de premier plan dans le transfert des œuvres d'art de la Grèce vers Rome, les généraux romains des derniers siècles de la République surent faire un usage politique des images idéalisées de la statuaire grecque. Peut-être dès le début du IIe siècle av. J.-C., l'ancienne tradition patricienne de la statue honorifique en toge fut concurrencée par un nouveau type statuaire représentant les généraux en nudité héroïque[2] (fig. 4). Nul doute que l'influence de la statuaire royale hellénistique[3], et en particulier l'archétype que représentait dans le monde grec et méditerranéen le portrait d'Alexandre le Grand, a grandement contribué à l'utilisation de ces modèles iconographiques par des *imperatores* romains assoiffés de gloire et de reconnaissance (fig. 5). Mais le processus qui conduisit à la dédicace, par des Romains, de portraits d'hommes politiques en nudité héroïque dans la capitale de l'Empire s'élabora probablement sur plus d'un siècle[4].

C'est, de toute évidence, au cœur même des cités grecques qu'est né une telle statuaire hybride associant portrait réaliste romain et corps nu et idéalisé « à la grecque[5] ». Des citoyens romains installés dans des

---

1   D. Kleiner, *Roman Sculpture*, New Haven, Yale University Press, 1992, p. 10 ; E.M. Koppel dans *Le regard de Rome. Portraits romains des musées de Mérida, Toulouse et Tarragone. Catalogue de l'exposition*, édit. D. Cazes *et al.*, Mérida (MNAR), Toulouse (Musée Saint Raymond), Tarragone, 1995, p. 152. ; M. Beard, « Comment les Romains se statufiaient-ils ? », *Metis*, 3, 2005 (= *Et si les Romains avaient inventé la Grèce ?*), p. 131-149 ; D.E.E. Kleiner, *Roman Sculpture*, p. 9-10.

2   Sur ce sujet signalons la riche synthèse de Ch.H. Hallett, *The Roman Nude. Heroic Portrait Statuary 200 BC-AD 300*, Oxford, Oxford University Press, 2005, en part. p. 158 *sqq.* Voir également M. Cadario, « Quando l'habitus faceva il romano (o il greco). Identità e costume nelle statue iconiche tra II e I secolo a.C. », *I Giorni di Roma*, p. 115-124.

3   F. Queyrel, « Le corps du roi hellénistique », *Penser et représenter le corps dans l'Antiquité. Actes du colloque international de Rennes, 1-4 septembre 2004*, Presses Universitaires de Rennes, 2006, Cahiers d'histoire du corps antique, n° 1, p. 361-376.

4   On pourrait également débattre de la question de l'éventuelle dédicace par des Grecs de portraits en nudité héroïque d'hommes politiques romains à Rome même : *cf.* le débat autour du « Prince des Thermes », statue de bronze du IIe siècle av. J.-C. d'un souverain hellénistique ou d'un homme politique romain mise au jour sur le Quirinal et conservée au musée des Thermes (M. Denti, « Sculpteurs grecs et commanditaires romains entre Délos, Rome et l'Italie. Aux origines politiques de l'hellénisme néo-attique », *Neronia VII. Rome, l'Italie et la Grèce. Hellénisme et philhellénisme au premier siècle ap. J.-C.*, édit. Y. Perrin, Bruxelles, Latomus, 2007, p. 362-364.)

5   Ch. Hallet, *The Roman Nude*, p. 158.

cités grecques en avaient adopté l'*habitus* (c'est-à-dire l'himation et le pallium plutôt que la toge) en même temps que le mode de vie. Décriée à Rome et dans la péninsule italique, la *luxuria* orientale avait fait des émules parmi les expatriés et les voyageurs[1]. Témoins de leurs relations privilégiées avec des cités grecques, quelques « heureux élus » – généraux, gouverneurs, aristocrates ou riches évergètes romains– furent gratifiés de statues honorifiques de type grec, c'est-à-dire en nudité héroïque – en témoignage de reconnaissance ou d'allégeance[2]... C'est ainsi, sans doute, qu'un type statuaire traditionnellement employé en contexte grec à la représentation des athlètes et des souverains hellénistiques, fut transmis à la représentation de citoyens romains[3]. Comme le souligne M. Cadario, il s'agit ainsi d'intégrer l'élite romaine dans un système d'échanges socio-politiques proprement grecs. Une attestation archéologique à la fois ancienne et assez bien conservée de ce type de statue honorifique se trouve à Délos, île des Cyclades où la population d'origine romaine ou italique était nombreuse. Il s'agit d'une effigie d'un nommé homme d'affaire romain (*negotiator*) nommé Ofellius Ferus et datable des années 130-120 av. J.-C., représenté en nudité héroïque[4] (fig. 6).

Mais si ces portraits trouvaient naturellement leur place dans le programme iconographique des cités orientales, leur existence fut considérée avec mépris, dans un premier temps, de la part des habitants de l'*Vrbs*, comme plusieurs sources en témoignent[5]. Entre autres accusations, Cicéron vilipende ainsi Verrès pour avoir érigé en contexte public des statues de son fils qui représentaient le jeune garçon entièrement nu[6]. Les mœurs républicaines assimilaient la nudité grecque, et en particulier celle du gymnase, à une *impudicitia* déshonorante[7]. Un tel mode de représentation

---

1   C. Parisi Presicce, « L'ascesa di Roma nei paesi di culture ellenica. Dalla conquista del Mediterraneo alla construzione dell'immagine del Romano », *I Giorni di Roma*, p. 27 *sqq*.

2   Le vainqueur de Syracuse M. Claudius Marcellus (212 av. J.-C.), fut honoré d'une statue dans la cité siciliote. Signalons également à Olympie les vestiges conservés de pieds nus sur une base de statue dont l'inscription désigne une effigie de Q. Caecilius Metellus Macedonicus (vers 143 av. J.-C.) : M. Cadario, « Quando l'habitus faceva il romano », p. 119.

3   J. Fejfer, *Roman Portrait in Context*, p. 200-203.

4   Sur ce portrait, *ibid.*, p. 202-203 (elle date la statue entre 110 et 88 av. J.-C.) ; Ch. Hallet, *The Roman Nude*, p. 102-107 ; F. Queyrel, « *C. Ofelius Ferus* », *Bulletin de correspondance hellénique*, 115/1, 1991, p. 389-464.

5   J. Fejfer, *Roman Portrait in Context*, p. 205 ; R. Chevallier, *L'artiste*, p. 46 *sqq*. et p. 103 *sqq*.

6   Cicéron, *Verrines*, 2, 4, 143.

7   Voir à ce sujet Ch. Hallet, *The Roman Nude*, en particulier le chapitre « Attitudes towards Nudity at Rome », p. 61-101.

du corps, marqueur social par excellence dans l'iconographique romaine, venait donc fondamentalement en contradiction avec l'*auctoritas*, la *gravitas* et la *dignitas* du citoyen. La *translatio* des statues honorifiques de type héroïque du monde grec vers le monde romain ne s'est donc pas opérée spontanément, a priori, et ne put finalement sans doute s'imposer que grâce à l'autorité des principaux intéressés.

Dans le monde hellénistique, le portrait en nudité héroïque participait à la construction d'une image charismatique du chef de guerre / souverain et se cristallisait en particulier autour de la figure d'Alexandre le Grand. C'est ainsi que ce type statuaire se propagea dans les royaumes hellénistiques, dès la mort du Macédonien, pour la représentation officielle des diadoques, puis des dynastes. De telles images qui associaient individualisation des traits (bien que toujours très idéalisés), nudité héroïque et exhibition des armes furent perçues sans doute par les principaux intéressés comme une manière flatteuse de mettre en scène la puissance des chefs de guerre romains : l'archétype politique et iconographique du *Herrscher* hellénistique trouvait un écho dans les ambitions non dissimulées des *imperatores*. (fig. 7)

C'est ainsi que la nudité du chef de guerre romain devint une expression de sa *virtus*, l'expression d'un prestige associé à l'utilisation d'un modèle iconographique qui fait de lui un nouvel Alexandre, ou mieux encore, un nouvel Achille :

> Anciennement, les statues étaient dédiées revêtues de la toge ; on eut ensuite le goût des figures nues tenant une pique, d'après les statues d'éphèbes de gymnase ; elles sont nommées Achiléennes. La coutume des Grecs est de ne rien voiler ; mais au contraire, l'usage romain et militaire est de mettre une cuirasse aux statues. (Pline, *Histoire naturelle*, XXIV, 10)

Sous la plume de l'encyclopédiste, la nudité des chefs politiques et militaires n'est plus contraire aux mœurs républicaines : elle est « achilléenne ». On est frappé par la puissance d'un message politique qui a permis de transformer en archétype d'une des principales valeurs romaines un type iconographique autrefois « infâmant » et, qui plus est, si étroitement lié aux monarchies hellénistiques (et donc l'incarnation d'un régime abhoré par les Républicains). Autrement dit, comme autrefois la toge et les *calcei mullei*, la nudité héroïque devint elle-même un marqueur social, une indication prestigieuse du rang et de la classe auxquels appartient le personnage représenté. Par ailleurs, et contrairement à ce qu'écrivait il y a quelques années P. Zanker[1], il est probable que les Romains ne voyaient nulle contradiction plastique ou stylistique dans ces images qui associaient des visages d'hommes mûrs voire vieillissants à des corps de jeunes athlètes. Le visage, siège de l'individualité, reflétait les traits du dignitaire et sa fidélité aux valeurs républicaines (*austeritas, auctoritas, dignitas*) ; quant à son corps nu et athlétique, il marquait à la fois la *virtus* du personnage, son prestige social et sa puissance politique et militaire. C'est donc finalement la rencontre entre une « esthétique de l'appendice[2] » que les Romains avaient héritée des Étrusques et l'art grec comme un tout qui ont offert les conditions de la fusion des styles si propre à ces créations romaines.

ÆMULATIO

Depuis la *translatio* des œuvres prises à Syracuse et le véritable déferlement artistique qui s'ensuivit, Rome découvrit l'art grec d'un bloc : œuvres archaïques, classiques, hellénistiques s'offraient toutes ensembles au regard romain. Le caractère diachronique de cette production grecque – c'est-à-dire le fait que ces œuvres acheminées à Rome comme prises de guerre étaient le fruit d'une évolution stylistique qui s'étalait sur plusieurs siècles – n'apparut donc sans doute pas aux Romains, dans un premier temps au moins, comme fondamental. Ceci est révélé très clairement dans le vocabulaire employé par les écrivains latins pour décrire ces œuvres. Ils ne différenciaient pas lexicalement une œuvre archaïque d'une œuvre classique ou hellénistique, comme nous le faisons : pour les Latins, l'art grec est indistinctement un art « ancien[3] ». Dès lors, on comprend mieux

---

1 P. Zanker, *The Power of Images in the Age of Augustus*, Ann Arbor, University of Michigan Press, 1990, le chapitre « Conflict and Contradiction in the Imagery of the Dying Republic", en particulier p. 8-11 (*Contradiction in Form and Intent*). Déjà remarqué par J. Fejfer, *Roman Portrait in Context*, p. 203-205.

2 Traduction de l'heureuse formule de D.E.E. Kleiner dans *Roman Sculpture*, p. 10 (« appendage aesthetic »).

3 S. Wyler, « À la barbe de Dionysos. Valeurs d'une image archaïsante à Rome », *Ktéma*, 31, 2006, p. 189-200.

la source d'un aspect unanimement reconnu comme le plus caractéristique de l'art romain : son éclectisme[1]. La production d'œuvres est alors à la mesure d'une demande que l'on imagine insatiable à partir du Ier siècle av. J.-C., qu'elle soit destinée à l'agrément des villas, ou à l'ornementation de la sphère publique : selon Pline, en 58 av. J.-C., M. Aemilius Scaurus aurait fait décorer de trois mille statues le mur de scène de son théâtre temporaire (*Histoire naturelle*, XXXIV, 36). Une fois le théâtre démonté, le généreux évergète récupéra une partie des œuvres pour la décoration de ses demeures, et peut-être même – on peut l'imaginer – offrit ou revendit ce qu'il ne garda pas pour sa jouissance personnelle[2]. Pour satisfaire à cette demande, on suppose que, dès le IIe siècle av. J.-C., des ateliers de sculpture grecs se sont mis à fabriquer massivement dans le but d'exporter leur production en Italie[3]. Mais ce qui n'était sans doute, dans un premier temps, qu'un marché de la copie a très vite dérivé vers une production de pastiches, d'œuvres « à la grecque ». Le goût romain, se jouant du carcan des styles, était plutôt porté aux mélanges des genres, dans un esprit très éclectique. Plutôt qu'une copie exacte, on exigeait d'une œuvre qu'elle ait « l'air grec » et raffiné et on préférait les créations hybrides. Rappelons-nous le mot de Quintilien : « Pour surpasser les Grecs, on ne devra pas se limiter à imiter un seul modèle. Au contraire, ce n'est qu'en empruntant un peu de ci et un peu de ça que l'on pourra atteindre une plus grande perfection ». (XI, 2, 25 *sq.*). Certes l'orateur parle ici de rhétorique et non d'arts plastiques, mais ce passage reflète bien l'esprit d'un goût pour le pastiche profondément ancré dans l'éducation et la formation intellectuelle des Romains[4].

---

1   E. Perry, *The Aesthetics of Emulation in the Visual Arts of Ancient Rome*, Cambridge, Cambridge University Press, 2005, en particulier le chapitre « The Strategy of Eclecticism », p. 111-149. D. Kleiner, *Roman Sculpture*, p. 9-11.

2   Pline signale ailleurs les 360 colonnes que Scaurus fit acheminer pour orner un théâtre temporaire destiné à servir un mois (*Histoire naturelle*, XXXVI, 24) et ajoute, juste après, que d'énormes colonnes « de marbre luculléen, hautes de 38 pieds » furent transportées dans la demeure de Scaurus sur le Palatin. Scaurus fit sans doute transporter des ornements de son théâtre temporaire dans plusieurs de ses propriétés, ainsi que le suggère un autre passage de Pline (*Histoire naturelle*, XXXVI, 115) : l'encyclopédiste mentionnne un incendie dans la villa de Scaurus à Tusculum qui aurait détruit pour trente millions de sesterces d'étoffes attaliques, de tableaux et de décors scéniques qui y étaient entreposés. R. Chevallier, *L'artiste*, p. 138.

3   « Who made roman Art » s'interroge P. Stewart, dans son ouvrage, *The Social History of Roman Art*, Cambridge, Cambridge University Press, 2008, p. 10-38.

4   Sur les rapports entre rhétorique et esthétique, à travers Quintilien en particulier : R. Chevallier, *L'artiste*, p. 196-200.

Les ateliers athéniens, en particulier, se spécialisèrent dans la production d'œuvres mêlant des éléments stylistiques divers, des reliefs, statuettes ou statues qui « avaient l'air grec » sans entrer pleinement dans aucun style, qu'il soit archaïque, classique ou baroque, mais piochant au gré des créations dans l'un ou (et) l'autre. On qualifie cet art de « néo-attique », et sa popularité fut telle qu'il essaima bientôt en Italie même, où des ateliers s'installèrent à Rome pour profiter d'un marché en pleine expansion et alimenter les nombreuses commandes. On suppose que se développa alors en Italie un marché juteux, où des artisans – qu'ils soient grecs, italiens ou d'autre origine – surent se créer une clientèle avide d'« art à la grecque ». C'est ainsi que Phèdre, affranchi d'Auguste et auteur de fables, se moque du manque de discernement des commanditaires et acheteurs romains : « Il y a ceux qui, pour obtenir un meilleur prix de leurs œuvres toute fraîches, signent leur marbre Praxitèle, leur argenterie Mys et leurs tableaux Zeuxis[1] ».

On est bien entendu tentés de tirer maintes suppositions d'un trait si provoquant, même si sa qualité de formule littéraire invite à la prudence, mais on peut suggérer que, même si la plupart des artisans n'ont pas tenté de vendre à une clientèle peu avertie de « faux originaux[2] », il a pu être d'usage d'attribuer un nom grec aux ateliers et artisans engagés dans la production d'œuvres d'art afin d'attirer les clients et de les rassurer sur sa compétence et sa légitimité[3].

Les artistes et artisans « néo-attiques » ont pour la plupart plongé dans l'oubli, mais on connaît l'existence d'une famille d'artistes issus d'un nommé Timarchidès actif au IIe siècle av. J.-C.[4]. Plus riche d'enseignements est la production d'un atelier installé à Rome à la fin de l'époque républicaine : l'atelier de Pasitélès. Ce dernier est mentionné chez plusieurs auteurs latins (dont Varron et Pline) et une de ses œuvres maîtresses, l'athlète de Stéphanos (un disciple de Pasitélès) est attesté par environ dix-huit copies à Rome et dans ses environs[5] (fig. 8).

---

1   Phèdre, *Fables*, V, prologue, 4-5.
2   Pour la notion d'« original » et de « copie » dans l'Antiquité gréco-romaine : V. Huet & S. Wyler, « Copies romaines d'un original grec », p. 166-173.
3   Sur la sur-représentation des noms grecs parmi les signatures et noms d'artisans conservés : P. Stewart, *The Social History of Roman Art*, p. 14-18.
4   On leur attribue, en particulier, la Junon du Capitole dont la tête est conservée à Rome au Palais des Conservateurs.
5   D.E.E. Kleiner, *Roman Sculpture*, p. 29-31.

Cet « athlète » pouvait d'ailleurs être à l'atelier de Pasitélès ce que le Doryphore devait être à celui de Polyclète : un canon. C'est, du moins, ce que suggère le nombre de copies attestées de l'œuvre et sa présence dans plusieurs groupes statuaires produits par l'atelier et qui sont tous une expression accomplie de l'éclectisme à la romaine (par exemple dans le groupe dit « Oreste et Électre » de Pouzzoles conservé au Musée national de Naples). Cet éclectisme se manifeste par la juxtaposition au sein d'un même groupe statuaire, mais aussi au sein d'une même œuvre, d'éléments inspirés des différents styles chronologiques grecs : une tête de style sévère sur un corps à la pondération classique par exemple (Athlète de Stéphanos) ; ou l'association d'une figure de type praxitélien à une figure polyclétéenne dans un groupe statuaire (groupe de San Ildefonso) (fig. 9). Des œuvres qui auraient dû apparaître comme des « monstres » au regard de l'esthétique grecque sont l'incarnation la plus pure du goût romain en matière de statuaire.

Certains de ces pastiches devinrent eux-mêmes renommés, et copiés, tel le fameux Diomède de Crésilas, considéré jusqu'à il y a peu comme un type statuaire du célèbre sculpteur grec, ou la Vénus d'Arles long-temps attribuée à Praxitèle, et dans lesquels on reconnaît aujourd'hui de très belles créations romaines[1] (fig. 10).

LE NÉO-ATTICISME ET SES DÉCLINAISONS
(STYLES « CLASSICISANT », « ARCHAÏSANT »…)

Toutefois, l'analyse de ces productions artistiques des IIe siècle av. J.-C.-Ier siècle ap. J.-C. montre que les artistes privilégiaient le classicisme dans leurs créations. Pasitélès – que nous évoquions à l'instant –, contemporain de Pompée le Grand, est célébré dans nos sources pour avoir été à la fois théoricien et praticien. Bien qu'il ne reste rien de ses écrits, une petite partie de sa production et de celle de ses élèves nous est connue, et elle montre de manière très claire que les œuvres que pastiche cet atelier appartiennent aux Ve et IVe siècles avant notre ère. Ce goût pour le classicisme grec culminera sous Auguste, où toute la production

1   A. Pasquier, « Les Aphrodites de Praxitèle », p. 134-139.

artistique – et même le portrait, ce qui est particulièrement révélateur de ce phénomène – évoluera dans le sens d'une « classicisation » des formes et des images. Parangon de l'image officielle du *Princeps*, la statue cuirassée de Prima Porta est une variation sur le thème du Doryphore de Polyclète. Cette œuvre, considérée comme le « Leitstück » du principal type iconographique du portrait d'Auguste, cite l'athlète polyclétéen jusque dans le détail des mèches finement ciselées encadrant les tempes, les oreilles et la nuque de l'empereur[1]. Autre incarnation de ce classicisme, les caryatides qui ornaient les portiques du forum d'Auguste et dans lesquelles on reconnaît des copies scrupuleuses, bien qu'à plus petite échelle, de celles de l'Érechthéion de l'Acropole d'Athènes[2]. Leur introduction dans l'architecture romaine fut sans doute à l'origine de l'engouement pour ces figures portantes que l'on reconnaît dans la peinture murale et les arts décoratifs romains du tournant de notre ère. Quant à l'*Ara Pacis Augustae*, autre puissant symbole de l'art augustéen, il met en scène sur ses faces nord et sud une frise processionnelle conçue comme une citation explicite de la fameuse frise athénienne des Panathénées qui ornait le Parthénon. Mais le « goût » n'est pas seul en cause dans la référence à l'un ou l'autre style. Les travaux de T. Hölscher notamment ont clairement montré que les Romains mettaient du sens derrière les choix esthétiques et stylistiques[3]. La référence à Phidias, par exemple, qui apparaît nettement dans la procession de l'*Ara Pacis Augustae*, était perçue comme la plus propre à incarner la *maiestas* et la *dignitas* d'une telle cérémonie.

Plus problématique est la relecture de l'art archaïque en un style que l'on qualifie d'archaïsant et qui fut particulièrement en vogue à l'époque augustéenne[4]. Ce style est d'autant plus difficile à saisir que ses degrés d'intensité sont très variables : de l'Apollon de Piombino

---

1   J.-C. Balty & D. Cazes, *Sculptures antiques de Chiragan. I.1. Les portraits romains. Époque julio-claudienne*, Toulouse, Musée Saint Raymond, 2005, p. 91.

2   D.E.E. Kleiner, *Roman Sculpture*, p. 31.

3   T. Hölscher, *The Language of Images in Roman Art*, Cambridge, Cambrigde University Press, 2007.

4   Les deux ouvrages de référence sur le style archaïsant sont : M. D. Fullerton, *The Archaistic Style in Roman Statuary*, Leiden, Brill, 1990 et M.A. Zagdoun, *La Sculpture archaïsante dans l'art hellénistique et dans l'art romain du Haut Empire*, Athènes-Paris, De Boccard, BEFAR, 1989. Lire également le compte rendu conjoint de ces deux ouvrages, parus quasi simultanément, par J.-C. Balty, dans *L'Antiquité Classique*, 61, 1992, p. 715-717.

(fig. 11) – aujourd'hui daté du Ier siècle av. J.-C. mais qui a longtemps été considéré comme une œuvre grecque archaïque – aux reliefs néo-attiques (fig. 12) dont le caractère archaïsant n'est que superficiel, on voit que ce style accepte toutes les nuances d'expression. Il est toutefois acquis que la vogue du style archaïsant apparaît comme une manifestation du goût et du respect pour un style dont l'ancienneté fondait l'autorité artistique même et, qui, plus est, était perçu comme une incarnation de la *pietas*. On comprend mieux alors la multiplication des pastiches archaïsants ou des simples citations de ses formules iconographiques[1] et esthétiques à l'époque augustéenne dont le message politique était centré autour de la proclamation du retour de l'âge d'or et de la piété des origines.

Au terme de ces quelques réflexions, rappelons en guise de conclusion que les deux dernières décennies ont vu un vrai renouvellement, voire un renversement du débat sur les méthodes de la *Kopienkritik* et de la *Meisterforschung*. Particulièrement active à cet égard, l'école anglo-saxonne a suscité nombre de colloques et de monographies sur les œuvres les plus fécondes et reproduites de la statuaire idéale romaine[2]. Aujourd'hui, nul ne songe plus à considérer toutes les œuvres classicisantes romaines comme des copies d'œuvres des grands maîtres grecs des Ve et IVe siècles. L'art du pastiche a trouvé ses lettres de noblesse à tel point que certains songent même à attribuer à l'art romain nombre de « copies » qui peuplent les départements d'art grec de nos musées[3].

Alexandra DARDENAY
Université Toulouse II – Le Mirail,
laboratoire TRACES
(CNRS-UMR 5608)

---

1 V. Huet & S. Wyler, « Copies romaines d'un original grec », p. 165.
2 Bibliographie fort abondante en partie mentionnée par V. Huet & S. Wyler, « Copies romaines d'un original grec », p. 154, n. 10. Ajoutons, depuis lors, la publication du colloque « Art and Replication. Greece, Rome and Beyond », édit. J. Elsner & J. Trimble, *Art History*, avril 2006, 29.2.
3 V. Huet & S. Wyler, « Copies romaines d'un original grec », p. 166-167.

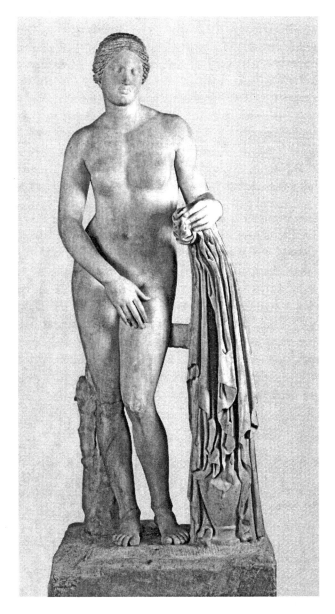

FIG. 1 – Vénus du Belvédère, Vatican, museo Pio Clementino
(photo : A. Pasquier & J.-L. Martinez, *Praxitèle*, p. 172, fig. 34).

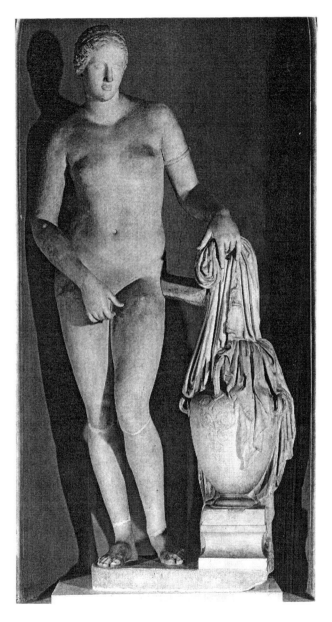

FIG. 2 – Vénus Colonna, Vatican, museo Pio Clementino
(photo : *ibid.*, p. 177, fig. 36).

FIG. 3 – L'« Aristogiton » de Baies (photo : **G.M.A.** Richter, « An Aristogeiton from Baiae », pl. 74, fig. 1).

FIG. 4 – Le « Général de Tivoli », Rome, musée national romain,
IIᵉ siècle av. J.-C. (photo : Museo nazionale romano).

Fig. 5 – « Alexandre à la lance », statuette de bronze de Véleia.
Époque impériale. Parme, musée archéologique national
(photo : C. Rolley, *La Sculpture grecque*, Paris, Picard, 1999, fig. 367).

FIG. 6 – Statue d'Ofellius Ferus, Délos
(photo : Ch. Hallet, *The Roman Nude*, pl. 51).

FIG. 7 – Le « Général des Thermes », statue de souverain hellénistique
ou de général romain. Rome, musée national romain
(photo : A. Dardenay).

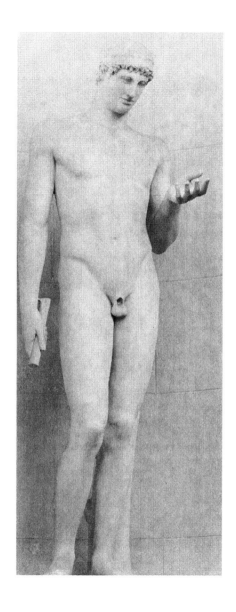

FIG. 8 – Athlète de Stéphanos, Ier siècle av. J.-C.
Moulage de la statue de la villa Albani, Rome,
conservé à Lyon, musée des beaux-arts (photo : A. Dardenay).

Fig. 9 – Groupe de San Ildefonso, 1er siècle av. J.-C. Madrid, musée du Prado (photo : Museo del Prado).

Fig. 10 – Vénus d'Arles, Paris, musée du Louvre
(photo : A. Pasquier & J.-L. Martinez, *Praxitèle*, p. 159, fig. 28).

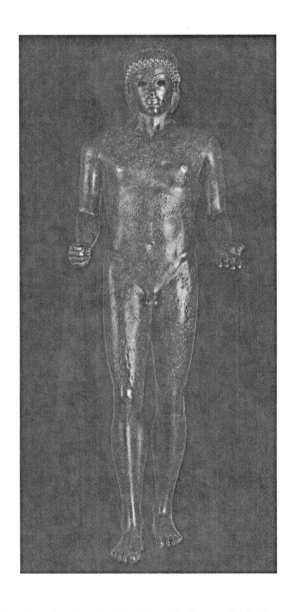

Fig. 11 – Apollon de Piombino, Paris, musée du Louvre.
Première moitié du Ier siècle av. J.-C.
(photo : C. Giroire & D. Roger, *De l'esclave à l'empereur. L'art romain dans les collections du Musée du Louvre*, Paris, Musée du Louvre éd., 2008, fig. 3).

FIG. 12 – Relief néo-attique figurant Hermès, Athéna, Apollon et Artémis.
Délos, maison du Lac, IIᵉ siècle av. J.-C. Musée de Délos
(photo : A. Dardenay).

LA TRADUCTION DES TEXTES LATINS
EN PROSE NORROISE AU MOYEN ÂGE

Après la christianisation progressive des pays scandinaves autour de l'an mille[1], se sont mises en place des structures ecclésiastiques permettant l'introduction dans le nord de l'Europe de la langue et de la littérature latines. Dans cette ère géographique, la question de la traduction des textes latins, tant chrétiens que païens, s'est posée de façon particulière dans les contrées de langue norroise, soit la Norvège et ses colonies, notamment la plus éloignée d'entre elles, l'*Ultima Thulé* des anciens géographes désormais appelée Islande. Au Danemark, pays plus proche de l'Europe chrétienne et converti plus tôt, les clercs ont été plus rapidement latinisés, au point que des historiens nationaux aussi importants que Saxo Grammaticus[2] ont raconté à la fin du XIIe siècle l'histoire de leur pays en latin, et dans un récit fortement marqué par l'influence de l'historiographie latine antique et médiévale. En Norvège par contre, et encore plus en Islande, les œuvres étrangères qui ont pu circuler dans les milieux savants ont souvent été traduites en norrois et les productions savantes autochtones ont été très tôt composées dans la langue locale, si réduit que soit le public visé, telle la *Heimskringla* de Snorri Sturluson, vers 1220-1230, pour rester dans le genre historiographique[3].

---

1 Voir Lucien Musset, « La pénétration chrétienne dans l'Europe du Nord et son influence sur la civilisation scandinave », *Settimane di studio del centro italiano sull'alto medioevo*, XIV, 1967, p. 263-325 ; Régis Boyer, *La vie religieuse en Islande (1116-1264), d'après la Sturlunga saga et les Sagas des évêques*, Paris, Fondation Singer-Polignac, 1979 ; J. Jochens, « Le millénaire de la conversion en Islande », *Médiéval*es, 50, printemps 2006, p. 169-178.

2 *La Geste des Danois par Saxo Grammaticus* (*Gesta Danorum*, livres I-IX), trad. J.-P. Troadec, Paris, Gallimard, 1995 (« L'aube des peuples »). Le texte latin est accessible en ligne sur le site internet de la Bibliothèque royale de Copenhague : http://www2.kb.dk/elib/lit//dan/saxo/lat/or.dsr/

3 Aucune traduction française complète de la *Heimskringla* de Snorri Sturluson n'est parue à ce jour ; voir les traductions en anglais, par exemple : *Heimskringla : History of the Kings of Norway, by Snorri Sturluson*, trad. L. M. Hollander, Austin/London, University of Texas Press, 1964. En français : Histoire des rois de Norvège, par Snorri Sturluson, 1re partie,

Ainsi, l'historien danois essaye par son style élaboré de montrer sa dextérité dans la maîtrise du latin et sa connaissance intime de la latinité romaine (Virgile, Ovide par exemple) ; il se nourrit directement de ses modèles sans avoir besoin de les transposer, ni de les traduire. À l'inverse, on a l'impression que dans l'espace norrois le latin reste longtemps une langue importée, limitée à des usages savants concernant une élite réduite, alors que la riche littérature nationale s'adresse au plus vaste public des propriétaires terriens (les *bœndur*). Pour autant, il n'est pas de culture plus ouverte sur l'extérieur, tant à la cour de Norvège que dans les différents quartiers de l'Islande, si bien que quantité d'œuvres étrangères ont été traduites en Norvège au XIIIᵉ siècle et conservées ensuite en Islande avec grand soin – nous y reviendrons. Cette soif de savoir caractérise même la grande période dite du « miracle islandais » (XIIᵉ-XIVᵉ siècles) : l'ouverture sur le monde extérieur, surtout l'Angleterre des Plantagenêts, s'accompagne alors d'une grande confiance en soi d'un peuple fier de son histoire et de sa culture[1].

Dans l'ensemble des textes qui ont circulé en Scandinavie à la suite de la conversion du Nord à la foi chrétienne, il est difficile de repérer des frontières entre des corpus qui à nos yeux sont entièrement distincts. Arrivent en même temps les textes sacrés qui fondent la doctrine chrétienne (Vulgate et apocryphes, pères de l'Église, légendes hagiographiques), la littérature latine de l'Antiquité païenne et les œuvres latines marquantes de la période médiévale (*Navigatio sancti Brendani*, Honorius Augustodunensis, Vincent de Beauvais, *Chronique de Turpin*, par exemple). Au bout du compte, dès lors qu'une œuvre est traduite du latin en norrois, elle devient une *saga*[2] et entre par là dans un genre littéraire qui regroupe toute forme de récit, quelle qu'en soit

---

trad. F.-X. Dillmann, Paris, Gallimard, 2000 ; *La Saga de saint Óláf*, trad. R. Boyer, Paris, Payot, 1983 ; *La saga de Harald l'Impitoyable*, trad. R. Boyer, Paris, Payot, 1979.

1   Voir les grandes synthèses consacrées au sujet : H. G. Leach, *Angevin Britain and Scandinavia*, Cambridge (Mass.), 1921 ; K. Helle, « Anglo-Norwegian Relations in the Reign of Håkon Håkonarson (1217-1263) », *Mediæval Scandinavia*, I, 1968, p. 101-114 ; *Les relations littéraires franco-scandinaves au Moyen Âge*, Actes du colloque de Liège (avril 1972), Paris, Les Belles Lettres, 1975 ; E. Rasmussen, « Translation in Medieval and Reformation Norway : A History of Stories or the Story of History », *Translators' Journal*, vol. 49, nᵒ 3, 2004, p. 629-645.

2   Régis Boyer, *Les sagas islandaises*, Paris, Payot, 1978 (3ᵉ éd. 1992) ; Vésteinn Ólason, « Les sagas islandaises, genre littéraire à la croisée de deux univers », *Proxima Thulé*, vol. 4, printemps 2000, p. 45-67.

la provenance, genre trouvant malgré tout son unité dans une prose assurée et adaptable à des contextes divers.

Pour s'inscrire dans la perspective d'un volume consacré au thème de la *translatio*, nous pouvons bien entendu prélever quelques récits dans cette vaste collection en isolant les œuvres issues de sources latines antiques. Cependant, les sagas tardives dans lesquelles les matières, au sens médiéval d'ensembles thématiques, se croisent et s'interpénètrent, montrent qu'au XIVe siècle la latinité classique a été aspirée dans un vaste creuset où elle côtoie des récits de toutes origines[1]. Une des constantes de la culture norroise, et tout particulièrement islandaise, est le primat du récit comme moyen d'interprétation du monde ; tout y devient *saga* et à l'inverse bien peu de textes ont été consacrés à la même époque à la spéculation théorique. Certes, tout n'est pas récit dans ces traductions norroises, puisque nous avons conservé plusieurs traités consacrés à des champs du savoir tels que la géographie, les mathématiques ou la rhétorique[2], mais l'abstraction philosophique, en particulier théologique, reste très mal représentée dans ces corpus.

Ce sont des critères stylistiques et non thématiques qui ont permis aux historiens d'opérer un classement dans l'ensemble de ces traductions norroises, et d'établir une chronologie qui couvre les règnes des rois norvégiens Hákon Hákonarson (1217-1263), Magnús Hákonarson (1263-1280) et Eiríkr Magnússon (1280-1299). Le style « courtois », élaboré stylistiquement, a été utilisé pour la traduction des récits bretons dans les années 1225-1250. Le style « de traducteur », plus sobre, apparaît vers 1250, au moment où sont traduites des chansons de geste, des textes allemands consacrés à Théodoric de Vérone et une série d'œuvres latines. Vers 1280, le « style tardif » renoue avec la complexité rhétorique à l'imitation de la latinité pour d'ultimes traductions de l'anglais ou du latin[3]. Toutes ces œuvres ont ensuite été conservées en Islande, et

---

1   Voir Margaret Schlauch, *Romance in Iceland*, Princeton, Princeton University Press *et al.*, 1934 (Rpt. New York, Russell & Russell, 1973) ; Régis Boyer, Les sagas légendaires, Paris, Les Belles Lettres, 1998, p. 95-109.

2   Voir les volumes *Alfrœði íslensk, Islandsk encyklopædisk litteratur*, Copenhague, S. L. Møllers Bogtrykkeri : I. COD. MBR. AM. 194, 8vo, éd. Kr. Kålund, 1908 (« STUAGNL », vol. XXXVII) ; II. Rímtöl, éd. N. Beckman & Kr. Kålund, 1914-1916, (« STUAGNL », vol. XLI$^{1-3}$) ; III. Landalýsingar m. fl., éd. Kr. Kålund, 1917-1918, (« STUAGNL », vol. XLV$^{1-2}$).

3   Voir R. Meissner, *Die Strengleikar. Ein beitrag zur Geschichte der altnordischen prosaliteratur*, Halle a. S., N. Niemeyer, 1902, p. 208-292 ; E. F. Halvorsen, *The Norse version of the* Chanson

là elles ont pu être remaniées, et dériver au XIVe siècle vers le genre des *lygisögur* (sagas mensongères), que nous mentionnions plus haut.

Pour les textes latins, la question est en fait fort complexe, car les circuits par lesquels ils ont transité en Scandinavie sont multiples. Certains sont assurément parvenus dans les pays de langue norroise avant la vague des traductions commanditées par les rois de Norvège, dans le mouvement même de la christianisation dont ils portaient le message. C'est à leur imitation qu'une première littérature, religieuse et historique[1], est apparue en Scandinavie au XIIe siècle, accompagnée d'équivalents en langue norroise, notamment en Islande[2]. Si on laisse de côté les inscriptions runiques, les plus anciens documents en norrois sont effet des fragments de parchemin contenant des sermons[3] (dont le 34e sermon évangélique de Grégoire le Grand), ou des légendes religieuses[4] (consacrées à Placidus, Blasius et Matthæus). Suivent des recueils d'homélies composés en Islande comme en Norvège. On date le recueil norvégien[5] du milieu du XIIe siècle ; il s'ouvre au demeurant sur une traduction du *De Virtutibus et vitiis* d'Alcuin, et contient en avant-dernière position le *Débat de l'âme et du corps*, poème français dont la traduction est probablement quelque peu postérieure.

Ces données justifient l'hypothèse d'une première vague de traductions réalisées dès le XIIe siècle, et elle s'explique logiquement par le fait que les clercs islandais sont souvent venus étudier en Angleterre ou en France à cette époque. À côté des sujets religieux, on rencontre même une traduction réalisée vers 1200 à partir de la *Prophetia Merlini* extraite de l'*Historia Regum Britanniae* de Geoffroy de Monmouth ; le travail réalisé par le moine bénédictin Gunnlaugr Leifsson, du monastère de Thingeyrar en Islande, est original dans la mesure où la forme choisie,

de Roland, Copenhague, E. Munksgaard, 1959, p. 1-31. Ces catégories sont reprises dans la synthèse de K. Togeby, « L'influence de la littérature française sur les littératures scandinaves au Moyen Âge », *Grundriss der romanischen Literaturen des Mittelalters*, Heidelberg, 1972, vol. I : Généralités, B, chap. VI, p. 333-395.

1   Par exemple l'*Historia de antiquitate regum norwagensium* (vers 1180) de Theodoricus.

2   On pense pour l'Islande au *Livre des Islandais* (*Íslendingabók*) d'Ari Thorgilsson, le fondateur des lettres norroises, vers 1120, puis à l'*Abrégé* (*Ágrip*) vers 1190 pour la Norvège.

3   Manuscrit islandais AM 237a. fol. – la cote AM indique que le manuscrit appartient à la collection rassemblée par Árni Magnússon (1663-1730), qui fut léguée à l'université de Copenhague.

4   Manuscrit norvégien AM 655, 4°, IX, 3 fol.

5   AM 619, 4°.

la strophe eddique traditionnelle (le *fornyrðislag*), représente un choix stylistique abandonné par la suite au profit de la prose[1]. On peut supposer également que ce moine ait eu connaissance de l'ensemble de l'œuvre de Geoffroy. Pour d'autres textes latins qui relèvent de la grande culture médiévale diffusée internationalement, on peut également hésiter quant à la date de leur arrivée en Scandinavie et donc de leur traduction en Islande. La question se pose notamment pour la *Chronique du Pseudo-Turpin*, dont Peter G. Foote[2] pense qu'elle est parvenue en Islande dès le début du XIIe siècle, même si la traduction de ce texte ne subsiste aujourd'hui que sous forme de fragments intégrés dans une branche de la *Saga de Charlemagne* (*Karlamagnús saga*)[3].

D'autres textes suscitent, nous y reviendrons, les mêmes hésitations, car il est logique que les clercs chrétiens d'origine scandinave, qui se sont formés en voyageant au travers de l'Europe, aient connu très vite, pour les avoir étudiés de près, les grands classiques de la culture chrétienne : fragments de la Bible, apocryphes, légendes hagiographiques, pères de l'Église. Les Islandais lettrés connaissaient également bien les œuvres marquantes de la littérature savante de leur temps, de Grégoire le Grand à Vincent de Beauvais, en passant par l'*Elucidarium*, le *Physiologus*, la *Navigatio sancti Brendani*, *Pamphilus de Amore*, la *Vision de Tondale*, Petrus Comestor, Hugues de Saint-Victor, etc. Des auteurs tels que Gautier de Châtillon ou Geoffroy de Monmouth ont suivi les mêmes voies de circulation. Tout ou partie de ces textes a fait l'objet de traductions en norrois, mais à une date parfois malaisée à définir faute d'indications laissées dans les manuscrits dont nous disposons, lesquels proviennent en grande majorité d'Islande, sous forme de copies ne remontant guère plus haut que le XIVe siècle.

Ces problèmes de datation ont en fait plus d'importance qu'il y paraît, car on peut se demander s'il n'a pas existé un premier foyer de réception de la culture européenne en Islande dès le XIIe siècle, soit avant même que ne soit lancée la grande politique culturelle norvégienne qui

---

1 Le même choix a été fait, au XIIe siècle, pour une mise en vers de la légende de saint Eustache, la *Plácitus drápa*.

2 *The Pseudo-Turpin Chronicle in Iceland : A Contribution to the Study of the Karlamagnus saga*, Londres, University College, 1959.

3 Il s'agit de la branche IV qui est au demeurant la traduction d'une version de la chanson d'*Aspremont*.

débuta sous le règne de Hákon Hákonarson vers 1225[1]. Ce décalage d'un siècle est considérable, et l'enjeu historique est conséquent du fait que le genre de la saga, par exemple, se développe à partir du premier tiers du XIIIe siècle. Des auteurs tels que Snorri Sturluson ont-ils donc eu accès à une part réduite ou importante de la littérature européenne ? en latin ou en traduction ? Nous tombons finalement sur une question trop générale pour permettre une réponse simple : quel rôle a pu jouer la culture occidentale dans l'émergence d'une littérature autochtone par ailleurs si attachée à son passé païen ? Si la majeure partie des textes latins ne sont arrivés en Islande que dans la seconde moitié du XIIIe siècle, sous l'espèce des traductions norvégiennes, leur influence sur le genre de la saga ne peut être jugée déterminante.

L'historiographie scandinave moderne n'a pas souvent ouvert le dossier sous cette forme, tant nous avons l'impression qu'en lisant les sagas des Islandais aujourd'hui nous sortons du cadre de la tradition médiévale pour accéder de plain pied à des formes originales, séduisantes par leur exotisme, et devant tout au génie d'un lieu quelque peu idéalisé, qui est l'Islande des propriétaires libres avant qu'elle tombe sous la dépendance norvégienne en 1264. Cette imagerie trop belle pour être entièrement vraie a souvent été mise en cause de façon tout aussi simpliste par des tenants de la primauté de la culture européenne importée, pensée comme le seul ferment assez riche pour donner naissance à des productions culturelles de haute tenue. Un débat analogue a porté par exemple sur le rôle qu'a pu jouer le *Tristan* de Thomas, du fait que ce texte a été traduit tôt en Norvège, puis imité en Islande, et qu'il a donc pu avoir une influence sur certaines sagas[2]. Toute œuvre norroise mérite en tout cas de ce fait un examen soigneux de ses sources, car la limpidité du style de la saga peut masquer des références savantes ; d'un autre côté, quand à partir de la seconde moitié du XIIIe siècle des clercs veulent compléter un texte à partir de ces références devenues alors communes, le résultat est pour le coup sans ambiguïté. Ainsi, la rédaction islandaise de la

---

1 Un manuscrit de la *Saga de Tristan* (*Tristrams saga*, traduite du *Tristan* de Thomas) indique que le roi demanda que le texte fût traduit en 1226.

2 Voir P. V. Rubow, *Two Essays*, Copenhague, Gyldendal, 1949 ; et notre synthèse dans *Les Amours du poète. Poésie et biographie dans la littérature du* XIIIe *siècle*, Genève, Slatkine, 2004, p. 157-163.

Saga de Charlemagne, qu'on peut dater du début du XIVe siècle, contient des éléments mal intégrés dans le récit premier, apports venus de la *Chronique de Turpin*, de Vincent de Beauvais et de textes hagiographiques[1]. Si ces œuvres étaient disponibles en Islande dès le XIIe siècle, elles n'ont jamais joué à date ancienne le rôle qu'elles acquirent deux siècles plus tard. La vision même des clercs islandais a probablement évolué, ce qui rend la question si ardue. Ainsi, on constate, sans avoir beaucoup d'éléments tangibles, qu'un auteur comme Snorri Sturluson connaît l'historiographie latine, sans doute la mythographie classique et peut-être même la tradition rhétorique, mais il n'en laisse rien paraître, préférant se référer à son illustre devancier islandais, le prêtre Ari Thorgilsson. Au XIVe siècle, la connaissance du latin a progressé, le style « tardif » imite les structures de la langue latine en norrois et le genre de la saga s'est thématiquement abâtardi en recyclant toutes les matières à la mode en Europe occidentale.

Dans une seconde partie de notre propos, nous essayerons de préciser à partir d'exemples concrets comment certains textes latins issus de la tradition classique ont été reçus en Norvège et en Islande. Revenons donc aux perspectives ouvertes en Norvège par le roi Hákon Hákonarson à partir des années 1225. Dans un premier temps, le but du roi fut de moderniser son pays à l'image de l'Angleterre des Plantagenêts. Ce sont donc les valeurs de l'idéal courtois qu'il tenta d'implanter à sa cour en favorisant la diffusion des œuvres les plus représentatives d'une modernité occidentale et en tournant le dos aux modes anciennes (telle la poésie scaldique). Ont ainsi été traduits le *Tristan* de Thomas, les *lais* de Marie de France (et anonymes), les romans de Chrétien de Troyes, quelques chansons de geste comme *Elie de Saint-Gilles*. On utilise d'ordinaire le terme de sagas de chevaliers (*riddarasögur*) pour les regrouper à l'intérieur de ce vaste genre littéraire. À partir des années 1250 et jusque vers 1280, sous le règne de Magnús Hákonarson, la figure du souverain paraît devenir plus importante que celle du chevalier. Sont alors traduites de l'anglo-normand d'autres chansons de geste appartenant au cycle du roi, et finalement regroupées en une

---

1   Voir notre mise au point « La *Chronique de Turpin*, pièce rapportée dans la *Saga de Charlemagne* », *Le Livre de saint Jacques et la tradition du Pseudo-Turpin. Sacralité et littérature*, édit. J.-Cl. Vallecalle, Lyon, Presses universitaires de Lyon, 2011, p. 139-151.

fresque composée de dix branches sous le titre de *Saga de Charlemagne* – la *Chanson de Roland* y figure en septième position si l'on s'en tient à la reconstitution de l'éditeur C. R. Unger[1] qui partait de la rédaction islandaise postérieure.

Le choix d'une prose plus simple pour traduire ces chansons semble lié au fait qu'elles sont jugées plus comme des récits historiques que comme des œuvres d'art. Les rois de Norvège semblent trouver un intérêt politique dans la promotion d'une figure royale éminente, dans une perspective, qui plus est, impériale. Dans le même temps, en effet, ils affirment leurs prérogatives dans leur royaume et finissent par assujettir l'Islande[2]. Dans ce contexte, le roi Charlemagne apparaît donc comme un modèle de stature internationale d'une manière sans doute plus convaincante que le roi Arthur, souverain plus distant historiquement et intégré dans un espace littéraire plus difficile à interpréter loin des cours d'Angleterre et de France. L'historiographie latine a alors été sollicitée au même titre, avec une entière légitimité d'un point de vue historique. On ne sera donc pas étonné de voir la place faite aux grands monarques dans les textes latins retenus – l'on peut parler à propos des traductions qui en sont tirées de « sagas d'Antiquité[3] ».

Si l'on suit l'ordre possible des traductions, on rencontre tout d'abord deux œuvres qui ont été conservées ensemble, la *Saga des Troyens* (*Trójumanna saga*), et les *Sagas des Bretons* (*Breta sögur*). Les deux ensembles couvrent un vaste mouvement historique qui part de l'Antiquité grecque, passe ponctuellement par le monde romain et s'achève dans l'histoire bretonne depuis le temps d'Arthur jusqu'à l'époque des Normands, ce qui correspond parfaitement à l'imaginaire de la *translatio* médiévale tel qu'il

---

1   *Karlamagnús saga ok kappa hans*, Christiania, H. J. Jensen, 1860.
2   Ces événements sont racontés dans plusieurs sagas, notamment la *Saga des Sturlungar* (*Sturlunga saga*), histoire de l'Islande au XIII⁰ siècle, et dans la *Saga du roi Hákon Hákonarson*, histoire de la Norvège sous le règne de Hákon : *La saga des Sturlungar*, trad. R. Boyer, Paris, Les Belles Lettres, 2005 ; *The Saga of Hacon …*, trad. Sir G. W. Dasent, Londres, Eyre and Spottiswoode, 1894. (« Icelandic sagas and other historical documents relating to the settlements and descents of the Northmen on the British Isles », 84. 4) [facsimile reprint Burnham-on-Sea, Llanerch Publishers, 1997], 2 vol.
3   Voir St. Würth, *Der « Antikenroman" in der isländischen Literatur des Mittelalters*, Basel/ Frankfurt a. M., Helbing & Lichtenhahn, 1998. Les textes principaux ont été récemment édités et traduits par le même auteur : *Isländische Antikensagas*, bd 1, éd. et trad. de St. Würth, München, Eugen Diederichs Verlag, 1996.

a été conçu par les clercs du XIIe siècle au service des rois d'Angleterre. Ce schéma se retrouve donc à l'état pur dans une construction littéraire qui part de deux sources premières, le *De Excidio Trojae* de Darès de Phrygie d'un côté et l'*Historia regum Britanniae* de Geoffroy de Monmouth de l'autre. Des éléments complémentaires ont en outre été pris à des textes latins plus anciens pour nourrir la partie romaine de la fresque. La *Saga des Troyens* incorpore ainsi des éléments venus de l'*Ilias latina*, du livre II de l'*Énéide* de Virgile et de quelques épîtres des *Héroïdes* d'Ovide. La préface des *Sagas des Bretons*, d'autre part, reprend elle aussi des fragments de l'*Énéide*.

On peut imaginer que les deux sagas ont été traduites en même temps, peut-être même par le même traducteur, mais rien n'empêche d'imaginer aussi des traductions séparées à l'origine et plus proches des sources, puis réunies ensuite et augmentées d'apports annexes leur apportant une cohérence nouvelle. Les deux textes ont en tout cas été conservés dans les mêmes manuscrits, qui sont relativement récents, dont le plus ancien est le *Hauksbók*[1], nommé ainsi pour avoir appartenu à Haukr Erlendsson († 1334), qui a vécu à Bergen en Norvège. Le manuscrit en question contient également une autre œuvre de Geoffroy de Monmouth, que nous avons déjà mentionnée, la traduction norroise de la *Prophetia Merlini* réalisée par Gunnlaugr Leifsson, moine bénédictin islandais, vers 1200. On en est donc venu à supposer, question récurrente comme nous l'avons signalé, que les œuvres latines concernées soient arrivées en Islande elles aussi au XIIe siècle. Reste à savoir si elles ont été traduites dès cette époque[2]. De toute façon, sous leur forme actuelle, la *Saga des Troyens* et les *Sagas des Bretons* semblent être des abrégés influencés par le style des sagas islandaises. Par ailleurs, un manuscrit plus récent[3] du XIVe siècle, lacunaire, contient les deux mêmes sagas, mais sous une forme légèrement différente, car le style est cette fois celui, plus sec, des traducteurs norvégiens des années 1250-1260 ; nous sommes là en face d'une version peut-être postérieure et s'inscrivant dans un projet plus

---

1   Ms. AM 544, 4°.

2   Ainsi la *Veraldar saga* (*Histoire du monde*) contient un passage portant sur les héros de Troie, qui pourrait provenir de la *Saga des Troyens* ; or cet ouvrage historique islandais date de la seconde moitié du XIIe siècle. Mais ce passage peut aussi s'inspirer directement de Darès. Voir *Veraldar saga*, éd. Jakob Benediktsson, Copenhague, B. Lunos bogtr, 1944 (« STUAGNL », vol. LXI).

3   AM 573, 4°.

pédagogique, comme l'atteste la substitution des noms des dieux du panthéon gréco-romain par ceux de leurs équivalents nordiques. Pour ces textes, la volonté d'édification historique paraît aussi importante que les enjeux politiques.

La traduction suivante est sans doute plus significative, d'autant qu'elle s'inscrit dans un contexte beaucoup plus clair. La *Saga d'Alexandre* (*Alexanders saga*) est un texte conservé dans cinq manuscrits islandais, dont le plus ancien est daté des alentours de 1280[1] ; il s'agit de la traduction en prose norroise de l'*Alexandreis*, épopée latine du XIIe siècle composée par le poète français Gautier de Châtillon. Le thème de cette œuvre entre cette fois parfaitement dans les vues des rois de Norvège, car il n'est pas de souverain plus incontestable qu'Alexandre le Grand dans l'imaginaire occidental. Il est même le centre d'une riche construction intellectuelle humaniste partant de l'idée d'un empire universel et d'une civilisation fondée sur le savoir et le progrès historique[2].

Pour en savoir plus, la lecture du plus vieux manuscrit doit être complétée par celle d'un autre, plus récent[3], qui fournit des indications éclairant les circonstances de la traduction. En effet, le nom du traducteur y est donné, l'Islandais Brandr Jónsson, qui a été abbé en charge du monastère de Thykkvabær de 1247 à 1262, avant de devenir évêque de Hólar en 1263-1264. Il est en outre intéressant de regarder le contenu de ce manuscrit, car il débute par des traductions de l'*Ancien Testament* qui forment un premier livre nommé *Direction*[4] (*Stjórn*), suivies par une *Saga des Romains*[5] (*Rómverja saga*), traduction de Salluste, puis notre *Saga d'Alexandre*, et une *Saga des Juifs*[6] (*Gyðinga saga*) composée à partir de sources diverses. L'ensemble forme donc un vaste ouvrage historique consacré à l'Antiquité dans une perspective chrétienne. En outre, à la fin de la dernière saga, une nouvelle mention

---

1   AM 519a, 4°. Ce manuscrit a servi de base à l'édition de référence établie par Finnur Jónsson : *Alexanders saga : Islandsk oversættelse ved Brandr Jónsson*, Copenhague, Gyldendalske boghandel, 1925.

2   Voir D. Ashurst, *The Ethics of Empire in the Saga of Alexander the Great : a study based on ms. AM 519a 4to*, Reykjavik, Bókmenntafræðistofnun Háskóla Íslands, 2009.

3   AM 226 fol, manuscrit daté du milieu du XIVe siècle.

4   *Stjórn*, éd. C. R. Unger, Oslo, Feilberg et Landmarks, 1862.

5   *Rómverja saga*, éd. Thorbjörg Helgadóttir, Reykjavík, Árni Magnússon Institute for Icelandic Studies, 2011, 2 vol.

6   *Gyðinga saga*, éd. K. Wolf, Reykjavík, Stofnun Árna Magnússonar á Íslandi, 1995.

de Brandr Jónsson indique qu'il aurait rédigé la *Saga d'Alexandre* et la *Saga des Juifs* à la demande du roi Magnús Hákonarson (1263-1280). Le style assuré et brillant de ces traductions témoigne de la culture de leur auteur, qui est capable de produire une synthèse équilibrée alliant le style efficace des sagas islandaises à un goût de la rhétorique venu de l'extérieur.

Si cette information est juste, elle implique que la commande royale ait été passée au tout début du règne du jeune roi, ou même un peu avant, puisque Brandr est mort en 1264 après avoir passé plusieurs mois en Norvège en 1262-1263. L'attribution des deux premiers livres du manuscrit au même traducteur est aussi envisagée, mais sans faire l'unanimité dans la critique. En tout cas, Brandr est par ailleurs bien connu dans l'histoire de l'Islande, car il a joué un rôle essentiel au moment même où l'île était en train de passer sous le contrôle de la couronne norvégienne. En effet, il avait depuis longtemps choisi le camp du roi contre la volonté d'indépendance de ses compatriotes, mais sa mort intervint juste après que l'affaire eut été réglée conformément à ses vœux[1].

Deux autres manuscrits ont été utilisés par l'éditeur de la *Saga d'Alexandre*, Finnur Jónsson, l'un daté d'environ 1280[2], et une copie du XVIe siècle[3]. Subsiste enfin un autre manuscrit daté de 1400[4], non édité, dans lequel ce récit est associé à des textes hagiographiques. Ces manuscrits ne nous livrent pas d'autres informations utiles au contexte de la traduction. Cependant, un autre texte norrois mérite d'être signalé en parallèle avec la *Saga d'Alexandre*, c'est la *Lettre d'Alexandre à Aristote*[5], traduite également du latin, et qui a dû suivre le même chemin que la saga principale[6]. Le nombre des copies de ces textes atteste l'intérêt accordé à l'histoire d'Alexandre vu comme l'un

---

1   Voir le récit donné dans la *Sturlunga saga* : *La saga des Sturlungar*, trad. R. Boyer, Paris, Les Belles Lettres, 2005, p. 691-710.
2   AM 655 XXIX 4°.
3   Holm. Perg. 24 4° (bibliothèque royale de Stockholm).
4   AM 225 fol. – le ms. contient en outre la version norroise des *Vitae Patrum*.
5   *Epistola Alexandri ad Aristotelem*, éd. W. Walther Boer, Meisenheim am Glan, 1973 (« Beiträge zur klassischen Philologie », 50).
6   Le texte a d'ailleurs été édité dans un premier temps par le même éditeur Finnur Jónsson à partir des mêmes manuscrits (AM 226 fol. et Holm. Perg. 24 4°). Dans une édition plus récente, Povl Skårup s'appuie sur un plus grand nombre de manuscrits en papier, mais tous postérieurs à 1500 : *Bréf Alexandri Magni : den norrøne oversættelse af Epistola*

des modèles premiers de la fonction royale dans le monde antique. Il n'y a sans doute que Charlemagne qui le dépasse comme» modèle dans le monde chrétien.

Notons au passage que cet imaginaire du roi, chef politique et militaire, et défenseur de la foi, est également présent dans la littérature historique scandinave avant même que les œuvres dont nous venons de parler y fussent traduites. Pour s'en tenir aux historiens majeurs que nous avons déjà cités, Saxo Grammaticus a composé ses *Gesta Danorum* en fonction d'une vision de l'histoire nationale qui fait peu à peu entrer le Danemark dans le modèle occidental avec la christianisation du pays et l'instauration d'une monarchie s'appuyant sur un puissant clergé. Dans les livres X-XVI, peu lus aujourd'hui[1], qui couvrent les Xe-XIIe siècles, certains rois comme Valdémar le Grand (qui a régné de 1157 à 1182) correspondent tout à fait au modèle politique élaboré antérieurement par les clercs des autres pays d'Europe[2] à partir de la pensée augustinienne[3].

Saxo avait accès à la littérature latine directement, mais la perspective est à peu près la même chez Snorri Sturluson, sans que les sources soient cette fois-ci aussi évidentes. Les auteurs de sagas royales se sont en effet eux aussi inscrits dans un schéma historique valorisant les hauts faits du roi, conformément d'ailleurs aux valeurs anciennes illustrées dès l'époque viking dans la poésie de louange scaldique. Dans la *Heimskringla* que Snorri rédige dans les années 1220-1230, l'histoire avance dans le même sens que chez Saxo, mais pour la Norvège cette fois. Le triptyque qu'il compose est dominé dans sa partie centrale par la saga consacrée au roi Óláfr Haraldsson[4] (qui régna de 1014 à 1030), roi viking et souverain créateur d'un État fort dans son pays, mais aussi saint révéré. Quelques années après, un neveu de Snorri, Sturla Þórðarson, a relaté dans le même esprit le règne des souverains norvégiens de son époque, Hákon Hákonarson et Magnús Hákonarson. Les œuvres latines dont ces rois

---

Alexandri Magni ad Aristotelem, udgivet sammen med forlægget, Copenhague, Bibliotheca Arnamagnæana, 1991.

1 Saxo Grammaticus, *Danorum regum heroumque historia*. Books X-XVI, éd. & trad. E. Christiansen, I-III, Oxford, BAR, 1980-1981 («BAR International Series», 118).

2 Les modèles de Saxo sont en effet Bède le Vénérable, Paul Diacre, Adam de Brême, Dudon de Saint-Quentin, Geoffroy de Monmouth, Gautier de Châtillon.

3 Voir D. Boutet, *Charlemagne et Arthur, ou le roi imaginaire*, Paris, Champion, 1992.

4 Snorri Sturluson, *La Saga de saint Óláf*, trad. R. Boyer, Paris, Payot, 1983.

ont patronné la traduction par ailleurs n'ont donc pas joué un rôle idéologiquement déterminant, mais elles leur ont assurément apporté une caution historique nouvelle en faisant de leur construction politique propre un avatar d'un modèle global attesté depuis l'Antiquité et compatible avec l'imaginaire de la royauté viking.

Avant d'être rassemblés au XIVe siècle en un récit continu, il est probable que les différents textes historiques racontant l'histoire du monde ancien ont existé sous forme de traductions séparées, intéressantes en soi, ce qu'attestent les manuscrits. Le style « de traducteur » prévaut dans ces traductions postérieures à 1260, mais avec des nuances importantes. La *Saga des Juifs* est proche, on l'a dit, de la *Saga d'Alexandre* ; elle rassemble des éléments de provenances diverses mais apparentées thématiquement[1] : *Vulgate latine, Historia Scholastica* de Petrus Comestor, *Antiquitates Judaicae* et *De bello Judaico* de Flavius Josèphe[2]. La *Saga des Romains*[3] associe des extraits de Salluste (*Guerre de Jugurtha, Conjuration de Catilina,*) et de Lucain (*Pharsale*, chant II)[4]. La traduction de passages de l'Ancien Testament, intitulée *Direction* ou *Sens* (*Stjórn*[5]), nous éloigne en fait de la littérature historique, car il s'agit d'une commande du roi Hákon Magnússon (1299-1319) rédigée dans le « style tardif » lourdement décalqué du latin. Cette œuvre savante double le texte de la Bible de commentaires enrichis de références venues d'auteurs multiples : Petrus Comestor, Vincent de Beauvais, Richard de Saint-Victor.

Pour être complet, nous devons aussi mentionner tout le reste de la littérature religieuse éditée au XIXe siècle par C. R. Unger, et qui n'a pas encore été aujourd'hui complètement étudiée en détail[6]. Ainsi de nombreux textes consacrés à la vie des apôtres peuvent être rassemblés

---

1   Voir K. Wolf, « The Sources of *Gyðinga saga* », *Arkiv för nordisk filologi*, 105, 1990, p. 140-155. L'œuvre subsiste dans plusieurs manuscrits du XIVe siècle.
2   On remarque que les originaux grecs ne sont pas connus en Scandinavie à cette époque.
3   La saga, sous forme séparée, est présente dans un ms. daté de 1325-1350 (AM 595 a) ; elle subsiste aussi en abrégé dans le ms. AM 764 4to (XIVe s.).
4   Voir Thorbjörg Helgadóttir, « On the sources and composition of *Rómverja saga* », *Saga-Book of the Viking Society for Northern Research*, XXIV-1996, p. 203-220.
5   Voir R. Astås, *An Old Norse Biblical Compilation. Studies in Stjorn*, New York *et al.*, Peter Lang, 1991.
6   Voir la riche synthèse de R. Boyer, *La vie religieuse en Islande (1116-1264), d'après la Sturlunga saga et les Sagas des évêques*, Paris, Fondation Singer-Polignac, 1979, p. 152-179.

sous le titre de *Sagas des apôtres* (*Postola sögur*)[1]. Une *Saga de Marie* (*Maríu Saga*[2]), collection volumineuse et à nulle autre pareille, illustre par ailleurs la diffusion en Scandinavie de miracles de Notre-Dame de toutes sortes et pose de nombreux problèmes historiques. Enfin, sous le titre général de *Sagas des saints* (*Heilagra manna sögur*), ont été rassemblées en deux forts volumes des légendes hagiographiques diverses[3]; une telle somme n'existe dans aucune autre langue vernaculaire du Moyen Âge et pose elle aussi d'innombrables problèmes de filiation.

Tous ces textes ont probablement circulé à partir de la fin du XIIIe siècle en Norvège et en Islande, à un moment où la littérature latine était devenue plus familière, ce qui n'a pas empêché l'application méthodique des clercs norrois d'en donner systématiquement une traduction, preuve de plus d'une curiosité culturelle très répandue au-delà des cercles latinophones.

Le type de *translatio* qui s'est opéré en Norvège et en Islande apparaît donc tout à fait singulier à l'intérieur de la culture médiévale, du fait que les pays de langue norroise ne commencent à entrer dans le cadre de l'Europe chrétienne qu'au XIe siècle. Nous avons vu comment tout au long du XIIIe siècle des clercs et des hommes politiques ont œuvré pour que la Scandinavie entre de plein droit dans l'histoire occidentale au même niveau que ses voisins. Cette volonté d'intégration s'est traduite par un effort d'appropriation culturelle mené avec entrain et rapidité. Du coup, des traditions diverses sont arrivées en même temps et ont été

---

1   *Postola sögur. Legendariske fortællinger om apostlernes liv, deres kamp for kristendommens udbredelse, samt deres martyrdöd*, éd. C. R. Unger, Christiania, B. M. Bentzen, 1874. Voir K. Wolf, « Postola sögur », *Medieval Scandinavia : an encyclopedia*, éd. Ph. Pulsiano, K. Wolf *et alii*, New York & Londres, Garland, Taylor & Francis, 1993, p. 511-512.

2   *Maríu saga. Legender om Jomfru Maria og hendes Jertegn*, éd. C. R. Unger, Christiania, Brögger & Christie, 1871. Voir W. Heizmann, « Maríu saga », *Medieval Scandinavia : an encyclopedia*, p. 407-408.

3   *Heilagra manna sögur. Fortaellinger og Legender om Hellige Maend og Kvinder*, éd. C. R. Unger, Christiania, B. M. Bentzen, 1877, 2 vol. La bibliographie est importante à ce sujet et nous nous contentons de citer les travaux français de Steinunn Le Breton-Filíppusdóttir : *De la « Vita » à la saga. Étude de structures et procédés littéraires hérités de l'hagiographie latine à partir de textes anciens traduits en norrois* (thèse soutenue en 1995 à l'université Paris IV – Sorbonne, non publiée), Lille, Atelier national de reproduction des thèses ; « Hagiographie vernaculaire d'Islande et de Norvège », *Hagiographies. III. Histoire internationale de la littérature hagiographique latine et vernaculaire en Occident des origines à 1550*, édit. G. Philippart, Turnhout, Brepols, 2001, p. 361-451.

intégrées dans une vaste construction intellectuelle qui ne répond pas à nos critères historiques et géographiques. La notion même d'Antiquité, au sens où nous l'entendons, n'y apparaît guère, dans la mesure où le monde gréco-latin est placé dans une plus vaste histoire chrétienne dont il n'est qu'un maillon transitoire, à une place bien incertaine dans une temporalité à la fois étendue et relative d'un point de vue nordique. En effet, la mémoire scandinave ne remonte pas aussi loin que le temps d'Alexandre, de César ou de Jésus, mais le paganisme traditionnel est resté vivant dans certaines parties du nord de l'Europe bien au-delà de l'an Mille, et les auteurs norrois sont fiers d'un passé encore pour eux proche qui égale notre Antiquité.

La longue histoire arrive donc sous forme abrégée et condensée en Scandinavie où des clercs poursuivent en outre ce travail de rationalisation. La culture grecque n'est connue qu'indirectement par le biais d'une relecture latine, et la culture romaine qu'au sein d'une interprétation chrétienne peu à peu construite tout au long du Moyen Âge. En outre, ces références ne font sens que parce qu'elles nourrissent l'imaginaire des royaumes proches de la Scandinavie. Il en résulte que la notion même de classicisme est inadaptée à ces contrées, car la culture ancienne n'y a pas de valeur propre. On pourrait sans doute étendre cette remarque à tout le monde chrétien, la notion de *translatio* supposant un dépassement de l'Antiquité du point de vue politique et culturel. Mais les conditions d'arrivée et de circulation des textes latins en Norvège ou en Islande permettent encore moins de circonscrire le legs spécifique de la romanité. En effet, comme nous l'avons montré, les œuvres antiques ont mis longtemps avant d'arriver en Scandinavie sous une forme originale, et là elles ont été rapidement traduites et intégrées dans des synthèses. Comme cela s'est passé dans le reste de l'Europe, la matière antique n'est souvent connue qu'au travers de compilateurs postérieurs (de Darès à Gautier de Châtillon), mais en outre la latinité est systématiquement transposée en prose norroise au sein du genre de la saga. Il faut donc aller chercher ici et là, sous forme discontinue et parfois réduits à l'état de bribes, des passages provenant de Virgile, Salluste ou Lucain. Il ne semble donc pas que les clercs scandinaves leur accordent dans l'histoire de la culture une place prépondérante, car ils sont concurrencés par les grands auteurs latins du Moyen Âge qu'ils ont découverts en même temps qu'eux.

Ces vues sont confirmées, nous semble-t-il, par la manière dont a été traduit en Norvège le prologue des *Lais* de Marie de France[1]. La traduction des lais a été menée à la demande du roi Hákon Hákonarson, à qui hommage est rendu au début du texte. Ce texte fait bien l'éloge de la sagesse des anciens, qui doit être complétée par l'intelligence des modernes, laquelle est d'ailleurs intrinsèquement supérieure à celle de leurs devanciers. Toutefois la référence à Priscien a disparu et le traducteur insiste sur la dimension morale et religieuse du clerc moderne qui doit présenter à ses lecteurs des modèles de comportement chrétien, certes issus d'antiques traditions, mais qu'il appartient désormais à chacun de diffuser dans la langue de son pays. Par ailleurs, pour prendre un dernier exemple, dans l'itinéraire de pèlerinage que l'abbé islandais Nicholas compose au XIIe siècle[2], sont signalés de très nombreux lieux à visiter pour qui traverse l'Allemagne, l'Italie et le Proche-Orient. Or à côté des références chrétiennes attendues dans ce type de texte (les églises de Rome par exemple), les seules allusions au monde païen sont relatives au passé scandinave, et notamment à la geste de Sigurd, le héros du Nord par excellence.

La longue présence des Scandinaves à Constantinople[3] explique sans doute le fait que le Proche-Orient paraisse moins étranger à l'homme du nord que le monde romain. Un récit tardif, la *Saga de Jarlmann et Herman* (*Jarlmanns saga ok Hermans*[4]), présente une histoire de fantaisie : le roi de France Hermann envoie à Constantinople son ami Jarlmann pour qu'il demande en sa faveur la main de la fille de l'empereur. Le schéma de l'intrigue est analogue à celui de *Tristan et Yseut*, mais contrairement à Tristan, Jarlmann n'en profite pas pour mener l'opération à son profit alors qu'il en a l'occasion[5]. Le texte commence ainsi :

---

1 Voir notre étude « Le *Prologue* des *Lais* de Marie de France au travers de sa traduction nor-végienne (traduction et analyse du Prologue des *Strengleikar* norvégiens) », *Chemins ouverts, Mélanges offerts à Claude Sicard*, Toulouse, Presses universitaires du Mirail, 1998, p. 25-34.

2 Voir notre étude « L'itinéraire d'Islande en Terre sainte de l'abbé Nicholas, texte norrois du XIIe siècle », *Guerres, voyages et quêtes au Moyen Âge, Mélanges offerts à Jean-Claude Faucon*, édit. A. Labbé, D. W. Lacroix & D. Quéruel, Genève, Slatkine, 2000, p. 233-253.

3 La garde varègue, au sein de l'armée byzantine, comptait de nombreux Scandinaves.

4 Éd. et trad. anglaise d'A. Loth, *Late Medieval Icelandic Romances*, vol. 3, Copenhague, 1963, p. 2-3.

5 De nombreux récits tardifs semblent relever d'une volonté de moralisation à l'encontre du scandale tristanien – voir M. A. Kalinke, *Bridal-Quest Romance in Medieval Iceland*, Ithaca, Cornell University Press, 1990 (« Islandica », 46).

Maître Virgilius a composé maint récit savant pour le plaisir des gens, [...] mais l'histoire que nous allons commencer, il l'a trouvée écrite sur un mur de pierre dans la cité qui se nomme Lisbonne [Licibon] en France.

Pouvons-nous reconnaître sous le nom de cette autorité littéraire l'illustre Virgile, le fameux cygne de Mantoue ?

Daniel W. LACROIX
Université Toulouse II – Le Mirail,
laboratoire PLH (EA 4601)

DES *TRANSLATIONS* DIFFÉRENTES :
LES VERSIONS MANUSCRITES DU *ROMAN*
D'ENEAS, DU XIIᵉ AU XIVᵉ SIÈCLE

Sans doute composé vers 1160 à la cour de Henri II Plantagenêt, roi d'Angleterre, le *Roman d'Eneas*, adaptation médiévale de l'*Énéide* de Virgile, appartient à la première série de *translations* du latin, celle des « mises en roman ». Par rapport aux *translations* postérieures, celles des XIIIᵉ et XIVᵉ siècles[1], cette première série se caractérise par une grande liberté dans l'adaptation, avec parfois une traduction très littérale, presque mot à mot, et parfois l'intégration au texte traduit de développements tout à fait originaux, souvent inspirés des gloses qui se trouvaient dans les marges des manuscrits latins[2]. Cette pratique a été résumée par Benoît de Sainte-Maure, l'auteur du *Roman de Troie* (postérieur de quelques années au *Roman d'Eneas*, et sans doute élaboré dans le même milieu que lui) par ces quelques vers très connus situés à la fin de son prologue :

> Le latin sivrai et la letre :
> Niul autre rien n'i voudrai metre
> S'ensi non cum jel truis escrit.
> Ne di mie qu'aucun buen dit
> N'i mete, se faire le sai,
> Mais la matire en ensirrai[3].

---

1   Étudiées notamment par S. Lusignan, *Parler vulgairement. Les intellectuels et la langue française aux XIIIᵉ et XIVᵉ siècles*, Paris, Vrin, 1986.

2   Voir F. Mora-Lebrun, « *Metre en romanz* ». *Les romans d'antiquité du XIIᵉ siècle et leur postérité (XIIIᵉ-XIVᵉ siècle)*, Paris, Champion, 2008.

3   Benoît de Sainte-Maure, *Le Roman de Troie*, éd. et trad. E. Baumgartner et F. Vielliard, Librairie générale française, coll. « Lettres gothiques », 1998, v. 139-144 : « je suivrai mot à mot le texte latin et je n'ajouterai rien à ce que je trouve dans ma source. Toutefois, je ne m'interdirai pas, si du moins j'en ai le talent, d'ajouter quelques développements bienvenus, mais je resterai fidèle à la matière de mon récit ».

Cette grande liberté dans la *translation* offre une situation particulièrement propice à l'apparition de divergences notables entre les manuscrits. Certains peuvent en effet être tentés de renchérir sur le processus
d'amplification, d'autres de revenir plus fidèlement au texte traduit. Le
Roman d'Eneas a été transmis par neuf manuscrits, qui s'échelonnent de
l'extrême fin du XII° siècle à la fin du XIV° siècle : c'est un chiffre tout
à fait honorable, à cette époque, pour une œuvre écrite en français. Or
on peut dire que chacun de ces manuscrits représente une *translation*
différente de l'*Eneas* et de son modèle latin, l'*Énéide*, en raison de ses
choix spécifiques. Tous ont été soigneusement collationnés voici plus
d'un siècle par Jean-Jacques Salverda de Grave dans son travail pionnier
sur l'*Eneas*. Un matériau considérable est donc rassemblé dans l'apparat
critique et dans les notes de ses deux éditions[1]. Mais la version qu'il a
contribué à populariser est celle d'un seul manuscrit, le plus ancien,
le manuscrit *A*, une version qu'il a du reste un tant soit peu remaniée
en y introduisant des développements qui n'y figurent pas et qu'il a
empruntés à d'autres manuscrits. Son édition ne reproduit donc vraiment aucun des manuscrits médiévaux. On s'en est rendu compte de
manière évidente grâce à une deuxième édition beaucoup plus récente,
celle d'Aimé Petit[2]. Cette édition reproduit en effet un autre manuscrit beaucoup plus tardif, le ms *D*. C'est un manuscrit remarquable à
la fois par sa riche illustration et par ses choix originaux – mélange de
suppressions et d'amplifications. Avec lui nous avons un autre *Roman
d'Eneas*, pas totalement différent de celui du manuscrit *A*, bien sûr, mais
divergent sur bien des points.

Nous ne possédons encore que ces deux éditions, mais chaque
manuscrit mériterait de faire l'objet d'une édition particulière. Ainsi
le manuscrit *F*, daté du milieu du XIII° siècle, dont Giovanna Angeli
a signalé le comportement spécifique : on y trouve notamment beaucoup d'omissions[3]. Elle avait proposé de voir là un premier état de
l'*Eneas*. Elle n'a pas emporté l'adhésion, mais l'originalité du manuscrit

---

1   *Eneas*, texte critique publié par J.-J. Salverda de Grave, Halle, Max Niemeyer, 1891 et
    Eneas, roman du XII° siècle, édité par J.-J. Salverda de Grave, Paris, Champion (CFMA),
    1925 (t. 1) et 1929 (t. 2).

2   *Le Roman d'Eneas*, édition critique d'après le manuscrit B.N. fr. 60, traduction, présentation
    et notes d'A. Petit, Paris, Librairie générale française, coll. « Lettres gothiques », 1997.

3   G. Angeli, *L'Eneas e i primi romanzi volgari*, Milan-Naples, Riccardo Ricciardi, 1971,
    p. 145-146.

demeure, et invite à s'interroger sur lui. Bref, derrière chaque copiste on peut soupçonner l'existence d'un auteur – presque d'un *auctor* au sens médiéval du terme : celui qui livre sa propre version des choses et dont la parole fait autorité[1]. Dans quelle mesure, et avec quel degré de conscience claire ? C'est une question à laquelle il est bien difficile de répondre. Car le copiste, par définition, recopie un manuscrit antérieur : ses choix sont donc en partie déterminés par le modèle qu'il a sous les yeux. Mais ce modèle, en général, on ne le connaît pas ; on ne peut donc repérer que des ressemblances ou des parentés à l'intérieur de la tradition manuscrite, sans pouvoir établir en toute certitude des filiations directes. D'autre part les manuscrits médiévaux sont très souvent organisés en recueils : il faut donc se demander dans quelle mesure le copiste a pu être influencé par les textes qui accompagnent celui qu'il recopiait. Ce qui est sûr, c'est que dans le cas des « mises en roman », ces variantes parfois importantes d'un manuscrit à l'autre posent la question de la réception de l'œuvre antique *translatée* : selon les milieux, selon les époques, cette *translation*, de manière plus ou moins consciente, a visiblement été assez différente. Car si le manuscrit *D* présente un cas privilégié de réécriture assez poussée, il n'est pas isolé. Sa réécriture se greffe sur d'autres réécritures antérieures dont il serait bon de ne pas le séparer. Et il a eu un successeur assez curieux, le manuscrit *C*, qui est encore largement méconnu parce que Salverda de Grave l'avait résolument laissé de côté. Cette éviction pouvait se comprendre dans la perspective d'une entreprise éditoriale puisque *C*, pour dire les choses rapidement, présente la particularité de combiner *A* et *D*. Il n'apporte donc rien à l'établissement du texte. Mais il peut apporter beaucoup à notre compréhension de la réception du *Roman d'Eneas* dans les derniers siècles du Moyen Âge, d'une part parce que c'est le manuscrit le plus tardif, copié à l'extrême fin du XIVe siècle, et d'autre part parce que son commanditaire a pu être clairement identifié, ce qui n'est pas si fréquent.

Je me propose donc, après une brève présentation de la tradition manuscrite, de replacer le manuscrit *D* dans le groupe dont il fait partie pour tenter de mieux cerner sa spécificité ainsi que celle de son successeur, le manuscrit *C*. Je me limiterai au début du roman, du départ de

---

1   Sur cette indépendance foncière des manuscrits médiévaux, et l'intérêt qu'elle présente, voir notamment B. Cerquiglini, *Éloge de la variante. Histoire critique de la philologie*, Paris, Seuil, 1989.

Troie à l'arrivée à Carthage, c'est-à-dire aux épisodes qui correspondent en gros à l'adaptation du premier chant de l'*Énéide*. Ces épisodes, qui présentent un très grand nombre de variantes, fournissent en effet un matériel plus que suffisant et peuvent à eux seuls permettre d'esquisser quelques pistes.

LA TRADITION MANUSCRITE DU *ROMAN D'ENEAS*

Le manuscrit le plus ancien, le manuscrit *A*, daté de l'extrême fin du XIIe siècle ou du tout début du XIIIe siècle et actuellement conservé à Florence[1], est extrêmement proche d'un autre manuscrit beaucoup plus tardif, le manuscrit *B*, copié dans le deuxième tiers du XIVe siècle au Nord-Est de l'Italie : il n'est pas impossible que le second soit la copie directe du premier[2]. Conservé actuellement à Londres[3], ce manuscrit *B* a eu un possesseur illustre, le doge de Venise Cristoforo Moro, dont les armes apparaissent sur un folio liminaire. *B* témoigne donc d'une réception du *Roman d'Eneas*, vers la fin du Moyen Âge, dans la haute aristocratie du Nord de l'Italie. Une réception peut-être morale : un deuxième folio liminaire porte en effet un poème latin en vers rythmiques de onze strophes attribué à Gautier Map[4] et consacré à déplorer la vanité des gloires mondaines, tant antiques que bibliques, sur le motif de l'*ubi sunt* :

> Dic ubi Salamon olim tam nobilis ?
> Vel ubi Sanson [est] dux invincibilis ?
> [...] Quo Cesar habiit celsus imperio ?
> Vel Dives splendidus totus in prandio[5] ?

---

1   À la Bibliothèque Laurentienne, sous la cote suivante : Pluteus 41.44.

2   Comme le supposait Salverda de Grave dans sa première édition (p. v). Il est plus dubitatif dans la seconde, mais reconnaît que les deux manuscrits sont très étroitement liés (p. v également).

3   À la British Library, sous la cote Add. 14100.

4   Gautier Map était un des clercs latinisants de la cour du roi Henri II Plantagenêt, roi d'Angleterre, c'est-à-dire de la cour où a dû être écrit vers 1160 le *Roman d'Eneas*.

5   Ce poème (avec quelques menues variantes, et privé de ses trois derniers vers) a été édité par T. Wright en 1841 dans *The Latin Poems commonly attributed to Walter Mapes*, Camden

On peut donc imaginer Cristoforo Moro, qui a laissé le souvenir d'un homme cultivé voire savant, trouvant dans la lecture des aventures d'Eneas l'occasion de méditer sur le caractère dérisoire des exploits héroïques et des grandeurs terrestres. Les deux manuscrits *A* et *B* présentent un autre point commun qui est d'avoir transmis le *Roman d'Eneas* seul, alors que tous les autres manuscrits l'ont transmis au sein d'un recueil.

La version transmise par ces deux manuscrits présente une double particularité : d'une part la description qui est faite de Carthage, et de l'accueil réservé à Eneas par Didon, reste assez sobre ; d'autre part Eneas, dès les premiers vers, apparaît sous un jour un peu ambigu où passe un souvenir de l'Énée de Darès[1]. Cette version, qui semble la plus ancienne et que je serais tentée d'appeler « romane », se retrouve à peu de choses près dans deux manuscrits assez tardifs, les manuscrits *H* et *I*, eux aussi étroitement apparentés et datés le premier de la deuxième moitié du XIIIᵉ siècle, le second des environs de 1300. Le premier manuscrit, le manuscrit *H*, conservé à Montpellier[2], inclut le *Roman d'Eneas* dans un recueil où il est suivi du *Roman de Brut* et précédé du *Roman de Troie*. Comme le début du manuscrit a été perdu, il n'est pas impossible que *Le Roman de Troie* ait été à l'origine précédé du *Roman de Thèbes*, comme dans le manuscrit *D* : c'est du moins l'hypothèse qu'avait formée Léopold Constans en se fondant sur le nombre des folios perdus[3]. Quoi qu'on puisse penser de cette hypothèse, il est indéniable que la logique de mise en recueil est ici une logique chronologique, donc historique : adaptation de la *Thébaïde* de Stace, le *Roman de Thèbes* a en effet dû être rédigé comme l'*Eneas* et comme le *Roman de Troie* à la cour de Henri II Plantagenêt, et le siège de Thèbes peut apparaître comme une préfiguration du siège de Troie. Rédigé dans la même cour, le *Roman de Brut* du clerc normand Wace s'ouvre quant à lui sur le récit des aventures de Brut ou Brutus,

---

Society n° 16, p. 147-148, sous le titre *De mundi vanitate*.

1   Darès le Phrygien, auteur d'une *Histoire de la destruction de Troie* (*De excidio Troiae historia*, éd. F. Meister, Leipzig, Teubner, 1873) rédigée au Vᵉ ou au VIᵉ siècle, mais présentée comme le compte rendu d'un combattant de l'armée troyenne. Énée y est présenté comme un traître responsable de la chute de Troie (voir G. Fry, *Récits inédits sur la guerre de Troie*, Paris, Les Belles Lettres, 1998). Considéré comme parfaitement fiable, ce texte a fait autorité pendant tout le Moyen Âge.

2   À la Bibliothèque Interuniversitaire, Section Médecine, sous la cote H 251.

3   *Le Roman de Troie par Benoît de Sainte-Maure*, publié d'après tous les manuscrits connus par L. Constans, Paris, Firmin-Didot (SATF), 1904-1912, t. VI, p. 17.

présenté comme l'arrière-petit-fils d'Eneas. Le manuscrit *H* a dû être copié en Île-de-France, mais on ignore quels ont été ses possesseurs. L'un des propriétaires du second manuscrit, le manuscrit *I*, sans doute copié en Champagne, est par contre connu : il s'agit de Jacques II de Bourbon, comte de la Marche et de Castres, roi éphémère de Naples grâce à son mariage avec la reine Jeanne II. Dans ce second manuscrit, le *Roman d'Eneas* est associé au *Roman de Thèbes*, auquel il semble avoir été joint *a posteriori*, et là aussi la logique est plutôt chronologique, puisque *Thèbes* précède *Eneas*[1]. Ce deuxième manuscrit témoigne du fait qu'aux alentours de 1300 le *Roman d'Eneas*, sous sa version ancienne et sobre que j'ai nommée « romane », pouvait toujours intéresser la haute aristocratie – française, et pas seulement italienne.

Une autre version avait pourtant vu le jour dans le courant du XIIIe siècle, une version qui livre une image beaucoup plus riche et foisonnante de l'épisode carthaginois. C'est celle que l'on retrouve non seulement dans le manuscrit *D*, qu'on date maintenant de la première moitié du XIVe siècle[2], mais aussi dans les manuscrits *F* et *G*, datés respectivement du milieu du XIIIe siècle (1252, pour être précis) et du deuxième quart du XIIIe siècle[3]. Le manuscrit *E*, qui a dû être copié aux environs de 1300, faisait-il partie de ce groupe ? On l'ignore, car il a perdu ses 1770 premiers vers[4]. Dans cette version, que je serais tentée d'appeler « gothique » ou « courtoise », l'arrivée d'Eneas à Carthage, la description de la ville, l'accueil fait à Eneas par Didon connaissent des amplifications notables dont a dû partir le manuscrit *D*, mais sur lesquelles il renchérit encore. On ignore malheureusement tout des possesseurs médiévaux de ces divers manuscrits. Tout ce qu'on sait, c'est que *D* a dû être copié à Paris, *F* dans le Nord et *G* dans le Nord-Est de la France. On peut aussi noter que *D*, *F* et *G* sont, comme *H*, organisés en recueils. La chose est bien connue pour *D*, qui fait se succéder *Thèbes, Troie et Eneas* dans un ordre raisonné, mais elle est vraie aussi pour *F*,

---

1   Voir ce qu'en dit, à la suite de Léopold Constans, Guy Raynaud de Lage dans son intro-
    duction à l'édition du *Roman de Thèbes* qu'il a publiée dans les CFMA (Paris, Champion,
    1966-1968, t. 1, p. XII-XIII). Ce manuscrit est conservé à la BNF sous la cote fr. 784.
2   Entre 1315 et 1340, d'après M.-R. Jung (*La légende de Troie en France au Moyen Âge*, Bâle
    et Tübingen, Francke Verlag, 1996, p. 147).
3   Ces trois manuscrits sont eux aussi conservés à la BNF sous les cotes suivantes : fr. 60
    (*D*), fr. 1416 (*F*) et fr. 1450 (*G*).
4   Lui aussi est conservé à la BNF, sous la cote fr. 12603.

où l'*Eneas* est suivi du *Brut*, et plus encore pour *G*, qui fait se succéder le *Roman de Troie*, le *Roman d'Eneas* et un *Roman de Brut* « farci » par plusieurs romans de Chrétien de Troyes[1]. Dans ce dernier manuscrit, non seulement la logique est, comme dans *H* et *D*, chronologique donc historique, mais l'association des romans d'antiquité aux romans de Chrétien peut justifier l'épithète « courtoise » que je serais tentée de donner à ce groupe.

UN MANUSCRIT MOINS HUMANISTE QUE COURTOIS : LE MANUSCRIT *D*

Dans le cadre de cette tradition manuscrite, quelle est l'originalité de *D* et quelles sont les limites de cette originalité ? Surtout dans les premiers épisodes du roman, le copiste de *D* s'est visiblement livré à une réécriture partielle du texte qu'il avait sous les yeux ; c'est ainsi qu'on y trouve des développements qui avant lui n'apparaissent nulle part ailleurs et qui témoignent d'un désir de fidélité ou plutôt de retour à la source latine. Les choix de *D* pourraient donc être qualifiés d'« humanistes ». Un des exemples les plus connus est celui du passage où Didon tombe amoureuse d'Eneas : alors que dans tous les autres manuscrits Vénus donne une partie de ses pouvoirs à Ascagne, *D* revient à la version de l'*Énéide* en remplaçant Ascagne par Cupidon. Toutefois, comme l'a justement fait remarquer Aimé Petit, les principes de la réécriture du copiste de *D* ne sont pas si faciles à saisir, car cette réécriture procède en fait d'une double tendance, à la fois humaniste et courtoise, qui nous paraît maintenant contradictoire bien qu'elle puisse se concevoir – antiquité et courtoisie participant d'un même idéal d'excellence – et qu'on voit clairement se manifester dans les amplifications de la description de Carthage. Après avoir attiré l'attention sur ces amplifications, ainsi que sur un épisode amoureux et courtois (bien sûr absent de l'*Énéide*) qui clôt la version du manuscrit *D* et qui ne se retrouve dans aucun autre manuscrit, Aimé Petit conclut :

---

1   Dans l'ordre : *Érec et Énide*, *Perceval* (le *Conte du Graal*), *Cligès* et le *Chevalier au Lion*.

Force est de constater qu'une incontestable attention à la source latine jouxte une réelle indépendance [...]. Il est donc impossible de circonscrire l'attitude de cet adaptateur dans les limites d'un système[1].

On ne saurait mieux dire. Mais ne pas séparer D de F et de G, c'est-à-dire des deux autres manuscrits qui présentent comme lui, dans l'épisode carthaginois, des amplifications descriptives, peut aider à comprendre la logique d'une attitude qui semble bien, en fait, ne pas être propre à D mais avoir été partagée par plusieurs copistes des XIIIe et XIVe siècles, ou remonter à un modèle antérieur : tout en soulignant l'originalité de D, Aimé Petit n'exclut d'ailleurs pas la possibilité d'« un noyau commun aux trois manuscrits[2] ». Ne pas séparer D de F et de G peut donc aider à mieux cerner les intentions et la spécificité véritable de D.

Par rapport à la version sobre de l'*Eneas*, D, F et G présentent en effet, dans la description de Carthage, quelques amplifications tout à fait spectaculaires : d'abord une *ekphrasis* du palais de Didon, remarquable par une vigne faite d'or et de pierres précieuses où chantent dix mille oiseaux automates, ensuite un portrait de la reine, avec en regard un portrait d'Eneas, enfin une description détaillée du banquet offert par Didon, qui offre l'image exemplaire d'une société raffinée où sont appliquées les normes de la vie de cour : l'adjectif « courtois » revient d'ailleurs plusieurs fois pour qualifier Didon ou sa « maisnie » (sa suite)[3]. La prolifération et l'hyperbole descriptives évoquent un gothique presque flamboyant. Mais en même temps on voit se glisser dans ces amplifications de facture toute médiévale quelques discrets rappels érudits qui viennent combiner à la mise en scène courtoise une composante humaniste, et là il arrive que D soit en retrait par rapport à F et à G. Un bon exemple est fourni par un passage court mais significatif qui intervient au beau milieu de la description de la ville, juste avant (dans F et G) ou juste après (dans D) la description de petits poissons d'où l'on tire la pourpre, et de crocodiles. Il y est question, dans F et dans G, d'un « teatre [...] grant et large et bien quarré », puis d'un « prés »

---

1   Dans l'introduction à son édition dans la collection « Lettres gothiques », p. 30-31.
2   *Ibid.*, p. 28, n. 3. – Dans un article postérieur à son édition, il distingue d'ailleurs deux groupes de manuscrits, *ABHI* d'un côté et *DFG* de l'autre, en présentant le deuxième groupe comme « une rédaction plus tardive, mais originale » (« Carthage, ville exotique dans le *Roman d'Eneas* », *Bien dire et bien aprandre*, 26, 2008, p. 199-211).
3   Voir *Le Roman d'Eneas*, éd. A. Petit, v. 540, 696, 703 (pour le ms. *D*) et *Eneas*, éd. Salverda de Grave (CFMA), t. 2, p. 215 et 219 (pour les mss. *F* et *G*).

la ou on jue a le paleste
as gius paiens quant il vient feste[1].

D maintient la mention de la palestre et des jeux païens, mais omet celle du théâtre : sa version est donc moins précise que celle de *F* et de *G*. On a même l'impression qu'il retranscrit ici un texte incomplet ou mutilé, au point qu'Aimé Petit a dû dans son édition le compléter par deux vers empruntés à *F* et à *G* pour obtenir un texte syntaxiquement cohérent[2]. L'humanisme de *D* serait donc en partie hérité, et parfois maladroitement adapté. D'autant que si l'on prend en compte la disposition des lettrines, les deux références à la culture antique que constituent les mentions du théâtre et de la palestre sont mieux mises en valeur dans *F* et dans *G* que dans *D*. En effet, *G* fait se succéder sous deux lettrines successives d'abord le théâtre et les jeux païens, puis les petits poissons et les crocodiles, et *F* associe sous une même lettrine théâtre, jeux païens, petits poissons et crocodiles, comme si ces deux manuscrits voulaient faire ressortir les deux faces d'un même exotisme, temporel dans un cas (l'antiquité) et spatial dans l'autre (le bestiaire oriental), alors que dans *D* la narration est continue, sans rien qui ressorte vraiment.

En fait, dans ce passage, *D* présente bien une particularité qui n'a pas encore été soulignée, mais qui le distingue de tous les autres manuscrits sans exception (même de *C*) : il supprime le passage relatif à la « nature » des crocodiles, c'est-à-dire à cette coutume étrange qu'ils ont de se faire curer l'intérieur du corps par des oiseaux, faute d'avoir un « fondement ». Cette omission ne se rencontre en effet que chez lui, de même que celle du nom des petits poissons d'où l'on extrait la pourpre et la suppression totale du passage relatif aux « mangnetes », ces pierres aimantées insérées dans les murs de Carthage[3]. Le copiste de *D* manifeste ainsi clairement son indifférence envers un exotisme de type « naturaliste », c'est-à-dire

---

1   Le texte cité est ici celui de *G*, tel qu'il est reproduit par Salverda de Grave dans les annexes de son édition des CFMA (t. 2, p. 211). Mais hormis quelques menues différences de détail, le texte de *F* est identique. – La mention du théâtre peut provenir de l'*Énéide*, I, 427-428 : *hic alta theatris / fundamenta locant alii* (« ici pour les théâtres d'autres mettent en place de profondes assises »).

2   Voir *Le Roman d'Eneas*, éd. A. Petit, v. 394-395 (deux vers mis entre crochets).

3   Contrairement à ce qu'écrit A. Petit dans l'article cité *supra*, où il affirme que les « mangnetes » et le développement sur la nature des crocodiles sont absents de *F* et de *G* (« Carthage, ville exotique », p. 201-203) ; la consultation des manuscrits (ainsi que celle des deux apparats critiques de Salverda de Grave) dément formellement cette assertion.

fondé sur l'examen de la « nature » des minéraux ou des animaux et sans doute hérité des lapidaires ou des bestiaires. Mais il est le seul, car aucun autre manuscrit ne s'est permis ces suppressions[1]. Le détail du nom des petits poissons est significatif : le manuscrit A, suivi par B, les appelle « conciliuns », un mot savant décalqué du latin *conchylium*. Ce mot rare a visiblement donné du fil à retordre aux copistes : si H et G ont conservé avec une légère variante graphique la forme « concilions », F parle de « conquelions », C de « coquillons » ou de « coquissons », et I va jusqu'à « concilissons » – ces deux dernières formes présentant l'avantage de faire rimer richement les « conciliuns » et les poissons. Mais aucun ne s'est dérobé, alors que D a choisi la solution de facilité.

S'il élimine volontiers les digressions savantes à caractère exotique, D est par contre passionné par les discours. Dans l'épisode carthaginois il en ajoute deux qui ne figurent que chez lui – et dans C, qui probablement l'a suivi : ce sont les discours prononcés d'abord par Eneas, puis par Didon, au moment où Eneas pénètre dans Carthage. Et il en modifie deux autres, ceux qui avaient préalablement été échangés par Didon et Ilionée, le messager d'Eneas[2]. Si le discours d'Eneas et le premier discours de Didon (celui qu'elle adresse en réponse à Ilionée) sont assez brefs – en ce qui concerne celui de Didon, plus bref que dans la version « romane » –, le discours d'Ilionée et l'allocution de bienvenue de Didon à Eneas sont longs et visiblement composés avec soin. Ils relèvent d'une éloquence d'apparat qui tire le roman du côté de l'histoire, car on sait l'importance que revêt dans cette dernière la maîtrise de l'art oratoire[3]. Celui de Didon est particulièrement remarquable, car il intègre le rappel précis de la généalogie divine d'Eneas, « filz Anchisen » dont Vénus est la mère et « Cupydo [...], qui est d'amour et sire et maistre », le frère[4]. Mais celui d'Ilionée n'est pas dépourvu d'intérêt lui non plus, car il contient une présentation assez solennelle d'Eneas qui lui est propre et qui fait rimer « roys » avec « cortois » :

---

1   Tout au plus H et I ont-ils remplacé, dans le passage relatif aux pierres magnétiques, le mot « mangnetes » par le mot « aimant » (H) ou « aÿment » (I), ce qui témoigne au contraire d'une volonté intelligente d'adaptation.

2   Voir *Le Roman d'Eneas*, éd. A. Petit, v. 542-589, v. 678-687 et v. 708-735 ainsi que *Eneas*, éd. Salverda de Grave (CFMA), t. 2, p. 216-217 et p. 218-220.

3   Voir par ex. C. Croizy-Naquet, *Écrire l'histoire romaine au début du XIIIᵉ siècle*, Paris, Champion, 1999, p. 249-250 (discours prêtés à Caton dans les *Faits des Romains*).

4   *Le Roman d'Eneas*, éd. A. Petit, v. 714-718.

Danz Eneas, c'est nostre roys,
Preus est et saiges et cortois[1].

L'éloquence d'apparat va donc ici de pair d'une part avec les amplifications descriptives du palais et du banquet de Didon, qui présentent
cette dernière comme un modèle de courtoisie, et d'autre part avec la
substitution de Cupidon à Ascagne, qui revient certes au texte virgilien
mais qui présente aussi l'avantage de mettre l'accent sur une parenté
divine flatteuse pour « danz Eneas », « le seigneur Eneas » – une dénomination assez solennelle qui revient régulièrement dans *D*. En fait, tout
se passe comme si l'une des motivations majeures du copiste de *D*, dans
les premiers épisodes du roman, était de proposer à travers son héros un
double modèle, à la fois curial et guerrier ; c'est cette motivation qui
pourrait expliquer une importante modification qu'il introduit dès les
premiers vers de la narration.

Ces premiers vers sont en effet partiellement réécrits, au moment où
Eneas décide de quitter Troie. Au développement présent dans *A*, repris
par tous les autres manuscrits, qui reproduit les injonctions de Vénus
à Eneas en s'inspirant d'assez près du chant II de l'*Énéide*, *D* substitue
deux autres développements un peu plus courts et surtout nettement
moins érudits, puisqu'ils ne font plus intervenir Vénus et suppriment la
mention de Dardanus, l'ancêtre fondateur. Cette substitution a embar-
rassé tous ceux qui voient dans *D* une réécriture humaniste ; mais dans
la perspective d'une valorisation du héros, la modification se conçoit.
En effet, la version de *A* livre d'Eneas, malgré l'intervention de Vénus,
un portrait peu flatté : elle insiste sur la peur qu'il ressent, sur le fait
que malgré l'éloignement de sa demeure (plus de deux grandes lieues)
il ne se sent pas en sécurité, sur le fait, enfin, qu'il songe avant tout à
mettre ses biens à l'abri et à emporter avec lui le plus de richesses possible. Pour qui se souvient de l'Énée de Darès, elle peut donc donner
l'image d'un fuyard cupide et lâche qui s'enfuit prudemment par un
« postiz », c'est-à-dire par une poterne, une porte dérobée[2]. *D* donne au
contraire de « danz Eneas » une image beaucoup plus flatteuse : malgré

---

1   *Ibid.*, v. 552-553. – Dans le reste de la tradition manuscrite, qui suit *A*, Eneas est d'abord
    présenté de manière un peu énigmatique comme « un riche baron » issu « de la celestial
    ligniee », puis simplement nommé « Eneas » (*Eneas*, éd. S. de Grave (CFMA), t. 1, v. 572-
    573 et v. 591).

2   *Eneas*, éd. Salverda de Grave (CFMA), t. 1, v. 25-54.

sa tristesse devant la destruction de Troie, le héros sait faire preuve de
« conseil » et de « porpens », de sagesse et de réflexion, pour concevoir
de sa propre autorité un projet vraiment héroïque :

> En Lombardie voult aler,
> Illuec voult Troie restorer
> Et la cité et les muraulz[1].

La répétition du verbe « voult », qui traduit l'émergence d'une ferme volonté,
est significative. Pourtant le copiste de *D* connaissait l'Énée déprécié de
Darès, car il y fait une allusion très claire, absente des autres manuscrits,
juste avant qu'Eneas commence à raconter la chute de Troie[2]. Mais il n'a
pas dû juger opportun de le mettre en scène à l'ouverture de son récit.

On pourrait donc poser l'hypothèse que le manuscrit *D*, essentiellement curial ou courtois, n'est humaniste que de façon secondaire, quand
cela lui permet de mettre en valeur son héros. Ainsi quand il montre
Eneas, après le retour de ses messagers, rendant grâces aux dieux du bon
accueil de Didon et les honorant par un sacrifice, dans un bref passage
de quatre vers qui est très probablement de son cru et qui figure « danz
Eneas » en souverain plein de piété[3]. Sinon, il fait preuve de négligence et
même d'indifférence ; les digressions savantes, nous l'avons vu, l'ennuient.
Et s'il omet le jugement de Pâris – un long rappel mythologique présent
au début du récit dans tous les autres manuscrits, et très important, car
il contient une sorte de mise en abyme du roman – ce n'est peut-être
pas tant par fidélité à l'*Énéide*, où ce rappel fait seulement l'objet d'une
allusion fugitive, que parce que ce jugement propose de Pâris, là encore,
une image peu flattée puisqu'il insiste avant tout sur sa ruse, sur son
« angin », un mot qui n'est pas perçu comme spécialement mélioratif
et qui peut par ricochet donner une mauvaise image des Troyens[4]. Par
contre il conserve très volontiers les deux portraits topiques d'Eneas et de

---

1   *Le Roman d'Eneas*, éd. A. Petit, v. 79-81 (les termes précédemment cités sont tirés des
    v. 25 et 30).
2   *Ibid.*, v. 930-933 : « il afaita un poy son compte / que l'en ne li tornast a honte, / qu'en
    ne deïst qu'il s'en emblast, / par couardisse s'en alast ».
3   *Ibid.*, v. 614-617 : « danz Eneas, quant ce oÿ, / enz en son cuer s'en esjoÿ ; / les dieux mercie
    et aore, / d'un sacrefice les honnore ».
4   *Eneas*, éd. Salverda de Grave (CFMA), t. I, v. 131 : « par grant angin lo fist Paris ». – Que
    ce mot ait été perçu comme péjoratif, on peut le vérifier en regardant les variantes de deux
    vers où il s'applique à Didon et où il a été souvent remplacé par d'autres mots jugés plus

Didon, déjà présents dans *F* et dans *G*, parce qu'associés à la vigne d'or du palais et au somptueux banquet ils offrent la représentation idéale d'un modèle curial[1]. *D* aurait-il été écrit pour une cour princière ou royale ? La cohérence de sa mise en cycle et la beauté de son programme iconographique peuvent le laisser supposer, mais on ne sait rien d'assuré[2]. C'est pourquoi il peut être intéressant de le confronter à *C*, qui s'en est visiblement inspiré et dont le commanditaire a été identifié.

UNE COMPILATION NON DÉNUÉE D'INTELLIGENCE : LE MANUSCRIT *C*

Ce dernier, Henry de Spencer ou plutôt Le Despenser, né vers 1341, évêque de Norwich de 1370 à 1406, a en effet laissé sa marque sur le manuscrit à travers deux blasons peints à l'intérieur de deux lettrines, celle qui commence le *Roman d'Eneas* et celle qui ouvre le *Roman de Thèbes*[3]. Car *C* est un recueil, mais un recueil à première vue assez hétéroclite, comme on va en juger. Il contient, dans cet ordre, d'abord une longue chanson de geste sur la première Croisade (de près de 19 000 alexandrins), puis l'*Eneas* suivi de *Thèbes*, ensuite le *Songe Vert*, un court poème allégorique de 1 650 octosyllabes daté de la fin du XIVᵉ siècle, enfin l'*Ordene de Chevalerie*, un petit traité sur les vertus chrétiennes de la chevalerie écrit dans la deuxième moitié du XIIIᵉ siècle. Même si ce dernier texte peut être mis un peu à part, car il a été ajouté par une main différente et il est incomplet, nous n'avons pas là, de toute évidence, le bel agencement de *D*. Pourtant ce recueil apparemment désordonné prend sens si on le met en relation avec la personne de son commanditaire. Henry Le Despenser était en effet un évêque, donc un dignitaire ecclésiastique, mais c'était avant tout un aristocrate guerrier. Né dans une famille

---

flatteurs : « sens » (*HI*), « savoir » (*FD*), « valor » (*G*) ; voir la première édition de Salverda de Grave, p. 17, v. 393 et v. 404.

1   *Le Roman d'Eneas*, éd. A. Petit, v. 526-540 et v. 648-659.
2   Tout ce qu'on sait, c'est qu'il était au XVIᵉ siècle en possession d'Étienne Tabourot, procureur de Dijon et seigneur des Accords, un juriste, donc, mâtiné d'écrivain.
3   Ce manuscrit est conservé à la British Library sous la cote Add. 34114. Les deux lettrines en question se trouvent aux folios 106 et 164.

d'origine française et d'ascendance royale par sa grand-mère Eleanor
de Clare, petite-fille du roi d'Angleterre Edouard Ier, il a fait partie des
grands serviteurs de la royauté. Son grand-père, Hugh Le Despenser
Le Jeune, avait été le favori d'Edouard II ; lui s'est mis au service de
Richard II auquel il a été très fidèle, même après sa destitution par
Henry de Lancastre en 1399. De son adolescence à son âge mûr, on le voit
guerroyer : en Italie, en Écosse, et surtout dans les Flandres, où il mène
en 1383, à la demande de Richard II, une croisade contre les Français
et leur protégé, l'anti-Pape Clément VII. Cette croisade n'a pas été un
succès ; le siège mis devant la ville d'Ypres, notamment, a abouti à un
échec. Mais elle permet de comprendre l'intérêt que pouvait trouver
l'évêque à une chanson de geste sur la première Croisade ou à un *Roman
de Thèbes* appelé de manière significative, dans ce manuscrit, « le siège de
Thèbes[1] ». Le *Songe Vert*, il est vrai, n'a rien d'un texte guerrier, puisque
c'est un songe allégorique construit autour du motif de la « reverdie » ;
mais il prend sens en relation avec l'allégeance à Richard II. En effet, on
pense maintenant qu'il s'agit d'un texte de circonstance écrit vers 1395,
peut-être par John Gower, au moment où Richard II, veuf d'Anne de
Bohême morte de la peste, projetait de se remarier avec Isabelle de
France, fille de Charles VI[2].

   Dans ce contexte, quel intérêt pouvait présenter la retranscription du
Roman d'Eneas ? Comme pour le *Roman de Thèbes*, il est instructif de voir
le nom qui lui est donné ; or, dans l'*incipit* comme dans l'*explicit*, ce nom
est pratiquement le même : « estorie » ou « historia[3] ». Bien qu'*Eneas* et
Thèbes ne se succèdent pas dans l'ordre chronologique, le *Roman d'Eneas* fait
donc figure ici plutôt de texte historique. La remarque est d'importance,
car elle peut être mise en relation avec la particularité la plus saillante
de ce manuscrit, celle qui a amené Salverda de Grave à le laisser de
côté : sa tendance très nette à la compilation. Bien sûr, cette tendance
dépend aussi des matériaux que le copiste avait sous la main ; on le voit
bien en comparant *Eneas* à *Thèbes*. Pour ce dernier roman, le copiste ne
devait disposer que d'une version très ancienne qu'il a scrupuleusement

---

1   Juste avant le début du roman, au folio 164, au-dessus de la lettrine qui contient le blason :
    « cy comence le siege de Thebes ».
2   Voir E. Seaton, « *Le Songe Vert* : its Occasion of Writing and its Author », *Medium Aevum*,
    29, 1950, p. 1-16.
3   Aux folios 106 et 164 : « Incipit historia de Eneas » et « ci finist l'estorie de Eneas ».

respectée, celle qui est connue maintenant sous le sigle *S* et qui a été éditée dans la collection « Lettres Gothiques[1] ». Pour le *Roman d'Eneas*, il devait avoir à sa disposition au moins deux manuscrits, qui lui fournissaient l'un la version de *A*, l'autre celle de *D*. Mais son choix récurrent de faire se succéder ou d'entremêler les deux versions quand elles divergent procède moins, contrairement à ce que semblait supposer Salverda de Grave, de l'inintelligence ou de la paresse que du désir de transmettre au commanditaire du manuscrit les informations les plus complètes sur « l'estorie » qu'il transcrivait, voire d'orienter cette histoire dans le sens qu'il désirait. Un exemple suffira à le montrer.

Au tout début du roman, au moment de la chute de Troie, *C* reproduit d'abord la version de *D*, puis celle de *A*. Il répète donc bien deux fois la même chose – sauf que les deux versions, nous l'avons vu, sont assez différentes. On n'a donc pas vraiment l'impression d'une redondance d'informations, plutôt d'une nécessaire complémentarité, d'autant que la contamination des deux versions est faite d'une manière qui semble concertée et relève même par endroits d'une stratégie assez rusée. Bien sûr, la reprise de la version de *A* conserve à la figure d'Eneas toute son ambiguïté : on retrouve le guerrier qui évite le combat et préfère s'enfuir avec ses trésors. Mais ouvrir le récit sur la version de *D* permet au copiste de *C* de présenter d'emblée « danz Eneas » – dénomination élogieuse mise en valeur par une lettrine – comme un chef fort et réfléchi dont la première réaction n'est pas la peur, mais la méditation constructive :

> En conseil prist et en porpens
> Coment il porroit estordre vis
> D'entre lez Griex, sez enemys[2].

Cela d'autant mieux que l'emplacement de la deuxième lettrine, qui ne coïncide pas exactement avec le passage de la version de *D* à celle de *A*, souligne le passage de la réflexion à l'action :

> Quant vit ne li montereit guaire
> Defension qu'il puïst faire,
> Eschapa s'en.

---

1   *Le Roman de Thèbes*, édition du manuscrit *S*, traduction et présentation par F. Mora-Lebrun, Paris, Librairie générale française, coll. « Lettres gothiques », 1995.

2   Sauf indication contraire, nous reproduisons ici et dans les citations suivantes le texte de *C*, folio 106 r⁰. « Estordre vis » signifie « s'échapper vivant ».

Ensuite est rapportée la peur d'Eneas, l'intervention de Vénus et la fuite avec les trésors, mais le ton a été donné, un ton plutôt élogieux qui revient d'ailleurs de manière très intéressante dans *C* à la fin du passage, là où *A* et *D* se rejoignent. Là encore les lettrines, très nombreuses dans *C*, sont mises à contribution, puisque la troisième lettrine fait ressortir l'action d'un chef autour duquel tous se rassemblent :

> Tote sa gent fist assembler
> Et sez tresors en fist porter.

Mais l'essentiel n'est pas là : il est dans l'adjonction de deux vers inédits qui modifient assez nettement, et sans doute volontairement, le sens de la narration. Dans *A* et dans *D* en effet, le narrateur décrit Eneas emmenant avec lui son fils et son vieux père, puis conclut : « cil sunt livré a grant essil » (« les voilà plongés dans une profonde détresse[1] »). *C* reproduit ce dernier vers, mais en le faisant suivre de deux autres vers qui en modifient profondément le sens puisque chez lui les malheureux ne sont plus les fuyards, mais ceux qui sont restés dans la ville :

> Cil sount livré a grant eissil
> Qui en la ville sount enclos ;
> N'en eschapa sajes ne fols.

Eneas prend ici la figure d'un sauveur, un sauveur qui n'a en fait plus rien d'un fugitif puisque le vers suivant, emprunté à *A*, remplace *fuit* par *fu* : « la ou il *fu* (*A* : *fuit*) sont tote atrait » (« là où il était tous se sont rassemblés[2] »). On retrouve la valorisation du héros qu'on avait déjà remarquée dans *D*.

Dans *C*, la contamination de la version de *A* avec celle de *D* prend donc souvent la forme d'un *patchwork* ingénieux dont on peut relever beaucoup d'autres exemples qu'il serait instructif d'examiner de près. Car la mise en valeur des modèles curiaux s'y déploie parfois à grande échelle, de manière encore plus spectaculaire que dans *D*. Comme *C* compile, il supprime peu : on trouve donc chez lui, comme d'ailleurs

---

1   *Eneas*, éd. Salverda de Grave (CFMA), t. I, v. 58. La version de *D* est toute semblable : « si sont livrez a grant escil » (éd. A. Petit, v. 42).

2   *Cf. Eneas*, éd. Salverda de Grave (CFMA), t. I, v. 60 : « la ou il fuit se sunt atrait ». *D* contient d'autres vers où apparaît aussi le motif de la fuite : « avecques lui tant gent s'en fuient / qui s'en eschapent par la nuit » (éd. A. Petit, v. 43-44). L'innovation est donc bien propre à *C*.

dans *F* et *G*, à la fois les digressions savantes sur les animaux ou les pierres exotiques, et les amplifications descriptives du palais de Didon, de la vigne d'or, des portraits et du banquet. Quand il y a lieu, la version de *A* s'y combine à celle de *D* avec beaucoup de souplesse et on note de-ci de-là quelques vers inédits destinés à rehausser encore la beauté de la description : ainsi, à la fin de la description du palais, quelques vers sont ajoutés sur la présence d'échiquiers et de « toailles faites de lin / plus blanches que flour en jardyn[1] ». Mais c'est surtout dans la mise en scène des discours d'apparat que *C* innove le plus. Car il combine ceux de *A* et de *D* d'une manière qui est loin d'être sotte, comme on peut le voir dans l'échange verbal d'Ilionée et de Didon. À partir des deux versions qu'il devait avoir sous les yeux, *C* construit une structure en chiasme, reproduisant le discours d'Ilionée d'abord d'après *A*, puis d'après *D*, et celui de Didon en suivant l'ordre inverse, d'abord d'après *D*, puis d'après *A*. Deux discours sont donc prononcés par la reine et le messager, mais l'impression qui est donnée n'est pas celle d'une répétition stérile, car chaque fois le second discours précise, amplifie et approfondit le premier. C'est particulièrement net dans le cas de Didon, car le discours présent dans *D* est quatre fois plus court que celui fourni par *A* : c'est sans doute pour cette raison que *C* a choisi de le placer en premier. Le lecteur a donc l'impression de se trouver devant une structure concertée qui est soulignée par le jeu des reprises et qui n'est pas sans évoquer les laisses parallèles des chansons de geste. Des lettrines viennent en effet ponctuer le début de chaque discours, et les vers d'introduction qu'elles soulignent jouent comme les premiers vers des laisses parallèles sur des effets de variations au sein de la répétition :

> Elionés parla premiers,
> Li plus sages des messagiers.
>
> Elionés esteit molt sages,
> Molt par li dist bien son message[2].

---

1 Ms. *C*, folio 109 v°, haut de la deuxième colonne ; du folio 108 v° au 109 v°, la ville de Carthage et le palais de Didon sont décrits d'abord d'après *A* puis d'après *D*, dont la version est sans doute perçue comme une amplification riche en détails inédits. Après la description du temple de Junon on trouve aussi, comme dans *F* et *G*, la mention du théâtre et de la palestre, mise en valeur par une lettrine (folio 109 r°).

2 Ms. *C*, folio 110 r°. Bien qu'il introduise la version de *A*, le premier couplet de vers est emprunté à *D* (éd. A. Petit, v. 542-543), mais le second est une création de *C*.

Il y a là une mise en œuvre proprement poétique que Salverda de Grave avait remarquée, mais sans en tirer toutes les conséquences nécessaires[1]. Car grâce à cette mise en œuvre, l'éloquence curiale peut se déployer avec une ampleur inégalée. Il est intéressant de la rencontrer dans un manuscrit écrit pour un familier de Richard II, qui a laissé le souvenir d'un souverain très attaché aux rituels de cour les plus élaborés[2]. C'était en outre, rappelons-le, le dernier des Plantagenêts, c'est-à-dire l'héritier politique de la cour où avait sans doute été élaborée la toute première version de l'*Eneas*.

Je dirai donc en conclusion que la tradition manuscrite du *Roman d'Eneas* mérite d'être regardée de plus près. Car elle nous livre, du XIIe au XIVe siècle, les différentes strates et réécritures d'un texte qui a été progressivement adapté par ses copistes successifs aux attentes et aux besoins des cours médiévales, comme le manuscrit *D* et plus encore le manuscrit *C* semblent vouloir le montrer d'une manière assez exemplaire. Ce faisant elle peut nous aider à mieux comprendre les conditions de réception de la matière antique tout au long du Moyen Âge.

Francine MORA
Université de Versailles –
Saint-Quentin-en-Yvelines
ESR Moyen Âge – Temps Modernes

---

1   Dans l'introduction de sa première édition (p. X), il mentionne ce passage comme « l'exemple le plus curieux » de la pratique de *C*, mais ajoute : « il est assez rare qu'on puisse attraper un copiste en flagrant délit de combinaison », comme s'il s'agissait avant tout de démasquer un plagiaire.
2   Voir N. Saul, *Richard II*, Yale University Press, New Haven, 1997, p. 340-354.

PLATON LATIN, PLATON *FRANÇOYS* : QUELQUES TRADUCTIONS DE LA RENAISSANCE

Philosophie de l'amour et « fictions poétiques »

Traduire Platon en français dans les années 1530-1550 apparaît, aux yeux mêmes des traducteurs, comme une entreprise qui relève de « l'illustration de la langue » tout autant, sinon plus, que de la vulgarisation de la philosophie antique. Dans sa *Deffence et illustration de la langue françoyse*, Du Bellay revendique la légitimité du recours au français pour les disciplines savantes, notamment la philosophie. Sur ce point, il invite à suivre « l'exemple des Italiens, qui l'ont quasi toute convertie en leur vulgaire, principalement la Platonique[1] ».

Dans la France du milieu du xvie siècle, le moyen d'accès le plus large à l'œuvre de Platon reste de le lire dans la traduction latine de Marsile Ficin. Ses *Platonis opera*, publiées pour la première fois à Florence en 1484, se diffusent dans toute l'Europe. Quoique Étienne Dolet, en 1544, dédicaçant à François Ier ses traductions de l'*Axiochus* et de l'*Hipparche*, lui promette de lui « rendr[e] dedang un an revolu tout Platon traduict en [sa] langue », il ne s'agit là, on le sait, que d'une stratégie destinée à se gagner sa faveur[2] ; le projet d'un « Platon français » intégral ne se concrétisera pas au xvie siècle.

---

1 Joachim Du Bellay, *La Deffence et illustration de la langue françoyse (1549)*, éd. critique par J.-C. Monferran, Genève, Droz, 2001, Livre I, chap. x, p. 101. – L'affirmation de Du Bellay amplifie l'importance du vulgaire en Italie. Les traductions du *Quattrocento*, dans leur immense majorité, sont en latin, même si on peut citer par exemple une traduction italienne réalisée vers 1440 des *Lettres* attribuées à Platon, faite à partir de la version latine de Leonardo Bruni. En revanche, la littérature néoplatonicienne *de amore* (traités, dialogues, chansons…) s'est développée aussi en vulgaire italien. Ficin lui-même traduit en langue vulgaire son commentaire du *Banquet*, initialement rédigé en latin, dès 1469-1470, c'est-à-dire dans la foulée de la rédaction latine ; la version toscane de son commentaire ne fut cependant imprimée qu'en 1544 ; Pietro Bembo, par son chef-d'œuvre des *Azolains*, publié chez Alde Manuce en 1505, a pour objectif évident de promouvoir la prose italienne.

2 Étienne Dolet, *Le second enfer […] suivi de deux dialogues de Platon*, Lyon, [Dolet], 1544. – Sur ces traductions, voir Cl. Longeon, *Préfaces française / Étienne Dolet ; textes établis, introduits et*

Quant aux traductions latines de Marsile Ficin, elles constituent elles-mêmes l'aboutissement d'un important travail de traduction de Platon amorcé par les humanistes italiens dès l'aube du *Quattrocento*. Tout en travaillant directement sur le grec, il s'aide des versions latines partielles réalisées par ses prédécesseurs[1]. Tout au long du XVe siècle, les traductions en latin concernent des dialogues variés de l'œuvre platonicienne. Les domaines abordés concernent entre autres la rhétorique (*Gorgias*), la poésie (*Ion*), la politique (*La République*, *Les Lois*) ou encore le dialogue métaphysique privilégié par certains néoplatoniciens de l'Antiquité : *Le Parménide*. Marsile Ficin, pour sa part, rend accessible l'essentiel de l'œuvre de Platon par ses traductions[2], puis des commentaires, dont le plus célèbre concerne le *Banquet*.

Les traductions réalisées en langue française au XVIe siècle sont peu nombreuses et très parcellaires[3]. En outre, plusieurs d'entre elles ont eu une diffusion très restreinte. Deux centres d'intérêt se démarquent plus particulièrement : l'immortalité de l'âme, et la question philosophique de l'amour. Notre étude s'attachera à ce deuxième aspect. En effet, il s'incarne dans des traductions – ou adaptations – qui se signalent pour leurs qualités esthétiques et pour leurs interactions avec la création littéraire, en particulier poétique, de ces mêmes années 1530-1550.

Notre parcours proposera des sondages dans trois œuvres successives. Tout d'abord, nous nous intéresserons à la traduction intégrale du *Lysis* par Bonaventure Des Périers. Élaborée aux alentours de 1536, elle fut publiée en tête du recueil posthume de ses poèmes édité par son ami Antoine Du Moulin à Lyon, chez Jean de Tournes, en 1544[4].

---

commentés par Claude Longeon, Genève : Droz, Paris : Champion, 1979 ; V. Worth, « Étienne Dolet : le choix des textes à traduire », *Étienne Dolet : 1509-1546*, Paris, ENSJF, Cahiers V.-L. Saulnier 3, 1986, p. 41-51.

1   Ficin a utilisé notamment les nombreuses traductions de Leonardo Bruni, celles de Manuel Chrysoloras et Uberto Decembrio pour *La République*, les traductions de Georges de Trébizonde pour les *Lois*, *Epinomis* et le *Parménide*. Sur ce point, et pour une analyse exhaustive des traductions de Platon au *Quattrocento*, voir la somme de J. Hankins, *Plato in the Italian Renaissance*, Leiden – New York – København – Köln, E. J. Brill, 1990.

2   À deux exceptions près, Ficin traduit la liste des trente-six dialogues attribués à Platon par l'éditeur antique Thrasylle, et transmise par Diogène Laërce.

3   On trouvera la majorité d'entre elles mentionnée dans l'article ancien d'A.-M. Schmidt « Traducteurs français de Platon (1536-1550) », *Études sur le XVIe siècle*, Paris, Albin Michel, 1967, p. 17-44.

4   *Recueil des œuvres de feu Bonaventure Des Périers*, Lyon, Jean de Tournes, 1544. Nous citerons l'édition des *Œuvres françoises de Bonaventure Des Périers*, éd. critique par L. Lacour, Paris,

Puis nous nous tournerons vers une libre adaptation poétique du mythe de l'Androgyne, dédiée par le poète Antoine Héroët à François Ier en 1536, et publiée en 1542 avec d'autres poèmes d'Héroët[1]. Enfin, nous aborderons l'une des réalisations les plus curieuses du seul traducteur au long cours de Platon en français au XVIe siècle, Louis Le Roy. Son *Sympose de Platon*, publié à Paris en 1558, assortit en effet une traduction de l'essentiel du *Banquet* d'un commentaire copieux, auquel nous nous intéresserons dans la mesure où il impose un prisme très particulier à la traduction[2].

Dans ces trois exemples, même si les traducteurs-adaptateurs minorent l'aide que leur a procurée le travail de Ficin, cette médiation est en réalité importante. Son existence est d'ailleurs connue de longue date[3]. Mais nous voudrions pointer plus précisément son impact concret sur ces textes, dans le détail de leur littéralité ou dans leurs orientations plus générales. Nous voudrions surtout faire ressortir de la confrontation de ces trois versions françaises quelques-uns des déplacements de sens importants qu'opère « l'acclimatation » de Platon à la France. Entreprises en des années où foisonnent les écrits *de amore*, publiées au sein de recueils poétiques ou, dans le cas de Le Roy, rehaussées elles-mêmes de citations poétiques nombreuses, ces traductions révèlent à notre sens l'attrait des Français pour un auteur qui leur permet de nourrir tout à la fois les débats contemporains sur les comportements amoureux et leur goût des « fictions poétiques ».

P. Jannet, 1856, t. 1.

1   *La parfaicte amye* [...] *avec plusieurs autres compositions dudict autheur*, Lyon, E. Dolet, 1542 ; Troyes, Nicole Paris, 1542 ; Lyon, P. de Tours, 1542. Nous utiliserons l'édition des *Œuvres poétiques*, édit. par F. Gohin, Paris, Droz, 1943 (1re éd. 1909).

2   Louis Le Roy, *Le Sympose de Platon, ou de l'Amour et de beauté, traduit de grec en françois*, Paris, J. Longis, V. Sertenas, R. Le Mangnyer, 1558 ; Paris, V. Sertenas, 1559 ; Paris, A. L'Angelier, 1581. Nous citerons l'édition de 1558.

3   Voir J.-Cl. Margolin, « Louis Le Roy, traducteur de Platon et la Pléiade », *Lumières de la Pléiade*, Paris, Vrin, 1966, p. 49-62 ; A.-M. Schmidt, « Traducteurs français de Platon (1536-1550) » ; C. Margellos, « Le modèle ficinien dans le *Sympose* de Louis Le Roy », *Sources et intertexte : résurgences littéraires, du Moyen Âge au XXe siècle*. Actes du colloque tenu les 6 et 7 mai 1999, édit. L. Petris et M. Bornant, Genève, Droz, 2000, p. 67-75.

DU *LYSIS* DE FICIN AU *DISCOURS DE LA QUESTE D'AMYTIÉ*
DE DES PÉRIERS

La vogue de la littérature « platonicienne » en France a pour figure
tutélaire bien connue Marguerite de Navarre. Le *Lysis* de Des Périers
en est un exemple manifeste. Dans l'édition posthume des œuvres de
Des Périers, la traduction du *Lysis* « envoyé[e] à la Royne de Navarre »,
est en effet suivie d'un poème, « Queste d'amytié », lui aussi dédié à
Marguerite[1]. Reprenant directement le titre que Des Périers a choisi
pour le *Lysis*, qu'il intitule « Discours de la Queste d'amytié », ce poème
récapitule les grandes articulations du dialogue tout en transformant
l'interrogation philosophique sur l'amitié véritable en une demande de
patronage. On sait que la traduction du *Lysis* fait partie des écrits par
lesquels Des Périers cherche à se gagner les faveurs de Marguerite, tandis que l'année 1536 voit enfin se réaliser son vœu de lui être présenté
et d'entrer à son service, comme valet de chambre[2]. L'amitié, dans le
milieu poétique lyonnais des années 1530-1540, est le terme utilisé
pour l'amour tel qu'en débat la littérature d'inspiration platonicienne
et néoplatonicienne. L'entreprise de Des Périers prend donc place au
sein de nombreuses autres réalisations contemporaines autour des thématiques amoureuses[3].

Auprès de Robert Hurault, ami de Marguerite de Navarre également,
Des Périers a acquis une formation solide dans les humanités latines, et
sans doute grecques. On sait qu'en 1535, il a collaboré à l'entreprise de

---

1   B. Des Périers, *Œuvres françoises*, p. 46-54.
2   Voir la mise au point biographique de L. Sozzi, *Les Contes de Bonaventure Des Périers.
     Contribution à l'étude de la nouvelle française de la Renaissance*, Genève, Slatkine Reprints,
     1998, p. 9-83.
3   Rappelons, parmi beaucoup d'autres, la traduction par Jean Martin du *Dialogue treselegant
     intitulé Peregrin* de Jacopo Caviceo publiée en 1528, la *Diffinition et Perfection d'Amour*,
     adaptation de Ficin par Gilles Corrozet qu'il publie en 1542, les *Questions problematiques
     du pourquoy d'amour* de Leonico Tomeo en 1543, la traduction par Jean Martin des *Azolains*
     de Bembo en 1545, ou encore celle du *Commentaire sur le Banquet* de Marsile Ficin, par
     Symon Sylvius, dit Jean de La Haye en 1546. Sur le « platonisme » de la Renaissance fran-
     çaise, voir les études anciennes d'A. Lefranc, « Le Platonisme et la Littérature en France à
     l'époque de la Renaissance (1500-1550) », *Grands écrivains français de la Renaissance*, Paris,
     Champion, 1914, p. 63-137, et A.-J. Festugière, *La Philosophie de l'amour de Marsile Ficin
     et son influence sur la littérature française du XVIe siècle*, Paris, Vrin, 1941 (rééd. 1980).

traduction de la *Bible* en français d'Olivétan à Genève, réalisant les index des mots étrangers, notamment grecs[1]. Il est donc très certainement capable de se reporter à l'original grec du *Lysis*. Néanmoins, il est tout aussi évident qu'il traduit en ayant la version latine de Ficin sous les yeux : celle-ci guide en partie ses choix de traduction.

Un premier effet du rôle intermédiaire joué par le *Lysis* latin de Ficin est la « latinisation » du cadre grec. Le *Lysis* se déroule initialement lors des fêtes d'Hermès. Ce détail a son importance ; dans le dialogue de Platon, ce sont les festivités religieuses qui expliquent le rassemblement à la palestre de deux groupes de jeunes gens d'âges différents : d'une part les plus âgés, proches de l'éphébie, et de l'autre les plus jeunes, entre 12 et 14 ans, dont Lysis fait partie. Ficin latinise la fête en *Mercurialia*[2], Des Périers traduit par « feste des Mercuriales ». En outre, la distinction entre jeunes gens d'âges différents, qui joue un rôle important chez Platon puisque la *paiderastia* comporte une dimension d'initiation d'un plus jeune par un homme mûr, devient moins nette chez Ficin et Des Périers. Ainsi, Ficin regroupe tous les interlocuteurs de Socrate sous le terme commun d'*adulescentes*, Des Périers sous celui d'« enfans[3] ».

Plus généralement, le passage par la médiation du latin de Ficin assagit et ennoblit l'atmosphère sensuelle de la palestre grecque. L'attrait des beaux corps, chez Platon, est tempéré chez Ficin, puis Des Périers, par l'idée d'harmonie entre beauté physique et beauté morale. Le recours à l'adjectif *honestus* (« honneste ») joue de la polysémie du terme. Hippothalès, introduisant Socrate dans la palestre, lui dit qu'il s'y exerce avec d'autres jeunes gens *polloi kai kaloi*[4]. Marsile Ficin traduit par le terme d'*honesti*. La traduction de Des Périers emboîte le pas à celle de Ficin : « Ceans nous nous esbattons, dist il, et faisons exercice avec plusieurs austres honnestes enfans[5]. »

Comme l'avait signalé Albert-Marie Schmidt dans son étude de la traduction de Des Périers[6], la dimension homosexuelle de l'amitié

---

1   Sa participation réelle à l'index des mots « chaldéens » et hébreux demeure incertaine.
2   *Platonis opera*, Venise, per Bernardinum de choris et Simonem de Luero, 1491, f. 43 v° (édition numérisée disponible sur Gallica).
3   « enfans » dans la langue du XVIe siècle peut avoir une acception plus large qu'en français moderne, et inclure l'âge de l'adolescence.
4   *Lysis*, 203 b.
5   Des Périers, *Œuvres françoises*, p. 8.
6   A.-M. Schmidt, « Traducteurs français de Platon (1536-1550) ».

grecque est souvent esquivée. Mais tel est déjà le cas de la traduction de Ficin. Le pluriel grec *ta paidika*, qui désigne sans ambiguïté le tout jeune homme objet de l'amour d'un plus âgé, peut devenir un pluriel à valeur générale chez Ficin. Dans une occurrence, le recours au terme *amicus* permet aussi d'éluder le caractère érotique de la relation en jeu :

> *Age mihi quoque : quæ et istis ostende : ut videam utrum scias : quæ de amicis amicum decet : ad se et ad alios dicere*[1].

Néanmoins, il n'y a pas de censure ou d'occultation systématique de l'homosexualité chez Ficin. L'expression grecque *ta paidika* est ainsi rendue par un pluriel cette fois-ci clair un peu plus loin :

> *Numquid et odio haberi amatores semper contingit ? Quod nonnumquam amatoribus erga amatos accidit. Amantes enim quam ardentissime nonnumquam minime redamantur : immo et odio quandoque habentur*[2].

Chez Des Périers, le deuxième passage que nous avons cité dans sa version latine est adapté clairement à la problématique pertinente dans la littérature contemporaine de son milieu, puisque les « aimés » de Ficin (*amatos*) sont devenus des « amyes » féminines :

> Advient-il point aucunes fois que tel amant est mal voulu, comme souvent les amoureux sont de leurs amyes, lesquels, jaçoit qu'ils ayment ardemment, toutes fois point ne sont aymez, mais bien hayz et deboutez[3].

En revanche, sa traduction du premier passage que nous avons repéré chez Ficin est pour sa part plus explicite :

> [...] mais monstrez moy aussi un petit, s'il vous plait, voz compositions, comme vous avez faict à ceulx cy, à fin que je voye si vous sçavez les propos qu'un amy amoureux doit tenir de son amy aymé tant à soy mesmes qu'à autruy[4].

---

1   *Lysis*, 205 a – « Eh bien, ce que tu leur fais voir, montre-le moi aussi, afin que je voie si tu sais ce qu'il convient à un ami de dire au sujet de ses amis, tant à lui-même qu'aux autres ». – *Platonis opera*, f. 43 v°.

2   *Lysis*, 212 c – « Se fait-il que ceux qui aiment rencontrent continuellement de la haine ? C'est ce que les amants essuient parfois de la part de leurs aimés. En effet, ceux qui aiment de toutes leurs forces ne sont parfois payés d'aucun amour en retour ; bien plus, ils sont quelquefois même objet de haine ». – *Platonis opera*, f. 44 v°.

3   Des Périers, *Œuvres françoises*, p. 23.

4   Des Périers, *Œuvres françoises*, p. 10.

Il s'agit donc moins d'une censure réalisée au nom des bonnes mœurs que d'une transposition consciente aux questions d'amour telles qu'elles passionnent alors le milieu littéraire lyonnais.

Le projet d'actualiser les débats du *Lysis* et de les adapter à un cadre avec lequel le lecteur français puisse se sentir de plain-pied est l'un des effets les plus sensibles de la « francisation » du dialogue, par rapport à la version de Ficin. La lyre grecque ou latine devient « luth » chez Des Périers, et la course de chars « tournoy ». Les exemples les plus frappants concernent les références poétiques. Socrate, discutant de la pertinence de la sagesse des poètes, cite l'*Odyssée* XVII, 218[1]. Ficin traduit : *Deum similem semper ad similem agit : et notum facit*. Des Périers, pour sa part, traduit le vers d'Homère en deux heptasyllabes, puis développe l'idée que la citation est censée illustrer : Dieu est au fondement de la véritable amitié, qualifiée d'« amitié perdurable ». Cet amour est alors exemplifié par les héros du célèbre *Jeu de Robin et Marion*, composé par Adam de la Halle au XIIIe siècle :

> Toujours Dieu mène et addresse
> Le pareil à son semblable,
> Dont après mainte caresse
> Naist amitié perdurable :
> Et si est tant favorable,
> Qu'entre plus d'un million,
> Par sa bonté secourable,
> Robin trouve Marion[2].

Remplacer des vers antiques par des vers contemporains n'est pas un comportement exceptionnel à l'époque de Des Périers. Mais il nous semble remarquable que ses interventions les plus notables par rapport à Ficin visent justement à inscrire le *Lysis* dans la production littéraire française.

Enfin, une dernière spécificité de la traduction de Des Périers nous paraît la distinguer de celle de Ficin. Des Périers établit une cohérence lexicale qui lui est propre. Sur l'ensemble du texte court le lexique de la quête, mis en valeur dès le titre, « Le Discours de la Queste

---

1 *hôs aiei ton homoion agei theos hôs ton homoion* (« comme un dieu pousse toujours le semblable vers son semblable »). Le vers est considéré comme interpolé dans l'édition de Victor Bérard.
2 Des Périers, *Œuvres françoises*, p. 27.

d'Amytié dict *Lysis* de Platon ». On peut ainsi relever les verbes « qué-rir », « acquérir », « acquester » et les noms « requeste » et « acquestz[1] ». On remarquera l'expansion donnée en effet à l'expression grecque *ta erôtika sophos* (habile en matière amoureuse), Des Périers développant en « sçavant et bien expert aux pourchas et acquestz d'amytié[2] ». Plus spectaculaire encore est l'emploi systématique par Des Périers de deux expressions symétriques qu'il forge : « amy amoureux » et « amy aymé ». Certes, le grec et le latin jouent sur les participes actifs et passifs pour évoquer ces deux rôles dissociés et complémentaires qui occupent une place importante dans l'amour entre hommes dans l'Antiquité. Mais chez Des Périers, ces expressions permettent de dégager amour et amitié des conceptions communes par le redoublement inhabituel, d'autant plus remarquable qu'il est systématisé. Dans le dernier tiers du dialogue, l'expression d'« amy aymé » s'enrichit en outre d'adjectifs supplémentaires, « vray » et « seul », qui achèvent de préserver l'amitié de ses conceptions banales, pour la fonder en Dieu et faire de l'amour la médiation d'une élévation spirituelle.

> Socrates : Voylà à quoy je disois n'aguères qu'il nous failloit prendre garde, à celle fin que les choses qui sont amyes aymées pour l'amour et à fin du vray et seul amy aymé ne nous abusent et retardent comme phantosmes et semblances d'iceluy[3].

Dans le poème conclusif adressé à Marguerite de Navarre, Des Périers reprend cette même terminologie. Il n'est en outre pas anodin que son poème se conclue sur une allusion à l'unité rêvée de l'Androgyne. Le poème établit ainsi un lien entre le *Lysis* et l'un des passages du *Banquet* particulièrement prisés à ce moment-là autour de Marguerite de Navarre, comme le montre sa présence dans le *Blason du nombril* de Des Périers, publié dans le même recueil posthume de 1544, ou l'adaptation du mythe de Platon par Héroët à laquelle nous allons nous intéresser.

---

1   « quérir » p. 36 et 41, « acquérir » p. 11 et 22 ; « acquester » p. 22 ; « requeste », p. 21.
2   *Lysis*, 206 a ; Des Périers, *Œuvres françoises*, p. 11.
3   Des Périers, *Œuvres françoises*, p. 39.

FICIN, HÉROËT : DEUX LECTURES DU MYTHE
DE L'ANDROGYNE EN TENSION

Héroët, comme Des Périers, est un proche de Marguerite de Navarre. Il appartient à la famille de François Olivier, chancelier du duché d'Alençon par la volonté de Marguerite, puis chancelier de France en 1545. Héroët, pour sa part, jouit d'une pension grâce à Marguerite à partir de 1524, pension qui lui est ensuite renouvelée en 1529 et 1539[1]. Comme pour le *Lysis* de Des Périers, « L'Androgyne de Platon » d'Héroët, publié dès 1542, fait partie d'un recueil poétique, qui comprend notamment *La Parfaicte Amye*. Ce poème, on le sait, prend place dans ce que la critique littéraire a appelé la Querelle des Amies. Publié en réponse à *L'Amye de court* de Bertrand de La Borderie, il est suivi d'autres compositions poétiques, notamment *La contramye de Court* de Charles Fontaine. Ces poèmes, et d'autres encore, sont publiés à partir de 1544 dans des recueils collectifs. Or il est notable que « L'Androgyne de Platon » ait été réédité au sein de ces recueils, et donc perçu comme une pièce à part entière de ces débats littéraires[2].

À la différence du *Lysis* de Des Périers, il ne s'agit pas d'une traduction à proprement parler, mais d'une libre adaptation poétique, sous le patronage de Platon. Toutefois, dans la longue épître dédicatoire à François Ier, Héroët inscrit « L'Androgyne » dans le mouvement de « restitution » des langues et littératures antiques, qui est en même temps promotion du français. La fin de l'épître introduit le mythe en le rattachant à la conception antique et médiévale des poètes mensongers, mais susceptibles de véhiculer un plus haut sens sous les voiles du mythe. La « fable » de l'Androgyne est ainsi présentée comme émanant directement de l'auteur du *Banquet*, inscrit lui-même dans la lignée des poètes philosophes de la *prisca theologia*. La médiation du personnage de Platon, Aristophane, a donc totalement disparu. Or dans le *Banquet*, le mythe de l'Androgyne, mis intentionnellement dans la bouche d'un poète comique, fait partie des cinq discours

---

1   M.-M. Fontaine, notice « Héroët de la Maisonneuve, Antoine », *Dictionnaire des littératures de langue française*, Paris, Bordas, 1994, t. 2, p. 1100-1101.

2   Sur l'ensemble de la Querelle et de ces textes, voir l'introduction de Bertrand de La Borderie, *L'Amie de court (1542)*, éd. par D. Trudeau, Paris, Champion, 1997.

qui précèdent l'intervention de Socrate, et dont cette dernière pointera les insuffisances. Héroët, suivant en cela le *Commentaire sur le Banquet* de Ficin, assimile au contraire le mythe de l'Androgyne à une « fable platonicienne », dont « l'écorce » invite à un déchiffrement à plus haut sens. Chez Ficin, le Florentin Cristoforo Landino, célèbre notamment pour son exégèse allégorique de Virgile, donne ainsi du mythe de l'Androgyne une interprétation allégorique qui en fait un discours philosophique à part entière, et qui efface le caractère volontairement scabreux et risible de certains aspects du mythe chez Platon[1].

Le poème d'Héroët est complexe, et nous ne prétendons nullement en épuiser la richesse[2]. Nous nous contenterons de pointer quelques-unes de ses différences les plus nettes avec le mythe tel qu'il est traité chez Platon, et plus encore avec Ficin lui-même, dont il est pourtant proche. La composition du poème doit être rappelée. Il commence tout d'abord par une adaptation du mythe lui-même (v. 1 à 203), qui reprend de manière très libre la trame générale de Platon : l'existence de trois genres à l'origine de l'humanité, l'orgueil de l'Androgyne, sa punition par Jupiter qui le divise, enfin l'amour comme remède à la division, ainsi que la menace d'une nouvelle division en cas de rechute dans l'*hybris*. Vient ensuite un premier commentaire du mythe, propre à Héroët. L'Androgyne devient chez lui le mythe étiologique censé à la fois fonder la plénitude des « vrays amys » (v. 210), et excuser l'infidélité de ceux qu'a enfermés à tort une union malheureuse. Enfin, la notion de « fable » assure la transition entre cette première interprétation et une deuxième, plus allégorique, plus intellectuelle aussi, et qui reprend – cela est bien connu – le commentaire allégorique de Landino chez Ficin[3] (v. 293-394). L'Androgyne apparaît alors comme le mythe de l'âme, douée de deux lumières, l'une innée et céleste, perdue lorsque l'âme chute dans le corps, l'autre acquise et accompagnant l'âme dans son devenir terrestre. L'aspiration de l'Androgyne à l'unité renvoie à l'élan spirituel

---

1   Marsile Ficin, *Commentaire sur le* Banquet *de Platon, De l'Amour – Commentarium in Convivium Platonis, De Amore*, édit. et trad. par P. Laurens, Paris, Les Belles Lettres, 2002, IV, p. 64-83.

2   Pour des lectures plus complètes, voir *Antoine Héroët le poète, le prélat et son temps*. Actes du colloque de Cercanceaux (26-27 septembre 2003), édit. A. Gendre et L. Petris, Paris, Champion, 2007, en particulier l'article de L. Pétris, « *L'amour divin par celluy de ce monde*. Platonisme et évangélisme dans *L'Androgyne* d'Antoine Héroët », p. 179-208.

3   Marsile Ficin, *Commentaire sur le* Banquet, notamment IV, 4-5, p. 72-81.

de l'âme désireuse de retrouver sa lumière originelle. L'âme doit choisir entre deux mouvements opposés : l'élévation vers Dieu, ou au contraire une « chute » plus grande dans les corps. Le poème s'achève en revenant à l'idée du langage des fables comme mystères païens dont les sages antiques auraient usé pour préserver les plus hautes vérités du profane.

Le premier temps du poème introduit un changement d'importance. Dans la bouche de l'Aristophane du *Banquet*, l'humanité a existé à l'origine sous trois formes : homme, femme et androgyne, tous trois « doubles ». Une fois qu'elle a été divisée par Jupiter, seuls savent véritablement aimer les êtres issus du genre masculin. Le médecin Éryximaque juge aussi que ce sont les seuls hommes aptes à la guerre : le désir de se distinguer aux yeux de leurs amants leur donne la vaillance nécessaire. Chez Héroët, l'androgyne et lui seul est double. L'amour homosexuel est donc évacué du poème.

Si Héroët, comme Des Périers, transporte Platon sur le terrain qui est celui de son milieu et de son lectorat, il ne rompt pas totalement avec la veine comique du texte grec. Sur ce point, il s'éloigne d'ailleurs de l'atmosphère du *Commentaire* de Ficin, plus intellectualiste. Dans la narration du « compte », le poète se plaît aux ellipses suggestives. Certes, il laisse de côté les éléments les plus scabreux du portrait de l'androgyne chez Platon, mais il y fait plaisamment allusion par prétérition :

> De quatre bras, quatre pieds et deux testes
> Estoyent formés ces raisonnables bestes :
> La reste vault myeulx, pensée que dicte,
> Et se verroit plus tost paincte qu'escripte[1].

À la manière de l'Ovide des *Amours* et de l'*Art d'aimer*, il s'amuse à frustrer systématiquement le lecteur dans ses attentes. Ainsi, dans la première interprétation du mythe, la jouissance éprouvée par les « vrays amys » restera ineffable :

> Leur grand plaisir nul compter ne sçauroit,
> N'ymaginer, qui receu ne l'auroit ;
> Et qui l'a heu, compter il n'en sçaura
> La moindre part de tant qu'il en aura[2].

---

1   A. Héroët, *Œuvres poétiques*, p. 79, v. 149-152.
2   *Ibid.*, p. 82, v. 223-226.

La suite incite fort directement aux plaisirs amoureux sensuels :

> Tel bien on dict proprement amytié,
> Recouvrement de perdue moytié ;
> Auquel chascun doibt jetter son desir[1].

La fin de la première interprétation du mythe prône en définitive une éthique fort libre. L'impératif d'une union fondée sur l'harmonie et des affinités naturelles l'emporte sur toute autre considération. « L'Androgyne de Platon » légitime sans complexe l'infidélité conjugale, reportant la responsabilité sur la « nature » qui pousse des couples mal assortis à s'unir, puis à se séparer :

> Ce changement est chose naturelle
> Et advient tant à masle qu'à femelle ;
> Car de si loing nous sommes descenduz,
> Et si long temps avons esté perduz,
> Que nature est elle mesme abusée,
> Et nostre faulte et la femme excusée[2].

L'introduction d'un lexique chrétien tout au long du poème est frappante. L'orgueil de l'Androgyne est pensé comme offense à Dieu, la division de l'Androgyne comme une honte le conduisant à repentance. La deuxième interprétation du mythe, l'allégorie reprise à Ficin, déplace enfin tout à fait le mythe grec dans la sphère chrétienne. Le recouvrement de l'unité par l'Androgyne prend les allures d'une union mystique :

> Soy revoyant ses douleurs oublyera,
> Avecques soy pour jamais se lyera
> D'ung feu d'amour prins en sa region,
> Qui luy sera vraye religion[3].

Pourtant, le poème lui-même établit à notre sens un équilibre entre cette interprétation religieuse, présentée comme le sens ultime du mythe, et une lecture en réalité très libre à l'égard des normes chrétiennes. La découverte du plaisir sexuel est qualifiée de « larcin » dérobé aux dieux. Mais Héroët semble là encore se plaire à nuancer aussitôt, disant des

---

1   *Ibid.*, v. 227-229.
2   *Ibid.*, p. 83-84, v. 259-262.
3   *Ibid.*, p. 87-88, v. 361-364.

« vrays amys » transportés par le plaisir : « Si c'est peché, ilz le tiennent de race ».

En définitive, on peut s'interroger sur l'articulation entre la première et la deuxième interprétation offertes par le poème. La lecture allégorique empruntée à Ficin invite en effet à lire l'Androgyne non plus comme un mythe explicatif de la nature de l'amour mais comme une figure de l'itinéraire spirituel de l'âme humaine. La juxtaposition des deux interprétations tempère à notre sens l'intellectualisation du mythe réalisée par Ficin. La dernière partie du poème peut donc bien de manière incidente mettre en garde contre le piège que constitue l'amour des « terrestres beaultés », le centre de gravité de la morale reste déplacé par rapport à Ficin, et associe l'amour humain, dans son incarnation la plus complète, à l'élan spirituel.

Le Platon d'Héroët est donc pensé par le poète d'abord et avant tout par rapport aux débats poétiques des années 1540-1550. Or cette libre adaptation contribue à ce que son nom soit associé pour ses contemporains à celui du philosophe grec. C'est d'ailleurs ce qui lui vaut d'être cité à plusieurs reprises et copieusement par Louis Le Roy, dans le commentaire à sa traduction du *Banquet* à laquelle nous nous attacherons pour finir.

LE *SYMPOSE* DE PLATON DE LOUIS LE ROY ET LA MÉDIATION NIÉE DE FICIN

Louis Le Roy, qui a suivi les leçons des hellénistes Pierre Danès et Jacques Toussaint au Collège des Lecteurs royaux, se fait tout d'abord remarquer à Paris comme latiniste, écrivant en 1540 une *Vie de Guillaume Budé* appréciée[1]. Il est alors admis auprès du chancelier Guillaume Poyet, et sera bien en vue de son successeur, François Olivier. En 1551, Le Roy publie sa première traduction de Platon, le *Timée*, suivie du *Phédon*, de morceaux choisis de la *République*, du *Phèdre*, du *Gorgias* et des *Lois*. Sa

---

1   Sur la vie de Louis Le Roy, voir H. Becker, *Loys Le Roy*, Paris, 1896 ; J.-Cl. Margolin, « Louis Le Roy, traducteur de Platon et la Pléiade » ; P. Lardet, notice « Le Roy, Louis », *Centuriæ Latinæ* II. *Cent une figures humanistes de la Renaissance aux Lumières*, édit. C. Nativel, Genève, Droz, 2006, p. 457-468.

traduction du *Banquet*, publiée en 1558, puis de nouveau en 1559 et 1581, prend place dans un projet plus vaste de « restitution » en français des meilleurs prosateurs grecs. En 1572 il bénéficie d'une chaire de grec au Collège des lecteurs royaux, succédant à Denis Lambin.

Ce *Sympose de Platon, ou de l'Amour et de beauté, traduit de grec en françois*, se distingue parmi ses autres traductions par sa structure travaillée et l'adjonction d'un ample commentaire. Il se veut un présent réalisé en l'honneur du mariage de François de Valois, dauphin de France, avec Marie Stuart. Cette union fut célébrée en grande pompe à Paris le 24 avril 1558. L'épître dédicatoire fait du *Banquet* une œuvre parfaitement adaptée à un repas de noces. À en croire Le Roy, le dialogue de Platon « recommande l'honnest Amour qui consiste principalement en mariage, et celebre la parfaicte beauté[1] ». Le rappel de ces circonstances ne se limite pas là ; il ponctue véritablement l'ouvrage.

Le Roy, en effet, propose une distribution tout à fait particulière de sa traduction, en trois livres. Le livre I comporte les cinq premiers discours du *Banquet*, mis dans la bouche respectivement de Phèdre, Pausanias, Éryximaque, Aristophane et Agathon. Chacun d'eux est suivi d'un long commentaire, qui en propose une lecture sérieuse. Le deuxième livre se concentre sur le début de l'intervention de Socrate, relayé par la figure inspirée de Diotime. Le commentaire cherche à montrer qu'il y a une progression dans le dialogue : les propos de Socrate sont porteurs d'une vérité plus haute que ceux des personnages qui l'ont précédé. Enfin, le livre III se concentre sur la fin du discours de Socrate-Diotime[2], censé révéler les vérités les plus ardues. La part de la traduction devient infime par rapport à celle du commentaire. Quant à l'entrée d'Alcibiade et au portrait qu'il fait de Socrate, si importants dans l'économie de l'œuvre chez Platon, ils sont volontairement éliminés, comme indécents dans la France chrétienne contemporaine. Le livre II et le livre III sont chacun précédés d'une nouvelle épître liminaire. L'une, adressée à François de Valois, se présente comme un fervent discours en faveur du mariage. Le texte, sans le dire, reprend des passages conséquents de l'*Encomium matrimonii* d'Érasme. Quant au livre III, il s'ouvre sur une épître elle aussi encomiastique adressée à la jeune épousée ; Le Roy emprunte de

---

1   Louis Le Roy, *Le Sympose de Platon*, f. a ii rᵒ-vᵒ.
2   *Banquet*, 210 a-212 c.

larges morceaux à l'*Oratio de dignitate hominis* de Pic de la Mirandole,
sans la mentionner.

Plus généralement, l'ensemble du commentaire qui interrompt
régulièrement la traduction semble conçu à l'intention d'un public
assurément cultivé, mais que Le Roy veut intéresser, piquer, charmer
par une vulgarisation de bonne tenue et un recours plaisant à la littérature la plus actuelle. L'érudition, dispensée dans le commentaire, mais
aussi dans les *marginalia* de la traduction, ne dédaigne pas de donner
des informations élémentaires sur la culture et la langue grecque, tout
en satisfaisant des curiosités plus pointues. Le Roy donne ainsi de nombreuses références à d'autres œuvres philosophiques de Platon, indique
à l'occasion tel ou tel mot de l'original grec. À propos du mythe de
l'Androgyne il développe une longue comparaison avec la *Genèse* qui lui
permet de convoquer l'érudition hébraïsante des lecteurs royaux qu'il
a consultés[1]. Il fait surtout une place généreuse au plaisir littéraire. En
effet, son commentaire inclut de très nombreuses citations, notamment
poétiques, dont il souligne l'importance à de nombreuses reprises. En
ce qui concerne les citations de l'*Iliade* et du livre I des *Métamorphoses*
d'Ovide, il les donne directement en français, dans des traductions
récentes de grande qualité : celle d'Hugues Salel pour Homère[2], de
Clément Marot pour Ovide[3]. Théocrite est à l'honneur : son Idylle XXI
est citée à la fois en grec et dans la traduction de Marot[4]. Quant aux
autres citations poétiques grecques ou latines, Le Roy signale dès le titre
de son œuvre, dans l'épître dédicatoire, puis à la fin du volume, qu'il
a demandé à Joachim Du Bellay de les traduire. Ces traductions par
Du Bellay sont regroupées en fin d'ouvrage et constituent l'un de ses
charmes[5]. Les passages cités sont nombreux et variés, extraits notamment

---

1   *Ibid.*, f. 42 r°-47 r°.
2   Hugues Salel a reçu de François Ier la commande de la traduction de l'*Iliade*. Les premiers
    chants sont publiés en 1542 ; ses dernières traductions paraissent un an après sa mort
    par les soins de son ami Olivier de Magny, en 1554. Elles furent extrêmement appréciées
    jusqu'au XVIIe siècle. Voir M.-M. Fontaine, notice « Salel Hugues », *Dictionnaire des lit-
    tératures de langue française*, t. 4, p. 2258. Ficin cite sa traduction française d'une bonne
    vingtaine de vers du chant II (*Sympose de Platon*, f. 6 r°-v°).
3   La traduction du livre I des *Métamorphoses* d'Ovide par Marot a été publiée en 1534. Louis
    Le Roy cite le début du livre I (*Sympose de Platon*, f. 11 v°).
4   Louis Le Roy, *Le Sympose de Platon*, f. 82 v°-85 r°.
5   Elles occupent les folios 149 v°-200 v°. Chaque citation est précédée de sa localisation
    précise dans le corps de l'ouvrage, ainsi que du premier vers donné en grec ou en latin.

de l'*Odyssée* pour le grec, de Lucrèce (l'ouverture du *De rerum natura* et une citation du chant IX), Virgile (*Bucoliques* VI et VIII, *Géorgiques* II et IV, *Énéide* IV, VI et X), Horace (*Satires, Épîtres, Odes* et *Art poétique*), Properce, Ovide (*Métamorphoses*), Manilius, Lucain, Juvénal, Martial pour les poètes latins de l'Antiquité, de Pontano (l'*Uranie*, les *Météores*), que Le Roy semble affectionner tout particulièrement, de la *Syphilis* de Frascator pour les poètes néo-latins. Le *Banquet* devient ainsi prétexte à de petites anthologies charmantes : poèmes célébrant le renouveau de la nature, évocation de l'*innamoramento*, de l'amour cosmique. Cette dimension littéraire plaisante du commentaire fait ressortir la présence, importante en effet, de la poésie dans les cinq premiers discours du *Banquet*. Mais alors que ce recours est problématique chez Platon, il est privé de sa dimension ironique ou critique chez Le Roy. Ce dernier, par ailleurs, semble considérer la place faite aux poètes dans son commentaire comme adéquate au style particulier du *Banquet*. C'est en effet dans son « Argument du Sympose de Platon » qu'il reprend de plus près l'idée d'un Platon au style « poétique » :

> Au surplus il n'est possible de veoir rien plus oratoire ou orné en langage que ce livre, ny d'autre part plus poëtique à cause des belles fictions et descriptions exquises qui y sont entremeslées, ny finablement plus philosophique[1].

Cette appréciation du style de Platon était déjà courante dans l'Antiquité ; elle occupe une place importante dans la lettre de Ficin à Laurent de Médicis qui ouvre sa traduction des œuvres complètes de Platon[2].

Quelle part Ficin occupe-t-il dans la traduction du *Sympose* de Le Roy ? On salue généralement dans Le Roy le premier Français à traduire le grec de Platon directement, et non le latin de Ficin. Les compétences en grec de Le Roy permettent assurément de le penser. Néanmoins, il

---

— Du Bellay s'en était pris à Le Roy dans les *Regrets* ; cette contribution au *Sympose de Platon* indique qu'une réconciliation s'est faite entre les deux hommes.

1   Louis Le Roy, *Le Sympose de Platon*, f. a III v°.

2   Voir en particulier Quintilien, *Institution oratoire*, X, 1, 81, cité par Le Roy dans son Argument. Ce dernier s'inspire fortement du jugement de Ficin lui-même dans sa lettre à Laurent de Médicis : *Fingit et sæpe fabulas more poetico : quippe cum ipse Platonis stylus, non tam philosophicus, quam reuera poeticus videatur* (« Il invente souvent aussi des fables à la manière des poètes, et de fait, le style de Platon lui-même ne semble pas tant philosophique que véritablement poétique »). Nous citons d'après l'édition des *Platonis opera* publiée à Paris, J. Bade, 1533, f. a II r°.

est évident qu'il s'aide de son prédécesseur. Nous n'en donnerons qu'un exemple, le début du mythe de l'androgyne. Les termes français choisis par Le Roy, tout comme le mouvement même de la phrase, décalquent de toute évidence la version latine :

> *Principio tria hominum erant genera, non solum quæ nunc, duo mas et femina, verum etiam tertium quoddam aderat, ex utrisque compositus. Cujus solum nobis restat nomen, ipsum periit. Androgynum quippe tunc erat et specie et nomine, ex maris et femine sexu commixtum. Ipsum profecto defecit, nomen solum infame relictum. Præterea tota cujusque hominis species erat rotunda, dorsum et latera circum habens, manus quatuor, totidemque crura. vulgus item duos tereti cervice connexos, et omnino consimiles. Caput utrisque vultibus contra versis, unum. Aures quatuor. genitalia duo. et alia singula, ut ex his quisque convenienter excogitare poscit.*

> « Premierement il y avoit trois genres d'hommes, non comme maintenant deux, masle et femelle : mais encore un tiers composé des deux, dont le nom reste seulement, luy estant pery. Car il y avoit un Androgyne d'espece et de nom, meslé du sexe masculin et feminin : qui n'est plus et ne reste seulement que le nom infame. En apres la figure de chacun homme estoit ronde, ayant doz et costez en cercle, quatre mains, autant de jambes, deux visaiges sur un col rond, totalement semblables, une teste à ces deux visages opposites, quatre oreilles, deux parties honteuses, et tous les autres membres comme l'on peut conjecturer de ceux-cy[1]. »

On ne peut qu'être frappé par conséquent des mentions rares et méprisantes que Le Roy fait de la traduction de Ficin, voire de son commentaire. Il semble bien que ce soit là une stratégie pour dissimuler ce qui est de l'ordre d'un pillage intellectuel. Car le commentaire de Le Roy emprunte à plusieurs reprises ses interprétations au *Commentaire sur le Banquet*, ne laissant deviner une paternité extérieure que par un vague terme collectif (« plusieurs »), alors que Le Roy prend soin par ailleurs de mettre en valeur les autorités contemporaines sur lesquelles il s'appuie, cumulant effectivement les grands noms des XVᵉ-XVIᵉ siècles. La diversité des domaines abordés par son commentaire est implicitement opposée au caractère beaucoup plus monolithique de celui de Ficin – essentiellement métaphysique et allégorique – dont il égratigne aussi la traduction : « Le bon seigneur n'estoit gueres expert en Grec ny en Latin, et a failly infiniement traduisant cest autheur, mesmement en telles difficultez qui dependent de la cognoissance de l'antiquité, ou de la nature[2]. »

---

1   Louis Le Roy, *Le Sympose de Platon*, f. 38 vᵒ.
2   *Ibid.*, f. 52 rᵒ.

Un point semble en effet cristalliser particulièrement les reproches de Le Roy envers son prédécesseur : la lecture allégorique de Platon[1]. À la suite de Ficin, Le Roy situe de manière évidente le style « poétique » de Platon à la présence supposée de « fictions poétiques » – langage figuré appelant une élucidation –, et continue d'assigner comme tâche majeure à son commentaire l'élucidation de ces figures. En réalité, son commentaire oscille en attitudes variables à l'égard de l'interprétation allégorique. La pertinence ou non de lire allégoriquement les mythes, figures, citations poétiques etc. mises dans la bouche d'un Aristophane ou d'un Agathon revient régulièrement. Le Roy justifie à plusieurs reprises la légitimité de ce type de lecture, rattachant Platon à la *prisca theologia* inspirée des sages antiques. Mais la multiplicité des interprétations qu'il rapporte contribue à montrer la relativité de la lecture allégorique.

Cette approche ambivalente des supposées « fictions poétiques » de Platon est particulièrement visible dans la place de choix que Le Roy fait à Héroët. C'est en effet le seul poète français dont il cite les œuvres, et à trois reprises. Tout d'abord, quand le discours de Phèdre parle de la question de la réciprocité dans l'amour, Le Roy cite *in extenso* le poème d'Héroët consacré à Antéros, « De n'aymer sans être aymé », publié par le poète avec le titre « Aultre invention extraicte de Platon[2] ». Héroët, dans le cours du poème, qualifie le mythe d'Antéros d'« histoire, ou fable, ou mocquerie », dont « le sens caché qu'on dit Allégorie » est de nouveau une leçon transposée aux rapports amoureux entre homme et femme, prônant une sincère réciprocité dans l'amour. Plus loin, à la suite de son très long commentaire de l'Androgyne, Le Roy cite intégralement « L'Androgyne de Platon » auquel nous nous sommes intéressée plus haut[3]. Il l'introduit comme une « recreation » après « ces longues et ennuyeuses expositions d'un passage de telle importance[4] ». Or nous avons vu que la question de la lecture allégorique se pose dans ce poème. Enfin, la troisième citation d'Héroët correspond au début de

---

1   Cette question a été déjà examinée par Cécile Margellos, « Le modèle ficinien dans le *Sympose* de Louis Le Roy », dont nous rejoignons les analyses.
2   *Ibid.*, f. 16 v°-18 r°. Voir ce poème dans A. Héroët, *Œuvres poétiques*, p. 90-93.
3   *Ibid.*, f. 53 r°-58 r°.
4   Il légitime aussi cette longue citation par ses liens d'amitié avec François Olivier, dont nous avons rappelé plus haut qu'il est de la famille d'Héroët.

la *Parfaicte Amye*[1], qui met en cause justement la pertinence des formes et attributs sous lesquels les poètes ont coutume de peindre Amour :

> J'ay veu Amour pourtraict en divers lieux :
> L'ung le painct vieil, cruel et furieux,
> L'aultre, plus doulx, enfant, aveugle et nud ;
> Chascun le tient pour tel qu'il l'a congneu
> Par ses bienfaits ou par sa forfaicture.[…]
> Parfection d'amour sera mon livre
> Intitulé : pour lequel accomplir
> Il n'est besoin de fables le remplir […][2].

Les textes de la Querelle des Amies posent amplement la question de la pertinence des *topoi* de la poésie amoureuse, d'inspiration pétrarquiste. Ces débats sont associés par le commentaire de Le Roy aux critiques de Socrate dans le *Banquet* à l'encontre de l'éloge du dieu Amour prononcé par les autres convives. Le Roy tente pour sa part une sorte de voie moyenne dans la manière d'interpréter les différentes composantes du mythe d'Éros évoquées par Diotime. Sans renoncer totalement à donner un sens figuré à ses traits spécifiques, il s'en tient à une forme de paraphrase prudente, presque triviale, comme le suggèrent ses propres allégations :

> […] Platon admene icy une fable plaisante de la naissance d'Amour, en l'interpretation de laquelle plusieurs ont travaillé : Mais je suyvray le texte au plus pres qu'il me sera possible.

James Hankins rappelle, dans son étude sur la redécouverte de Platon par le *Quattrocento* italien, qu'il n'y a pas d'harmonie préétablie entre Platon et la culture de la Renaissance. À bien des égards, la découverte de ses dialogues a pu surprendre, choquer et prendre à rebours ceux qui se sont attelés à la tâche de le traduire ou de le commenter. D'un point de vue formel, contrairement aux écrits d'Aristote, les dialogues de Platon paraissent sans ordre et sinueux. Plusieurs points doctrinaux ne peuvent susciter une adhésion aisée, qu'il s'agisse de la critique en règle de la rhétorique – si importante pour l'humanisme italien –, du bannissement des poètes dans la *République*, ou de la *paiderastia* dans

---

1   Louis Le Roy, *Le Sympose de Platon*, f. 82 rᵒ.
2   Héroët, *La Parfaicte Amye*, livre I, v. 1-5, 22-23.

le *Lysis*, le *Banquet*, le *Phèdre* ou encore le *Charmide*. Traducteurs et commentateurs ont donc développé toutes sortes de stratégies – coupes partielles, altérations localisées, lecture allégorique d'ensemble etc. – pour rendre Platon lisible et acceptable. Les trois œuvres dans lesquelles nous avons fait des sondages développent des stratégies du même ordre, déplaçant notamment les questions relatives à la *paiderastia* grecque sur le terrain de l'amour entre hommes et femmes. Dans ces trois œuvres, les traducteurs et poètes français paraissent peu sensibles aux potentialités propres du dialogue platonicien : l'ironie n'est guère comprise, la distinction entre « Platon » et ses personnages est estompée, notamment dans le cas du mythe de l'Androgyne. En revanche, Des Périers, Héroët et Le Roy établissent des liens évidents entre les dialogues de Platon relatifs à l'amour et les préoccupations de la littérature *de amore* de leur temps. Il est possible de discerner des échanges à double sens entre leurs traductions-adaptations de Platon et la création poétique, la leur ou celle de leurs contemporains. La médiation commune du travail de Ficin, quoique à des degrés et sous des formes différentes dans les trois cas envisagés, encourage très certainement cette lecture d'un Platon inventeur de « fictions poétiques » susceptibles d'un décryptage allégorique. En même temps, la « vulgarisation » de Platon en français s'accompagne d'une grande liberté par rapport à la lecture néoplatonicienne de Ficin. Souvent sensuelles, poétiques, les acclimatations françaises de Platon ne s'en tiennent pas à une lecture univoque et intellectualiste. Chez Des Périers, le *Lysis* semble tout à la fois stimuler la création poétique française et légitimer une « amitié » d'élection. Chez Héroët, la « fable » platonicienne devient le vecteur d'un code amoureux qui n'a rien de « platonique ». Chez Le Roy enfin, une traduction précise du *Banquet*, sans doute adossée à celle de Ficin, permet de célébrer un mariage princier en même temps qu'elle met en question la pertinence de la lecture allégorique.

Anne-Hélène KLINGER-DOLLÉ
Université Toulouse II–Le Mirail,
laboratoire PLH (EA 4601)

GUILLAUME BUDÉ, DE LA *TRANSLATIO STUDIORUM* AU *DE TRANSITU*

Entre la mort de Politien (1494) et la grande génération des Estienne, Turnèbe, Casaubon, Scaliger, Cujas et Lambin, la philologie grecque et latine vit en France une phase d'éclosion. Guillaume Budé (1468-1540) en est le protagoniste en même temps que son ami et rival « européen » Érasme (1469-1536). Cela nous amène, d'une part, à situer l'apport intellectuel français dans le paysage international et tout d'abord italien à cette époque, d'autre part à définir un moment historique précis et illustrer sa signification.

Après une esquisse sur les milieux du premier humanisme parisien, de Budé, ses maîtres et ses élèves, je ferai état de son appel de 1515 à développer un humanisme français – forme de *translatio studiorum* – qui s'achèvera en 1529 avec la création des premiers « lecteurs royaux » de grec et d'hébreu, embryon du Collège de France actuel, institution placée sous la protection royale face aux attaques de la Faculté de théologie de Paris. Plus tard, en 1535, la proposition du catholique Budé face à cette hostilité comme à la montée du luthéranisme en France sera livrée avec le *De Transitu hellenismi ad christianismum,* ici analysé comme une première tentative de protection contre l'intolérance religieuse qui assimilait le grec à l'hérésie. Les contenus de la transmission (*translatio*) mise en œuvre par Budé et son groupe seront également abordés ici, moins par l'analyse de ses quelques traductions du grec en latin (Plutarque, Ps.-Plutarque, Basile, Ps.-Philon, Ps.-Aristote) que par ses ouvrages philologiques et scientifiques concernant le droit, l'économie, la lexicographie, dans lesquels il a relu une grande partie du patrimoine antique, grec et latin.

PARIS, CARREFOUR D'ÉCHANGES INTELLECTUELS

Arrêtons-nous d'abord sur la toile de fond, le décor parisien du Quartier
Latin à partir de 1490. Je le camperai de façon rapide, renvoyant à la
bibliographie pour approfondir. Grâce à la Sorbonne, l'attrait de Paris
est international dans le domaine de la théologie et des études préalables
(maîtrise ès arts). L'école parisienne de théologie n'est certes plus dans
sa période héroïque des XIIIᵉ et XIVᵉ siècles, car de nombreuses univer-
sités fort dynamiques en théologie ont été entre-temps créées dans les
pays allemands et en Bohème, écoles parfois à l'origine de nouveautés
religieuses comme celles prêchées par Jan Hus à Prague et, bientôt, par
Luther à Wittenberg ; mais, dans l'Europe du nord-ouest, Paris reste
un lieu d'études prestigieux comme et plus que Louvain et Oxford.

L'enseignement et la vie estudiantine sont assurés dans les nombreux « collèges » ; la rive gauche de Paris ressemblait donc à l'Oxford
d'aujourd'hui, où ces structures anciennes se sont conservées. Les facultés
ainsi que l'université sont, rappelons-le, des entités juridiques autant
que des lieux physiques. Notons quelques éléments caractéristiques :

- un axe important de transmission est constitué par des maîtres
  et des élèves venus des Flandres, dont le jeune Érasme en 1494 ;
- il existe un premier courant humaniste plongeant ses racines
  dans quelques figures du début du XVᵉ siècle, tel que Jean de
  Montreuil, correspondant de Coluccio Salutati ;
- en ces deux dernières décennies du XVᵉ siècle, même avant les
  expéditions de Charles VIII, on trouve à Paris des poètes et des
  humanistes italiens, comme Fausto Andrelini, ainsi que des
  maîtres grecs et copistes, tel Georges Hermonyme de Sparte,
  présent dès 1476.

Dès 1491-92, le professeur de philosophie Jacques Lefèvre d'Étaples, de
retour d'Italie où il a pu rencontrer Ficin, Pic de la Mirandole et d'autres
savants, propose en compagnie avec Josse Clichtove des cours novateurs
censés rapprocher les étudiants du « vrai Aristote » sans l'intermédiaire
des commentateurs et, de façon complémentaire, lance une entreprise
d'éditions scolaires publiant les traductions latines d'Aristote en même
temps où, à Venise, Alde Manuce fait paraître l'édition princeps avec le

corpus en grec (1495-1499). Lefèvre séduit les jeunes gens attirés par le renouveau des études et réunit un cercle décisif où Budé s'initie aux études humanistes et où s'illustre, entre autres, l'architecte italien Giovanni Giocondo, éditeur de Vitruve et spécialiste des auteurs techniques.

Depuis 1470, venant d'Allemagne ou des Pays-Bas actuels, s'installent à Paris quelques imprimeurs, au service de la grande transformation matérielle qu'a constitué l'invention de l'imprimerie depuis les années 1440, avec le passage progressif du manuscrit à l'imprimé. Leurs presses feront de Paris, dès le tournant du siècle, un lieu d'édition respecté. On sait l'énorme importance que revêt la figure de l'imprimeur humaniste parisien diffusant les bons textes classiques, chrétiens et médiévaux, louvoyant entre les exigences théologiques de la Sorbonne et les demandes des groupes novateurs, reprenant les éditions italiennes les plus marquantes ou les *codices* jugés importants.

Paris constitue donc un creuset international et un carrefour intellectuel où la théologie et la philosophie sont reines. Or ce quartier universitaire cosmopolite interagit avec l'élite locale, parisienne et française, avec sa cour, ses prélats cultivés, son Parlement, ses mécènes curieux qui commencent à s'intéresser aux humanités classiques (par exemple, en commandant des manuscrits grecs) et à protéger savants et artistes qu'inspirent les nouveautés italiennes. La nouvelle culture n'est pourtant encore qu'un appendice de l'Université de Paris et de la Faculté de théologie – organismes parfois présidés par les mêmes individus qui, avant ou après leur charge universitaire, feront carrière dans le haut clergé, au Parlement ou à la cour : pour ce qui concerne en effet les instances supérieures et dirigeantes, il s'agit d'un « petit monde », surtout français mais aussi en partie ouvert aux étrangers.

LA *TRANSLATIO STUDIORUM* VERS LA FRANCE

Tout Parisien qu'il était, Budé, comme bien d'autres camarades, n'a pas choisi Paris pour ses études supérieures : mis à part une notice tardive peu sûre qui mentionne des études de théologie, seule sa formation de juriste à Orléans entre 1483 et 1486 est bien attestée. Les rejetons de l'élite robine ne disposaient en effet pas d'une faculté de droit parisienne. Après les petites classes, ils se rendaient d'ordinaire à Bourges ou à Orléans. Cadet d'une famille de robe au service de la cour et récemment anoblie, le jeune Guillaume est destiné à devenir par ces études un secrétaire du roi. Mais bientôt s'oppose à ce projet paternel celle qu'il décrit comme une sorte de conversion à l'humanisme et à la philologie (qu'il appellera ensuite « sa maîtresse »). Conversion survenue vers 1491, après deux ou trois années de dissipation, de fêtes et de chasses en compagnie de la jeunesse dorée parisienne.

L'amorce de ce retour aux livres reste juridique : Budé souhaite revoir ses bases en droit romain et reprend en main la vieille Glose, pleine d'erreurs et d'incohérences. En précurseur de Gargantua, il se rend bientôt compte des manques dans l'instruction reçue à l'université et se plonge dans la lecture des sources du droit romain, les Pandectes de Justinien. Il comprend qu'il a affaire d'abord à un inestimable document d'histoire ancienne, à étudier donc en liaison avec les récits des historiens et toute la littérature disponible, des poètes aux auteurs techniques. Approche déjà théorisée par Laurent Valla et Ange Politien au XVe siècle, mais guère suivie d'application systématique. C'est pour Guillaume la découverte de tout un continent et la sortie de la culture médiévale.

Budé se pose alors la question d'apprendre la langue grecque pour accéder directement aux richesses historiques et littéraires de cette vaste littérature, matrice de la latine, de nouveau enseignée en Italie depuis le déclin de Constantinople qui a comporté, entre autre, une tentative d'union des deux Églises et l'afflux de savants byzantins vers les cours italiennes. La rencontre de Budé avec le maître et copiste Hermonyme de Sparte date de 1494. Elle se double bientôt de celle avec un protagoniste de la philologie et de l'édition grecque et de la recherche d'anciens manuscrits : Janos Lascaris, diplomate post-byzantin au service de Rome puis de la France et auteur de l'édition princeps de quelques tragédies d'Euripide.

Grâce à Lefèvre, à Hermonyme et à Lascaris, le futur helléniste va donc prendre son essor. C'est à l'impulsion de Lascaris qu'il entreprend de traduire en latin et de publier, entre 1501 et 1505, quelques traités de Plutarque et du ps.-Plutarque, s'illustrant ainsi comme le premier Français à effectuer des traductions du grec ancien. Sans s'arrêter à ces épreuves de débutant, il se lance bientôt dans des travaux originaux et aboutit à un premier chef-d'œuvre en 1508, les *Annotations aux Vingt-quatre premiers livres des Pandectes*. Il y dévoile les étonnants résultats que permet l'application aux textes de droit de la méthode philologique et des connaissances comparées tirées des œuvres littéraires grecques et latines. Il reprend ainsi l'héritage intellectuel de Valla et Politien. Ce livre fait aussi l'effet d'une provocation dans le monde des juristes car Budé y dénonce les erreurs de méthode et de contenu dues à l'école juridique de Bologne, glorieuse mais archaïque, lui opposant celle qui deviendra l'école française (*mos gallicus juris docendi*), illustrée ensuite par André Alciat et Jacques Cujas.

En ces années, le petit groupe humaniste parisien croît et se renforce, toujours nourri par l'apport italien en savants et en livres, ainsi que par l'essor de l'imprimerie locale. Le cénacle animé par Lefèvre d'Étaples s'ouvre à de nouveaux domaines, de la géométrie au platonisme à la mystique ; les éditions de l'humaniste Josse Bade acquièrent une place de choix ; les études grecques s'enrichissent de nouveaux maîtres tels que François Tissard et l'Italien Jérôme Aléandre. C'est également à Paris en tant que foyer d'études théologiques qu'en 1505 Érasme, encore peu connu, a publié les *Annotations au Nouveau Testament* (1444) de Lorenzo Valla.

L'ÉCONOMIE ANTIQUE AU SERVICE DU COMBAT HUMANISTE

En cette deuxième moitié du règne de Louis XII, cependant, les humanistes français nourrissent des sentiments d'insatisfaction et de revanche. Ils se considèrent comme injustement méprisés par leurs propres élites. Celles-ci préfèrent attirer à Paris les savants italiens, par exemple Paul Émile de Vérone, qui a « ravi » à Robert Gaguin la place rémunérée d'historiographe du roi, et, bien entendu, les artistes de la Renaissance italienne. Les humanistes locaux, tournés vers la connaissance et la spiritualité, considèrent ces derniers comme porteurs d'un luxe inouï et de corruption, cause de la dilapidation des richesses nationales que l'on verse sans compter pour financer la construction de fabuleux châteaux.

Budé se fera peu à peu le porte-parole de ce groupe humaniste parisien, grâce à son statut de secrétaire du roi. C'est à ce titre qu'il insère déjà dans les *Annotations* plusieurs tirades politico-culturelles sur le royaume et la société française ; mais le modèle du genre est constitué par les cinq livres *Sur l'As et ses fractions* (titre aujourd'hui cité sous la forme *De Asse*, en abrégeant le latin *De Asse et partibus eius libri quinque*), ouvrage exceptionnel qu'il publie au début de 1515 en coïncidence avec l'avènement de François Ier. Budé se sert de la préface, adressée significativement « à tout homme de bien », pour inciter ses compatriotes à s'exercer dans les disciplines littéraires et techniques et à y atteindre l'excellence. Quelques amples digressions politico-morales, notamment celle placée quelques folios après le début du premier livre, accusent la classe dirigeante française de se reposer exclusivement sur les savants étrangers pour les questions scientifiques, de négliger la politique culturelle et le nécessaire renouveau des études au profit d'un déploiement uniquement matériel et artistique. Budé va jusqu'à accuser les grands du royaume de répandre l'idée que les esprits français sont imperméables au savoir et culturellement stériles.

L'*opus* de Budé connaît vite un succès international contribuant à promouvoir l'idée d'une *translatio studiorum*, ce dont l'ouvrage même est une preuve lumineuse. Derrière cet « as », en effet, se cache une étude minutieuse de toute l'économie politique de l'empire romain, prix, revenus, impôt, budgets civils et militaires. Budé envisage ce domaine comme un ensemble cohérent, s'appuyant sur de très nombreux témoignages textuels grecs et latins, à commencer par Pline l'Ancien, Cicéron, Hérodote et Strabon. C'est donc bien plus qu'une étude numismatique. Budé se place à la hauteur d'un Flavio Biondo par sa volonté de fournir une monographie originale et exhaustive et d'un Politien ou d'un Ermolao Barbaro (le grand exégète de Pline) pour l'ampleur de connaissances et la rigueur philologique. Contrairement aux Italiens qui, entre autres pour des raisons d'identification et de prestige national, avaient tendance à glorifier Rome, Budé opère un double changement de point de vue : d'une part, il critique l'impérialisme prédateur et centralisateur des Romains ; d'autre part, il explore volontiers d'autres pans de l'histoire économique ancienne : Grèce classique et monde alexandrin, empire perse et royaume hébreu.

En 1522, tout en se doublant d'un abrégé en langue française à l'usage de la cour, le *De Asse* est définitivement couronné par une édition vénitienne dans la maison qui fut d'Alde (mort en 1515), par l'intermédiaire du mécène Jean Grolier. En une quinzaine d'années, l'obscur fonctionnaire royal est ainsi devenu le chef de file des humanistes français inspirant, par exemple, les recherches de Lazare de Baïf, père de Jean-Antoine, sur les vêtements, les vases et les navires de l'Antiquité. Budé incarne aussi un rival pour les savants italiens. Ils le redoutent au point de relayer la querelle du vicentin Leonardo Porzio qui s'attribuait la paternité d'une des découvertes fondamentales du *De Asse*, à savoir l'identification de l'expression servant à exprimer les millions comme produits des centaines de milliers : ainsi, pour signifier « dix millions de sesterces » disait-on d'habitude *centies sestertium*.

Donnée au public dès 1520, la correspondance de Budé avec les ténors de l'humanisme européen, les Bembo, Thomas More, Érasme, offre un document de cette époque brillante. C'est en 1508 qu'Érasme acquiert une renommée internationale avec l'édition vénitienne des *Adages*, chez Alde, suivie par l'*Éloge de la Folie* en 1511 et le *Nouveau Testament* en 1518, tandis que l'*Utopie* de More sort des presses à Louvain en 1516, puis à Paris l'année suivante avec une lettre de Budé pour préface. Du point de vue des institutions, ce début de siècle voit aussi la naissance des premiers Collèges humanistes bilingues ou trilingues (grec, latin classique, hébreu) à Vienne, Rome, Louvain, Oxford, Milan. Mais à Paris une tentative en 1517 d'attirer Érasme, en partie par l'intermédiaire de Budé, connaît l'échec.

LA RÉFORME À PARIS ET LES *COMMENTAIRES* DE LA LANGUE GRECQUE

Le climat politique à Paris change sensiblement avec la première diffusion du protestantisme. Centre d'études théologiques d'abord, le Quartier Latin s'est très vite intéressé aux thèses de Wittenberg. Dès 1519-1520, la Faculté de théologie, secondée par l'instance supérieure, l'Université de Paris, organise la réaction en termes de censure frappant la presse et de condamnations d'intellectuels suspects. Commence alors le bras de fer entre, d'un côté, luthéranisme ou courants humanistes radicaux suisses et rhénans et, de l'autre côté, conception traditionnelle, où les études grecques et latines sont progressivement prises en étau. Le milieu savant est certes en partie protégé par la faveur de quelques évêques et parlementaires mécènes, ainsi que par celle du roi François dont Budé est un interlocuteur autorisé depuis 1520-1522, sans parler de l'influence de sa sœur, Marguerite, ouverte aux idées de réforme et à leurs représentants. Mais l'atmosphère que font régner à Paris le syndic de la Faculté, Noël Béda, et les théologiens traditionalistes anticipe d'une trentaine d'années la chape de plomb de la Contre-Réforme.

Deux sommets sont atteints en 1525-1526 d'abord, avec la défaite de Pavie et la captivité de François Ier qui privent les humanistes de la protection royale et rendent impossible la poursuite du projet de collège trilingue, et surtout en 1534 avec « l'affaire des Placards », lorsque des placards contre la « messe papale » sont affichés dans toute la ville et, dit-on, jusqu'à la porte de la chambre de roi. Après cet attentat, le roi se range résolument du côté de la réaction catholique ou, au mieux, gallicane. Dans le martyrologe de ces années, citons au moins Louis de Berquin et Étienne Dolet, suppliciés en 1529 et 1546. Remarquons aussi que deux pères fondateurs de l'idéal religieux moderne, Ignace de Loyola et Jean Calvin, ont mûri leurs conceptions à Paris au milieu des luttes sans répit suscitées par l'affaire des Placards.

Dans cette situation contrastée, ce que Budé plaide auprès de François Ier, à savoir le financement d'un Collège royal indépendant de l'Université de Paris et, si possible, puissant et prestigieux, répond évidemment au besoin de défendre les humanistes et les chercheurs contre les attaques de la Sorbonne. Bataille intellectuelle bien connue en littérature française grâce surtout à François Rabelais (auteur par ailleurs d'une correspondance en grec avec Budé) et à Clément Marot. Pour mettre de son côté les chances d'être entendu du roi, Budé accélère en 1527 puis tronque ses recherches en lexicologie grecque pour faire paraître en septembre 1529 les *Commentaires de la langue grecque* (*Commentarii Græcæ linguæ*), son troisième chef-d'œuvre. L'édition définitive paraîtra en 1548, posthume.

L'œuvre *in fieri* parue en 1529 a deux fonctions principales. Solidement bâtis sur un large corpus d'auteurs grecs et latins, s'appuyant sur des milliers de citations, ces *Commentaires* constituent une sorte de gros dictionnaire raisonné fourmillant de digressions savantes. Les *Commentaires* consacrent Budé comme le plus grand helléniste de son temps, devançant de quarante ans le *Trésor de la langue grecque* d'Henri Estienne (1572). La splendide préface grecque au roi devient la tribune d'où réclamer avec panache la fondation de chaires royales pour le grec et l'hébreu : voilà comment l'in-folio de 1529 a fini par représenter l'acte de fondation de l'actuel Collège de France.

LE *DE TRANSITU*, RÉPONSE À LA CRISE DES PLACARDS

Malgré la naissance de cette institution laïque, la situation ne cessera de se dégrader, jusqu'à la crise des Placards en 1534. C'est un point de non-retour pour la monarchie qui, après une phase plus ouverte, lance à présent la machine à broyer toute expression suspecte d'hérésie, de concert avec les instances universitaires. C'est aussi la croisée des chemins pour le mouvement humaniste, si proche de l'évangélisme et de la Réforme. Selon le mot du fondateur de la Compagnie de Jésus, dans les collèges parisiens, *quot græcizabant, lutheranizabant*. Étant donné son rôle, sa proximité avec les milieux intellectuels en butte aux soupçons, Budé se sent tenu de s'engager. Il répond alors à sa manière, en donnant au public en 1535 *Le Passage de l'hellénisme au christianisme, De Transitu hellenismi ad christianismum*, vibrant essai, écrit religieux sans être un traité théologique – ce qui l'aurait mis en délicatesse avec la Faculté.

À commencer par la préface au roi, son but est de rassurer ce dédicataire et de protéger l'école humaniste française en soutenant qu'il est possible de concilier la fidélité à la monarchie gallicane, celle à une tradition catholique rénovée et purifiée, et la pratique de l'érudition scientifique et des littératures profanes de l'Antiquité qui doit cependant céder le pas, au soir de la vie, aux lectures dévotes et à la méditation des Écritures saintes. Position qui exclut toute ouverture vers les Réformés. Qualifiés de « séditieux », ils sont ici accusés d'enflammer les peuples d'Europe, sous prétexte d'annoncer l'Évangile aux masses et en langue vernaculaire. Budé élabore une vision compatible avec les conditions parisiennes où la théologie est partout. Son idéal savant est ouvertement élitiste : les questions religieuses doivent rester l'apanage d'une caste proche du pouvoir, le savoir reste entre les mains des initiés. À l'inverse des intellectuels réformés, Budé ne se propose pas de changer la société à travers la prédication.

Une partie de l'intérêt que suscite encore aujourd'hui l'essai de Budé dépend moins de son contenu propre que du contexte des luttes religieuses : en effet, à sa conception conservatrice et gallicane va s'opposer l'année suivante, en 1536, l'*Institution chrétienne* (encore en latin) de Jean Calvin, à ce moment juriste humaniste encore peu connu, auditeur des lecteurs royaux voulus par Budé, dont il a sans doute fréquenté la famille et qu'il qualifie de « maître ». Si Calvin ne le nomme pas dans son traité de théologie, il adresse lui aussi une préface à François Ier qui reprend point par point les thèses de Budé afin de plaider la légitimité de toute position chrétienne, y compris celles des courants radicaux que Calvin, tout en ne les approuvant pas, ne voulait pas livrer aux rigueurs de la répression. L'enjeu que visent les deux préfaciers est de taille : c'est la forme religieuse que doit prendre le royaume de France.

La prise de position de Budé a donc inspiré par contraste celle de son ami et familier Calvin. Si, celui-ci n'a sans doute pas eu la possibilité de faire lire sa préface à son destinataire, il a fondé par son traité rien moins qu'un courant religieux nouveau, promis à un grand avenir. Quant à Budé, sa vie s'achève en 1540, juste à la fin du « beau Seizième siècle », par des funérailles privées nocturnes qui ressemblent de près aux sobres cérémonies protestantes ; en 1549 sa veuve décidera de s'établir, avec une partie des enfants, dans la Genève de Calvin, à l'invitation de celui-ci, éclairant après-coup la dialectique présente dans la famille de notre humaniste.

En conclusion, Budé, ses combats, le milieu humaniste parisien qu'il révèle et illustre forment un chapitre essentiel dans l'histoire intellectuelle de France, à la fois dans la trentaine d'années qui précèdent la naissance du Collège des lecteurs royaux et dans le tournant élaboré justement à Paris à l'ombre de la Faculté de théologie après la réception des idées évangéliques suisses et allemandes. Tant au plan philologique qu'au plan religieux, sans parler du domaine historique et littéraire, la figure et l'œuvre du grand helléniste ne sauraient être négligées sous prétexte qu'il s'est pour l'essentiel exprimé en latin. Notre vœu est donc d'accompagner une relecture de l'apport intellectuel de Budé et de stimuler la connaissance de ses écrits, pour renouveler la moisson bibliographique des saisons passées.

Luigi-Alberto SANCHI
C.N.R.S., Institut de recherche
et d'histoire des textes (Paris)

BIBLIOGRAPHIE

SUR L'ÉPOQUE DE GUILLAUME BUDÉ ET SON CONTEXTE CULTUREL EN FRANCE

RENAUDET, A., *Préréforme et humanisme à Paris pendant les premières guerres d'Italie (1494-1517)* [Paris, 1916], Paris, Librairie d'Argences, 1953[2].

KELLEY, D. R., *Foundations of modern historical scholarship. Language, law and history in the French Renaissance*, New-York, Columbia UP, 1970.

RICE Jr., E. F., *The prefatory epistles of Jacques Lefèvre d'Étaples and related texts*, New York et Londres, Columbia UP, 1972.

FARGE, J. K., *Le Parti conservateur au XVIe siècle*, Paris, Collège de France/Les Belles Lettres, 1992.

DE LA GARANDERIE, M.-M., *Christianisme et lettres profanes. Essai sur l'humanisme français (1515-1535) et sur la pensée de Guillaume Budé* [Lille, PUL, 1976], Paris, H. Champion, 1995[2].

GADOFFRE, G., *La Révolution culturelle dans la France des humanistes. Guillaume Budé et François Ier*, Genève, Droz, 1997 [posthume].

Les Origines du Collège de France (1500-1560), Paris, Collège de France / Klincksieck, 1998.

Histoire du Collège de France, I. La Création (1530-1560), Paris, Fayard, 2006.

TILLEY, A. A., *The Literature of the French Renaissance*, Cambridge, UP, 1885 : réimpr. Boston, Elibron Classics, 2005.

SUR L'ACTIVITÉ DES HUMANISTES PARISIENS

Centuriae Latinae. Cent une figures humanistes de la Renaissance aux Lumières offertes à Jacques Chomarat, Genève, Droz, 1997.

Centuriae Latinae II. Cent une figures humanistes de la Renaissance aux Lumières à la mémoire de Marie-Madeleine de La Garanderie, Genève, Droz, 2006.

MAILLARD, J.-F., KECSKEMÉTI, J. et PORTALIER, M., *La France des Humanistes. Hellénistes*, I, Turnhout, Brepols, 1999.

MAILLARD, J.-F., FLAMAND, J.-M. et SANCHI, L.-A., *La France des Humanistes. Hellénistes*, II, Turnhout, Brepols, 2011.

La philologie humaniste et ses représentations dans la théorie et dans la fiction, 2 vol., Genève, Droz, 2005.

CHARTON-LE CLECH, S., *Chancellerie et culture au XVIe siècle (les notaires et secrétaires du roi de 1515 à 1547)*, Toulouse, PUM, 1993.

SANCHI, L.-A., « La philologie grecque de Budé : un point de départ », *Quaderni di storia*, 54 (2001), p. 149-161.

SANCHI, L.-A., « L'eredità intellettuale di G. Budé negli storici francesi del tardo Cinquecento », in *Nunc alia tempora, alii mores. Storici e storia in età post-tridentina* (actes coll. Turin, sept. 2003), Florence, Olschki, 2005.

ŒUVRES DE GUILLAUME BUDÉ IMPRIMÉES DE 1505 À 1557

Plutarchi Chæronei [Ps.-] *de Placitis Philosophorum libri a G. B. latini facti*, Paris, Josse Bade pour lui-même et pour Jean Petit, 1505-1506.

Præclarissima et bonis institutis accommodatissima Plutarchi Chæronei ex interpretatione G. B. [...] *De Tranquillitate et Securitate animi Lib. I cui accessit* [...] *De vita per solitudinem transigenda* [...] *De fortuna Romanorum* [...] *Lib. I, De Fortuna vel virtute Alexandri Libri II*, Paris, Josse Bade, 1505 et Paris, Olivier Senant, [1505].

Annotationes [...] *in quattuor et viginti Pandectarum libros*, Paris, J. Bade, 1508 (et 1524, 1535).

De Asse et partibus eius libri quinque, Paris, J. Bade, 1515 (et 1516 ; Venise, Alde, 1522 ; Paris, 1524, 1527, 1532, 1541 [posthume]).

Epistolae, Paris, J. Bade, 1520 (et 1522, 1531 ; [lettres grecques seules :] Paris, 1550, 1558).

De contemptu rerum fortuitarum, Paris, J. Bade, 1520 (et 1521, 1528).

Summaire et Epitome du livre De asse, Paris, Pierre Vidoue pour Galiot du Pré, 1522 (nombreuses et diverses éd. paris. jusqu'en 1538).

Aristotelis [Ps.-] *De Mundo libellus. Philonis Iudæi* [Ps.-] *itidem De Mundo libellus*, Paris, J. Bade, 1526.

Commentarii Græcæ linguæ, Paris, J. Bade, 1529 (et Bâle, Cologne, Venise, 1530 ; Paris, R. Estienne, 1548 [posthume]).

De Studio literarum recte et commode instituendo. De Philologia, Paris, J. Bade, 1532 (et M. Vascosan, 1536).

De Transitu Hellenismi ad Christianismum, Paris, R. Estienne, 1535 (et M. avid, 1556).

Forensia, Paris, R. Estienne, 1544 [posthume].

« *Institution du prince* » [trois titres différents], Lyon, G. Gazeau ; Paris, R. Leblanc, N. Paris et J. Foucher ; L'Arrivour, N. Paris, 1547.

Omnia opera, 2 vol., Bâle, N. Episcopius, 1556-1557 : réimpr. (4 tomes : I. Traductions, épîtres, traités moraux ; II. *De Asse* ; III. *Annotationes in Pandectas* ; IV. *Commentarii Græcæ linguæ*) Gregg, Farnborough, 1966-1669 (édition de référence).

ÉDITIONS RÉCENTES (1967-2008)

La Correspondance d'Érasme et de Guillaume Budé, éd. M.-M. de La Garanderie, Paris, Vrin, 1967.

De Transitu Hellenismi ad Christianismum, éd. M. Lebel, Sherbrooke, CERUS, 1973.

Correspondance. Les Lettres grecques adjectis paucis e Latinis, éd. G. Lavoie et R. Galibois, Sherbrooke, CERUS, 1977.

L'Étude des lettres. Principes pour sa juste et bonne institution, éd. M.-M. de La Garanderie, Paris, Les Belles Lettres, 1988.

De Philologia, éd. M. Lebel, Sherbrooke, CERUS, 1973.

Le Passage de l'Hellénisme au Christianisme, éd. D. F. Penham et M.-M. de La Garanderie, Paris, Les Belles Lettres, 1993.

Philologie, éd. M.-M. de La Garanderie, Paris, Les Belles Lettres, 2001.

Summaire et Épitome du livre De Asse, éd. M.-M. de La Garanderie [posthume] et L.-A. Sanchi, Paris, Les Belles Lettres, 2008.

ÉTUDES SUR GUILLAUME BUDÉ

DELARUELLE, L., *Guillaume Budé. Les origines, les débuts, les idées maîtresses*, Paris, É. Cornély, 1907 : réimpr. Genève, Slatkine, 1970.

DELARUELLE, L., *Répertoire analytique et chronologique de la Correspondance de G. Budé*, Paris, É. Cornély, 1907.

BOHATEC, J., *Budé und Calvin. Studien zur Gedankenwelt des französischen Frühhumanismus*, Graz, H. Böhlaus Nachf., 1950.

GUEUDET, G., « État présent des recherches sur G. Budé », dans *Actes du VIIIe congrès de l'Association G. Budé* [1968], Paris, Les Belles Lettres, 1969, p. 597-608.

MCNEILL, D. O., *Guillaume Budé and Humanism in the Reign of Francis I*, Genève, Droz, 1975.

DE LA GARANDERIE, M.-M., « Budé (Guillaume) », dans *Centuriae Latinae*, cité, p. 227-231 (avec bibliographie).

GUEUDET, G., *L'art de la lettre humaniste*, Paris, H. Champion, 2004 [posthume] (contient un répertoire mis à jour de la correspondance de Budé).

SANCHI, L.-A., *Les « Commentaires de la langue grecque » de G. Budé. L'œuvre, ses sources, sa préparation*, Genève, Droz, 2006.

CHARTON-LE CLECH, S., *Guillaume Budé : l'humaniste et le prince*, Paris, Riveneuve, 2008.

DE LA GARANDERIE, M.-M., *Guillaume Budé, philosophe de la culture*, éd. posthume établie par Luigi-Alberto Sanchi, Paris, Classiques Garnier, 2010.

KATZ, L., *Guillaume Budé et l'art de la lecture*, Turnhout, Brepols / Musée de la Maison d'Érasme, 2009.

CHATELAIN, J.-M., « Le *Voyage* de Varthema annoté par Guillaume Budé », *Revue de la BnF*, 2 (1999), p. 67-71.

SANCHI, L.-A., « Guillaume Budé et ses devanciers italiens », *Bibliothèque d'Humanisme et Renaissance*, 65 (2003), p. 641-53.

SANCHI, L.-A., « L'amitié de Guillaume Budé et Janus Lascaris », dans *La Société des amis à Rome et dans la littérature médiévale et humaniste*, Turnhout, Brepols, 2008, p. 383-396.

MARCHAL-ALBERT, L., « La mise en scène d'un philologue par lui-même : Guillaume Budé dans le *De Philologia* (1532) » dans *La Philologie humaniste et ses représentations dans la théorie et dans la fiction*, I, Genève, Droz, 2005, p. 223-252.

CÉARD, J., « Guillaume Budé, lecteur humaniste », in *Des Alexandries*, II. *Les métamorphoses du lecteur* (actes coll. Alexandrie, nov. 1999), Paris, BnF, 2003, p. 233-242.

LECOINTE, J., « Éthos stoïque et morale stoïcienne : stoïcisme et rhétorique évangélique de la consolation dans le *De contemptu rerum fortuitarum* de Guillaume Budé (1520) », in *Stoïcisme et christianisme à la Renaissance*, Paris, ENS (Cahiers Saulnier, 23), p. 35-58.

LA CHARITÉ, C., « Rabelais et le *De contemptu rerum fortuitarum* (1520) de Budé », *RHLF* 108 (2008), p. 515-527.

PONTANI, F., « From Budé to Zenodotus : homeric readings in the European Renaissance », *International journal of the Classical tradition*, 14 (2007), p. 375-430.

CÉARD, J., « Philologie, droit et philosophie selon Guillaume Budé », in *Éducation, transmission, rénovation à la Renaissance*, Genève, Droz, 2006, p. 167-179.

TROISIÈME PARTIE

MODERNISER L'ANTIQUE :
INNOVER DANS LA TRADITION

LA CLÉMENCE DE LA TERRE

Histoire d'un *topos* plinien à la Renaissance

Les pratiques de *translatio* à la Renaissance ont cela de commun dans leur variété qu'elles ne cherchent pas uniquement à restituer un texte, mais aussi à se l'approprier, à, selon le mot utilisé dans l'introduction de la revue *Camenæ* consacrée à ce même sujet[1], l'actualiser. Le sort réservé à un petit fragment de la soixante-troisième section du livre II de l'*Histoire naturelle* de Pline est un bon exemple du visage que peut revêtir cette actualisation et permet d'observer le travail des translateurs sous plusieurs aspects[2]. Ce passage, l'éloge de la clémence de la terre, a en effet été souvent imité par les écrivains du XVIe siècle français,

---

1   *Translations. Pratiques de traduction et transferts de sens à la renaissance*, *Camenæ*, 3, 2007, « Introduction », p. 1. http://www.paris-sorbonne.fr/IMG/pdf/2_Introduction.pdf

2   Précisons que les auteurs étudiés ont travaillé à partir d'un texte fiable. L'*Histoire naturelle* est un texte qui avait à juste titre, à l'aube de la Renaissance, la réputation d'être l'un des plus corrompus de toute l'histoire de la transmission des textes antiques. En raison de son immense succès médiéval, les copies s'étaient multipliées et il est parvenu aux humanistes du XVe siècle dans un état relativement déplorable. Son établissement a suscité des controverses passionnées, en particulier à la suite de la première édition imprimée à Rome en 1470. Mais cette édition vouée aux gémonies a été le point de départ d'un énorme travail philologique, qui aboutit en particulier à la publication des *Castigationes* d'Ermolano Barbaro, si bien que les éditions du XVIe siècle sont relativement fiables. Il nous a été impossible d'établir avec une absolue certitude quelles étaient les éditions utilisées par les différents auteurs examinés ici, mais ils appartiennent tous à la deuxième moitié du XVIe siècle, période durant laquelle les versions du texte qui circulent, dont l'édition très largement diffusée et plusieurs fois rééditée donnée par Érasme chez Froben à Bâle en 1525, diffèrent peu des éditions modernes, en tous cas pour le fragment qui nous concerne aujourd'hui. Antoine du Pinet, le premier des traducteurs de Pline en langue française, dit explicitement qu'il s'appuie sur un texte ayant adopté les corrections du « Dr Barbarus », et d'autre part la comparaison des textes indique qu'il utilise l'édition Froben. De ce fait, les transformations et les déformations subies par le texte dans son passage au français ne sont pas imputables à des leçons fautives, mais toujours à la maladresse ou, plus probablement, à la volonté du translateur. Lorsqu'il y a néanmoins un écart manifeste entre le latin du XVIe et celui d'aujourd'hui, qui explique une traduction curieuse, nous l'indiquons.

car, en décrivant les rapports entre l'homme et sa « mère » la terre, il touche à un point sensible tant de la science que de la théologie et de l'éthique de la Renaissance. Nous voudrions, grâce à l'examen de ses avatars, tenter de mesurer les enjeux culturels et intellectuels qui accompagnent sa *translatio*.

LE TEXTE ET SES AVATARS

Le fragment de l'encyclopédie plinienne que nous allons examiner appartient au livre II, qui expose la cosmologie générale. Pline y définit la nature et le monde, y explique la composition de ce dernier à partir des quatre éléments, puis décrit la structure de la sphère céleste et ses différents mouvements. Il traite alors des phénomènes météorologiques, puis du globe formé par la terre et l'eau, pour finir par les merveilles liées aux éléments (comme les fontaines d'eau chaude). Dans cet ensemble cohérent, qui conduit progressivement le lecteur des cieux vers les entrailles de la terre, le fragment qui nous intéresse occupe une place centrale et fait la transition entre l'examen des différents types de météores (qui relèvent de la sphère aérienne) et l'examen de la sphère terrestre :

Vient ensuite la terre, la seule partie de la nature qui, pour ses bienfaits éminents, ait reçu de notre vénération le titre de mère. Elle appartient à l'homme comme le ciel à Dieu : elle nous reçoit à notre naissance, nous donne ensuite la nourriture et une fois mis au monde nous sert toujours de support ; finalement, elle nous embrasse dans son sein quand le reste de la nature nous a désormais rejetés, en nous couvrant alors surtout comme une mère, et elle n'est jamais plus sacrée que par ce bienfait qui nous rend sacrés aussi, elle qui porte même nos tombeaux et nos épitaphes, qui fait durer notre nom et étend notre souvenir, contre la brièveté de la vie ; elle, la dernière divinité que nous invoquons dans notre colère afin qu'elle soit pesante à ceux qui ne sont plus, comme si nous ignorions qu'elle est la seule à ne jamais s'irriter contre l'homme.

L'eau descend en pluie, se congèle en grêle, se soulève en flots, se précipite en torrents ; l'air s'épaissit en nuages, se déchaîne en tempêtes, mais la terre, bienveillante, douce, complaisante et toujours esclave des besoins des hommes, que n'engendre-t-elle pas sous la contrainte ! que ne répand-elle pas spontanément ! quels parfums et quelles saveurs ! quels sucs ! quels contacts ! quelles couleurs ! Avec quelle fidélité ne rend-elle pas le capital qui lui a été confié ! Que ne nourrit-elle pas en notre faveur ! Car pour les animaux nuisibles, c'est le souffle vital qui est coupable : la terre est obligée de recevoir leurs germes et, après leur venue au monde, de les supporter ; mais la cause du mal est dans les défauts des êtres qui les engendrent. La terre ne reçoit plus le serpent qui a fait à l'homme une morsure fatale et inflige des châtiments même au nom de ceux qui n'en demandent pas. La terre prodigue les plantes médicinales et ne cesse d'enfanter pour l'homme.

Même les poisons, on peut bien croire que c'est par pitié pour nous qu'elle les a créés, pour éviter que dans notre dégoût de la vie, la faim, genre de mort le plus contraire aux bienfaits de la terre, ne nous consume par une lente usure, que les précipices ne dispersent les lambeaux de notre corps, que le supplice du lacet ne nous torture à contresens, en enfermant le souffle que nous cherchions à rendre, qu'une mort cherchée au sein des flots ne mette notre corps en pâture, en guise de sépulture, ou qu'il ne soit déchiré par le tourment du fer. Oui, dans sa pitié elle a produit ces substances si faciles à absorber, pour que nous puissions nous éteindre avec notre corps intact et tout notre sang, sans aucun effort, comme en étanchant notre soif. Après une telle mort, ni les oiseaux, ni les bêtes sauvages ne viennent toucher le cadavre et celui qui est mort pour lui-même est conservé pour la terre.

Avouons la vérité : la terre a créé un remède pour supprimer nos maux, nous en avons fait un poison pour supprimer la vie[1].

Dans ce texte, les thèmes déployés par Pline n'ont pas grand-chose d'original : la critique moderne a souligné leur caractère topique, puisque le thème de la terre-mère traverse toute la littérature latine et que Cicéron, par exemple, a parlé en termes proches du refuge qu'elle offre à notre corps après la mort[2]. Un seul point de ce passage est considéré comme original : l'argument stoïcien par lequel Pline transforme la production des poisons en un élément positif.

Cependant, si l'on considère ce fragment avec l'œil d'un curieux du XVIᵉ siècle, son intérêt est tout différent. Pline, dont le succès est immense, en particulier dans la tradition des livres de merveilles, a aussi à la Renaissance un intérêt scientifique indéniable. Les humanistes puis la Réforme ont essayé de transformer l'*Histoire naturelle* en

---

1   Pline, *Histoire naturelle*, II, 63, éd. et trad. J. Beaujeu, Paris, Les Belles Lettres, 1950. Nous ne donnons que la traduction de la partie qui nous intéresse le plus directement. L'ensemble est donné en latin, en annexe.

2   Cicéron, *De legibus*, II, 56 : « redditure […] terræ corpus et […] quasi operimento matris obducitur ».

une alternative à Aristote, qui régnait sans partage sur le domaine de la philosophie de la nature. Ces tentatives pour remplacer Aristote par Pline dans l'enseignement rénové se sont soldées par des échecs, ou ont consisté à ramener Pline à la norme, c'est-à-dire à gommer les éléments qui s'éloignaient trop de la *doxa* aristotélicienne[1]. Il n'en reste pas moins que, à défaut d'être une alternative réelle, l'*Histoire naturelle* peut apparaître comme une sorte de complément ou de correctif à l'univers aristotélicien, en particulier pour un lectorat humaniste, cultivé et intéressé par les questions scientifiques sans être philosophe. C'est ici un point important : l'éloge plinien de la terre se retrouve de manière visible dans plusieurs textes, littéraires avant d'être scientifiques, tels que l'*Univers* de Pontus de Tyard ou *La Sepmaine* de Du Bartas, mais nous ne l'avons pour l'instant pas rencontré dans des traités universitaires. Il semble donc avoir surtout retenu l'attention d'écrivains dont le but premier n'était pas de prétendre à un exposé méthodique des questions de philosophie naturelle, mais d'utiliser cette dernière dans un cadre intellectuel et littéraire qui la transcende. Notre hypothèse, purement personnelle, est alors que si ce fragment fascine le curieux renaissant, si c'est Pline qui est cité, recopié, imité, plutôt que, sur le même thème, Cicéron ou Lucrèce, c'est parce qu'il est, au contraire de notre perception moderne, senti comme original. Il entre en résonnance avec des questions fondamentales, celle du corps et de son rapport consubstantiel à la matière, en particulier dans la mort, et celle du rapport moral non à Dieu mais au monde. Ce n'est pas la question du microcosme et du macrocosme qui est ici en cause, ni celle de la constitution du corps à partir des éléments, mais celle d'une sorte de relation réciproque entre l'homme et l'univers qui l'abrite. Or cette question ne figure pas dans les livres de science : ce fragment de Pline est donc capital, parce qu'il articule l'étude de la nature du monde avec celle du devenir humain.

Nous allons ainsi examiner quatre textes dans lesquels l'utilisation de ce passage est évidente, mais qui relèvent de gestes techniques et d'intentions littéraires et intellectuelles différentes. Le premier est un fragment du dialogue philosophique consacré par Pontus de Tyard à la

---

1   Voir I. Pantin, *La poésie du ciel à la Renaissance*, Genève, Droz, 1996, p. 38 ; C. B. Schmitt, *Aristote et la Renaissance*, Paris, PUF, 1992, p. 34. Pour une étude détaillée, *cf.* C. G. Nauert, « Humanists, scientists and Pliny : changing approaches to a classical author », *American Historical Review*, 84, 1979, p. 80.

structure du monde, *L'Univers*[1], paru initialement en 1557 et amendé jusqu'en 1587. Il s'agit d'une imitation fragmentaire, insérée dans un dialogue humaniste scientifique, qui confronte diverses opinions et théories, sans résolution finale. Le second texte est un bref fragment du *Theatre du monde* de Pierre Boaistuau, longue description des misères qui frappent l'homme en cette deuxième moitié du XVIᵉ siècle. Nous sommes ici dans le contexte tout autre d'une œuvre qui, en 1558, participe à la remise en question de l'optimisme du « beau XVIᵉ siècle » et remet au goût du jour un pessimisme qui se fait de plus en plus prégnant avec l'avancée du siècle. Le geste est par ailleurs celui d'un compilateur, qui tisse ensemble une multitude d'emprunts à diverses autorités. Le troisième est la première vraie traduction de Pline en vernaculaire français, donnée par Antoine du Pinet en 1562. Avant cette date, le texte de Pline circulait en latin et sous la forme d'une traduction partielle abrégée, le *Sommaire des singularitez de Pline* de Pierre de Changy[2]. Le geste de Du Pinet a peu en commun avec les précédents : c'est celui d'un traducteur qui veut livrer pour la première fois à un large public l'*Histoire naturelle* dans toute sa vérité. Le dernier texte est une réécriture poétique, celle de Du Bartas, dans le « Troisieme Jour » de sa *Sepmaine*. Encore un contexte différent : *La Sepmaine* est un long poème encyclopédique, qui amplifie les premiers versets de la *Genèse*, et un hymne à la Création. Il s'inscrit dans une veine apparemment encore optimiste de la lecture de l'univers. Ces quatre textes prennent donc place en deux décennies, entre 1557 et 1578 (ou 1581, si on retient la version révisée de *La Sepmaine*)[3] ; ils ont été fréquemment réédités jusqu'au tout début du XVIIᵉ siècle et beaucoup lu.

Nous voudrions essayer de montrer, à l'aide de ces quatre exemples, que la *translatio* du texte de Pline s'organise à travers des gestes techniques et littéraires différents, mais en un ensemble cohérent. Celui-ci se joue à deux niveaux : un niveau individuel, par lequel chaque auteur s'approprie, selon des modalités et dans un dessein qui lui sont propres,

---

1   Lors de la réédition notablement enrichie de 1578, qui paraît à Paris chez Langelier, le texte change de titre et devient : *Deux discours de la nature du monde et de ses parties. A sçavoir le premier Curieux traittant des choses materielles et le second Curieux des choses intellectuelles.*

2   Paris, Ch. L'Angelier, 1542. Sur ce texte, voir J. Vignes, « En attendant Du Pinet : Pierre de Changy et son *Sommaire des singularitez de Pline* », *Esculape et Dyonisos : mélanges en l'honneur de Jean Céard*, J. Dupèbe et *alii* édit., Genève, Droz, 2008, p. 459-470.

3   Les textes et leur référence sont donnés en annexe, *infra*, p. 233-238.

le texte source ; un niveau collectif qui, d'un auteur à l'autre comme au sein du lectorat, construit une sorte de réseau, un système d'échos d'une réécriture à l'autre. Autrement dit, les différents avatars du texte de Pline n'organisent pas seulement le transfert culturel et linguistique du fragment antique vers sa réécriture renaissante, ils le mettent en circulation de manière autonome au sein de la culture de cette fin de XVIe siècle, la *translatio* tirant sa valeur et son sens de la référence au texte source mais peut-être plus encore des renvois aux autres réécritures.

LA TRANSLATION, APPROPRIATION COLLECTIVE ET JEU INTERTEXTUEL

Hormis la traduction d'Antoine du Pinet, aucun de ces textes n'est un reflet complet du fragment de Pline. Tous sont à la fois lacunaires et enrichis, et composent, comme attendu, des variations sur le texte source. Dans le même temps, il est frappant de voir que tous signalent leur participation à un même mouvement et semblent se répondre les uns les autres, en transposant avec une grande fidélité la formule très reconnaissable qui figure au tout début du chapitre de Pline :

> Pline : [La terre] nous reçoit à notre naissance, nous donne ensuite la nourriture et une fois mis au monde nous sert toujours de support ; finalement, elle nous embrasse dans son sein quand le reste de la nature nous a désormais rejetés, en nous couvrant alors surtout comme une mère.

> Tyard : La Terre benigne, favorable, et pitoyable mere, nous reçoit naissans : nous nourrit, naiz : nous soustient nourris. [...] Et privez de la vie, elle nous reçoit en son giron, et couvrant le corps.

> Boaistuau : La terre qui est le plus doux des elemens, qui est nostre commune mere de tous, qui nous reçoit estans nez, nous nourrit, et nous sustient, puis en fin nous reçoit en ses entrailles comme en un lict.

> Du Pinet : Ceste douce mere nous reçoit quand nous naissons : nous nourrit estans nais : et estans eslevez, nous entretient et soustient. Finalement quand les autres elemens nous chassent, elle nous reçoit en son sein, et nous couvre comme bonne mere.

Du Bartas : La terre est celle-là qui reçoit l'homme né, / Qui receu le nourrit : qui l'homme abandonné / Des autres elemens, et banni de nature, / Dans son propre giron, humaine, ensepulture.

Ce retour d'un petit fragment quasi-identique d'un ouvrage à l'autre, au point que l'on ne puisse pas, hors contexte, distinguer traduction et réécritures plus ou moins avouées, pointe l'existence d'une dimension collective du mouvement de *translatio*, entendu comme une sorte de jeu culturel. La réécriture du texte, en effet, est nettement individualisée et signale que l'on entre bien dans une lecture personnelle : aucun auteur ne traduit de la même manière ce fragment pourtant éminemment reconnaissable. Elle est en même temps cependant si fidèle au texte source et surtout, si repérable, qu'elle fonctionne comme une sorte de signal pour le lecteur, qui, même distrait, ne peut manquer de remarquer l'emprunt. Grâce à la transformation de ce fragment en une sorte de formule, il entend également nécessairement les échos des autres textes, s'il en a connaissance. Ainsi, quelles que soient les variations et les déformations subies par le passage dans son ensemble, le geste du translateur est, du moins nous semble-t-il, volontairement exhibé. Il appelle d'une part la comparaison entre le fragment nouveau et le fragment translaté, et d'autre part la mise en relation de la translation nouvelle avec celles produites par les contemporains. La *translatio* reçoit ici pleinement son double sens de « traduction » et de « transfert » : par cet écho fidèle à Pline de texte en texte, la circulation du texte source est rendue manifeste et dessine une sorte de cheminement dans la littérature de la seconde moitié du siècle, qui transforme ce fragment de Pline en un lieu. Cette visibilité du texte translaté est d'autant plus nécessaire que la *translatio* peut surgir à un moment où le lecteur ne l'attend pas. C'est ainsi que s'articule le jeu entre la référence topique et le premier niveau de son appropriation par un auteur. Laissons pour l'instant de côté le cas Du Pinet, qui, traduisant, suit l'ordre du texte, pour examiner la manière dont, dans les trois autres cas, le fragment de Pline s'insère dans le texte qui l'accueille.

Pontus de Tyard, d'abord, suit partiellement le même ordre que l'encyclopédie plinienne, puisque *L'Univers* est un dialogue qui expose systématiquement sa matière. Il examine le système céleste et la théorie générale des quatre éléments, puis détaille longuement les différents météores, avant de parvenir au cas de la terre. Or le fragment emprunté, qui chez Pline ouvre la description de la terre, est rejeté en fin de mouvement par Tyard. Celui-ci commence en effet par exposer une doxographie complète des différentes théories élaborées au sujet de la sphère terrestre, puis expose les questions scientifiques qui lui sont liées. La description méticuleuse des différentes régions conduit alors les devisants à évoquer les contrées mythiques des Hyperborées et celles où, selon Platon, vivaient les Méropes, qui ressemblent fort au Paradis terrestre. C'est au cours de la discussion sur ce Paradis terrestre que surgit le passage plinien : il est placé dans la bouche du Curieux, qui répond au Solitaire. Or ce dernier avait précisément inversé le *topos* de la terre-mère en celui, théologique, de la marâtre. Le *topos* plinien est ainsi déplacé par Tyard dans le cadre de la réflexion sur la chute. On comprend alors mieux l'intérêt du fragment tel, précisément, qu'il a été rédigé par Pline, qui est d'aborder la question des poisons. Toute la période est en effet traversée par un débat important pour savoir si la Chute et l'expulsion du couple adamique hors du jardin d'Éden ont rendu la terre-mère cruelle, transformation dont l'apparition des poisons pourrait être le symptôme[1]. En l'insérant dans un passage du dialogue qui traite du Paradis terrestre et non des questions scientifiques, Tyard fait donc entrer ce fragment en résonnance avec les débats théologiques du christianisme, puisqu'il rappelle que ce statut de terre-mère est, pour les chrétiens, historicisé par la Chute, et utilise le *topos* plinien comme élément de controverse.

La reprise du passage par Du Bartas s'inscrit dans une logique similaire, mais le processus de translation concerne autant le fragment de Pline lui-même que son emploi par Tyard. Chez Du Bartas, l'éloge de la terre-mère apparaît dans le cadre du « Troisieme Jour », jour de la séparation de la terre et de l'eau. Signe probable que Du Bartas utilise directement Pline, le fragment retrouve à peu près sa place liminaire : l'évocation de la clémence de la terre s'inscrit entre la description de l'eau répartie à la surface du globe et l'apparition des plantes, s'intégrant ainsi naturellement au récit biblique. Les transformations apportées par Tyard au motif plinien ne sont cependant pas absentes mais différées.

---

1 Sur ce sujet, nous nous permettons de renvoyer à notre article : « Ambiguïtés et difficultés du discours sur les poisons naturels au XVIᵉ siècle », *Poisons et antidotes dans l'Europe des XVIᵉ et XVIIᵉ siècles*, S. Voinier et G. Winter édit., Arras, P.U.A., 2011, p. 15-32.

La description des plantes, qui prolonge, en termes bibliques, l'éloge plinien, constitue une longue parenthèse qui se clôt par l'argument qui, chez Tyard, ouvrait le débat :

> Bien que par le peché, dont nostre premier pere
> Nous a bannis du ciel, la terre degenere
> De son lustre premier, portant de son seigneur
> Sur le front engravé l'éternel deshonneur [...]
> Si fournist elle encor assez ample argument
> Pour celebrer l'auteur d'un si riche ornement. (III, 521-32)

Cependant, le motif ajouté par Tyard est accentué et déplacé : la terre est désormais flétrie et souillée. Du Bartas trace ainsi une voie moyenne entre les deux représentations que Tyard avait dressées face à face par le jeu du dialogue : entre la marâtre, représentation du XVIᵉ siècle, et la terre-mère, représentation antique, il dessine l'image d'une terre affaiblie, qui a perdu de sa fécondité et de sa glorieuse puissance, mais pas de sa clémence, position qu'il défend explicitement :

> Je sçay bien que la terre à l'homme miserable
> Semble estre non plus mere, ains marastre execrable. (III, 765-6)

Chez Boaistuau, entre temps, le *topos* plinien a en effet été mis au service de son exact contraire. Reprenant l'idée, évoquée par Pline, que tous les éléments sauf la terre se dressent contre l'homme, Boaistuau détaille les misères infligées à ce dernier par chacun des éléments, dont il n'exclut plus la terre. Et c'est le thème si particulier de l'éloge du poison qui est ici renversé : « et neantmoins elle produit tous les venins et poisons desquelz nostre vie est journellement assaillie ». Même si Boaistuau ne reproduit pas la suite du fragment et y introduit des thèmes venus d'ailleurs, comme les tremblements de terre, c'est bien l'inversion du passage célèbre qui sert de point de départ à sa description de « l'homme affligé par la terre ». La filiation avec Pline est d'autant plus nette qu'après la question des tremblements de terre, Boaistuau décrit les misères infligées à l'homme par « certains petits animaux » tels que les grenouilles, les chenilles ou les sauterelles, dans lesquels on reconnaît le motif des animaux nuisibles.

L'utilisation du passage chez ces trois auteurs, on le voit, est unie par un fil logique : il est, chez tous trois, articulé sur la question de la

chute, thème évidemment étranger à Pline. Le fragment du deuxième
livre de l'*Histoire naturelle* est devenu élément d'une controverse dans
la représentation du monde, mise en scène sous forme de dialogue chez
Tyard, mais dont on peut aussi considérer qu'elle est en quelque sorte
mise en dialogue par les différents auteurs qui l'utilisent de manière
opposée, semblant ainsi se répondre les uns aux autres.

LE TRAVAIL DU TRANSLATEUR :
LA NORMALISATION SCIENTIFIQUE

Nous sommes cependant pour l'instant restés à la surface du texte,
et il est maintenant temps d'examiner plus en détail certains aspects
des réécritures proposées, en prenant comme point de référence le travail
d'Antoine du Pinet. Le geste de celui qui est ici le seul traducteur est
en effet révélateur de deux choses. La première est la manière dont la
Renaissance a utilisé Pline pour, s'agissant des théories scientifiques, le
ramener à la norme aristotélicienne ; la seconde est la mise en évidence
de l'enjeu que représente ce passage, que son utilisation par Tyard,
Boaistuau et Du Bartas a révélé, et qui influe non seulement sur la
manière d'utiliser le texte, mais aussi sur la manière de le traduire ou
de le réécrire.

Dans la traduction d'Antoine du Pinet, le fragment sur la clémence
de la terre est ainsi d'abord normalisé du point de vue scientifique.
Afin d'inclure plus clairement le rôle plinien de la terre dans le système
élémentaire aristotélicien, qui domine toute la cosmologie renaissante,
il traduit par exemple « *pars naturæ* », « partie de la nature », par « élément », et fait de même avec « *reliqua natura* » (« le reste de la nature »)
qui devient « les autres elemens ». La terre est ainsi ramenée à sa dimension de strict principe matériel parfaitement déterminé ; elle reçoit une
dénomination qui, au XVIe, a une valeur scientifique précise, et perd le
caractère de divinité ou de puissance qu'elle pouvait revêtir chez Pline.
Cela permet également d'inscrire plus clairement que ne le faisait Pline
la terre dans un système de rivalité avec les trois autres éléments, ce
qui permet d'appuyer le texte ainsi transformé sur la grille de lecture

que fournit la philosophie naturelle aristotélicienne, qui analyse les quatre éléments à travers les relations mutuelles qu'ils entretiennent continuellement. Autre point scientifique délicat, la théorie stoïcienne du *spiritus* : le « souffle vital » présent dans le texte latin, responsable de la génération des animaux nuisibles (comme de celle de toute chose), est traduit par Du Pinet par « air infect ». Du Pinet substitue ainsi à la théorie stoïcienne de la génération une théorie qui lui est absolument étrangère, celle de la production de certains animaux par les airs corrompus. Celle-ci, débattue depuis le Moyen Âge[1], s'appuie sur l'analyse des processus de décomposition : ces animaux censés naître par génération spontanée sont ce que la Renaissance nomme en général les « bestes de putrefaction[2] ». Pour que les choses soient bien claires pour son lecteur, le traducteur ajoute une manchette : « Bestes venimeuses engendrées d'infection d'air ». Or la notion d'« air infect » n'a rien à voir avec le *spiritus* stoïcien et la substitution abolit purement et simplement ce point de la philosophie stoïcienne.

La liberté plus grande dont jouit Pontus de Tyard, puisqu'il ne prétend pas être traducteur, confirme ce mouvement : son adaptation du texte de Pline, antérieure à la traduction de Du Pinet, avait déjà remplacé « *pars naturæ* » par « élément ». À la différence de Du Pinet, cependant, il a accompagné ce choix de traduction de trois écarts supplémentaires : il a développé le motif de l'inclémence des trois autres éléments en y ajoutant le feu, qui ne figure pas chez Pline, rétablissant ainsi la quaternaire élémentaire ; il a classé les éléments selon l'ordre canonique, utilisé par les manuels de physique, feu-air-eau, alors que Pline mentionne d'abord l'eau puis l'air ; il a enfin allongé la liste des maux produits par l'eau, la transformant ainsi en un petit inventaire météorologique. La série de Pline – pluie, grêle, flots, torrents – devient brouillards, grêle, neige, pluie, flots et onde, torrents (voir annexe). La paraphrase de Tyard est donc parfaitement transparente, mais elle met en forme le passage qu'elle réécrit à partir des données scientifiques propres à la physique d'Aristote, aussi bien par le choix de l'ordre des phénomènes évoqués que par leur nature. Le thème de la clémence terrestre prend ainsi une connotation scientifique qu'il n'avait pas

---

1   Voir M. Van Der Lugt, *Le Ver, le Démon et la Vierge. Les théories médiévales de la génération extraordinaire*, Paris, Les Belles Lettres, 2004.

2   C'est par exemple le titre d'un chapitre de Cardan dans son *De Subtilitate*.

chez Pline ; il apparaît comme un phénomène étroitement intégré à l'ordre naturel des choses et régi par des lois. Sur le plan stylistique, en revanche, les choix de Tyard vont dans le sens d'une rhétorique de l'amplification, par le jeu des doublets, banal au XVIe siècle mais ici tout à fait efficace (« l'air darde et descoche », « l'eau s'eleve et évapore »), par l'ajout d'épithètes partiellement redondantes (« obscures nuées ») et surtout par l'amplification des images. Le cas de l'air est, si l'on ose dire, le plus transparent : « *ær densatur nubibus, furit procellis* » (« l'air s'épaissit en nuages, se déchaîne en tempêtes ») devient « l'Air souvent espessi en obscures nuées, comme despité, darde et descoche sur nous la fureur des vents et des tempestes ». Le motif plinien est ainsi mis au goût du jour par l'ingestion d'autres thèmes topiques, en particulier le motif scientifique de la sphère de l'air troublé et de la météorologie. Or la météorologie est exemplaire du principe de transformation incessant qui anime les éléments : pour le XVIe siècle, c'est le laboratoire de la chimie élémentaire : l'eau « s'evapore », « s'endurcit », « se desguise », « s'escoule », « s'enfle » et « se precipite ». Ramené ainsi à la norme scientifique aristotélicienne, le *topos* plinien prend également, par le même mouvement, les accents spécifiques à l'aristotélisme renaissant : la mise en avant du caractère muable et instable de la matière.

Ce faisant, il y a cependant un argument qui demeure implicite et que Tyard n'exploite pas : c'est celui de la stabilité de la terre, qualité que l'on déduit *a contrario* de l'incessant mouvement des trois autres éléments. Or, de manière tout à fait frappante, Du Bartas, paraphrasant le même passage, d'une part se rapproche (à nouveau) de l'ordre plinien et ramène le texte à plus de sobriété, et d'autre part conserve la présence du feu. En outre, alors qu'il se montre peu prodigue de détails sur les points qu'amplifiait Tyard, il développe à loisir la donnée qui manquait chez ce dernier, l'immobilité de la terre. Le texte de Pline est paraphrasé de manière exactement inverse à celle de Tyard : il est ramené *a minima*, comme résumé, sans aucune précision de type météorologique ; en revanche, le thème de l'immobilité de la terre encadre le fragment. Longuement développé avant, où il est clairement mis en relation avec la série des éléments (« Car bien qu'il pende en l'air, bien qu'il nage sur l'onde »), il revient en clôture, comme si la clémence de la terre se résumait à sa stabilité. Là où Tyard a choisi d'amplifier le motif en suivant une justification scientifique appuyée sur la météorologie, Du Bartas le légitime par le recours à l'une des sciences les plus appréciées et les mieux connues du curieux de la Renaissance : l'astronomie. Ce n'est pas un hasard : si la météorologie est par excellence la science de l'instable, l'astronomie, science mathématique des réalités immuables, et aussi la science qui permet d'approcher au plus près le Dieu créateur.

Si l'on revient maintenant chronologiquement en arrière, dans ce champ parallèle, d'interprétation inverse, ouvert par le texte de Boaistuau, on s'aperçoit que la mise aux normes scientifiques à laquelle semblent vouloir procéder tous les translateurs a ici aussi son importance. Boaistuau, en effet, amplifie à l'extrême le thème de l'inclémence des trois éléments supérieurs pour ensuite réduire presque à néant le *topos* plinien, tout en faisant qu'il soit parfaitement reconnaissable. Le mouvement de ce long passage (il occupe plusieurs pages dans le *Theatre du monde*) est annoncé de manière générale :

> Que reste il plus à l'homme pour le parfaict comble de toutes ses miseres, veu qu'il n'est pas les elemens qui ne s'eslevent quelquefois contre luy et sont comme tesmoings et ministres de la vengeance et de l'ire de Dieu, contre noz pechez (p. 195).

Suivent « l'homme affligé par l'eau[1] », que Boaistuau cite en premier parce que « c'est le plus ancien et le plus puissant de tous les elemens, comme dict Pline et Isidore[2] », puis « l'homme affligé par le feu » (dont la place se justifie parce que c'est, selon Boaistuau, le plus admirable des éléments et celui par lequel l'Apocalypse répondra au déluge), et enfin les « miseres de l'homme par les foudres, tonneres et tempestes » et « l'homme affligé par l'air[3] ». C'est alors, après l'évocation des airs putréfiés et corrompus, que surgit la réécriture du passage de Pline, transformée en argument *a fortiori*. Bien que Michel Simonin ait vu dans ce passage une imitation du Pogge, nous pensons que la référence

---

1 Il s'agit, comme pour les cas suivants, des manchettes, *cf.* éd. citée, en annexe, p. 195.

2 Boaistuau développe surtout le thème des inondations, dont la connotation est évidemment plus immédiatement biblique : partant du déluge, il évoque ensuite quelques inondations célèbres comme les crues du Nil, une crue du Tibre, une crue à Valence, en Espagne, décrite par Contarini... puis il clôt rapidement le passage par l'évocation des « pluyes, gresles, neiges, gelées, bruines, frimatz et autres semblables injures, qui dependent de la rigueur de cest element ».

3 Boaistuau, en bon compilateur, puise ici à diverses sources, voir les notes de l'édition de M. Simonin.

de Boaistuau est ici Pline, dont l'imitation est presque littérale. Elle fonctionne comme un signal qui invite peut-être le lecteur à considérer que tout ce qui précède, l'extraordinaire amplification de l'inclémence des trois autres éléments, participe à la transformation du texte plinien à partir d'autres sources.

Dans les quatre cas, le texte originel subit donc un même processus de normalisation scientifique (Du Bartas et Boaistuau utilisent eux-aussi le terme « élément », phénomène accentué chez Du Bartas : « Mais des quatre elemens, le seul bas element »), qui permet non seulement au fragment de Pline de voir confortée sa légitimité scientifique, mais surtout de servir de base à des aménagements et à des déformations qui transforment ce texte fortement marqué par le stoïcisme en un chaînon significatif de l'aristotélisme et du christianisme.

CONSTRUCTION D'UN *TOPOS* NOUVEAU

Ce travail de normalisation et d'individualisation conjuguées s'accompagne d'une autre tendance, qui est d'une part, l'atténuation du caractère divin de la terre, et de l'autre l'accentuation de la misère et de la responsabilité humaines. Le premier aspect, net chez Antoine du Pinet, est en partie lié à une leçon fautive du texte de Bâle : le « *nullo magis sacramento* » que l'on peut lire dans la version du XVIᵉ siècle (au lieu de « *nulla magis sacra merito* »), explique la version, par ailleurs largement surtraduite, que l'on trouve chez Du Pinet. Ce n'est plus « la terre sacrée » mais la terre dont « nous recevons ceste grande et diverse ceremonie d'estre tenuz sanctifiez et sacrez », traduction certes liée à une leçon fautive, mais qui insiste sur la valeur religieuse du corps enseveli et transfère à l'acte d'inhumation la sanctification qui, chez Pline, venait de la terre même. Or si ici le latin est corrompu, il n'en va pas de même ailleurs : on s'aperçoit qu'au tout début du passage, le mot « veneratio », pourtant bien présent dans l'exemplaire de Bâle, n'est pas traduit, ni « dea », dans le dernier paragraphe, que Du Pinet rend par « la terre ». Le seul endroit du texte où il conserve le terme de « divinité » est un passage dont la traduction s'écarte notablement du sens plinien, sans que l'on puisse imputer cet écart à une leçon fautive : « *cuius numen ulti-mum iam nullis precamur irati grave* » (« elle, la dernière divinité que nous invoquons dans notre colère afin qu'elle soit pesante à ceux qui ne sont plus ») devient : « Aussi ne souhaite-on jamais à l'ennemy ceste derniere divinité de la terre ». L'hypothèse d'une transformation volontaire du texte, et non d'une erreur de traduction, est appuyée par la présence d'une manchette. Du Pinet explique ainsi : « c'est qu'il soit inhumé, car on souhaite plutost qu'il soit pendu, bruslé ou noyé ». Si « divinité » est ici maintenu, c'est donc dans le sens de « tombeau sacré ».

Si ainsi la terre n'est plus, dans la version de Du Pinet, une puissance divine, l'homme est en revanche plus peccamineux que chez Pline : souhaitant la pire mort à son ennemi, on vient de le voir, il est aussi lâche et poltron. Du Pinet a recours à nouveau à la surtraduction, pour le passage où Pline explique que la terre « inflige des châtiments même au nom de ceux qui n'en demandent pas », qui devient : « faisant elle mesme la punition que la paresse et poltronie des hommes devroit faire ». Il l'infléchit dans le sens d'une condamnation morale. Or c'est l'un des rares moments, avec celui cité précédemment, où la traduction de Du Pinet affecte vraiment le texte plinien. La présence du péché (colère, paresse, absence de pitié) s'inscrit dans la figure de l'homme que dessine la traduction, rappelant implicitement qu'Adam est responsable de la Chute. À l'inverse, le motif de la clémence terrestre est accentué, Du Pinet ajoutant ici un adjectif, « cete povre mere », qui ne figure pas chez Pline. Surtraduisant et modifiant encore une fois le sens du passage, il transforme également le fragment sur l'ingratitude de l'homme : « Car la terre est vraiment la seule partie de la nature envers laquelle nous sommes ingrats : pour quels plaisirs et pour quels outrages ne sert-elle pas à l'homme ? » devient : « autrement nous serions ingratz de tant d'autres biens que nous en recevons [fragment ajouté], veu mesmes que tout ce qu'elle fait est quasi pour le plaisir de l'homme, et non pour luy faire tort ny vilanie [traduction donc le sens n'est pas celui du texte mais sert manifestement le propos de Du Pinet] ».

Enfin, c'est la dernière caractéristique majeure de cette traduction, l'homme pécheur est aussi misérable. Alors que toute la fin du texte est traduite de manière relativement fidèle, le fragment sur le suicide prend sous la plume de Du Pinet des accents pathétiques nettement renforcés, qui servent peut-être également à faire oublier la dimension sacrilège du texte. C'est le passage où les effets de surtraduction sont les plus évidents :

> – *lenta nos consumeret tabe* : qui fait mourir d'heure en heure, les povres humains, et les tient en langueur toute leur vie.
> – *ne lacerum corpus abrupta dispergent* : de peur aussi que de desespoir ilz ne se jettent de hault en bas, et que leurs corps vollent en pieces.
> – *ne ferri cruciatus scinderet corpus* : qu'ils ne se tuent à coup de glaive, dechiquettans povrement leur miserable chair.

Du Pinet se concentre ainsi autant sur la misère de l'homme, inhérente à sa condition, que sur l'horreur du suicide. Il ne tempère l'éloge plinien des poisons que par un infime ajout regardant leur effet sur l'apparence du corps : « encores qu'il y ayt quelque petite alteration ». Ici, curieusement, le geste du traducteur n'a donc pas atténué le sens fondamental du texte, si ce n'est que l'horreur que Pline voit dans le geste suicidaire est étendue par Du Pinet à la condition humaine tout entière. La chair ou la vie sont « miserables » en soi, et l'homme systématiquement « povre » : le texte a donc reçu une évidente teinture théologique.

Sur ce même passage, la comparaison avec le texte de Tyard est tout à fait éclairante. Celui-ci, d'abord, ampute le texte de Pline de sa fin[1], et exhibe au contraire la dimension sacrilège du suicide. La paraphrase de Tyard, plus libre que la traduction de Du Pinet, a ceci de remarquable que, mise dans la bouche du Curieux, elle va pouvoir s'accompagner de précautions oratoires. La prétérition encadre le passage litigieux, par ailleurs intégralement reproduit (« Vrayment si avec Pline je ne l'ose remercier des venins qu'elle produit […] Si (voulois-je dire) je ne l'ose remercercier de cecy »). Tyard, on le voit, a procédé très habilement pour faire ressortir cet épineux fragment tout en le rendant acceptable. Il a d'abord atténué l'aspect emphatique de la série des exclamations du second paragraphe et supprimé l'allusion aux animaux nuisibles : il va donc plus rapidement que ne le fait Pline à la question du poison. Il a ensuite inversé l'ordre du texte, évoquant la question du suicide avant l'évocation de la sépulture qu'offre la terre à l'homme, qui chez Pline

---

1   Les trois derniers paragraphes du texte latin donné en annexe, qui sont ceux que Du Pinet a traduits le plus sobrement et le plus fidèlement, ce qui est peut-être un signe de moindre intérêt.

est au début du passage. La louange va ainsi croissant et se clôt par cette note positive, la plus signifiante pour le lecteur chrétien, quand elle était dans le texte de Pline reléguée au second plan par l'éloge des poisons puis par la description de l'ingratitude de l'homme, que Tyard ne conserve pas. Il a enfin paraphrasé le texte de manière très différente de Du Pinet : il y introduit d'abord une sorte de légitimation du suicide en surtraduisant et en insérant lui aussi des éléments nouveaux dans le texte paraphrasé (« *in tædio vitæ* » : « du long, ennuyeux et miserable vivre de ceux qui travaillez insupportablement »); il a mis plus nettement que Du Pinet l'accent sur la difficulté et l'horreur que constitue, pour lui-même, le geste du suicidaire : « horrible estreinte » du licol, « froide profondeur des puits et des rivieres », « effroyable » précipice, « désespéré force », « s'ouvrir le cœur », sont des détails qui ne figurent pas dans le texte de Pline, si bien que, plus nettement encore que chez ce dernier, l'existence du poison apparaît effectivement comme une bénédiction.

Le sens à donner à cette réécriture peut donc laisser perplexe : le recours à la prétérition semble bien, en effet, n'être qu'une précaution oratoire très visible pour faire entendre l'éloge du poison et la légitimation du suicide. Cela n'est possible évidemment que parce que nous sommes dans un dialogue et que la voix du Curieux n'a pas forcément valeur de vérité. Ce passage, cela va de soit, disparaît de la réécriture bartasienne, dont la foi ne saurait s'accommoder ouvertement d'un tel éloge, et de la réécriture noire de Boaistuau, qui préfère décrire un homme ne parvenant pas à échapper aux misères qui l'accablent.

Nous complèterons ces quelques remarques sur les transformations du texte de Pline par quelques considérations supplémentaires sur cette affaire de poisons. Le texte de Tyard est pour le moins ambigu mais prend sens dans le cadre d'un débat qui oppose plusieurs voix, dont celle des anciens, que tout un chacun pouvait reconnaître. Du Bartas, nous le disions, ne peut et ne saurait faire de même. On rencontre pourtant un écho atténué de l'éloge plinien à un autre endroit du « Troisieme Jour », qui est la description des plantes. Après avoir en effet détaillé l'ensemble des herbes médicinales, Du Bartas énumère avec précision les différents poisons et se lance pour finir dans un éloge pour le moins surprenant :

O boisson magnanime ! ô peste genereuse !
O superbe poison ! ô plante desdaigneuse !

> Qui tue sans escorte, et qui contre nos corps
> Ne veut avec secours desployer ses efforts[1].

Il n'y a ici nulle réécriture du texte de Pline, mais certainement l'écho lointain, et néanmoins transparent, de son éloge des poisons, car vingt après, lorsque Christophe de Gamon écrivit sa *Semaine contre celle du sieur du Bartas*, à la fois éloge et correction du texte bartasien, ce fragment subit une bien curieuse transformation : Gamon supprima purement et simplement tout le passage bartasien sur les poisons. À la place (en remplacement mais aussi à l'emplacement exact du texte où aurait dû prendre place la description des poisons, puisque Gamon suit le plan de Du Bartas plante par plante), on trouve ceci :

> Pline qui ne deffent à ses crayons legers
> De figurer les traits des contes mensongers,
> Dans son tableau tracé de couleurs differentes,
> Grifonne aux simples yeux ces grotesques plaizantes.
> Mais cet amy d'Antoine[2] et ceux qui l'imitant
> Des Simples simplement les vertus vont traitant,
> Ne trahissent menteurs, par ces fausses merveilles
> Du curieux lecteur les credules aureilles[3].

Gamon, accusant Du Bartas d'avoir suivi les « mensonges » de Pline et ainsi abusé son lecteur, supprime donc le passage fauteur de trouble. Que le texte de Pline soit à l'arrière-plan de l'éloge bartasien ne fait donc pour lui apparemment aucun doute. Significativement d'ailleurs, le *topos* plinien de la clémence de la terre est devenu, sous sa plume, presque invisible :

> Mais bien que ronde en soy, bien que pendue ez airs,
> Ta main lui sert de baze, Ouvrier de l'Univers,
> Afin qu'elle en seürté, serve, nourrisse, enfante,
> Les Mortels, comme mere, et nourrice, et servante.
> L'eau s'esleve en broüillas, en neiges s'espaissist,

---

1   G. du Bartas, *op. cit.*, III, v. 655-659.
2   C'est-à-dire Dioscoride, dont Gamon fait l'éloge plus haut dans le texte et qu'il donne comme modèle du discours vrai. On a longtemps pensé à tort (en raison probablement d'une confusion avec un homonyme) que Dioscoride avait été le médecin d'Antoine et Cléopâtre.
3   C. de Gamon, *La semaine contre celle du sieur Du Bartas*, Lyon Claude Morillon, 1609, III, p. 94.

En torrents se desborde, en grele s'endurcist,
Le feu dévore tout, l'air forcene en orage,
En tonnerres marmonne, en tempestes enrage,
S'escartelle en eclairs, s'amoncelle en nueaux,
Et nature fait naistre aux Humains mille maux :
Mais la Terre en bonté plus envers l'homme abonde,
Que nature, que l'air, que la flame, que l'onde[1].

Nous n'avons travaillé ici que sur des textes dans lesquels la réécriture du fragment de Pline était ouvertement visible, mais il faut imaginer que ce texte extrêmement célèbre circule aussi de manière souterraine et se trouve à l'arrière-plan de bien d'autres développements, qui initient une autre forme de *translatio*, plus ténue et plus lointaine. Un texte comme *La derniere Semaine* de Michel Quillian[2], qui décrit la fin du monde, détaille la manière dont la terre se fait uniquement marâtre et refuse de donner à l'homme saveurs, odeurs, couleurs, plantes médicinales et nourriture, et développe à outrance le thème de l'ingratitude des humains fouillant les entrailles de leur nourrice par appât du gain ; chez d'Aubigné, le thème de l'inclémence des éléments se retourne, et les éléments viennent se plaindre à Dieu que l'homme ne cesse de les martyriser[3]. Sans que l'on puisse parler de translation au sens strict, il y a là aussi, plus ou moins directement, des échos du texte de Pline qui confirment ce que nous avons appelé sa mise en circulation autonome. Et sans doute bien d'autres réécritures restent-elles à identifier. Ainsi, de même que la terre est le lieu cosmologique de l'homme, ce chapitre de Pline se constitue-t-il, à la Renaissance, en un « lieu » rhétorique permettant de soulever un certain nombre de questions liées à la présence de l'homme sur terre.

Nous conclurons donc simplement en ajoutant que l'histoire de ce texte révèle le peu de différence entre des gestes techniques que nous séparons de nos jours : traduction, mise en vers, paraphrase, ne se distinguent pas forcément autrement que de manière purement formelle. Dans le mouvement de *translatio*, elles participent bien d'un même

---

1   *Ibid.*, p. 87-88.
2   *La derniere Semaine ou Consommation du monde*, Paris, F. Huby, 1596.
3   Dans les *Tragiques*, en effet, d'Aubigné fait, au moment du Jugement Dernier, s'élever la voix des éléments, qui viennent déposer dans la balance divine le poids des atteintes des hommes à leur encontre, « Le Jugement », v. 767-794.

geste. En revanche, le poids du contexte global et du sentiment propre à chaque translateur cause et détermine profondément le mouvement d'individualisation par lequel s'opère pleinement la *translatio*, même si, à l'arrière-plan, se dessine aussi l'idée d'un jeu collectif et intertextuel, que l'on peut interpréter comme une manifestation de la conscience aiguë de la *translatio studii*.

Violaine GIACOMOTTO-CHARRA
Université Bordeaux 3,
Telem (EA 4195)

ANNEXE

Pline, *Histoire naturelle*, II, 63 (éd. et trad. J. Beaujeu, Paris, Les Belles Lettres, 1950)

Sequitur terra, cui uni rerum naturæ partium eximia propter merita cognomen indidimus maternæ venerationis. Sic hominum illa, ut cælum dei, quæ nos nascentes excipit, natos alit semelque editos et sustinet semper, novissime conplexa gremio iam a reliqua natura abdicatos, tum maxime ut mater operiens, nullo magis sacra merito quam quo nos quoque sacros facit, etiam monimenta ac titulos gerens nomenque prorogans nostrum et memoriam extendens contra brevitatem ævi, cuius numen ultimum iam nullis precamur irati grave, tamquam nesciamus hanc esse solam quæ numquam irascatur homini.

Aquæ subeunt in imbres, rigescunt in grandines, tumescunt in fluctus, præcipitantur in torrentes, ær densatur nubibus, furit procellis : at hæc benigna, mitis, indulgens ususque mortalium semper ancilla, quæ coacta generat, quæ sponte fundit, quos odores saporesque, quos sucos, quos tactus, quos colores ! quam bona fide creditum fænus reddit ! quæ nostra causa alit ! pestifera enim animantia, vitali spiritu habente culpam : illi necesse est semina excipere et genita sustinere ; sed in malis generantium noxa est. Illa serpentem homine percusso amplius non recipit pœnasque etiam inertium nomine exigit. Illa medicas fundit herbas et semper homini parturit.

Quin et venena nostri miseritam instituisse credi potest, ne in tædio vitæ fames, mors terræ meritis alienissima, lenta nos consumeret tabe, ne lacerum corpus abrupta dispergeret, ne laquei torqueret pœna præpostera incluso spiritu, cui quæreretur exitus, ne in profundo quæsita morte sepultura pabulo fieret, ne ferri cruciatus scinderet corpus. Ita est, miserita genuit id, cuius facillimo haustu inlibato corpore et cum toto sanguine exstingueremur, nullo labore, sitientibus similes, qualiter defunctos non volucres, non feræ attingerent terræque servaretur qui sibi ipsi periisset.

Verum fateamur : terra nobis malorum remedium genuit, nos illud vitæ facimus venenum. Non enim et ferro, quo carere non possumus, simili modo utimur ? Nec tamen quereremur merito, etiamsi maleficii causa tulisset. Adversus unam quippe naturæ partem ingrati sumus. Quas non ad delicias quasque non ad contumelias servit homini ? In maria iacitur aut, ut freta admittamus, eroditur. Aquis, ferro, igni, ligno, lapide, fruge omnibus cruciatur horis multoque plus, ut deliciis quam ut alimentis famuletur nostris.

Et tamen quæ summa patitur atque extrema cute tolerabilia videantur : penetramus in viscera, auri argentique venas et æris ac plumbi metalla fodientes, gemmas etiam et quosdam parvulos quaerimus lapides scrobibus in profundum actis. Viscera eius extrahimus, ut digito gestetur gemma, quo petitur. Quot manus atteruntur, ut unus niteat articulus ! Si ulli essent inferi, iam profecto illos avaritiæ atque luxuriæ cuniculi refodissent. Et miramur, si eadem ad noxam genuit aliqua !

Feræ enim, credo, custodiunt illam arcentque sacrilegas manus. Non inter serpentes fodimus et venas auri tractamus cum veneni radicibus ? Placatiore tamen dea ob hæc, quod omnes hi opulentiæ exitus ad scelera cædesque et bella tendunt, quodque sanguine nostro rigamus insepultisque ossibus tegimus, quibus tamen velut exprobato furore tandem ipsa se obducit et scelera quoque mortalium occultat. Inter crimina ingrati animi et hoc duxerim quod naturam eius ignoramus.

L'histoire du monde de C. Pline Second [...], le tout fait et mis en François par Antoine du Pinet Seigneur de Noroy (Lyon, Claude Senneton, 1562, p. 75-76)

Reste maintenant à parler de la terre : laquelle seule entre tous elemens a merité le tiltre de mere, pour raison des grans biens qu'elle fait à tous animaux. La possession d'icelle appartient aux hommes, comme le ciel à Dieu. Ceste douce mere nous reçoit quand nous naissons : nous nourrit estans nais : et estans eslevez, nous entretient et soustient. Finalement quand les autres elemens nous chassent, elle nous reçoit en son sein[1], et nous couvre comme bonne mere. Si que d'icelle nous recevons ceste grande et diverse ceremonie d'estre tenuz sanctifiez et sacrez, estans en son sein. C'est elle qui porte les tiltres et les monumens des hommes : et qui estend la mémoire et renommée d'iceux oultre et par-dessus

---

1   [Manchette] : Periphrase elegante de la mort.

la brieveté de ce siecle. Aussi ne souhaite-on jamais à l'ennemy[1] ceste derniere divinité de la terre : car nous sommes assez informez qu'elle seule entre les elemens ne s'irrite jamais contre l'homme.

L'eau se convertit en pluye et en gresle facheuse : elle s'enfle en flots et en vagues, et assable tout par ses ragaz. L'air s'espessit et se charge de nuées, et tempeste tout par ses orages. Mais à ceste douce, debonnaire et piteuse mere, qui se rend mesmes esclave aux commoditez de l'homme, combien de choses luy fait-on porter par force : et combien en donne elle de son bon gré ? Quelles odeurs et parfums, quelles saveurs, quels jus, quelles et combien de couleurs ? quelz touchemens ? et à quel change et interestz rend elle ce qu'on luy preste ? combien de choses nourrit elle pour l'homme ? Ceste povre mere est mesmes contraincte recevoir les animaux venimeux que l'air infect seme en elle[2], et les supporter et entretenir apres qu'ilz sont faicts. Et par ainsi les maux qui en viennent doivent estre imputez à celuy qui les engendre. Toutesfois elle ne recevra jamais un serpent qui aura mordu la personne : faisant elle mesme la punition que la paresse et poltronie des hommes devroit faire. Au contraire dequoy, elle produit les herbes medicinales : faisant tousjours quelque chose de nouveau pour l'homme.

Mesmes il semble qu'elle ayt produit les poisons, de pitié et compassion qu'elle a de l'homme : à ce que l'homme eust moyen, quand il se fache de vivre, d'eschapper la cruauté de famine[3], (directement contraire à la bonté de la terre,) qui fait mourir d'heure en heure, les povres humains, et les tient en langueur toute leur vie : de peur aussi que de desespoir ilz ne se jettent de hault en bas, et que leurs corps vollent en pieces : ou qu'ilz ne se pendent, se faisant mourir miserablement devant leurs jours, ou qu'ilz ne s'aillent noyer, pour servir d'appast aux poissons : ou que finalement ilz ne se tuent de coups de glaive, dechiquettans povrement leur miserable chair. Par ainsi donques, ayant compassion de l'homme, elle produisit une chose fort aisée à boire pour nous faire mourir sans peine, le corps et le sang entier, encores qu'il y ayt quelque petite alteration, preservant noz corps, par ce moyen, des bestes sauvages, et des oyseaux de proye : à ce qu'estans perduz pour nous mesmes, nous luy soyons reservez comme appartenans à elle.

---

1 [Manchette] : c'est qu'il soit inhumé, car on souhaite plutost qu'il soit pendu, bruslé ou noyé.
2 [Manchette] : Bestes venimeuses engendrées d'infection d'air.
3 Ici, Froben porte « *diræ famis* » et non « *fames* ».

De sorte que à considerer la chose comme elle est, la terre nous a produit le remede contre toutes les calamitez de ceste vie : et nous, au contraire, tenons ce remede pour poyson.

Pontus de Tyard, *Le Premier Curieux* (éd. J. Céard, *Œuvres complètes*, IV, 1, Paris, Garnier, 2010, p. 169-170)

[Hiéromnime parle] [Ils] ont pensé le Paradis surnommé terrestre avoir esté situé entre les mers Caspienne, Persique, et Mediterranée. Mais quelque part que ce fust, le lieu estoit accomodé d'une temperie esmerveillable, dans lequel l'homme sans la desobeissance, eust tousjours resenti la Terre benigne et seconde, à la satisfaction de son appetit. Mais depuis, elle comme ministre de la justice divine, accomplissant les menaces de Dieu, se fait rebourse et difficile à nos desirs : et de mere gracieuse, ou soucieuse nourrice qu'elle estoit, se fait rude, desdaigneuse, et espargnante marâtre. Toutesfois (reprint le Curieux) elle merite encor avec assez de raison le nom de mere, nous favorisant plus qu'aucun autre Element. Car le feu brusle, et deseiche en trop d'extremité : l'Air souvent espessi en obscures nuées, comme despité, darde et descoche sur nous la fureur des vents et des tempestes. L'eau s'esleve et evapore en brouillars, s'endurcit en gresle, se desguise en neige, s'escoule en pluye, s'enfle en flots et ondes, se precipite en torrens, et le tout comme taschant de nous incommoder. Mais la Terre benigne, favorable, et pitoyable mere, nous reçoit naissans : nous nourrit, naiz : nous soustient nourris : et d'un service officieux engendre et produit infinis fruits, et recognoist nostre moindre diligence, d'une abondante et bien payée usure. De quelque liberalité nous respand elle les diverses senteurs, saveurs, liqueurs, gommes, et autres telles siennes gracieuses fertilitez, toutes offertes non simplement au necessaire usage, mais encores à la conservation, et delectation de nostre vie ? Vrayment si avec Pline je ne l'ose remercier des venins qu'elle produit, compassionnée du long, ennuyeux et miserable vivre de ceux qui travaillez insupportablement peuvent avec facilité, en beuvant, avaller presque insensiblement, voire delectablement la mort non douloureuse. Et sont par ce moyen relevez de la peine de s'estouffer, l'esprit resserré dans le cœur, par l'horrible estreinte d'un licol : ou desnaturement se noyer en la froide profondeur des puits ou des rivieres : ou par effroyable precipice, se dessirer brutalement le corps en mille pieces : ou d'une desesperée force, avec leurs propres mains s'ouvrir d'une espée cruellement le cœur. Si (voulois-je dire) je ne l'ose remercercier de cecy, je puis toutes-fois confesser grande obligation de son dernier bien-fait : quand delaissez de toute autre Element, et privez de la vie, elle nous reçoit en son giron, et couvrant le corps, autrement en danger d'estre ensevely aux ventres des chiens, des loups, ou des oiseaux, porte apres nostre vie les monumens, sepulchres et enseignes, qui peuvent d'eternelle durée nous consacrer à l'immortalité.

Guillaume du Bartas, *La Sepmaine* (éd. Y. Bellenger, Paris, STFM, 1981, III, v. 399-416)

> O grand dieu ! C'est ta main, c'est sans doute ta main
> Qui sert de pilotis au domicile humain.
> Car bien qu'il pende en l'air, bien qu'il nage sur l'onde,
> Bien que de toutes pars sa figure soit reonde,
> Qu'autour de luy tout tourne, et que ses fondemens
> Soyent sans cesse agitez de rudes mouvemens :
> Il demeure immobile, afin que sur sa face
> Puisse héberger en paix d'Adam la saincte race.
> La terre est celle-là qui reçoit l'homme né,
> Qui receu le nourrit : qui l'homme abandonné
> Des autres elemens, et banni de nature,
> Dans son propre giron, humaine, ensepulture.
> On void l'air maintesfois mutiné contre nous,
> Des fleuves le desbord desployer son courroux
> Sur les fresles mortels : et la flamme celeste
> Aussi bien que la basse est à l'homme funeste.
> Mais des quatre elemens, le seul bas element
> Tousjours, tousjours se monstre envers l'homme clement.
> C'est *luy seul* qui jamais, tant soit peu ne desplace,
> Du siege qui luy fut assigné par ta grace.
> Bien est vray toutesfois, ô Dieu, qu'estant faché
> Des execrables mœurs d'un peuple desbauché,
> Souvent ta main colere esloche une parcelle
> Et non le corps total de la terre rebelle :

S'aidant des Aquilons, qui comme emprisonnez
Dans ses creux intestins, grommellent, forcenez.

Pierre Boaistuau, *Theatre du monde* (éd. M. Simonin, Genève, Droz, 1981, p. 199)

La terre qui est le plus doux des elemens, qui est nostre commune mere de tous, qui nous reçoit estans nez, nous nourrit, et nous sustient, puis en fin nous reçoit en ses entrailles comme en un lict, et nous garde jusques à ce que nostre Dieu nous appelle pour comparoistre à son jugement, et neantmoins elle produit tous les venins et poisons desquelz nostre vie est journellement assaillie. Et quelquefois par ces tremblemens et agitations internes plusieurs villes ont esté demolies, et plusieurs milliers d'hommes engloutiz aux profonditez de ces abysmes.

L'ANTIQUITÉ AU PRÉSENT

Lire et relire le politique, 1780-1850

Quand Chateaubriand avoue : « j'écrivais l'histoire ancienne et l'histoire moderne frappait à ma porte[1] », le lien organique du vécu politique et de la tradition historique ainsi affiché s'entend dans un rapport éminemment réversible. Et si ce miroir, inversé ou non, proposé aux générations nouvelles, a été très diversement revendiqué, au gré des choix disponibles, la puissance référentielle de l'Antiquité, dans toutes les contradictions qu'elle a pu nourrir, loin de relever de la seule invocation exemplaire, a directement impulsé à la fois le(s) discours et l'action politiques. L'organicité entre la bataille référentielle et la bataille pour la maîtrise du devenir politique est une des dimensions majeures à même de donner des clés utiles pour la lecture de cette période des entours de la Révolution.

Car ce n'est pas seulement le paysage politique qui se trouve bouleversé quand le sujet se mue en citoyen et que l'abolition des droits féodaux sape les bases sur lesquelles reposaient depuis des siècles l'édifice social et l'identité individuelle, définitivement refondée par l'égalité des droits. C'est alors, avec l'effondrement des repères et l'aboutissement de la longue mise en cause des valeurs reçues, dans la tension extrême entre l'individu et la collectivité, l'ensemble des référents qui se recompose en puisant dans l'histoire les chaînes mémorielles capables de fournir des modèles propres à structurer une nouvelle identité collective – pour ne pas parler d'identité nationale –, résolument fondatrice et valorisante, sans laquelle aucune reconstruction n'est pensable.

Pour autant, la prégnance de l'Antiquité, dans la logique du développement des Lumières qui l'ont tant promue dans l'ensemble de l'Europe, ne revêt ni la même intensité, ni les mêmes formes au long de

---

1 Chateaubriand, *Études historiques*, avant-propos, mars 1831, *Œuvres de Chateaubriand*, IX, Paris, Dufour, Mulat et Boulanger, 1860, p. 5.

ce « petit demi-siècle » romantique français auquel je vais m'intéresser
en explorant le stock de référents disponibles, les sélections qui s'y sont
opérées, les recompositions qui se sont progressivement élaborées et
celles qui se sont finalement imposées au sein d'un panthéon national
naturalisé français.

LE FOISONNEMENT RÉFÉRENTIEL
ET LA BATAILLE DE LA *RENOVATIO TEMPORUM*

Tenter de comprendre le fonctionnement de la référentialité, dans
la combinatoire mouvante des diverses temporalités et des idéologies
contradictoires qui s'y croisent, constitue un vaste chantier, au vrai
inépuisable, si l'on veut privilégier dans l'héritage la dynamique mémo-
rielle, qui est le ressort de son efficacité pratique, sociale, culturelle,
idéologique... Quand les textes investissent les *exempla* du passé, c'est,
me semble-t-il, au-delà de la perspective comparatiste, pour offrir des
clés de lecture pour le présent, pour interroger son devenir. Le processus, certes, n'a rien de très innovant. Ce qui est neuf, en revanche, c'est
le contenu qu'il reçoit, et qui est évidemment inséparable de la rupture qui vient de s'accomplir dans la France révolutionnée, laquelle se
construit sur la revendication d'une innovation radicale. Une *translatio*
de très vaste ampleur, qui emprunte des voies plurielles et, on le verra,
souvent conflictuelles.

Sans prétendre dresser un inventaire des référents disponibles ni des
référents sollicités – la tâche tenant de Sisyphe –, le magasin des référents que je voudrais interroger, pour incomplet qu'il soit, n'en dessine
pas moins les contours d'un patrimoine mémoriel, pour démarquer
l'expression de l'abbé Grégoire qui, dès 1782, montre l'importance de
ce qu'il identifie comme *patrimoine culturel* et dont la mémoire nationale,
en voie de constitution, est évidemment partie prenante[1].

---

1   Ce patrimoine qui, dans la France nouvelle en construction, va achever de trouver des
    formes institutionnelles et un statut public, avec l'abbé Grégoire, avec Lenoir, avec
    Millin. Voir Dominique Poulot, *Musée, nation, patrimoine. 1789-1815*, Paris, Gallimard,
    « Bibliothèque des Histoires », 1997.

Ce sont d'ailleurs les tourmentes de la conjoncture – jusqu'à 1848 inclusivement, et même au-delà – qui bouleversent les situations, individuelles et collectives, ruinent les certitudes, affolent les consciences et précipitent les processus d'élaboration intellectuelle, dans une fabrique conceptuelle qui, par à-coups cycliques, tourne à plein régime sur plus d'un demi-siècle. Une fabrique qui puise dans une collection de modèles disponibles.

LE FONDS RÉFÉRENTIEL

Les modèles antiques sont, dans la continuité des penseurs du XVIIIe siècle qui les ont longuement revisités, les plus immédiatement disponibles, intégrés dans des parcours croisés où l'on demande au passé de permettre de dépasser le présent et où prévaut une dynamique mentale qui mobilise des unités de sens d'autant plus efficaces qu'elles récupèrent le poids de la légitimité héritée.

Gage avéré de renaissance, le retour à l'Antique – qui avait tant hanté le XVIIIe siècle, mais que les mutations en cours ont largement recontextualisé –, porteur des lumières de l'esprit et des plus hautes vertus laïques, fournissait une palette suffisamment riche de référents pour séduire les bâtisseurs de la France révolutionnée, détournés avec horreur, au moins dans un premier temps, de la nuit médiévale que nourrissaient la monarchie, l'Église et la féodalité.

Mais, quand se construit un processus d'identité dont la référentialité s'ancre dans la longue durée, la question à laquelle je vais m'attacher – et pour laquelle on ne peut esquisser que quelques pistes en guise d'éléments de réponse – est de savoir dans quelle mesure il était possible de construire durablement une identité nationale sur un rejet, qui est d'abord politique, et qui implique la *tabula rasa*, programmée comme une amnésie volontaire, des codes et des valeurs identifiés comme les suppôts de l'Ancien Régime. C'est en ce sens que je voudrais interroger la référentialité, comprise comme l'émergence, la circulation et la combinatoire – éminemment complexe et parfois contradictoire – de figures et de noyaux culturels auxquels s'attachent des connotations d'ordre politique et social, des valeurs morales et civiques, qui définissent un fonctionnement idéologique et le déploiement d'un régime du sens qui est bien loin d'avoir été un au cours de cette période mouvante où l'on voit le corpus référentiel se restructurer à plusieurs reprises, au travers de résurgences, de recompositions voire d'inversions.

Le culte de l'Antiquité classique, romaine singulièrement, a été perçu comme l'un des instruments de la rupture avec la tradition chrétienne, comme l'une des bases du paganisme révolutionnaire – sinon de ce que Peter Gay appelle un « néo-paganisme » –, le référent de la *Roma Æterna*, retravaillé par la Renaissance, autorisant alors largement, dans sa plasticité, recompositions et rétablissements.

Mais, outre la vulgate, qui balise les voies ouvertes par les philosophes vers la tolérance, la justice et la liberté – depuis les cités phares que sont Sparte et Athènes jusqu'à la Rome triomphale dans toutes ses valences, républicaine et impériale –, des emprunts plus cachés se repèrent. Ils sont lisibles, notamment, à partir de la bibliométrie des éditions et traductions, qui ont bénéficié, on le sait, d'une forte accélération et d'une meilleure qualité au cours de la période pré-révolutionnaire, notamment grâce aux publications chez Didot du philosophe grec Adamantios Corais, installé à Paris, et à l'implication du pouvoir royal[1].

Dans la logique de la *translatio* qui s'opère, une part importante revient, dès les années 1780-90, aux grands classiques grecs – Xénophon, Platon, Thucydide – et à deux auteurs grecs d'époque romaine, Lucien et Plutarque – auxquels il faut ajouter Cicéron, Tacite et Suétone –, qui ne vont plus quitter le devant de la scène. Pierre-Charles Lévesque fait paraître, en 1786, à Dresde, *Les Entretiens mémorables de Socrate*, et son *Thucydide*, en 1795, à Paris ; en 1788, sort, par les soins de l'abbé Gail, chez Didot le jeune, « imprimeur de Monsieur », une édition annotée des *Traités de Lucien, Xénophon, Platon et Plutarque* « faisant partie de la collection des auteurs grecs classiques imprimés par ordre du gouvernement » et qui donne la liste et l'apport des divers contributeurs. Si Jean-Baptiste Gail donne, entre 1797 et 1814, les sept volumes de la traduction complète de Xénophon (avec les traductions partielles de Dacier, Lévesque et Larcher), l'intérêt du volume de 1788 réside dans la sélection opérée, qui propose un choix d'auteurs et de textes où sont abordés les problèmes de la cité, de sa forme, de son destin – alors au centre de toutes les interrogations –, de la liberté, de la justice. Et, même s'il faut attendre, pour Platon, la traduction de Victor Cousin, qui paraît entre 1823 et 1840, les Anciens et leurs positions sont sans cesse sollicités dans ces dix années qui ébranlent le monde, de 1786 à

1	Voir René Canat, *L'Hellénisme des romantiques*, I : *La Grèce retrouvée*, Paris, Didier, 1951, singulièrement le chapitre qui traite de « l'héritage », p. 13-35.

1795, où le politique est questionné comme jamais et où la forme du politique est sans cesse remise en chantier. L'opposition mise en scène par Thucydide entre le caractère athénien et le caractère spartiate – c'est déjà dire entre deux modèles, aussi bien pour la forme de la cité que pour la nature de la liberté – qui est filée par tous, de Madame de Staël et Constant à Chateaubriand, polarise le débat politique. Mais, dès le XVIIIᵉ siècle, on le sait bien, Rousseau, Rollin, Mably, Brissot s'enrôlent dans les rangs spartiates, pour ne rien dire de Robespierre ni de Saint-Just, et rares sont ceux qui, comme Camille Desmoulins ou Cornélius de Pauw, se rangent du côté d'Athènes, conformément à la domination de Sparte dans la tradition pédagogique du XVIIIᵉ siècle.

Camille Desmoulins, qui compte parmi les plus fervents soutiens d'Athènes, apostrophe Brissot d'un :

> Que voulez-vous dire avec votre brouet noir et votre liberté de Lacédémone ? Le beau législateur que ce Lycurgue dont la science n'a consisté qu'à imposer des privations à ses concitoyens, qui les a rendus égaux comme la tempête rend égaux tous ceux qui ont fait naufrage[1].

Mais si, dans la continuité du XVIIIᵉ siècle et de l'esthétique des voyages – parmi lesquels, fameux entre tous, *Le Voyage du jeune Anacharsis* de l'abbé Barthélémy (1788) – la Grèce, au-delà des seuls textes, nourrit l'imaginaire des premières années de la Révolution, force est de constater qu'elle s'éclipse temporairement. La conjoncture l'explique en partie, lorsqu'un coup d'arrêt est mis aux ambitions du comte de Choiseul-Gouffier, ambassadeur auprès de la Sublime Porte jusqu'à son émigration, qui rend impossible de récupérer pour le compte de la France les trésors des antiquités grecques[2], et ce d'autant plus que son agent consulaire à Athènes, le peintre et collectionneur Fauvel, arrêté, ne peut plus concurrencer lord Elgin. Sa collection, confisquée, est dispersée : la voie est libre pour l'Angleterre. Et, compte tenu de la rivalité franco-britannique pour la prééminence en Europe, dans le domaine de la référentialité, la voie est libre pour Rome.

---

1 Camille Desmoulins, *Œuvres complètes*, I, éd. Pierre Pachet, Paris, Belin, 1987, p. 102.
2 Voir Ève Gran-Aymerich, *Les Chercheurs de passé. 1798-1945. Aux sources de l'archéologie*, Paris, CNRS Éditions, 1998, p. 704-705 pour Choiseul-Gouffier et, pour Fauvel, p. 787-788.

BATAILLE RÉFÉRENTIELLE ET CONJONCTURE

La logique de l'approche que je voudrais proposer repose sur des questionnements qui touchent à une relecture de l'histoire, qu'il faut comprendre comme une authentique réinvention. Les voies plurielles de cette *translatio* se lisent dans des expressions très diversifiées, qui embrassent productions textuelles, et plus généralement artistiques, grandes manifestations publiques (on connaît l'importance des fêtes révolutionnaires), tout ce qui ressortit à la scène politique – à la *Polis* –, si bien qu'il faudrait aussi s'arrêter sur le système de la mode, tant celle des prénoms que celle des coiffures ou de la vêture... toutes pratiques qui font intervenir un filtre qui est de l'ordre de la représentation, au double sens que reçoit le terme. La référentialité y relève d'une métaphorisation qui s'élabore, à partir d'unités de sens, comme autant de noyaux ou de segments qui entrent en réseau, en système, pour se recomposer en une philosophie de l'histoire active, pour le présent et pour l'avenir.

Cette inscription de l'histoire – où fiction et virtualité permettent d'explorer et de vivre simultanément voies et impasses successivement et si rapidement frayées ou abandonnées dans l'ordre du réel – s'opère, dans une articulation duelle qui mobilise la double portée de la mémoire, mémoire reçue et mémoire à transmettre, sans cesse menacée et sans cesse relancée. Là se joue la construction d'une nouvelle identité, à la fois collective et individuelle, d'une identité qui ait chance d'être stable et solide à condition de construire de nouveaux codes qui débouchent sur la constitution de référentiels acceptables pour le plus grand nombre.

C'est là un défi majeur, lui aussi largement nouveau, et qui produit très vite une implication neuve des moyens de diffusion de masse, des plus traditionnels, comme le théâtre, aux plus innovants, autour de la presse, singulièrement celle des journaux à feuilletons, où s'expérimentent et se popularisent codes et référents.

Des séquences chronologiques assez bien identifiables rythment la sollicitation des référents antiques.

Grossièrement, on peut distinguer une phase antique globale, inaugurée avant 1789 et où Plutarque occupe, dans la logique des parallèles proposés pour penser le monde, ses transformations et leurs acteurs, une place toute particulière. Mais, quand il faut inventer dans l'urgence les nouvelles règles qui doivent assurer le « vivre ensemble », qu'il faut d'abord ajuster les institutions et trouver les lois adéquates, on fait appel aux grands modèles de législateurs où domine Lycurgue, plus encore que Solon. La rigueur d'une phase spartiate, bien repérable jusqu'en 1794, se voit d'autant plus renforcée que la patrie est en danger et qu'il faut œuvrer pour le salut de tous. Alors l'effort de la collectivité, indispensable et couronné de succès, supporte l'idéal de justice et d'égalité qui accompagne temporairement le triomphe du référent lacédémonien.

Mais, dès le lendemain de Thermidor, c'est le retour d'Athènes, qui polarise la bataille pour la liberté – c'est-à-dire pour le contenu qu'on entend lui assigner –, une liberté égale pour tous ou une liberté que certains conçoivent sans limite et qui doit fondamentalement inclure la liberté des échanges. Et c'est déjà, aussi, l'avènement de Rome, quand se discute la place du peuple dans la structuration de l'État.

Dès lors, avec qui relire la démocratie athénienne ? Avec Platon ou avec Xénophon ? Avec Thucydide ou Polybe, dont la bivalence ouvre les perspectives, utiles aux modérés, d'une troisième voie, celle du centrisme politique et du libéralisme, dont Constant se fait le théoricien et le chantre, excluant le gouvernement du peuple et consolidant les assises de l'État bourgeois ? Mais l'étroitesse des cités grecques dessert l'argumentaire et, même si Athènes, servie par la suite par le philhellénisme, ne disparaît jamais de l'horizon politique, le référent romain sert de correctif durable au référent grec. Car les cités grecques ont été non seulement étriquées mais éphémères, tandis que Rome, Cité-État élargie au cours des siècles aux dimensions du monde, offre le modèle idoine aux ambitions universelles de la Révolution, et même de la Grande Nation. D'autant que le modèle platonicien, revisité par Cicéron, propose, dans sa *République* et ses *Lois*, outre un équilibre pondéré des pouvoirs, une double citoyenneté, théorisée et vécue, susceptible de garantir leurs droits élémentaires aux peuples et nations, conformément à la *Déclaration des Droits*, ce « credo du nouvel âge » selon Michelet[1].

L'imitation des Anciens, leur incessante convocation, quelque critique ou distanciée qu'elle soit parfois, en signale la centralité dans l'héritage culturel reconnu et avoué. Pour autant, cela n'épuise pas l'hiatus qui solidarise Antiquité et actualité, par-delà les siècles, et s'affiche à tous les niveaux, jusque dans la mise en scène du pouvoir, en investissant spectaculairement

---

1   Jules Michelet, *Histoire de la Révolution française*, 1, Paris, Gallimard, « Bibliothèque de la Pléiade », 1952, p. 204-205.

l'ensemble des champs de la réalité sociale et des activités humaines. Ainsi, de la même façon que Bonaparte peut galvaniser son armée d'un « soldats, du haut de ces Pyramides quarante siècles vous contemplent », Dumas peut allègrement « sauter sur 1 800 ans » pour permettre un rapprochement en passe de devenir canonique entre Alexandre, Hannibal, César et Bonaparte dans *Les Compagnons de Jéhu* (1857)[1].

Autant de modèles qui peuplent une galerie de portraits où philosophes et hommes de lettres ont progressivement cédé la place à des modèles plus directement exploitables, législateurs, hommes d'État, grands capitaines, figures héroïques. Parmi lesquels, dans un désordre qui prévaut aussi dans les textes, Prométhée, Romulus, Cincinnatus, les deux Brutus, Marius, César, Alexandre, Énée, mais aussi la Sibylle, qui interroge évidemment les destins, ou Thésée, promu pour avoir réalisé le synœcisme[2]... Un aréopage dont la convocation organise un véritable condensé de politique qui a vocation de lire le présent et de l'orienter. De construire aussi une, sinon la, civilisation contre le risque de la barbarie, l'efficacité de ces emprunts valant par le pragmatisme qui est à l'œuvre dans ces réincarnations.

La galerie de tableaux, précisément, que constitue Corinne, l'héroïne de Madame de Staël, l'illustre au mieux, véritable comprimé en abyme où les grandes figures – Cincinnatus, Brutus, Marius, Bélisaire... – tiennent lieu de fanal[3].

En fait, loin d'une imitation des Anciens, il s'agit d'une inspiration des principes et des modèles éthiques dont l'application n'avait alors été que partielle. C'est la Révolution qui récupère progrès et acquis de l'Antiquité, qui est en charge d'achever le modèle et de l'appliquer, en combinant avec lui liberté, égalité, fraternité et raison.

Un Babeuf en est bien conscient, qui écrit, dans ses notes saisies lors de son arrestation : « l'établissement des tribuns perfectionnera la constitution de Rome ». On ne peut évidemment qu'être sensible à la vectorisation du futur[4].

---

1   Alexandre Dumas, *Les Compagnons de Jéhu*, I, Paris, A. Bourdilliat et Cⁱᵉ, 1859, p. 53-54.
2   C'est-à-dire l'« organisation de la population de toute une région autour d'une capitale politique où siègent et se trouvent les autorités et sanctuaires communs » (définition du *Trésor de la Langue française*).
3   Madame de Staël, *Corinne ou l'Italie*, I, Paris, Lebailly, 1838, p. 94-104.
4   C'est aussi toute la portée heuristique de l'abolition de l'esclavage par les Jacobins, avec la distance critique intégrée, tant dans leur conception que dans leur action politique.

L'INSTRUMENTALISATION DES MODÈLES
ET LA FABRIQUE DE LA MÉMOIRE

Ce va-et-vient entre passé et présent s'expose encore en novembre 1793, quand David propose à la Convention sa nouvelle allégorie du peuple français en Hercule, Hercule pourtant lié, dans la mythologie traditionnelle du pouvoir monarchique, à certains despotes, avant qu'Hennequin, élève de David, n'en renverse, en 1800, le contenu, au profit du nouveau *peuple-roi*, qui allie désormais pouvoir et force sacrée, lesquels s'originent dans les travaux du héros divinisé par les Romains. Et le faisceau des magistrats complète, dans sa panoplie symbolique, la massue du dieu populaire, vainqueur et découvreur de routes nouvelles.

Le stock des référents antiques disponibles est alors abondamment sollicité, mais certains protagonistes, et non des moindres, tiennent à préciser l'actualisation profonde des images et des référents, tel encore Gracchus Babeuf, qui avertit, dans son *Tribun du peuple* :

> Je demande que l'on n'aille pas chercher d'autres acceptions que celles que j'attache à ce mot de tribun. Je veux seulement annoncer par lui l'homme qui va occuper la tribune et, à la vérité, une tribune multiple pour défendre, envers et contre tous, les droits du peuple [...]. Non, il n'y a aucune analogie entre mon tribunat et celui des Romains, quoiqu'avec Mably, et les autres publicistes philosophes, bien contraires à tant de gens qui condamnent ce qu'ils connaissent mal, j'admire comme la plus belle des institutions cette magistrature tribunitienne qui a sauvé tant de fois la liberté romaine.

Une admiration pour le Tribunat, sans doute reçue par la médiation de Machiavel, dont la lecture lui avait été conseillée par son ami Buonarroti. Et Babeuf d'ajouter plus loin :

> Je justifierai aussi mon prénom. J'ai eu pour but moral, en prenant pour patrons les plus honnêtes-gens, à mon avis, de la République romaine, puisque c'est eux qui voulurent le plus fortement le bonheur commun ; j'ai eu pour but, dis-je, de faire pressentir que je voudrais aussi fortement qu'eux ce bonheur, quoiqu'avec des moyens différents[1].

---

1 François Noël Babeuf, *Le Tribun du peuple (1794-1796)*, textes choisis et présentés par Armando Saitta, Paris, U.G.E., 1979, p. 18 *sq.*

Le *Caïus Gracchus* de Marie-Joseph Chénier, écrit en 1791 et créé en 1792, soit sur la scène même de l'histoire[1], vient de souligner que ce qui est alors en jeu c'est la nature même de l'État[2] et, singulièrement pour la France, l'essence de la Nation en gestation et la moralité publique, laquelle doit être, pour l'avenir, garante des changements advenus, autour des principes fondamentaux de liberté et d'égalité :

> Romains, tout doit céder aux communs intérêts ;
> [...]
> Entre les citoyens resserrons la distance,
> Écartons les besoins, arrêtons l'opulence.
> Nous voyons les trésors acheter les honneurs,
> Et déjà nous perdons nos vertus et nos mœurs.
> Si bientôt, dès ce jour, une main prompte et sûre
> Ne guérit de l'État la profonde blessure,
> Je vois dans l'avenir des maux plus dangereux :
> Nos grands seront des rois, ils s'uniront entre eux ;
> Et l'aristocratie, ou le joug monarchique,
> Écraseront enfin la puissance publique.
> S'il fallait partager les biens de vos aïeux,
> Et le champ paternel habité par vos dieux,
> Ma loi commanderait le vol et les rapines ;
> L'État n'offrirait plus que de vastes ruines :
> Mais aux patriciens quel pouvoir a transmis
> Les champs des nations, les biens des rois soumis[3] ?

Tirade prophétique quand on sait à quoi vont aboutir les mutations dans la France restaurée, singulièrement celle du « Barème couronné[4] ». De fait, en pleine discussion sur la propriété, avec les transferts qu'autorise la

---

1   Alors que la tragédie « court les rues », selon le mot que rapporte Sénac d'« un poète tragique à qui l'on demandait, au commencement des scènes sanglantes de la révolution, s'il s'occupait de quelque ouvrage » et qui « répondit : *"la tragédie à présent court les rues"* », Sénac de Meilhan, *L'Émigré*, I, Grenoble, Roissard, 1960, préface, non paginé.

2   Même si la portée réelle de leur politique n'est pas pleinement comprise, comme le note Andrea Giardina dans Andrea Giardina, André Vauchez, *Rome. L'idée et le mythe du Moyen Âge à nos jours*, Paris-Rome, Fayard-Laterza, 2000, p. 102.

3   Marie-Joseph Chénier, *Caïus Gracchus*, dans *Caïus Gracchus, Tibère, deux tragédies politiques*, éd. Pierre Frantz et François Jacob, Saint-Malo, Éditions Cristel, 1998, p. 29.

4   Pour reprendre l'expression que Stendhal forge dans *Lucien Leuwen* pour désigner celui que les journaux d'opposition appellent communément « Harpagon » ou, métonymiquement, « Cassette », et qui n'est autre que Louis-Philippe. Mais *Cassette* ou *Barème couronné*, le sémantisme, en tout cas, s'impose, directement indexé sur les cours de la Bourse.

vente des biens nationaux, le jeu concurrentiel des référents et le recours à l'antique s'imposent bien dans la redéfinition du paysage public.

Inspiration dans l'essence du modèle donc, plutôt que réduplication béate. Tel est l'horizon tracé aux acteurs de la nouvelle France, confrontés, au reste, à une pluralité référentielle grosse d'antagonismes de fond. Mais cette présence des héros antiques habite si fort le présent que Chateaubriand, dans une vision plutarquéenne, n'hésite pas à rhabiller à la grecque les Français et à leur faire habiter les trois régions de l'Attique où s'affrontent trois partis qui œuvrent à la construction de la nation : la Montagne, où siègent les « citoyens les plus pauvres de la république qui voulaient une pure démocratie », vrais « Jacobins d'Athènes », la Plaine, où les « riches possesseurs de terres [...], trouvant que le législateur avait trop étendu le pouvoir du petit peuple, demandaient la constitution oligarchique, plus favorable à leurs intérêts [...]. C'étaient les Aristocrates », et la Côte où, tels d'authentiques « Modérés », les « négociants [...], également effrayés de la licence des pauvres et de la tyrannie des grands », penchaient pour « un gouvernement mixte, propre à réprimer l'une et l'autre[1] ».

Et la filiation vécue est bien là, quand bien même Chateaubriand se récusera dans l'édition de 1826 de ses œuvres complètes : « comment a-t-il pu me tomber dans la tête, que les trois partis athéniens [...] se retrouvaient dans trois sections de la Convention nationale ? », ajoutant : « Pisistrate et Robespierre, Mégaclès et Tallien ! Je demande pardon au lecteur de tout cela. J'ai plus souffert que lui en relisant ces pages. Il y a peut-être quelque chose dans ces portraits, mais à coup sûr, ce n'est pas la ressemblance[2] ».

Dans cette vulgarisation commentée du recours à l'antique, l'actualisation est bien là. Pas seulement pour dresser l'impitoyable constat de l'impossible perfection politique qu'Athènes même, qui en fut la plus proche sans doute, n'a pu approcher que dans l'idéalité. Elle est là aussi pour qui veut promouvoir le bonheur, indissociablement lié à la liberté. Et à la liberté républicaine, celle que les cités grecques, précisément, ont, les premières dans l'histoire, construite sur la chute des

---

1 Chateaubriand, *Essai sur les Révolutions*, dans *Essai sur les Révolutions, Génie du Christianisme, Défense du génie*, éd. M. Regard, Paris, Gallimard, « Bibliothèque de la Pléiade », 1978, p. 70-71.
2 *Ibid.*, p. 73.

rois et fondée sur l'avènement des lois. Car ici, le référent antique est fort du parallélisme symbolique quotidiennement sollicité dans la bataille engagée à la fois pour la forme politique et pour la forme du politique. Et la bataille reprend, qui a opposé, dans l'histoire, les deux modèles incarnés de cité qui se trouvent d'emblée au cœur des enjeux, mobilisant la double dimension de la liberté et de l'égalité politiques. Mais dans ce combat collatéral, les lois de Sparte la vertueuse pèsent peu, surtout, on l'a vu, après Thermidor, face à l'éclat d'Athènes, bâtisseuse et marchande, que les écoles et les écrits de ses philosophes ont tôt promue cité idéale et modèle d'universalité, ce qui vaut singulièrement pour la France bourgeoise en gestation. L'invention de l'État dans la France révolutionnée, inscrite dans la suite logique des penseurs du XVIIIe siècle[1], doit répondre aux besoins immédiats et radicalement nouveaux, en établissant des bases, institutionnelles et législatives, garanties par la Constitution. Dans ce travail prométhéen, les pères fondateurs des premières assemblées révolutionnaires, Constituante et Législative, en appellent aux grands ancêtres, avec, sur le devant de la scène, la figure du législateur – Lycurgue et Solon en tête, mais aussi Dracon[2]. Dans l'affrontement, bientôt sans merci, qui s'engage dans les assemblées et dans le pays, ces modèles s'imposent partout, dans la teneur des discours, au sein d'une éloquence politique ressuscitée.

Dès août 1789, la *Déclaration des droits de l'homme et du citoyen* affiche l'ambition inaugurale de mettre l'homme libéré des liens féodaux au cœur du dispositif officiel de la société nouvelle avec les garanties que lui assure, dans l'égalité, son statut de citoyen. En cela, le référent antique fonctionne comme un et indivisible, qui fait de la citoyenneté l'accomplissement de l'humanité des hommes. À partir de là, s'ouvre le faisceau des possibles pour inventer la forme que doit prendre le politique au moment où est légitimée l'intervention des citoyens, dans l'exercice de leurs libertés et dans l'équilibre des pouvoirs. Alors, au sein de la bataille référentielle engagée, se reconstruisent les bases d'un art

---

1 Voir Jean-Marie Goulemot, « Du républicanisme et de l'idée républicaine au XVIIIe siècle », *Le Siècle de l'avènement républicain*, édit. F. Furet, M. Ozouf, Paris, Gallimard, 1993, p. 25-56.

2 Par exemple : « Le besoin d'une constitution déterminée se faisait sentir de plus en plus. Dracon, philosophe inexorable fut choisi pour donner des lois à l'humanité. […] pr[enan]t les passions pour des crimes, [il] sembla prononcer un arrêt de mort contre le genre humain », Chateaubriand, *Essai sur les Révolutions*, p. 66.

de vivre ensemble dont les acteurs savent qu'il est décisif pour assurer leur héritage et leur mémoire.

Au reste, ce n'est pas seulement l'héritage qui est en question, mais bien, et peut-être au premier chef, la mémoire récente et, *a fortiori*, la mémoire immédiate, qui sont un enjeu permanent de cette époque, avec tous les problèmes que posent à la fois la réception et la transmission de l'héritage, quand le passé récent se constitue lui-même immédiatement en référent.

On le voit, le schéma chronologique doit être considérablement affiné dans le détail, plus que je ne peux le faire ici, mais on peut constater que si, jusqu'à la proclamation de la République, le référent antique fonctionne solidairement, une fois acquis l'avènement du nouveau régime, son énergie est relancée, qui ouvre sur une véritable polyphonie.

Si Athènes et Rome ont été ramenées par la Révolution, c'est cette *translatio* qui réactive une véritable bataille autour du référent antique et, avec elle, une *rénovation* cyclique *des temps*.

La référence à l'Antiquité semble donc inusable, quoi qu'en dise Stendhal qui, dans un compte rendu de juillet 1825 pour ses lecteurs du *London Magazine*, s'appuie sur *La Gaule poétique*, l'ouvrage de Marchangy, qui dresse un « catalogue *descriptif* de tous les sujets de tragédie et de poème que peut fournir notre histoire de France » pour en conclure :

> Les malheurs d'Œdipe et des Atrides commencent à être hors de mode en France, notre tragédie ne s'occupe plus que rarement des Grecs et des Romains[1].

Et Stendhal de rappeler un vers de Berchoux devenu proverbial : « Qui nous délivrera des Grecs et des Romains ? » Il n'empêche, si éclipse il y a, elle est des plus courtes s'il faut dater le « retour à l'antique » de 1830 et bien plutôt faut-il conclure à l'actualité non démentie de Grecs et de Romains qui habitent toujours le présent. Au reste, l'Institut a contribué, sous Louis-Philippe, au retour d'un conservatisme que certains ont lié au retour de l'antique. Quant à la propre pratique stendhalienne à l'égard du référent antique, de la Grèce et, surtout, de l'Italie, elle témoigne des mêmes embarras que ceux qui arrêtent Ingres, quand l'Italie est à jamais pour lui et par essence la terre de la Renaissance.

---

1 Stendhal, *Paris-Londres*, chroniques, éd. Renée Dénier, Paris, Stock, 1999, p. 474.

Les vertus palingénésiques de Rome, célébrées dès l'Antiquité, rejouent à plein. En témoigne le thème de la Régénération, célébrée à Paris en 1793, sur les débris de la Bastille, par une fontaine symbolique que l'on doit à David et, à Rome, par une fête solennelle en 1799, donnée dans la basilique de Maxence.

LA VOIX DU SIÈCLE ET LE RENOUVELLEMENT RÉFÉRENTIEL

La « brèche » ouverte par la Révolution – je reprends ici une expression de François Hartog[1] – a, de fait, bouleversé les termes de référentialité et d'exemplarité reçus, de façon, me semble-t-il, moins systématique qu'on a pu le dire.

Sans renverser totalement les signes, elle en a, sinon toujours inversé, du moins réorienté les lisibilités, en s'inscrivant dans la continuité des Lumières, de Montesquieu singulièrement – avec toutes les transformations apportées à cet héritage majeur –, ce qui engageait pour l'avenir la mémoire nationale en voie de recomposition, alors même que la Révolution avait déclaré des ambitions universelles : celles de faire elle-même exemple et mémoire pour l'Europe et pour le monde.

Le processus révolutionnaire, au moment où il se déroule sur la scène de l'histoire, fait parvenir à la conscience immédiate la valeur de la mémoire comme essence même de la nation. Il en va de la transmutation de l'expérience vécue en sublimé d'histoire, en héritage. Les réflexions théoriques et largement désincarnées sur les régimes politiques, devenues traditionnelles depuis Montesquieu, pour fondatrices qu'elles aient été dans la formation civique des esprits[2], se sont vues périmer par *La Déclaration des droits de l'homme et du citoyen*, qui instaure un rapport résolument nouveau entre le moi individuel et la *res publica* une et indivisible.

---

1   François Hartog, *Régimes d'historicité. Présentisme et expériences du temps*, Paris, Seuil, « La Librairie du XXIᵉ siècle », 2003 ; voir notamment p. 12-17.

2   C'est un mouvement général dans la pensée européenne et la philosophie de l'histoire anglaise des XVIIᵉ et XVIIIᵉ siècles sollicite tout autant l'histoire romaine, de Harrington, avec son mode de gouvernement idéal qu'il nomme *Antick balance*, à Locke ; de Hume à Gibbon et à Adam Smith. Voir Laure Lévêque, « *Corinne* ou Rome : une réécriture de l'histoire », *Madame de Staël* : Corinne ou l'Italie, « l'âme se mêle à tout », Paris, SEDES, *Romantisme*-Colloques, 1999, p. 143-154.

La Révolution a consacré, de façon irrémédiable, un nouveau rapport au monde : il y avait un *avant*, y aura-t-il un *après*, et lequel ? L'histoire se charge d'irréversible, les lisibilités se brouillent et cette fracture sans précédent comme l'accélération du temps historique mettent en branle des processus de l'urgence et impliquent des positionnements clairs, sous peine de perdre la maîtrise symbolique de l'histoire et de son propre destin.

Un parcours comme celui de Madame de Staël l'illustre. Fille des Lumières, elle débute en littérature en proclamant sa foi, directement héritée de la perfectibilité rousseauiste, dans le progrès de l'humanité. Son premier roman, *Delphine*, en 1802, dédaigne le prisme antique pour s'ancrer directement dans une temporalité révolutionnaire très précise. Pourtant, en dépit – interactivité avant la lettre – du double dénoue-ment qu'offre *Delphine*, qui emporte avec lui des enjeux qui interrogent l'interprétation de la Révolution et qui renvoient aux deux voies alors potentiellement ouvertes, la voie jacobine – à laquelle Madame de Staël adhère parce qu'elle est porteuse d'universalité dans la liberté – et la voie fédéraliste s'avèrent, pour elle, sans issue, au moment où l'emporte alors une troisième voie, bonapartiste puis napoléonienne.

Madame de Staël se laisse un temps séduire par l'équilibre affiché du régime de celui qui est alors Premier Consul. Elle voit alors en lui – comme beaucoup du reste –, dans cette affiliation à la tradition républicaine de Rome, la préservation des acquis révolutionnaires et le retour à un ordre, stable et rassurant, de la société et des institutions. Ici joue à plein la puissance politique du référent romain, riche de ses capacités institutionnelles, juridiques et militaires, et c'est précisément ce pourquoi Madame de Staël ne peut donner son *consensus* au tournant césariste du régime, que manifeste la proclamation de l'Empire. Cinq ans après *Delphine*, elle signe – en 1807, donc – avec *Corinne* un roman de combat, de *combats pour l'histoire*, qui cache – mal – un manifeste. Si mal que Napoléon ne s'y trompe pas, qui dénonce le livre comme « anti-Français[1] ». Bon lecteur, comme à l'accoutumée, Napoléon[2] a

---

1 Simone Balayé, « *Corinne* et la presse parisienne de 1807 », *Mme de Staël, écrire, lutter, vivre*, Genève, Droz, 1994, p. 262 ; Laure Lévêque, *Corinne ou l'Italie de Mme de Staël, poétique et politique*, Paris, Éditions du temps, 1999, notamment l'introduction, p. 5-32.

2 D'autant qu'il n'hésite pas à se confronter à une seconde lecture de *Corinne*, *cf.* Emmanuel de Las Cases, *Mémorial de Sainte-Hélène*, Paris, Seuil, « l'Intégrale », 1968, p. 418.

bien su entendre *Corinne*, et repérer, derrière le masque de la fiction, le laboratoire expérimental où Madame de Staël expose les enjeux qui se nouent alors, au niveau du continent, engageant les options référentielles pour l'avenir de la gouvernabilité en Europe. L'exécration dans laquelle Napoléon prétend maintenir *Corinne* et son auteur comme le déchaînement hostile de la presse, ce pouvoir naissant, témoignent *a contrario* de la pertinence des questionnements posés et de la nouveauté du ton et des modalités de problématisation. C'est bien là l'indice que *Corinne* constitue l'acmé de l'exposition comme de la mise en perspective des modèles réellement disponibles.

L'intrigue est éclatée sur trois pays – Italie, Angleterre et France –, qui emblématisent des destins politiques et profilent des ethnotypes autorisant combinatoires et recompositions, et cela d'autant mieux que l'héroïne éponyme, de mère Italienne et de père Anglais, porte en elle des espoirs de métissage et de fusion qui s'avèreront impossibles.

Si l'Italie (qui sous-titre l'ouvrage) propose une voie où Cités-États et Communes militent contre l'unité, si l'Angleterre offre la voie révolutionnée (et même deux fois) de la monarchie constitutionnelle où *Habeas corpus* et Chambre des Communes assurent des garanties démocratiques, que peut la France ? « Tiers absent » du roman[1] – les héros ne la foulant jamais, au prix parfois d'invraisemblables contournements –, elle n'est concernée que par un *flash-back*. *Flash-back* éminemment sensible, pourtant, qui nous ramène sous la Révolution. La France peut-elle apporter encore cette régénération, universelle et humaniste, qu'elle avait promise ? Dès lors, cet oubli volontaire est la forme même du questionnement. Dépassant ses erreurs de *Delphine*, Madame de Staël comprend qu'elle ne peut avoir chance de répondre qu'en délocalisant le problème. Et c'est à Rome – à sa ville, à son histoire, à son mythe – qu'elle confie cette herméneutique.

L'ouvrage se charge d'une dimension symbolique exceptionnelle lisible dès l'*incipit* qui voit l'héroïne, poétesse revêtue des lauriers, couronnée au Capitole au terme d'une *pompa* triomphale où s'opère la réversion de la qualification par les armes vers celle des arts et de l'esprit. Un ouvrage dont la portée excède de très loin les enjeux strictement romanesques quand, si Madame de Staël récupère pleinement le mythe, c'est loin de

---

1   C'est le rôle moteur de cet oubli volontaire du pôle français que j'ai montré dans « Le tiers absent : la France », *Corinne ou l'Italie de Mme de Staël, poétique et politique*, p. 112-121 ; sur la pluralité des modèles, voir l'ensemble du chapitre II, p. 99 *sqq.*

toute de toute réitération servile, elle qui le réinvente à chaque instant à des fins à la fois personnelles et directement politiques.

C'est cette dimension qu'a clairement perçue Napoléon, préoccupé alors de susciter un équivalent symbolique à l'épopée que lui se charge d'écrire à la pointe de l'épée. Là encore, les modèles antiques fournissent l'horizon de référence et cette fois, spécifiquement, c'est le siècle d'Auguste qui sert de miroir au nouveau tuteur de l'Empire, en quête d'un nouveau Virgile qui héroïse sa geste. Mais de Mécène, point, et Fontanes, un temps pressenti pour le rôle, s'avérant incapable de l'assumer, c'est à Napoléon lui-même qu'échoit la mise en forme de la *mnémotechné*, cette « fabrique de la mémoire » qu'assumera le *Mémorial*.

Le projet, pour construit qu'il soit, peine à trouver les artisans de qualité qui puissent lui prêter la main. De fait, autant l'encouragement des arts trouve un écho sensible auprès des peintres et des sculpteurs qui, au-delà des commandes officielles, suivent les grandes orientations du régime et en magnifient l'image pour l'éternité, autant la littérature fait entendre une voix discordante – qui monte parfois depuis l'exil – et ne consent pas à chanter *la voix de son maître*[1].

Dans ce contexte, assurément, Madame de Staël était fondamentalement inapte à entrer dans le rang des thuriféraires du régime que Napoléon souhaitait rassembler dans une école officielle. L'amour de Virgile, que partagent Corinne et Napoléon, nouvel Énée, ne suffit donc pas pour que Madame de Staël, qui se veut Sibylle[2], accepte de louer le destin et de se muer en panégyriste ou en hagiographe, car l'essentielle plasticité du référent antique, que l'on touche là du doigt, ouvre et laisse libres de multiples voix interprétatives.

C'est durant la période impériale que les stéréotypes et les archétypes qui traversent le temps et participent d'une nouvelle vulgate vont se trouver sacralisés par l'enseignement – de l'école à l'Université – qui a charge de la diffuser, notamment par les manuels scolaires – qui

---

1   Voir *L'Empire des muses. Napoléon, les Arts et les lettres*, édit. Jean-Claude Bonnet, Paris, Belin, 2004.

2   Le personnage de Corinne, divine improvisatrice, est puissamment travaillé en ce sens. Iconiquement, quand le premier des tableaux dramatiques que renferme sa fameuse galerie de Tivoli est consacré à Énée conduit par la Sibylle. Métaphoriquement, quand le dispositif narratif fait de la Sibylle le premier des comparants d'une Corinne « vêtue comme la Sibylle du Dominiquin » (p. 38), « sibylle triomphante » au Capitole, où elle « entr[e] dans le palais préparé pour la recevoir » (p. 39).

promeuvent des événements ou des moments-types, des figures archéty-
pales, des valeurs-repères – et les livres de prix. À la trilogie fondatrice
liberté, égalité, fraternité font cortège vertu, courage, honneur (on pense
évidemment à la Légion d'honneur), foi et fidélité, qui garantissent les
acquis de la Révolution et fondent la confiance en l'avenir.

Cette vulgate, qui connaîtra son plein développement dans la seconde
moitié du XIXᵉ siècle, jusqu'à sa formalisation avec l'école de Jules Ferry,
entre alors dans les turbulences référentielles que ramène la Restauration
qui revalorise, au détriment du référent antique, l'esthétique troubadour,
quand bien même il n'y a pas exclusion de ces deux références, dont le
fonctionnement relatif est bien plus subtil qu'on a pu le dire.

LE GÉNIE DES SOUVENIRS[1]
ET LA REPRÉSENTATION DE L'HISTOIRE

Le recours millénaire à la tradition, si puissamment sollicitée, peut-il
alors servir de fanal et comment en évaluer la pertinence ? Ce n'est pas
un hasard si les acteurs de l'histoire, tout comme les héros de fiction, du
roman ou de la scène, cherchent à court-circuiter les voies trompeuses
de l'histoire. Dans l'impasse du présent, l'échec à retrouver le paradis
perdu pousse les romantiques à interroger le *génie des souvenirs*.

En questionnant les relectures de la tradition il paraît possible
d'apprécier leur dynamique créatrice, quand émergent de nouvelles
pratiques expérimentales, y compris dans l'écriture. Quand les modèles
explorés, de l'Antiquité à la Renaissance et même au-delà, aussi bien
sur la scène politique que dans les textes, offrent leur corpus référentiel
– décors, ruines, modèles, grandes figures d'ancêtres, valeurs, concepts,
vision du monde, structures du politique, etc. – au moment où triomphe
le monde nouveau – le nouveau monde ? – et où s'affirme ce qu'avec
Chateaubriand il faut bien appeler la *morale des intérêts*[2].

---

1 L'expression, qui témoigne de l'obsédant retour au passé lorsque le présent échoue à se
    constituer une lisibilité propre, vient du *Corinne* de Madame de Staël.

2 Celle-là même qui donne son titre à un célèbre article de Chateaubriand dans le *Conservateur*
    du 3 décembre 1818. Il y soutient qu'elle « a plus corrompu le peuple dans l'espace de

Dès lors, l'exploitation de la mémoire s'avère impuissante, pour les héros romantiques, à assurer le renouvellement des temps; l'âge d'or, pour eux, s'éloigne et les promesses non tenues du vieux continent n'apportent que déceptions, ouvrant nécessairement sur un nouvel ailleurs, géographique celui-là. Mais le rêve de régénération que certains ont poursuivi dans cette nouvelle Rome que prétend être l'Amérique, échoue dans la réalité du nouveau monde, et le naufrage du monde d'hier n'empêche pas celui d'aujourd'hui[1], laissant intacte l'urgence de re-construire le rapport au monde.

Laure LÉVÊQUE
Université de Toulon,
laboratoire Babel

---

trois années que la révolution dans un quart de siècle », *Politique. Opinions et Discours, suivis de la Polémique*, dans *Œuvres complètes*, X, Paris, Eugène et Victor Penaud Frères, 1849, p. 349.

1   Pour Chateaubriand, « il s'agit bien du naufrage de l'ancien monde lorsque nous nous trouvons engagés dans le naufrage du monde moderne », *Mémoires d'outre-tombe*, 3, éd. Pierre Clarac, Paris, Le Livre de poche, 1973, p. 269.

TRADUIRE HOMÈRE AUJOURD'HUI

L'*Odyssée* de Philippe Jaccottet

Depuis le XIXe siècle, la majorité des lectures d'Homère sont infor-
mées par le regard du philologue : à cet égard, un exemple remarquable
est, sur l'*Odyssée*, le travail de Victor Bérard[1], que Philippe Jaccottet
commente en 1955.

> Victor Bérard pensait que l'*Odyssée* avait sa source dans des « Instructions
> nautiques » phéniciennes ; que chaque lieu évoqué par le poème, chaque port,
> chaque écueil, chaque forêt, devait être repérable, et photographiable par le
> bon photographe Boissonnas de Genève. Il pensait aussi que les palais décrits
> dans l'épopée ne devaient être ni plus vastes ni plus somptueux que ceux que
> les fouilles mettaient au jour à Mycènes, ou à Tyrinthe[2].

Jaccottet s'interroge sur le véritable objet de Victor Bérard :

> Ainsi, j'étais tout prêt à proclamer que M. Victor Bérard avait passé sa vie
> au service de l'*Odyssée* [...] ; mais tout ce travail, toute cette science, toutes ces
> années ne furent-ils pas plutôt, en définitive, au service d'une idée qu'il s'en
> était faite, et qu'il fallait à tout prix démontrer, puis défendre[3] ?

Face à une telle conception de l'épopée, et à une telle inversion des
rôles, Philippe Jaccottet réclame, en quelque sorte, le droit à la poésie
et critique dans un même élan l'obsession philologique pour les « ren-
seignements[4] », autant que la « passion subjective[5] » que cette dernière
dissimule. Il ne s'agira donc pas pour lui, on s'en doute, de situer sa
traduction de l'*Odyssée* dans une telle perspective de spécialiste : « C'est

---

1   Voir V. Bérard, *Introduction à l'*Odyssée, 3 vol., Paris, Les Belles Lettres, « CUF », 1924-1925.
2   Ph. Jaccottet, Postface à Homère, *L'Odyssée*, trad. Ph. Jaccottet [1955], Paris, La Découverte,
    1982, p. 402.
3   *Ibidem*, p. 401-402.
4   *Ibid.*, p. 408.
5   *Ibid.*, p. 401.

le travail de quelqu'un qui n'était pas encore très éloigné de ses études de grec ; mais n'en méritait pas pour autant le titre d'helléniste[1]. » Le fait qu'il s'attache à donner une traduction de la lettre épique donnera-t-il alors l'épopée dans sa pureté originelle et immaculée ? Ou bien faut-il considérer, avec Paul Mazon, qu'« un traducteur d'Homère devient en même temps un témoin du goût de son temps[2] » ? L'examen de textes de Philippe Jaccottet, permettant le dessin de sa *poétique de traducteur*, montrera en réalité que sa traduction d'Homère y prend sens et les qualifie en retour.

Dans un entretien récent, Jaccottet écrit pourtant : « Je ne pense pas que [mon] travail de [traducteur], en quantité considérable, ait interféré avec mon travail poétique[3] » ; or le cas d'Homère est peut-être particulier. En effet, la traduction de l'*Odyssée* fait à la fois sentir la limpidité de l'épopée, et la distance qui nous sépare de cette dernière – tension qui est, comme nous aurons l'occasion de le constater, celle-là même qui caractérise la relation du poète moderne face à la nature. L'épopée révolue fait signe vers une naïveté interdite au moderne, mais essentielle à la légitimité de ce dernier : la poésie de Jaccottet se contentera-t-elle, dès lors, d'en porter le deuil ? Une lecture diachronique de son œuvre est sans doute périlleuse, en particulier si elle s'appuie, comme dans notre étude, majoritairement sur ses proses : mais malgré les flottements antisystématiques qui caractérisent ces dernières, et qui nous amèneront souvent à mélanger les « périodes » dans cette étude, une tendance profonde semble lisible entre le moment de la traduction d'Homère, publiée en 1955, et les années 70, depuis une représentation stérilisante de l'*Odyssée* comme modèle inaccessible, jusqu'à une prise de distance qui n'est pas une négation d'Homère, mais le nécessaire dépassement, apparemment dialectique, de ce dernier.

---

1   Philippe Jaccottet, Avertissement à *L'Odyssée, op. cit.*, p. 7.
2   P. Mazon, *Madame Dacier et les traductions d'Homère en France*, Oxford, Oxford Clarington Press, 1936, p. 3.
3   Voir http://www.culturactif.ch/viceversa/jaccottet.htm. Lien consulté le 14 mai 2011.

HOMÈRE COMME HORIZON

LIMPIDITÉ DE L'*ODYSSÉE*, TRANSPARENCE DE LA TRADUCTION

Rares sont les textes où Philippe Jaccottet commente son rapport à Homère et son travail de traducteur de ce dernier. Les premiers articles, contemporains de la traduction[1], ont majoritairement réintégré le volume de son *Odyssée* sous la forme d'une préface, devenue postface en 1982 ; la reprise de la traduction aux éditions « La Découverte » a été accompagnée d'un « Avertissement », daté de novembre 1981. Ce sont là les documents principaux pour le traductologue. Restent des entretiens, dont celui publié par le *Magazine littéraire* en 2004[2]. C'est l'image que ces quelques textes donnent d'Homère qui nous intéressera d'abord, puis la façon dont la traduction la reconduit.

On lit dans une note de 1955 : « La lumière du monde n'est pas moins pure qu'au temps des Grecs ; mais moins proche, et nos paroles moins limpides[3]. » Jaccottet parlera encore en 1981 de l'« air irisé[4] » des ports grecs, de l'« air cristallin de la Grèce ». Dans le même texte, à cette limpidité du monde grec fait écho la *fraîcheur* qui caractérise l'*Odyssée*, selon Jaccottet ; le terme apparaît deux fois, dont cette dernière occurrence : « Il y aura eu d'abord pour nous comme une fraîcheur d'eau au creux de la main[5]. » Jaccottet insiste enfin sur la simplicité homérique : « Rien n'est plus simple que cette fable du soldat que sépare du retour, et de sa femme, la volonté hostile des dieux[6]. » Limpidité, fraîcheur et simplicité : c'est tout autant une description de la poésie homérique que de l'univers où cette dernière a vu le jour qui nous est donnée – analogie héritée du romantisme et fondatrice, on le verra, de la pensée de Jaccottet.

Prenant ses distances avec la philologie qui, pour lui, enferme l'épopée dans son contexte alors que ce dernier est, pour l'essentiel, inaccessible,

---

1   « On parle encore d'Homère », *Nouvelle revue de Lausanne*, Lausanne, 12 octobre 1954.
2   « Traduire Homère », *Magazine littéraire* « Homère », n°427, janvier 2004, p. 37-38.
3   Ph. Jaccottet, *Observations et notes anciennes*, Paris, Gallimard, 1998, p. 55.
4   Avertissement à *L'Odyssée*, *op. cit.*, p. 8.
5   *Ibid.*, p. 9.
6   Postface à *L'Odyssée*, *op. cit.*, p. 409.

Philippe Jaccottet postule dans un premier temps la possibilité d'une universalité de l'*Odyssée*. Dès 1955, il écrit en effet : « Nous sommes de ceux pour qui l'*Odyssée* n'a d'existence que dans la mesure où elle pénètre encore au plus profond de nous[1]. » En 1981, nous lisons : « "Quelque chose" de ce très vieux poème m'a atteint à travers mon savoir et au-delà de lui, avec une force plus grande que ce savoir et une sorte d'immédiateté[2]. » Parce que la distance de l'*Odyssée* est affirmée, il ne s'agira certes pas de la recontextualiser de façon radicale : « Comment pourrait-on, en effet, adapter Homère[3] ? » Le traducteur écrit :

> Si l'on supprime le vers, sous prétexte que nous ne pouvons plus lire, aujourd'hui, douze mille vers d'affilée, si l'on élimine ne fût-ce qu'une partie des formules parce que leur monotonie ne correspond plus à notre goût, c'est le temps même de l'épopée qu'il faut modifier ; c'est aussi bien, en fin de compte, ses mœurs, des idées, son décor, ses héros : il faut écrire l'*Ulysse* de Joyce… Mais si l'on persiste à penser qu'il est possible de lire Homère sans savoir le grec et d'en tirer autre chose que des renseignements, d'y entendre ne fût-ce qu'un écho très affaibli de l'admirable musique originale, il faut alors traduire, dans la mesure du possible et sans tomber dans l'absurde, *selon la lettre même du texte*[4].

Jaccottet choisit dès lors de traduire le texte homérique selon une « métrique plus ou moins régulière[5] », afin qu'une « régularité fût maintenue, et qui ne fût pas celle de l'alexandrin » : le « vers de quatorze pieds » est majoritaire, avec parfois des vers de seize syllabes ou même des alexandrins : ce choix satisfait au demeurant à la fois le souci de "fidélité" à Homère, et celui d'une conformité de la traduction aux critères traditionnels de la poéticité moderne. Nous lirons quelques vers de cette traduction, en vis-à-vis du texte grec et de la traduction de Victor Bérard.

Au chant VII de l'*Odyssée*, Ulysse, conduit par Athéna et dissimulé sous une nuée magique, parvient au palais d'Alcinoos :

> Il va d'étonnement en étonnement, découvrant un palais où l'or et l'argent surabondent, et, tout à côté, un jardin où les fruits mûrissent toute l'année, où la vigne présente dans le même moment toutes les phases de son évolution[6].

---

1   *Ibid.*, p. 404.
2   Avertissement à *L'Odyssée*, *op. cit.*, p. 8.
3   Postface à *L'Odyssée*, *op. cit.*, p. 408.
4   *Ibid.*, p. 408-409.
5   Note sur la traduction, in *L'Odyssée*, *op. cit.*, p. 411. Voir Annexes.
6   Postface à *L'Odyssée*, *op. cit.*, p. 402.

Or, la description de ce jardin merveilleux, du vers 112 au vers 132, est jugée interpolée par certains spécialistes selon des critères historico-géographiques. C'est l'exemple que donne Jaccottet d'une « hypothèse de travail » de philologue qui finit par « l'emporter sur l'*Odyssée* elle-même ». Jaccottet cite Victor Bérard : « La Grèce classique n'admira de ces jardins, de ces "paradis", qu'autour des résidences du Grand Roi ou de ses satrapes ; mais elle-même ne connut jamais rien de tel en ses villes. » Nous serons amené à constater plus loin la fortune, dans l'imaginaire du traducteur et du poète, d'un tel « paradis », même peut-être interpolé (*paradeisos* étant en grec un « parc de plaisance, grand parc *des rois ou nobles perses*[1] »). Comment Philippe Jaccottet traduit-il ce passage ?

Contrairement à ce qui a lieu dans l'ensemble de la traduction, sur les vingt-et-un vers du passage, les vers de quatorze syllabes sont minoritaires (il n'y en a en effet que neuf) : dans « un doux Zéphir fait bourgeonner les uns, mûrir les autres[2] » (v. 119), à un décasyllabe traditionnel (4/6) est adjoint un tétrasyllabe – le balancement en μὲν et δὲ du vers grec est alors restitué ; différemment, dans « Tels sont dans ce palais les dons éblouissants des dieux » (v. 132), les deux premiers hexasyllabes constituent un alexandrin, qui se trouve allongé par les deux derniers mots. Tous les autres vers, la majorité, comportent douze syllabes. Ce ne sont pas tous de stricts alexandrins : sur les vers 117 et 118, où la syntaxe du grec s'étend sur deux vers par enjambement, « Ni l'été ni l'hiver les fruits ne font défaut » est un alexandrin, tandis que « toute l'année, les arbres donnent, et sans relâche » est un trimètre romantique ; en revanche, les trois vers « Là fut aussi plantée une vigne opulente / dont une part, sur une terrasse exposée, / sèche au soleil ; en ce lieu déjà, on vendange » (v. 122-124) voient se succéder un alexandrin et deux dodécasyllabes qui, quant à eux, reconduisent le même rythme (4/5/3). Le traducteur assouplit encore la prosodie en usant du rejet, comme dans ce dernier exemple où il est déjà présent en grec, ou, plus fréquemment, du contre-rejet comme dans « En sortant de la cour, près des portes, se trouve un grand / jardin de quatre arpents tout entouré de murs » (v. 112-113). On le voit, si Jaccottet tient à la fois au vers, à un rythme qui soit sensible et à l'ordre des propositions voire des mots

---

1   V. Magnien et M. Lacroix, *Dictionnaire grec-français*, Paris, Belin, 1969.
2   *L'Odyssée*, *op. cit.*, p. 115.

grecs, il refuse le systématisme d'une prosodie unifiée, par l'alexandrin en particulier, et privilégie la syntaxe par ses enjambements.

Dans ce dernier exemple du vers 112, l'omission du verbe « être » en grec étant impossible en français, Jaccottet allonge le premier des deux vers en restituant « se trouve », ce qui l'amène, en rapprochant « près des portes » du début du même vers, à séparer l'épithète « grand » du substantif « jardin », déplacé au vers suivant. Ainsi, au seul rejet grec de τετράγυος (« de quatre arpents ») répond un contre-rejet du traducteur : ce faisant, il conserve au plus près l'ordre des mots du grec et tient son vers de quatorze syllabes. À titre de comparaison, Victor Bérard traduit ainsi ces deux vers 112 et 113 : « Aux côtés de la cour, on voit un grand jardin, avec ses quatre arpents enclos dans une enceinte[1]. » Comme dans l'intégralité de sa traduction, Bérard choisit une prose rythmée par une succession d'hexasyllabes. Si ces derniers ne sont pas présentés en alexandrins, c'est que le traducteur ne saurait, ainsi, donner un vers grec pour un alexandrin français sans sacrifier nombre d'éléments du texte homérique – ce qu'il fait déjà couramment. Ainsi, dans le cas présent, aux deux vers grecs correspondent quatre hexasyllabes, ou deux alexandrins, qui coïncident à peu près avec l'ordre des groupes grecs : ἄγχι θυράων, que Jaccottet traduit à la lettre par « près des portes », a disparu ; « aux côtés de la cour » ne traduit pas l'idée d'extériorité et de mouvement de Ἔκτοσθεν δ' αὐλῆς, littéralement traduit par Jaccottet « En sortant de la cour ». Grâce à cet abandon et à cette approximation, nulle rupture prosodique n'est donc à noter chez Bérard, à la dérisoire exception du *hiatus* entre « arpents » et « enclos » qui se résout dans la liaison ; mais pour l'essentiel, ses deux « alexandrins » sont fluides. C'est cette fluidité de l'alexandrin, connotée historiquement et poétiquement, que refuse Jaccottet quand il fait le choix des quatorze syllabes (quitte à exiger, malgré la virgule, la prononciation de la finale de « portes ») ; ce sont de tels abandons, de telles approximations qu'il refuse également, ce qui le conduit à un audacieux contre-rejet.

Le vocabulaire de Jaccottet n'a, quant à lui, rien de « poétisant » : au majestueux « enclos dans son enceinte » de Bérard, il préfère la naïveté presque enfantine de l'adverbe, dans « tout entouré de murs ».

---

1   Homère, *Odyssée*, trad. V. Bérard, Paris, Les Belles Lettres, « Classiques en poche », vol. 2, 2001, p. 255.

La traduction de Jaccottet tend ainsi, par sa transparence, vers un certain prosaïsme comme dans la succession suivante : « des poiriers, des pommiers aux fruits brillants, des grenadiers, / des figuiers doux, des oliviers en pleine force » (v. 115-116) ; Bérard traduit ainsi : « poiriers et grenadiers et pommiers aux fruits d'or et puissants oliviers et figuiers domestiques ». Chez Bérard, les « fruits d'or », le rythme majeur autant que les alexandrins composent un style haut et unifié. Au contraire, au prosaïsme de Jaccottet se mêle régulièrement, créant un écart subtil, une hellénisation du français. Cette dernière est sensible dans « aux fruits brillants », et dans le choix d'arrêter la lecture sur « des figuiers doux », où le rythme mineur, légèrement surprenant, est privilégié aux « doux figuiers » qu'on attendrait. De même, lorsque nous lisons « Là de grands arbres ont poussé avec richesse » (v. 114), où le « prosaïsme » des « grands arbres » et du verbe « ont poussé » s'appuie sur le rythme en cinq puis sept syllabes et surtout sur le *hiatus*, la relative lourdeur de « avec richesse », analogue à la longueur en grec de τηλεθόωντα en fin de vers, introduit une rupture, et rend l'acte de la traduction sensible, là où Bérard estompe tout écart (« C'est d'abord un verger dont les hautes ramures »).

Considérant, en général, les « formules[1] », les « épithètes » et les « répétitions » du texte d'Homère comme les traces d'une « poésie religieuse formulaire, savante, très stricte dans sa prosodie », Jaccottet observe comment « Homère [...] commence à assouplir ces gestes chargés d'or [en introduisant] de force sur la scène sacrée les objets de la vie de tous les jours ». On comprend alors qu'il se refuse, en particulier, à traduire l'*Odyssée* en prose, « contresens perpétuel[2] » qui interdirait de sentir cette « transformation d'un langage qui va de l'incantation au récit, et trouve peut-être sa grandeur dans ce mouvement même ». Or, sans même que, dans le passage que nous avons lu, « les noms des dieux [...] s'avancent dans le vers comme des idoles chamarrées d'épithètes sonores[3] », nous lisons, dans la traduction, la manifestation d'une telle interprétation du « style » homérique : dans l'entre-deux de l'hellénisme et de la neutralité d'un langage presque courant, dans le flottement prosodique entre fluidité et arrêt de la lecture, c'est une tension qui se

---

1   Postface à *L'Odyssée, op. cit.*, p. 407.
2   *Ibid.*, p. 408.
3   *Ibid.*, p. 407.

manifeste en effet entre étrangeté et familiarité ; une rupture réflexive est ainsi régulièrement introduite dans la lecture.

De tels effets sont suffisamment discrets pour ne pas s'imposer au lecteur ; on comprend ce relatif effacement, dans l'hypothèse où l'interprétation qui fonde de tels effets provient des travaux de Charles Autran[1] ; à propos de ce dernier, dans la série des philologues chez qui il relève une « passion subjective », Jaccottet écrit : « Qu'[Homère] ait écouté les leçons des prêtres [...], est-ce vraiment là ce qui importe[2] ? » Floutant les effets stylistiques fondés sur une interprétation d'Homère qu'il juge un temps inessentielle, Jaccottet ne s'inspire pas moins, explicitement, de cette dernière : le développement sur le « langage qui va de l'incantation au récit » s'ouvre sur la référence à « M. Autran en particulier », qui a remarqué que « les épithètes qui concernent les dieux sont souvent les plus difficiles à comprendre », et a conclu qu'elles ont une origine préhellénique et sacrée. S'il précise sans doute Autran en constatant l'introduction, dans un langage d'ascendance religieuse, de la « prose de la vie[3] » (pour citer Hegel), Jaccottet n'en fonde pas moins sa propre conception du poème, et la forme de sa traduction, sur la leçon d'un philologue.

En somme, la simplicité, voire la naïveté du ton, prédominent dans cette version de l'*Odyssée* : ce sont là, précisément, les traits que Jaccottet attribue au poète grec lui-même. De fait, le texte grec est suivi à la lettre, et ne brusque le français que rarement. Mais sous l'allure générale de la simplicité et de la naïveté, et en contrepoint constant à ces dernières, nous avons remarqué l'introduction plus ou moins floutée, dans la traduction, d'un certain nombre de ruptures et d'écarts : ces derniers peuvent relever de l'interprétation d'un style homérique à mi-chemin du sacré et du profane, et introduisent dès lors, peut-être, l'idée selon laquelle Homère serait déjà à distance de la naïveté que le traducteur lui attribue en général. En tout cas, pour le lecteur contemporain, le texte d'Homère traduit par Jaccottet se présente en général dans une douce familiarité, mais lui rappelle régulièrement la *distance* qui le sépare de l'*Odyssée*.

---

1   Voir Ch. Autran, *Homère ou les origines sacerdotales de l'épopée grecque*, 2 vol., Paris, Denoël, 1938.
2   Postface à *L'Odyssée*, *op. cit.*, p. 404.
3   G. W. F. Hegel, *Cours d'esthétique* [1818-1829], vol. III, trad. J.-P. Lefebvre et V. von Schenck, Paris, Aubier, « Bibliothèque philosophique », 1997, p. 239.

DISTANCE DE L'ÉPOPÉE, DISTANCE DE LA NATURE

Le traducteur d'Homère reconnaît en 1981 qu'« il serait absurde et malhonnête de feindre, devant quelque texte dit classique que ce soit, une innocence que nous n'avons jamais eue[1] » ; « Homère est tout de même si lointain à tous égards[2] », lit-on ailleurs. Dans *La seconde semaison*, Philippe Jaccottet écrit que l'Ancien Testament a la « même force *naïve, native* que chez Homère[3] » : dans cette articulation d'un terme de Schiller et d'un terme de Hölderlin, tels que les donnent les traductions françaises, c'est le premier qui nous arrêtera d'abord. La tradition schillérienne retient en effet une opposition fondatrice entre le naïf et le sentimental : les Anciens, dans cette pensée, sont exemplairement « naïfs » en ce que, comme le commente Peter Szondi, « à plusieurs reprises, Schiller a subsumé l'art grec sous le concept de Nature[4] ». Ainsi se marquerait l'opposition : si « le poète *naïf* est la nature, le sentimental cherche la nature (perdue)[5] » – à la fois, donc, chez les Anciens *et* dans la nature, en adoptant la même attitude vis-à-vis des uns, et de l'autre. Une telle association est-elle sensible chez Philippe Jaccottet ?

Limpide, fraîche, simple, telles sont les caractérisations de la parole homérique par ce dernier. Or, dans « *Si les fleurs n'étaient que belles...* », texte en prose publié en 1970, il commente un de ses propres poèmes[6] en décrivant les circonstances crépusculaires qui l'ont vu naître :

> [...], dans ce suspens, tandis que l'œil, distraitement, a saisi la venue, non pas la présence, de cette lumière qui est à la fois silence, douceur, *limpidité*, *fraîcheur* [...], la main éprouve sur la rondeur du grain comme l'approche même de la fraîcheur nocturne [...][7].

---

1   Avertissement à *L'Odyssée, op. cit.*, p. 8.
2   « Traduire Homère », *op. cit.*, p. 38.
3   Ph. Jaccottet, *La Seconde Semaison (1980-1994)*, Paris, Gallimard, 1996, p. 191. Nous soulignons.
4   P. Szondi, *Poésie et poétique de l'idéalisme allemand*, trad. dirigée par J. Bollack, Paris, Gallimard, « Tel », 1991, p. 66.
5   *Ibid.*, p. 60.
6   Le poème est le suivant : « Au moment où le soir approche dans le jardin d'été / laissant apparaître la lune / je cueille une grappe de raisin sombre : / elle rafraîchit mes doigts. » Ph. Jaccottet, *Paysages avec figures absentes* [1970], Paris, Gallimard, « Poésie », 1976, p. 125.
7   *Ibid.*, p. 126. Nous soulignons.

On le voit bien, les mêmes traits caractérisent la poésie d'Homère et une situation, naturelle, qu'« un poème essaie de saisir, en peu de mots[1] ». C'est donc, conformément à la tradition schillérienne, une même immédiateté de sentiment qui touche Jaccottet devant Homère et devant « certains lieux, des ruines[2] », ou face à des « paysages grecs[3] » : mais c'est seulement, du fait du savoir propre au « sentimental », « "quelque chose" » qui a touché le traducteur chez Homère, avec « une *sorte* d'immédiateté[4] ». Cette nuance indique sans doute la distance qui sépare le poète et traducteur moderne de la nature.

Au moment même où il traduit l'*Odyssée*, Jaccottet définit ainsi son *ethos* de poète devant le monde : « L'effacement soit ma façon de resplendir[5]. » Or quand deux traductologues écrivent à propos de Jaccottet que « la subjectivité est neutralisée et [qu']il est difficile de caractériser l'art du traducteur[6] », une telle « neutralisation » ne constitue-t-elle pas l'indice d'un même *vœu* de transparence ? Face à la nature, dans sa poésie, comme face à Homère, dans sa traduction, l'immédiateté du sentiment et la transparence idéale qu'elle commande ne sauraient prendre forme, poétique ou traductive, que sous les espèces de l'élation, voire de l'intention. Comme en témoignent en effet l'optatif « soit », et plus haut le verbe « essaie » (« un poème essaie de saisir »), la poésie de Jaccottet est souvent projet poétique, et projet d'effacement face à la nature, ou plutôt face à cette « pensée dont le monde matériel renferme et voile le secret[7] » — « comme si le poème idéal devait se faire oublier au profit d'autre chose qui, toutefois, ne saurait s'exprimer qu'à travers lui[8] ». La manière asymptotique, sans cesse à l'irréel du présent, de la première poétique de Jaccottet rejoint, on le constate, sa posture de traducteur d'Homère comme réponses contraintes à une contradiction essentielle entre immédiateté et distance.

---

1   *Ibid.*, p. 125.
2   Avertissement à *L'Odyssée*, *op. cit.*, p. 8.
3   « Traduire Homère », *op. cit.*, p. 38.
4   *Ibid.* Nous soulignons.
5   Ph. Jaccottet, « L'ignorant » [1958], in *Poésie 1946-1967*, Paris, Gallimard, « Poésie », 1996, p. 76.
6   B. Böschenstein et J. Le Rider, cités in M. Vischer, *Philippe Jaccottet, traducteur et poète*, Lausanne, CTL, n°43, 2003, p. 31.
7   E. P. de Senancour, *Oberman*, 1833, cité in *Paysages avec figures absentes*, *op. cit.*, p. 123.
8   Ph. Jaccottet, *Une transaction secrète*, Paris, Gallimard, 1987, p. 322.

On le constate, la traduction de l'*Odyssée* s'inscrit au cœur de la pensée et de la pratique poétiques de Philippe Jaccottet. L'évidence première d'une « simplicité » de l'*Odyssée* ne parvient au moderne que comme « écho affaibli », dont seule une traduction espérée transparente pourra rendre compte. Or de même que la poésie de Jaccottet dit à la fois la nature qu'elle prend pour objet et le projet sans cesse ajourné de sa propre transparence face à elle, de même Jaccottet traduit la lettre d'Homère et dit sa propre défaillance en marquant diverses formes de ruptures ; plus précisément, Jaccottet fait sentir, par le jeu du pro-saïsme et de l'écart, la distance même à laquelle se situe la simplicité homérique autant que l'universalité, postulée, de l'*Odyssée*. Ce n'est donc pas, de la part de Jaccottet, une coquetterie de traducteur que de dire, au terme de la postface, « l'échec de [s]a tentative[1] », mais plutôt une formulation ponctuelle valant pour une caractérisation, non seulement de la traduction d'Homère, mais aussi de sa propre poétique. Loin de nous, évidemment, l'idée de confirmer cette assertion : remarquons simplement qu'elle est en quelque sorte programmée en amont par le modèle poétique (et historique) où Jaccottet se situe.

Selon Patrick Marot, « si les œuvres des Anciens sont devenues [pour les romantiques] l'objet d'un déchiffrement constituant et légitimant[2] », c'est qu'elles « donnent à lire leur organicité à un âge qui n'est plus organique mais critique » et constituent alors « le témoignage passé de ce qu'il faut accomplir – et différemment – dans l'avenir » : « La présentation (*"Darstellung"*) ainsi effectuée des œuvres de l'Antiquité est indissociable d'une auto-présentation première de l'œuvre roman-tique. » D'une telle proposition, et dans la mesure où l'influence du modèle romantique est, à ce stade, avérée chez Philippe Jaccottet, on peut inférer que pendant les années 50, la constitution de sa poétique, dans sa dimension souvent projective et asymptotique, se fonde au moins en partie sur l'idée, sensible dans la traduction, d'une organicité absente *mais* universelle d'Homère : la transparence espérée est la seule réponse possible au double postulat de la distance et de l'universalité de l'*Odyssée*. Autrement dit, chez Jaccottet, l'altérité *et* l'universalité

---

1   Postface à *L'Odyssée*, *op. cit.*, p. 409.
2   P. Marot, « Littérature et monument : éléments pour une interprétation de l'esthétique romantique », in J. Bessière et Ph. Roussin (éd.), *Partages de la littérature Partages de la fiction*, Paris, Honoré Champion, 2001, p. 133.

de l'*Odyssée*, son statut d'*alter ego* inaccessible constituent un mode de ressaisissement de celle-ci complémentaire de celui dont témoigne le philologue par le travail de documentalisation, quant à elle rejetée par Jaccottet. Trop proche et trop lointaine dans la limpidité même que le traducteur projette sur elle et qui fonde son désir poétique, l'épopée semble, à ce moment de son œuvre du moins, constituer un miroir déformant, et un modèle impossible.

DISPARITION D'HOMÈRE

REFUS DE L'ÉPIQUE ?

L'élation asymptotique, c'est-à-dire la tension infinie vers une transparence qui caractérise nombre de poèmes de Jaccottet et informe sa traduction de l'*Odyssée*, s'inscrit plus généralement dans une conception, d'ascendance romantique, de l'« œuvre du passé » dans son organicité, et d'une modernité du fragment. Dans « *Si les fleurs n'étaient que belles…* », Philippe Jaccottet expose d'abord sa conception du lien entre l'évolution d'une civilisation et sa production littéraire, puis quelques lignes plus loin une réflexion sur les œuvres du passé. D'abord, l'auteur y affirme, en nette filiation avec les philosophies de l'histoire de l'époque romantique, qu'aux « grands moments d'une civilisation[1] » répond un « ordre général » (c'est par exemple sa conception du *cosmos* grec), ordre qui transparaît dans ses œuvres d'art. Pour lui, la décadence de cet ordre, « quand le centre s'éparpille, se dérobe ou s'efface », implique une « tension […] chez les meilleurs » qui amène les « grandes œuvres » à « [prendre] quelque chose de grimaçant, d'atroce ou simplement d'excessif ». En somme, les œuvres du passé s'ordonneraient selon leur plus ou moins grande proximité à l'ordre ontologique et cohérent d'un centre mystérieux mais lumineux[2]. Un peu plus loin, Jaccottet écrit que « les œuvres du

---

1   *Paysages avec figures absentes, op. cit.*, p. 129.
2   On se rappelle qu'en 1967 Yves Bonnefoy lisait presque ainsi *La chanson de Roland* : à travers la relation qu'entretiendraient dans la narration « ordre » cosmique et « syntaxe de la Présence », au moment où cette double cohérence tend à disparaître pour ne laisser que « *lettre morte* » (in *L'Éphémère*, n°4, Maeght éditeur, 1967, p. 55 *sq.*).

passé [...] n'ont encore d'existence que dans la mesure où, loin d'être ombre, elles éclairent, loin de peser, elles donnent des ailes[1] » : les critères d'universalité – lumière et légèreté – sont ceux de l'univers ordonné qui les a vues naître. Le fait « que leur nombre et leur perfection paralysent le créateur » traduit bien le double et complémentaire emploi dans le texte, pour désigner les mêmes objets, de l'expression de « *grandes* œuvres » et de celle d'« œuvres *du passé* » : le « centre » étant presque perdu pour les modernes, sauf lors d'éclairs de présence, leur œuvre ne pourra que tendre au « fragment » – bien loin de la totalisation des Anciens, point de « grande œuvre » pour les modernes.

Entre 1953 et 1956, alors même que Jaccottet traduit l'*Odyssée*, il écrit :

> J'ai vu la poésie d'aujourd'hui : elle ne porte plus de vêtements d'or aux mille plis, elle ne sonne plus de la trompette et ce n'est pas à sa voix que les remparts s'écroulent. [...] Je ne vois plus de monuments ni de peintures ; seulement des lueurs ou des éclairs[2].

Ces mots dessinent un ensemble de caractérisations où nous lirons, plus ou moins implicitement, la conception qu'a Jaccottet non seulement des « œuvres du passé », mais plus précisément de l'épique guerrier. La rupture entre l'œuvre des Anciens, épique en particulier, et les lueurs des modernes est en l'occurrence explicite lorsque l'épique apparaît comme ce qui est spécifiquement interdit aux poètes contemporains de Jaccottet. Ainsi, dans les « Observations 3 (1953-1956) », écrites, à nouveau, au même moment où il traduit Homère, il commente sévèrement les poétiques de Saint-John Perse, Victor Segalen et René Char, « Princes[3] » selon lui de la « poésie d'aujourd'hui » : Jaccottet mêle dans sa réflexion description d'une certaine grandeur épique et sentiment de la décadence. Ces trois poètes sont d'abord caractérisés par une « parole [qui] s'élève à l'instar des monuments » – « monuments » qui seront en 1958 pour Jaccottet associés, dans *La Semaison*[4], aux armées et à la guerre, ainsi qu'aux « œuvres du passé ». Or ils sont rapidement comparés à des « rois découronnés, et leur recours au passé [lui] semble un brasier sans avenir, le splendide flamboiement d'un soleil couchant,

---

1   *Paysages avec figures absentes*, op. cit., p. 131.
2   *Observations et notes anciennes*, op. cit., p. 102.
3   *Ibid.*, p. 100-102.
4   Ph. Jaccottet, *La Semaison : carnets, 1954-1967*, Paris, Gallimard, 1971, p. 15 et 35.

presque du théâtre ». La « voix tonnante » de Perse « ne tonne finalement nulle part » ; la beauté indiscutée de ses poèmes n'empêche pas
Jaccottet d'y croire « entendre s'époumoner en vain une trompette d'or ».
Explicitement, la perception qu'a Jaccottet des poétiques de ces Princes
« égarés » renvoie ici à ce qu'il appellera en 1998 un « cliquetis d'armes
antiques, vieille épopée fatiguant la vue et l'esprit[1] » : c'est à un « spec-
tacle épique » qu'était, déjà en 1968, comparée la poésie de Saint-John
Perse dans L'entretien des Muses[2]. Cette posture poétique, qui prétend
au xxᵉ siècle hériter princièrement des splendeurs de l'épopée et ne pas
faire différemment de cette dernière, est nettement rejetée par Philippe
Jaccottet hors de l'« aujourd'hui ». En témoignent les choix poétiques
qu'exprime en 1970, dans Paysages avec figures absentes, le premier texte
du recueil. Jaccottet s'y applique à décrire l'hiver en Provence, non pas
pour « en embrasser la totalité[3] » mais pour y saisir le « mouvement
et [...] la vie ».

Le traducteur d'Homère, pour évoquer la « lumière d'hiver », célèbre
au tout début du texte la disparition de ce qui correspond à l'été, et en
particulier de

> toutes ces verdures qui avaient édifié pour les rêves ou le souvenir de trop sour-
> nois asiles, pavillons d'ombre pareils à la grotte où Didon et Énée s'enfermèrent,
> fuyant l'orage pour un autre, non moins humide, non moins brûlant[4].

La scène du chant IV de l'Énéide de Virgile, à laquelle il est fait allusion, est elle-même inspirée des amours d'Ulysse et Calypso dans
l'Odyssée[5] et inspirera en retour, chez l'Arioste, le moment lors duquel
Médor et Angélique se livrent à leur désir dans le Roland furieux[6].
Faut-il comprendre que Jaccottet épargne, au moins au niveau explicite,
Homère, lorsqu'il réfère ainsi à Virgile pour exclure du champ de ses
inspirations un contexte naturel, estival et « humide », qui relève aussi
nettement de l'intertexte épique ? Lorsque la célébration de l'hiver en

---

1   Ph. Jaccottet, Carnets 1995-1998 (La Semaison 3), Paris, Gallimard, 2001, p. 19.
2   Ph. Jaccottet, L'Entretien des Muses, Paris, Gallimard, 1968, p. 39.
3   Paysages avec figures absentes, op. cit., p. 10.
4   Ibid., p. 12.
5   « Ils gagnèrent le fond de la grotte profonde / où, demeurés ensemble, ils se livrèrent au
     plaisir. » (L'Odyssée, V, 226-227, p. 90).
6   Arioste, Roland Furieux, trad. F. Reynard, chant XIX, Paris, Gallimard, « Folio », 2003,
     p. 411.

Provence passe ensuite par l'évacuation du « sang et de l'or[1] » comme « couleurs solaires », et des « lions et des taureaux » qui, si souvent chez Homère, sont les comparants des guerriers, les couleurs et les animaux de l'épopée ne sont plus rattachés explicitement à un poète en particulier. La référence épique, toujours négative, n'en est pas moins filée tout au long du passage :

> Plus de conquêtes, sinon pour le seul regard ! […] La force qu'ici l'hiver célèbre, ce n'est donc pas celle qui triomphe par le fracas et la rapidité des armes, celle qui, survenue d'en haut, fauche et piétine, avec des étendards, des trompes, des panaches, des trophées.

En somme, Jaccottet semble d'emblée, en écartant le Virgile amoureux du chant IV d'une part, et l'épopée dans sa dimension guerrière d'autre part, rejeter de l'espace de sa poésie deux aspects fondamentaux de la référence épique en général, et de la « lumière d'été » qui l'éclaire.

Ce premier mouvement d'exclusion se redouble, dans le même texte, d'une opposition entre la force du *haut* et celle du *bas*, car la « force qu'ici célèbre l'hiver » n'est point celle qui « survient *d'en haut* », mais bien « la force qui dure et supporte, celle qui est en bas, patiente, immobile, recueillie, portant couleurs de bure et de buis, d'humilité et de silence[2] ». Si l'on songe à la « roue de Virgile » de Donat, et à sa fonction fondatrice pour les poétiques médiévales, il est aisé d'associer les couleurs guerrières d'une écriture d'été au « style haut » de l'*Énéide* et de l'épopée en général, qui se trouvent ici écartées au profit d'une poétique *basse*, vouée à « la chose simple, et pauvre, et commune[3] ». Ce que rejette ici le poète me semble donc relever essentiellement, par l'intertexte explicite, par les thèmes, par le style haut, de la référence épique.

Est-ce à dire que, dans un complexe d'images héritées d'Homère, l'une, celle de la simplicité et de la fraîcheur, est retenue par Jaccottet, tandis que l'autre, toute en « trompettes » et en humidité estivale, est au contraire refusée ? Ce serait supposer que le « quelque chose » qui a touché Jaccottet chez Homère se situe en deçà du registre épique proprement dit, voire lui est étranger : la simplicité du naïf, qui est aussi celle de la nature en sa limpidité, serait alors dissimulée sous des « vêtements d'or aux mille

---

1 *Paysages avec figures absentes, op. cit.*, p. 13.
2 *Ibid.*, p. 14.
3 *Ibid.*, p. 84.

plis » épiques, et se manifesterait en dépit de ces derniers. Ce serait, au fond, opposer un modèle odysséen et un modèle iliadique. Pourtant, lorsque Jaccottet traduisait l'*Odyssée*, il « trouvai[t] que l'*Iliade*, c'était plus beau[1] ». Dans ces seuls mots, ne lisons-nous pas que les « trompettes » épiques constituent peut-être un objet d'autant plus désirable qu'il est davantage étranger au moderne que la simplicité naïve de l'*Odyssée* ? À présent, le qualificatif « natif », qui s'appliquait plus haut à la « force » biblique et homérique, nous retiendra, dans la mesure où il engage la réflexion de Hölderlin[2] que Jaccottet connaît admirablement, pour l'avoir traduit et édité.

Hölderlin établit en 1801 une opposition entre ce qui serait le caractère « natif » des poètes « hespériques », où il faut lire allemands, et des poètes grecs : en un mot, le « pathos divin » est l'élément natif des grecs, tandis que la « sobriété junonienne » est native aux hespériques. Dans l'hypothèse, au moins probable, où la pensée de Philippe Jaccottet s'inscrirait dans une telle filiation, on peut associer au « pathos divin », naturel à Homère, l'épique solaire, amoureux et guerrier, de l'épopée, qui correspond peut-être à la « force » que le poète attribue à l'*Odyssée* ; et d'associer à la « sobriété junonienne », naturelle au moderne, la simplicité, l'économie et la fraîcheur que Jaccottet, s'il les relève chez Homère, met incontestablement au premier plan de sa propre poétique. Or, chez Hölderlin, la relation à Homère doit avant tout permettre au moderne d'« user librement » de sa « sobriété » naturelle, bien plus que d'imiter servilement ce qui lui est le plus étranger, en l'occurrence le « pathos divin » de l'épopée : dans cette perspective, les « Princes de la poésie » que constitueraient Saint-John Perse ou Char relèvent par extension historique de ce classicisme de l'imitation que Hölderlin rejette, en particulier, chez Goethe ; ils sont non seulement anachroniques en leur épicité, mais même infidèles à ce qui s'impose naturellement à eux, la « sobriété junonienne » » – d'où leur refus de la part de Jaccottet.

Or il faut rappeler ici que, selon Hölderlin, « dans l'épique [réside] l'achèvement du lyrique » : c'est en réalité de manière dialectique que se pense finalement une telle prise de distance vis-à-vis d'un épique flamboyant, avec l'éventuelle intégration dialectique de ce dernier une fois seulement, en quelque sorte, qu'il aura été « naturalisé ». Il ne s'agit

---

1   « Traduire Homère », *loc. cit.*, p. 37.
2   Voir P. Szondi, *Poésie et poétique de l'idéalisme allemand, op. cit.*, p. 250 *sq.*

donc pas, on le voit dans cette lecture hölderlinienne, d'imiter Homère ou de le refuser, mais d'apprendre auprès de lui à reconnaître réflexivement ce qui est propre au moderne, et ce qui, lui étant étranger, peut à terme se trouver récupéré *différemment* : dès lors, Homère n'est plus pensé comme modèle.

En somme, dans les années 50 en particulier, quand Jaccottet, synchroniquement, cherche à définir sa propre poétique et traduit l'*Odyssée*, nous avons constaté que l'accent se trouve placé sur un vœu de transparence qui, à force de nostalgie pour une poésie conçue selon des représentations de simplicité et de fraîcheur et considérée, à la fois, comme modèle irrémédiablement séparé, confond peut-être la sobriété du moderne avec celle d'Homère, spécifique et inaccessible. Face à la représentation héritée d'une *Odyssée* vue comme modèle d'organicité, se comparant à elle et s'en faisant dépendre, l'écriture poétique de Jaccottet est vouée au ressassement d'un optatif. Ce ne sera qu'à distance d'Homère, quelques années plus tard, que librement réfléchie, la sobriété naturelle au poète permettra, toujours de manière précaire, la constitution d'un espace poétique moderne et d'une organicité autonome de ce dernier. Nous constaterons donc à présent comment une telle désolidarisation dialectique d'avec le modèle même de l'épopée homérique s'interprète, dans le texte de 1970 intitulé « Paysages avec figures absentes », comme l'étape nécessaire à la fondation, au cœur de la modernité sentimentale, d'une naïveté *différente* de celle d'Homère : il faudra alors, pour terminer cet exposé, revenir à la lettre de Schiller.

LA DIALECTIQUE DE LA FIGURE : VERS UNE NAÏVETÉ SENTIMENTALE

Sur le modèle, déterminant et largement accentué par la critique, de l'effacement et de la sobriété, qui conduit par exemple John E. Jackson à lire chez Jaccottet un « profond calvinisme poétique[1] », l'écriture de ce dernier se résumerait tout entière à des « paysages avec figures absentes ». Entre maints critiques, Mathilde Vischer entend par exemple, dans ce « titre révélateur[2] » du texte de 1970, le désir d'une « poésie sans images (si l'on prend le mot "figure" dans le sens du style), et laissant le "moi"

---

1   *Apud* H. Ferrage, *Philippe Jaccottet, le pari de l'inactuel*, Paris, PUF, « Littératures modernes », 2000, p. 146.
2   M. Vischer, *Philippe Jaccottet, traducteur et poète*, *op. cit.*, p. 297.

en retrait (si l'on prend le terme de "figure" dans le sens pictural) ». De fait, selon Jaccottet lui-même, « les images ne doivent pas se substituer aux choses, mais montrer comment elles s'ouvrent, et comment nous entrons dedans[1] ». Dans « Paysages avec figures absentes », où Philippe Jaccottet écarte d'emblée les séductions de l'épique et la référence à l'épopée pour décrire la Provence en hiver, les « figures » sont précisément les « nymphes, temples en ruines, satyres et dieux[2] » qui peuplent autant l'épopée que les toiles des « peintres de la Renaissance ». Or, mues par l'effroi ou par l'épuisement, ces « éternelles figures du Désir[3] » se sont « enfuies », dans l'intervalle historique qui sépare la Renaissance, de Cézanne. La modernité est-elle condamnée dès lors à l'exil dans un monde asséché ? Sans doute pas : « Le monde ne peut devenir absolument étranger qu'aux morts[4]. » Ainsi, chez Cézanne, « la grâce de l'Origine était encore plus présente[5] » que chez les « poètes de la Renaissance ». L'absentement des « figures » de l'épique, autant qu'une sobriété qui n'est pas mutilation, peuvent semble-t-il permettre au regard moderne de repeupler le monde.

En effet, comme le note Hervé Ferrage, « d'un bout à l'autre de *Paysages avec figures absentes*, les "éternelles figures du Désir" apparaissent alors même qu'elles semblaient en avoir été écartées dès l'abord[6] ». Sur un plan rhétorique, Jean-Luc Steinmetz[7] relève un mouvement ana-logue et presque dialectique, dans l'ensemble de l'œuvre de Philippe Jaccottet : les images, dans leur florissante apparition, sont d'abord repoussées comme « ajout », car elles sont devenues, bien contre leur « nature », médiates ; puis elles resurgissent comme « ajour », dans une rare adéquation avec la justesse du geste poétique – c'est, selon le critique, la « réduction à l'admirable ». Dans ce « retour de la figure », nous proposons de lire, en particulier dans le texte de 1970 où la figure, on l'a vu, fait diversement signe vers l'épopée, un retour du « Désir » et du « mouvement » qui caractérisaient cette dernière. Il ne s'agit pas

1   *Paysages avec figures absentes*, *op. cit.*, p. 17.
2   *Ibid.*, p. 32.
3   *Ibid.*, p. 33.
4   *Ibid.*, p. 10.
5   *Ibid.*, p. 34.
6   H. Ferrage, *Philippe Jaccottet, le pari de l'inactuel*, *op. cit.*, p. 147.
7   J.-L. Steinmetz, « La réduction à l'admirable », in *Philippe Jaccottet, poète et traducteur*, Cahiers de l'Université de Pau, n° 3, 1984, p. 22.

d'un « retour d'épopée », mais plutôt d'une réduction de l'épopée à l'admirable qui passe par l'effacement de cette dernière *dans sa lettre*. L'expérience poétique du « lieu », qui occupe Philippe Jaccottet dans ces pages, sera donc l'occasion de renouer, *différemment*, peut-être mieux, avec ce « temps où [les figures] trouvaient tout naturellement leur place dans le paysage, temps heureux des origines où la mythologie irriguait sans artifice le quotidien et la parole poétique[1] ».

C'est ainsi que, dans « *Si les fleurs n'étaient que belles…* », le poète, pour dire ce qu'est un « lieu », retrouve ce terme, en italique : « Une *figure* se crée dans ces lieux, expression d'une ordonnance[2]. » Dans « Paysage avec figures absentes », les « genévriers » rencontrés, s'ils ne forment pas ou plus une « figure régulière », laissent toutefois percevoir des « combinaisons plus mystérieuses », une unité nouvelle et « choisie » qui a valeur de synthèse : « Aire choisie, délimitée par le vent, site d'obélisques semés par le souffle d'un Passant invisible, tout de suite et toujours ailleurs[3]… » Les mots eux-mêmes qui caractérisaient l'épique au début du texte reviennent, comme purifiés :

> [Ces paysages] m'avaient paru simplement cacher encore (quand bien même il n'y aurait plus eu en eux le moindre monument, la moindre ruine, la moindre trace du passé humain) la force qui s'était traduite autrefois dans ces monuments, et que je pouvais à mon tour espérer recueillir, essayer de rendre à nouveau plus visible[4].

La « force », qui est ici celle des paysages, sera vingt ans plus tard dans *La seconde semaison*, on l'a lu, propre à Homère ; le « monument », au moment en particulier où Jaccottet traduisait ce dernier, qualifiait la poésie épique, ou relevait de l'épopée. Si en 1970 leur « force » persiste, « sans bruit, sans éclat, sans preuves, comme épars[5] », le monument et l'épopée ont-ils vraiment disparu ? En réalité, la « force qu'ici l'hiver célèbre[6] » n'est pas « celle qui triomphe par le fracas et la rapidité des armes » : privée de hauteur et stable, cette force est plutôt, désormais, « comme un monument de pierre qui, au lieu de s'élever pour

---

1   *Paysages avec figures absentes, op. cit.*, p. 146-147.
2   *Ibid.*, p. 128.
3   *Ibid.*, p. 16.
4   *Ibid.*, p. 33-34.
5   *Ibid.*, p. 32.
6   *Ibid.*, p. 13.

imposer, se réduirait à une immense et profonde assise[1] ». Selon Peter Szondi, un tel mouvement dialectique a été négligé par la tradition schillérienne : pour lui, chez Schiller, le « naïf » n'est pas vraiment opposé au « sentimental », mais à l'« entendement réfléchissant[2] » ; le « sentimental » serait alors « le résultat d'un effort en vue de rétablir le sentiment naïf dans son contenu, *même sous la loi de la réflexion* ». Spontanéité « naïve » de la figure encore à l'état de nature – froideur d'une *tabula rasa* par la réflexion – retour « sentimental » de la figure qui allie dès lors nécessité et liberté : pour Schiller, les beautés de la Nature « sont ce que nous *avons été*; elles sont ce que nous *devons redevenir*[3] » – mais, peut-être, *différemment*.

Le texte de « Paysage avec figures absentes » apparaît donc à présent, non plus comme la répétition nostalgique de l'œuvre poétique moderne dépeuplée et condamnée au fragment voire au silence, mais plutôt comme le récit de la refondation d'une nouvelle naïveté poétique où les figures, d'abord écartées, peuvent resurgir « non plus dans des œuvres, mais dans des sites, dans la lumière sur ces sites[4] » : le personnel mythologique, l'abondance des images et l'unité du lieu, qui correspondent à autant de traits d'un épique inconciliable avec la modernité, ne disparaissent que pour renaître sous de nouvelles formes, réflexives et distillées. Dans *La Semaison*, dès 1959, un tel mouvement de rappel et de reformulation des objets de l'épopée se trouvait pris dans une réflexion métapoétique et explicitement historique préparant la constitution d'une naïveté, voire d'une épicité sentimentales :

> Ainsi à l'achèvement d'une trop longue histoire
> quand il n'est plus que colonnes brisées et nids de rats dans les bannières,
> faut-il vraiment désespérer ?
> N'est-ce pas autant de mensonges rendus à leur fragilité ?
> Que je m'adosse à la colonne de la pluie
> pour célébrer le triomphe du vent[5].

Le temps de la « colonne » vive et de la « bannière » flottante est révolu : les « colonnes brisées » et les « nids de rats dans les bannières »

---

1   *Ibid.*, p. 14.
2   P. Szondi, *Poésie et poétique de l'idéalisme allemand, op. cit.*, p. 81.
3   Cité *ibid.*, p. 65.
4   *Paysages avec figures absentes, op. cit.*, p. 30.
5   *La Semaison, op. cit.*, p. 26.

disent l'écroulement de l'épopée. Mais au cœur du poème, la tentation
du désespoir est dépassée d'abord par le soupçon du « mensonge »,
attribué au passé épique, puis par la possibilité d'une nouvelle parole
haute, qui déplace l'épique en reprenant le motif de la « colonne » et en
introduisant celui du « triomphe », mais en associant ceux-ci non point
à la guerre, mais à la nature de la « pluie » et du « vent ». Cette parole
haute est ici présentée à l'optatif, alors que dans les textes de 1970,
cette modalisation se fait un peu plus rare. Surtout nous constatons
que le passé de l'épopée est déjà révolu quand le poème s'ouvre à
« l'achèvement d'une trop longue histoire » : nulle description, ici,
de la splendeur révolue – l'épopée a simplement disparu, condition
et fondement de l'écriture moderne. Est-ce à dire, pour finir, que la
référence épique explicite, à l'*Odyssée* et à son auteur en particulier,
devra disparaître elle aussi ?

Au demeurant, « Paysage avec figures absentes », sur la brève
étendue de ses vingt-cinq pages, est peuplé de noms de poètes et
d'œuvres littéraires et artistiques. Dès le début, c'est l'*Énéide* qui
est, on l'a vu, impliquée par le souvenir de « Didon et Énée » ; chez
« Artaud[1] », l'auteur se rappelle avoir croisé la description d'une toile
qui est peut-être l'œuvre de « Lucas de Leyde », et intitulée *Loth et
ses filles*. Plus loin, le « sentiment[2] » éprouvé face à la Provence en
hiver « se traduisit aussitôt en [Jaccottet] par le mot : "paradis" » :
il cherche ce qui, dans sa mémoire littéraire, peut avoir permis le
surgissement de ce terme,

> ainsi que parfois dans les contes, en particulier dans celui, si beau, des *Mille
> et une nuits* où le prince Ahmed, ne retrouvant plus la flèche qu'il a tirée, est
> entraîné toujours plus loin à sa recherche pour aboutir enfin au lieu aride où
> se cache la demeure d'une fée[3].

La *Bible* est d'abord envisagée, pour être immédiatement écartée : « une
image que je me fusse formée, enfant, en lisant la *Genèse* ? Nullement. » ;
de même pour « Dante[4] » et son « *Paradis* ». Un peu plus loin, deux
citations sont insérées dans le texte, sans les noms de leurs auteurs :

---

1   *Paysages avec figures absentes*, *op. cit.*, p. 17.
2   *Ibid.*, p. 23.
3   *Ibid.*, p. 21.
4   *Ibid.*, p. 24.

l'une de Ronsard et l'autre de Maurice de Guérin. Finalement, ce sont deux citations d'« Empédocle[1] » et de « Parménide » qui guident encore davantage l'auteur vers l'« Origine, le Fond[2] » de sa quête : « Ainsi, par une suite de négations, approchais-je quand même d'une découverte quant à ces paysages[3]... »

Il est finalement un grand absent, parmi les noms d'auteurs que mentionne le texte – et cet absent, dans une telle quête du « "paradis" », était pourtant celui qui s'imposait le plus. Sur le mot « paradis », Jaccottet écrit :

> À ce mot, qui voulait sans doute d'abord traduire dans mon esprit une impression d'exaltation, de perfection, de lumière, se liait une idée de la Grèce, pays que je n'avais jamais vu qu'en image, mais dont j'allais maintenant comprendre que la lumière m'avait nourri plus profondément que je n'aurais jamais pu le croire[4].

Le texte s'achèvera sur la référence à « Cézanne[5] », et Homère n'aura pas été mentionné : or lors même de sa traduction d'Homère, quinze ans avant « Paysage avec figures absentes », la description du « jardin d'Alcinoos » au chant VII de l'*Odyssée* mettait sous les yeux de Jaccottet le « paradis » grec, ou plutôt oriental s'il faut croire Bérard, « paradis » dont nous avons lu la description et que le traducteur mentionnait explicitement dans sa préface de 1955. Telle est la « figure absente », finalement, du texte de Philippe Jaccottet en 1970. Homère, qui est attendu et désigné, frôlé en quelque sorte, figure des figures en ce que le poème homérique est vu comme le lieu miraculeux et originel de la conciliation entre immédiateté de la Nature et médiation épique. La redécouverte, dans un paysage et dans un texte en prose, d'un usage naïf des figures en des temps sentimentaux, usage toujours précaire, aura finalement impliqué de taire, de maintenir dans le silence le nom de celui qu'il aura été nécessaire de dépasser, comme figure, en l'occurrence, de la naïveté primitive et point encore sentimentale.

---

1   *Ibid.*, p. 29.
2   *Ibid.*, p. 30.
3   *Ibid.*, p. 29.
4   *Ibid.*, p. 24.
5   *Ibid.*, p. 33.

En 1981, après avoir justifié, ou confirmé, le choix de ne pas ajouter de nouveaux « commentaires[1] » philologiques et historiques à sa traduction d'Homère, publiée vingt-cinq ans plus tôt, Jaccottet écrit ces mots :

> Quant à la traduction elle-même, je n'y aurais rien pu changer non plus, à moins de tout reprendre à partir de perspectives nouvelles, puisque je ne suis plus là où j'étais quand je l'ai entreprise, et avec de très grands risques d'aboutir à rien de mieux. Elle est le fruit d'un moment de ma vie et de mon travail, je dois avoir la modestie et le bon sens de l'accepter, de la donner encore aujourd'hui comme telle.

Entreprise un peu avant ses trente ans, quelques années après le début de sa carrière de poète, la traduction de 1955, si elle suit Homère « à la lettre » pour restituer sa « fraîcheur » et sa simplicité, ne se fonde nullement sur un littéralisme radical : il n'en est pas moins apparu que dans la fluidité du texte traduit, un certain nombre d'hellénismes et de ruptures prosodiques faisaient fréquemment sentir la distance où se situe Homère, pour le poète et conformément au constat moderne. Comme le fait, face à la nature, la poésie de Jaccottet qui lui est contemporaine, la traduction d'Homère tend donc vers une transparence dont elle ne cesse de marquer l'impossibilité. La poésie homérique est aussi le modèle du « genre haut », chatoyant et belliqueux, des « Princes de la poésie », anachroniques et infidèles au recueillement moderne – « plutôt un feu de pâtre que les accents majestueux de l'orgue[2]... », lit-on dans *La Semaison* : la poésie moderne ne relèvera certainement pas, pour Jaccottet, d'un tel modèle.

En somme, pour le traducteur de l'*Odyssée*, ni simplicité naïve, ni éclat bruyant et solaire ne sont, sur le modèle d'Homère et *comme telles*, aptes à fonder une poétique moderne : il s'agit bel et bien de faire, dans la poésie d'aujourd'hui, *différemment* d'Homère, plutôt par défaut que par choix quant à la simplicité de ce dernier, et plus assertivement dans le cas du registre épique proprement dit. Ainsi, dès lors seulement qu'il n'est plus vu comme un modèle mais comme l'objet d'un *détour* profitable, Homère confirme réflexivement la nature « sobre » du moderne, et ouvre éventuellement le champ d'une telle sobriété à un retour de la « figure » d'ascendance épique, purifiée et « réduite à l'admirable ».

---

1   Avertissement à *L'Odyssée*, *op. cit.*, p. 7.
2   *La Semaison*, *op. cit.*, p. 83.

Mais si une telle fondation d'une naïveté sentimentale, toujours plus ou moins conjuguée à l'optatif, a le mérite de sauver le poète du silence auquel risquait de le condamner la claire évidence homérique, ce n'est qu'à la condition de laisser Homère derrière soi, de le taire et, en quelque sorte, de l'oublier.

Cédric CHAUVIN
Université Paul-Valéry –
Montpellier 3,
laboratoire RIRRA 21 (EA 4209)

ANNEXES

Le jardin d'Alcinoos (Odyssée, VII, 112-132)

Ἔκτοσθεν δ' αὐλῆς μέγας ὄρχατος ἄγχι θυράων
τετράγυος· περὶ δ' ἕρκος ἐλήλαται ἀμφοτέρωθεν.
Ἔνθα δὲ δένδρεα μακρὰ πεφύκασι τηλεθόωντα,
ὄγχναι καὶ ῥοιαὶ καὶ μηλέαι ἀγλαόκαρποι   115
συκέαι τε γλυκεραὶ καὶ ἐλαῖαι τηλεθόωσαι.
Τάων οὔ ποτε καρπὸς ἀπόλλυται οὐδ' ἀπολείπει
χείματος οὐδὲ θέρευς, ἐπετήσιος· ἀλλὰ μάλ' αἰεὶ
Ζεφυρίη πνείουσα τὰ μὲν φύει, ἄλλα δὲ πέσσει.
Ὄγχνη ἐπ' ὄγχνη γηράσκει, μῆλον δ' ἐπὶ μήλῳ,   120
αὐτὰρ ἐπὶ σταφυλῇ σταφυλή, σῦκον δ' ἐπὶ σύκῳ.
Ἔνθα δέ οἱ πολύκαρπος ἀλωὴ ἐρρίζωται,
τῆς ἕτερον μὲν θειλόπεδον λευρῷ ἐνὶ χώρῳ
τέρσεται ἠελίῳ, ἑτέρας δ' ἄρα τε τρυγόωσιν,
ἄλλας δὲ τραπέουσι· πάροιθε δέ τ' ὄμφακές εἰσιν   125
ἄνθος ἀφιεῖσαι, ἕτεραι δ' ὑποπερκάζουσιν.
Ἔνθα δὲ κοσμηταὶ πρασιαὶ παρὰ νείατον ὄρχον
παντοῖαι πεφύασιν, ἐπηετανὸν γανόωσαι·
ἐν δὲ δύω κρῆναι ἡ μέν τ' ἀνὰ κῆπον ἅπαντα
σκίδναται, ἡ δ' ἑτέρωθεν ὑπ' αὐλῆς οὐδὸν ἵησι   130
πρὸς δόμον ὑψηλόν, ὅθεν ὑδρεύοντο πολῖται.
Τοῖ' ἄρ' ἐν Ἀλκινόοιο θεῶν ἔσαν ἀγλαὰ δῶρα.

Homère, Odyssée, trad. Victor Bérard [1924], Paris, Les Belles Lettres, « Classiques en poche », 2001, p. 255-257.

[112] Aux côtés de la cour, on voit un grand jardin, avec ses quatre arpents enclos dans une enceinte. C'est d'abord un verger dont les hautes ramures, [115] poiriers et grenadiers et pommiers aux fruits d'or et puissants oliviers et figuiers domestiques, portent, sans se lasser ni s'arrêter, leurs fruits ; l'hiver comme l'été, toute l'année, ils donnent ; l'haleine du Zéphir, qui souffle sans relâche, fait bourgeonner les uns, [120] et

les autres donner la jeune poire auprès de la poire vieillie, la pomme sur la pomme, la grappe sur la grappe, la figue sur la figue. Plus loin, chargé de fruits, c'est un carré de vignes, dont la moitié, sans ombre, au soleil se rôtit, et déjà l'on vendange [125] et l'on foule les grappes ; mais dans l'autre moitié, les grappes encore vertes laissent tomber la fleur ou ne font que rougir. Enfin, les derniers ceps bordent les plates-bandes du plus soigné, du plus complet des potagers ; vert en toute saison, il y coule deux sources, l'une est pour le jardin, qu'elle arrose [130] en entier, et l'autre, sous le seuil de la cour, se détourne vers la haute maison où s'en viennent à l'eau tous les gens de la ville. Tels étaient les présents magnifiques des dieux au roi Alkinoos.

Homère, *L'Odyssée*, trad. Philippe Jaccottet [1955], Paris, Librairie François Maspéro, « La Découverte », 1982, p. 115.

112 En sortant de la cour, près des portes, se trouve un grand
   jardin de quatre arpents tout entouré de murs.
   Là de grands arbres ont poussé avec richesse,
115 des poiriers, des pommiers aux fruits brillants, des grenadiers,
   des figuiers doux, des oliviers en pleine force.
   Ni l'été ni l'hiver les fruits ne font défaut,
   toute l'année les arbres donnent, et sans relâche,
   un doux Zéphir fait bourgeonner les uns, mûrir les autres.
120 La poire vieillit sur la poire, la pomme sur la pomme,
   la grappe sur la grappe, et les figues l'une sur l'autre.
   Là fut aussi plantée une vigne opulente
   dont une part, sur une terrasse exposée,
   sèche au soleil ; en ce lieu déjà, on vendange,
125 en cet autre on foule les grappes ; devant, des ceps
   perdent leurs fleurs, d'autres commencent à rougir.
   Après le dernier rang de ceps, de belles plates-bandes
   donnent toutes les plantes et verdoient en tout saison.
   En ce jardin deux sources coulent ; l'une arrose
130 le clos entier, et l'autre, sous le seuil, s'en va
   vers la haute demeure, où puisent les gens de la ville.
   Tels sont dans ce palais les dons éblouissants des dieux.

LA GUERRE EN LATIN

Claude Simon et la bataille de Pharsale

Les humanités classiques et les avant-gardes modernes apparaissent généralement comme deux univers culturels opposés, tant la notion de rupture est centrale pour la modernité, toujours soucieuse depuis Baudelaire de « trouver du nouveau ». Le Nouveau Roman, en particulier, s'est développé à partir des années cinquante dans le rejet de l'humanisme, dont la Seconde Guerre mondiale avait, pensait-on, consacré la faillite définitive. Cette faillite n'entraînait-elle pas avec elle tout l'héritage de la culture antique sur lequel l'humanisme s'était construit depuis la Renaissance ? Et sur un plan non plus éthique, mais esthétique, les textes anciens, transmis par la tradition scolaire, pouvaient-ils être d'une quelconque utilité pour de jeunes écrivains rejetant les formes académiques ? Pourtant, le premier roman d'Alain Robbe-Grillet, *Les Gommes*, inspiré du mythe d'Œdipe, apportait la preuve que la modernité peut trouver son aliment dans la culture classique, quitte à la détourner de multiples manières. Il est vrai que la mythologie grecque avait été souvent sollicitée au XXe siècle, de Joyce à Sartre en passant par Giraudoux ou Cocteau. Plus anachronique semblait être la littérature latine, plus étroitement liée aux souvenirs du collège et du lycée, et c'est elle pourtant qui a le plus inspiré Claude Simon, peut-être précisément, on le verra, du fait de cette forte imprégnation scolaire[1].

On s'attachera ici particulièrement au roman publié en 1969 aux éditions de Minuit sous le titre *La Bataille de Pharsale*, qui fait clairement référence à la bataille qui opposa les armées de César et de Pompée, en 48 av. J.-C., près de la ville de Pharsale en Thessalie. Même si Jean Ricardou, aux grandes heures de la critique formaliste des années soixante-dix, a voulu lire dans ce titre l'anagramme d'un autre plus conforme à

---

1   Sur la relation plus large du Nouveau Roman à la culture latine, voir J. Kaempfer, « Le latin des Nouveaux romanciers », *Poétique*, 113, février 1998, p. 45-59.

sa théorie, « la bataille de la phrase[1] », le référent historique est partout présent dans le roman, mais sous une forme complexe puisqu'il ne s'agit pas, malgré le caractère ostensiblement thématique du titre, de raconter cette bataille, mais d'en faire l'un des éléments du dispositif fragmentaire qui ordonne l'ensemble de ce livre très novateur par sa forme, conçu sur le modèle d'une fugue exposant plusieurs thèmes, puis les variant avant de les rassembler brièvement. On peut ainsi distinguer plusieurs « séries narratives » : l'animation de la place parisienne sur laquelle donne l'appartement du narrateur, des souvenirs d'enfance, des souvenirs de la guerre de 1940, une scène de jalousie, un voyage en Grèce, un autre voyage à travers l'Europe et ses musées, des extraits de divers textes littéraires ou non-littéraires[2]. Le thème proprement dit de la bataille de Pharsale associe le souvenir des versions latines laborieusement traduites dans l'enfance, celui du voyage en Grèce au cours duquel le narrateur a tenté de retrouver l'emplacement du champ de bataille, et des citations de César, de Lucain et de Plutarque[3], qui ont donné chacun leur version de l'événement. Le travail de Simon ne relève donc pas, pour emprunter les catégories générales proposées par Gérard Genette dans *Palimpsestes*, de l'*hypertextualité* comme transformation d'un texte A en un texte B, mais de l'*intertextualité* définie comme « présence effective d'un texte dans un autre[4] », sous forme de citations ou d'allusions.

---

1   Jean Ricardou, *Pour une théorie du Nouveau Roman*, Paris, Seuil, « Tel Quel », 1971, p. 118-158.

2   Voir à ce sujet la précieuse Notice de Jean H. Duffy sur *La Bataille de Pharsale* dans Claude Simon, *Œuvres*, éd. critique par Alastair B. Duncan, Gallimard, « Bibliothèque de la Pléiade », 2006, particulièrement les pages 1383-1386 intitulées « L'art de la fugue ». C'est à cette édition du roman que renverront désormais les numéros de pages entre parenthèses dans le texte.

3   César, *La Guerre civile*, Lucain, *La Guerre civile* (ou *La Pharsale*), Plutarque, « Vie de César », « Vie de Pompée », *Les Vies des hommes illustres*.

4   Gérard Genette, *Palimpsestes. La littérature au second degré*, Paris, Seuil, « Poétique », 1982, p. 8.

TRADUIRE

Le thème de la version latine apparaissait déjà dans le roman publié par Simon deux ans auparavant, *Histoire*, dans lequel la mémoire d'enfance occupait une place importante. Comme souvent chez Simon, un livre sort d'un autre, comme si tout livre achevé laissait quelque chose à dire, par quoi l'écriture est relancée. Il faut rappeler ici quelques éléments biographiques qui éclairent le contexte. Le jeune Simon, dont le père a été tué à la guerre en 1914, est d'abord élevé par sa mère et sa grand-mère à Perpignan. Mais la mère meurt de maladie alors qu'il a onze ans et il est placé sous la tutelle d'un oncle, ancien militaire, qui vit à Paris. Dans les derniers temps de la maladie de sa mère, il avait été inscrit au collège Stanislas, établissement religieux réputé, répondant aux attentes d'une famille de tradition catholique et conservatrice. Il y fera toutes ses études secondaires, acquérant une solide formation classique, d'autant plus déterminante qu'il renoncera par la suite aux études supérieures pour se consacrer à la peinture puis à la littérature.

Or, dans *Histoire* apparaît un personnage appelé « oncle Charles », frère de la mère du narrateur, lui-même *alter ego* de l'auteur. Ce personnage n'a pas un modèle unique, mais est une création composite, substitut paternel mais aussi, par certains traits, double de l'auteur vieillissant. C'est à lui que le jeune collégien apporte, dans son étouffant bureau du domaine viticole dont il s'occupe, un texte latin qu'il peine à traduire :

> Mon cahier de brouillon à la main [...] me tenant là bafouillant essayant de faire croire que ce que je lisais était autre chose que des mots cherchés à la diable dans le dictionnaire et mis tant bien que mal bout à bout, oncle Charles enlevant à la fin ses lunettes, posant le livre de textes sur son bureau, disant sans élever la voix Est-ce que tu ne crois pas que tu pourrais au moins faire semblant de la préparer avant de venir me dire que tu n'y comprends rien[1] [...]

Le souvenir est repris dans *La Bataille de Pharsale*, d'abord sous la forme d'un bref rappel (« Versions latines dont j'ânonnais le mot à mot comme une écœurante bouillie jusqu'à ce que de guerre lasse il finisse par me prendre le livre des mains et traduire lui-même. » [p. 574-575]),

---

1   C. Simon, *Histoire*, Paris, Minuit, 1967, p. 46-47.

avant d'être développé à plusieurs reprises en une véritable scénette – on ne parle pas assez de l'humour chez Claude Simon – qui mérite d'être citée un peu longuement :

> regard me dévisageant derrière les lunettes d'un air las vaincu d'avance Je m'asseyais posais le livre ouvert sur les papiers Je t'écoute Je me raclais la gorge
>
> dextrum cornu ejus rivus quidam impeditis ripis muniebat Je m'arrêtais alors ?
>
> rivus : une rivière
>
> impeditis ripis : aux bords obstacles
>
> des bords obstacles qu'est-ce que ça veut dire explique-moi
>
> je me taisais
>
> tu pourrais peut-être te donner la peine de chercher plus loin que le premier mot que tu trouves dans le dictionnaire combien de temps as-tu passé à préparer cette version ?
>
> je me taisais
>
> bon très bien impeditis ripis : aux rives escarpées ça ne te semble pas mieux ?
>
> si
>
> il attendit un moment me regardant je ne levais pas les yeux de ma page de brouillon À la fin il dit Très bien continue
>
> muniebat : abritait
>
> il se mit à rire Abritait tu as déjà vu quelqu'un s'abriter dans un ruisseau est-ce qu'il s'agit de Jules César ou de Gribouille
>
> je tenais ma tête toujours baissée
>
> il rejeta la fumée de sa cigarette en soufflant entre ses lèvres rapprochées Allons courage
>
> dextrum cornu : la corne droite
>
> la corne ?
>
> j'attendais
>
> de nouveau il fit entendre le même bruit en rejetant sa fumée Et après ?
>
> ejus : de lui
>
> alors ?
>
> je me taisais
>
> et quidam ?
>
> quidam ?
>
> où est-il passé ?
>
> je me taisais
>
> bon si ton professeur te demande le mot à mot tu te débrouilleras tu lui expliqueras que le quidam est tombé dans la rivière aux bords obstacles c'était sans doute un jockey qu'en penses-tu ?
>
> je regardais toujours ma page de brouillon

allons finissons-en sans ça c'est à neuf heures que nous allons dîner tu
pourrais quelque fois penser au chagrin que tu fais à ta mère écris Une rivière
aux rives escarpées protégeait son aile droite (p. 596-597)

Le passage traduit appartient à *La Guerre civile* de César (III, 88),
dont le titre était mentionné à la page 575 et dont deux extraits ont
déjà figuré en traduction dans le texte (p. 589 et 591). Il est significatif
que Simon place aussi ostensiblement à l'origine de son rapport au latin
cette résistance première de la langue non seulement étrangère, mais
« morte ». « Latin langue morte » (p. 575), dit en effet brutalement le
texte quelques pages avant, mais ce n'est pas seulement au sens banal
de l'expression. La métaphore lexicalisée est ici réactivée par un motif
exposé dès l'ouverture du roman. Alors que le narrateur est assis sur
son divan face à la fenêtre ouverte, un pigeon passe rapidement dans son
champ visuel : « Jaune et puis noir temps d'un battement de paupières
et puis jaune de nouveau : ailes déployées forme d'arbalète rapide entre
le soleil et l'œil [...] » (p. 569). Simon a révélé que cette scène a été le
véritable début de l'écriture : « J'ai écrit ça en me disant : "on va voir
ce qui va venir..."[1] ». Or cette vision d'une forme d'arbalète qui a aussi
la fulgurance d'une flèche va susciter une image guerrière qui sera la
première exposition du thème de la bataille. Elle est inspirée par la mort
de Crastinus, officier de César, au cours d'une action héroïque à la tête
de ses hommes : « l'un [des traits] pénétrant dans sa bouche ouverte au
moment où il s'élançait en avant l'épée levée entraînant ses soldats le
transperçant clouant le cri au fond de sa gorge[2] » (p. 569). Or ce motif
très violent de la bouche transpercée est repris dans le passage qui nous
intéresse : « [flèche[3]] s'enfonçant dans la bouche ouverte clouant la langue
de ce. Latin langue morte » (p. 575). Le latin n'est donc pas seulement
mort au sens où il n'est plus parlé ni écrit, il devient la langue même
de la mort au sens où par lui l'organe de la parole est « cloué » et toute
parole *tuée*. Il n'est pas exclu d'ailleurs que Simon joue sur la proximité
phonétique entre les verbes *tuer* et *taire*, qui se rejoignent précisément

---

1   Cité par J. H. Duffy, Notice, *Œuvres*, p. 1380.
2   C'est en réalité une épée ennemie qui traverse la bouche de Crastinus, comme le montrera
    plus loin une citation de Plutarque : « Plutarque (César, LXIV) précise : "Il reçut dans la
    bouche un si violent coup de glaive que la pointe en sortit par la nuque." » (p. 717). Mais
    l'image du pigeon appelle celle de la flèche.
3   Le mot est remplacé dans le texte par un pictogramme.

dans la forme *tue*. À trois reprises en effet revient dans la scène l'expression « je me taisais ». Le texte latin n'est pour l'enfant qu'un collage de signifiants dont il cherche un à un les signifiés dans le dictionnaire sans parvenir à les relier pour en dégager un sens cohérent. Face à l'ironie de son oncle, il se trouve piteusement réduit au silence. Derrière le comique de la scène se profile une mise en question du langage qui traverse toute l'œuvre de Simon mais constitue aussi un phénomène d'époque, quand la linguistique structurale inspirée par l'œuvre de Saussure met en évidence son caractère conventionnel et arbitraire, donc historique et mortel. Le latin n'est plus pour l'enfant cette langue à haut prestige culturel sur laquelle se fondait le monument de la culture humaniste, mais une suite de signifiants inertes, auxquels seul un laborieux effort de reconstitution peut redonner quelque sens.

VISITER

Lors d'un voyage en Grèce en 1967, l'attention de Simon est attirée par un panneau indicateur portant le nom de « Farsala » et il décide de chercher l'emplacement de la célèbre bataille dont il peinait enfant à traduire le récit. L'écrivain commente dans un entretien :

> Cela m'a donné une idée. Recherche d'un champ de bataille et recherche d'un livre d'écriture. En grec ancien le mot istoria ne signifie pas « histoire » dans le sens où nous l'entendons aujourd'hui, mais recherche, enquête. C'est cela qui m'intéresse, cette recherche de ce que l'écriture va m'apporter[1].

Démarche d'écrivain donc, plus que d'historien, mais d'écrivain en tant qu'il partage avec l'historien l'esprit de recherche, à la différence cependant que pour l'écrivain l'objet de la recherche est dans le futur plus que dans le passé : il est ce que l'écriture va construire, même si cette construction trouve ses matériaux en amont.

La visite du champ de bataille de Pharsale est donc l'une des séries narratives du roman de Simon. On voit le narrateur, accompagné d'un

---

1   Cité par J. H. Duffy, Notice, *Œuvres*, p. 1380.

ami grec prénommé Nikos, tenter de retrouver les lieux précis de la bataille, et précisément en souvenir de la version latine de son enfance : « Mais c'est à cause de cette version / quelle version ? / je ne savais même pas que c'était par ici J'étais tellement cancre que… Mais si ça t'embête / il fit un geste insouciant de la main On est en vacances » (p. 583). Le narrateur s'appuie comme n'importe quel touriste sur le *Guide bleu* de la Grèce, dont plusieurs fragments sont insérés en italiques dans le texte :

> *la théorie topographique et tactique de cette bataille a suscité plusieurs hypothèses (Leache, Hungey, Cel. Stoffel, Kromayer, Lucas, Y. Berquignon[1], Fr. Stälin, et, plus récemment, M. Rambaud et W. E. Gevatkin). D'après les résultats actuels…*
> [...]
> *Pompée venu de Larissa avec 110 cohortes (117 d'après César) et 7000 cavaliers avait établi son camp à l'Est sur les pentes du Karadja Ahmet César venu par l'O. avec 87 cohortes et 1000 cavaliers s'était campé à 5, 5 km à l'O. et au N. de la pointe du mont Krindir la ligne s'étendit du N. au S. sur une longueur de (p. 580)*

D'emblée est donc posée la question de la vérité historique : où s'est déroulée précisément la bataille de Pharsale ? Les historiens en discutent en effet, le récit de César manquant de précision topographique, Lucain et Plutarque écrivant quant à eux plus d'un siècle après les événements. Simon insiste sur cette notion d'incertitude, allant jusqu'à citer un texte érudit :

> *les indications topographiques, au contraire, sont très insuffisantes César se borne à dire qu'il a établi son camp dans les champs* (in agris) *et dans une position favorable* (idoneum locum nactus) ; *que Pompée de son côté a aligné ses troupes en bataille non iniquo loco Il ajoute que l'armée de Pompée appuyait son aile droite à une « rivière » aux rives escarpées* (dextrum cornu ejus rivus quidam impeditis ripis muniebat[2]) *Il note que l'espace entre les deux armées était juste suffisant pour que leurs forces pussent s'affronter* (tantum erat relictum spatii ut satis esset ad concursum utriusque exercitus) *enfin que le camp de Pompée était sur une colline au pied de montagnes très hautes* (montes altissimos) *par où les Pompéiens se réfugient à la fin du combat sur un « mont dépourvu d'eau »* (mons sine aqua) *mais baigné par un fleuve* (hunc montem flumem subluebat). *Comme l'a très bien observé Heusey cette description n'est claire que pour qui ne cherche pas à l'approfondir* (p. 621-622)[3]

---

1 En réalité Yves Béquignon (voir note *infra*).
2 On reconnaît la phrase traduite par le collégien à son oncle dans l'extrait cité plus haut.
3 J. H. Duffy indique en note n'avoir pas retrouvé l'origine de la citation. Simon semble cependant avoir repris, mais en le réécrivant quelque peu, un passage d'une étude d'Y. Béquignon, « Études thessaliennes : I. Le champ de bataille de Pharsale », *Bulletin de correspondance*

On sait en effet que le déroulement stratégique de la bataille et la visée politique de son récit intéressaient davantage César que la description précise d'une topographie que ses lecteurs n'auraient probablement jamais sous les yeux. De cette imprécision flagrante, Simon va tirer différents effets et significations, et d'abord un effet d'humour par la description des efforts infructueux des deux visiteurs pour situer la bataille dans un site qui n'en a évidemment conservé aucune trace. Les autochtones ne sont pas d'un grand secours, même si l'ami grec sert d'interprète. Tantôt telle montagne mentionnée dans le guide est inconnue (« il dit qu'il n'y a pas de montagne ici qui s'appelle le Karadja Ahmet il dit qu'il connaît seulement une montagne Krindir » [p. 580]), tantôt il est question d'une bataille plus récente (« il dit qu'il y a eu une bataille contre les Turcs » [p. 582]) ou au contraire plus ancienne (« c'est une salade dit-il Ils parlent encore d'une autre bataille celle de Kynos Képhalaï[1] » [p. 586]). Et quand enfin un homme semble savoir, le chemin qu'il leur indique les envoie se perdre sur une piste quasi impraticable, au milieu de champs de coton, dans « une chaleur de four » (p. 583) : « on ne peut pas continuer dis-je Et d'ailleurs ça ne mène à rien » (p. 586).

Finalement, comble de la dérision, ce que les voyageurs verront de plus significatif, aux abords d'un village, c'est un match de football ! Il intervient dans le texte à un moment bien particulier, par un de ces effets de montage qu'affectionne Claude Simon et sur lesquels nous reviendrons. La scène de la traduction de la version latine vient d'être racontée. Elle se termine par ces mots : « Une rivière aux rives escarpées protégeait son aile droite » (p. 597). Or l'alinéa suivant enchaîne sur la recherche du champ de bataille par cette réplique du narrateur :

> Est-ce que tu vois quelque chose qui ressemble à une rivière ?
> [...]
> je ne vois rien Peut-être là où il y a ces arbres S'il y a des arbres c'est sans doute qu'il y a de l'eau
> de près la colline en dos de baleine apparaissait d'une couleur rouille-ocre piquetée de cailloux gris. Au fond de la plaine on voyait ça et là d'autres villages du même blanc terne et une ligne de collines pelées. Nous entendîmes des éclats de voix. Leurs silhouettes couraient et se poursuivaient. Le terrain

hellénique, volume 52, 1928, p. 9-44 (consultable en ligne sur le site Persee : http://www.persee.fr/web/revues/home/prescript/article/bch_0007-4217_1928_num_52_1_2915).
1   Bataille des guerres macédoniennes, 197 av. J.-C.

était caillouteux roux sans herbe Le gardien de but dont le camp n'était pas menacé se tenait appuyé contre un des poteaux. (p. 597)

Le glissement est saisissant du texte de César à la recherche du champ de bataille et finalement au match de football, qui va faire l'objet d'une assez longue description. À chaque étape, la dérision l'emporte : au laborieux mot à mot auquel se livre le collégien fait écho l'errance absurde de l'adulte cherchant à faire se rejoindre le texte et le réel ; un réel qui ne s'offre finalement que sous la forme d'un simulacre de combat, de plus anachronique. À qui espère trouver sur le terrain la trace de l'événement historique, la réalité semble répondre en se moquant.

Mais un autre enjeu est présent dans le texte, à la faveur du montage complexe des séquences. Si la bataille de Pharsale intéresse Simon, ce n'est pas seulement à cause d'un souvenir d'enfance et d'un souvenir de voyage. Car la guerre est de tous les temps. Le lecteur de *La Route des Flandres*, publié neuf ans plus tôt, ne pouvait être étonné de voir ressurgir ici cette expérience à la fois traumatisante et fondatrice. Ce n'est donc pas seulement à travers les textes latins que Simon regarde le champ de bataille de Pharsale, mais à travers sa propre expérience de combattant de mai 1940. Or, malgré les presque deux millénaires qui séparent les événements, malgré les géographies si différentes de la Thessalie et des Flandres, c'est le caractère fondamentalement intemporel de la guerre qui le frappe, à commencer par la banalité du décor contrastant avec la violence extrême des événements. À la question de Nikos « tu crois qu'il y a quelque chose à voir ? », le narrateur répond : « non dis-je Probablement des collines comme d'autres collines et une rivière comme d'autres rivières J'ai failli aussi crever dans un endroit où il n'y avait que des collines et une rivière comme partout ailleurs C'est toujours comme ça » (p. 583). Notre imaginaire voudrait naïvement qu'aux grands événements historiques corresponde quelque décor fastueux, comme au théâtre, à l'opéra ou au cinéma, tant la mémoire collective les magnifie. Mais c'est une illusion rétrospective et en réalité n'importe quel coin de campagne fait l'affaire.

Le narrateur va donc évoquer en contrepoint de la bataille de Pharsale un épisode au cours duquel il a failli perdre la vie. En mai 1940, alors que l'armée française qui est entrée en Belgique pour se porter au devant des Allemands bat en retraite, le régiment de cavalerie auquel appartient

Simon tombe dans une embuscade. Les cavaliers tentent de fuir mais sont arrêtés par une tranchée de chemin de fer dans laquelle ils dévalent en désordre. Désarçonné, Simon se souviendra avoir couru éperdument sur la voie ferrée en s'attendant à tout moment à recevoir une rafale dans le dos. Par un effet de montage entre la scène de traduction et la scène de guerre moderne, il souligne de manière particulièrement frappante la continuité des expériences à travers les siècles :

> impetum fecerunt : ils firent une charge
> in Pompeii equites : contre les cavaliers de Pompée
> tanta vi : avec une telle violence
> *Je ne savais pas encore...*
> ut eorum nemo consisteret : qu'aucun d'eux ne résista
> omnesque conversi : et que tous faisant demi-tour
> tournant bride, dit-il : il s'agit de cavaliers
> derrière les reflets de ses lunettes je ne pouvais pas voir ses yeux. Continue
> non solum loco excederent : non seulement ils cédèrent le terrain
> sed protinos incitati fuga : mais aussitôt s'élancèrent dans la fuite
> prirent la fuite[1]. De nouveau je le regardai. Mais ce n'étaient rien que des mots, des images dans des livres, *je ne savais pas encore, je ne savais pas*, couché ou plutôt aplati sur l'encolure je pouvais voir en bas son ombre étirée galopant sur le sol les prés sentant la houle de muscles entre mes cuisses affolés par les détonations soulevées par les sabots des mottes de terre volaient quelqu'un a crié Doucement bon Dieu tenez-les ne les laissez pas j'entendais des claquements secs métalliques le souffle des chevaux plus bruyant tandis que toujours au grand galop nous remontions la colline et puis tout à coup comme si le sol cessait s'ouvrait le temps de voir les rails brillant dans l'ombre tout au fond le vide un dixième un centième de seconde peut-être *je ne sais pas* et au moment où il basculait j'ai eu je ne sais trop comment le réflexe de le coucher sur le côté et après de serrer mes jambes aussi fort que je pouvais pour me maintenir sur lui pendant qu'il glissait sur le flanc le long de la pente et puis quelque chose sans doute m'a accroché ou peut-être s'est-il débattu et j'ai été désarçonné finissant *je ne sais trop comment non plus* de dégringoler au milieu des pierres arrachées qui roulaient [...] (p. 615-616)

La fuite des « dragons » français semble ainsi prolonger celle des cavaliers pompéiens, dans un audacieux mouvement d'écriture qui joue à fond sur l'entrelacs des thèmes[2].

---

1   César, *La Guerre civile*, III, 93.
2   J. H. Duffy remarque très justement le lien entre *fuga* au sens de fuite et la forme de la *fugue* qui organise le roman tout entier (Notice, *Œuvres*, p. 1399).

Mais un double non-savoir se dit aussi à travers les insertions en italiques. D'abord (« *je ne savais pas* ») celui de la connaissance livresque par rapport à l'expérience vécue : jamais les mots ne seront l'équivalent des choses qu'ils désignent, et particulièrement quand ces choses ne nous sont pas familières. L'idée avait été déjà formulée par l'oncle Charles dans *Histoire*, alors que son neveu lui racontait une autre guerre, celle dont il avait eu un aperçu à Barcelone en 1936 :

> On t'avait pourtant bien dit j'imagine qu'il y avait du sang et des morts seulement...
> [...]
> ... entre le lire dans des livres ou le voir artistiquement représenté dans les musées et le toucher et recevoir les éclaboussures c'est la même différence qui existe entre voir écrit le mot obus et se retrouver d'un instant à l'autre couché cramponné à la terre et la terre elle-même à la place du ciel et l'air lui-même qui dégringole autour de toi comme du ciment brisé des morceaux de vitres [...][1].

C'est donc le langage en général qui est en cause, mais le latin accroît encore l'écart dans la mesure où il nécessite le passage par la traduction et donc une autre couche de mots entre le sujet et la chose. L'autre non-savoir est celui de la mémoire (« *je ne sais pas* »), incapable de reconstituer l'événement de manière fiable, comme en témoigne dans *La Route des Flandres* le leitmotiv : « mais comment savoir, comment savoir[2] ? ». Or, si les acteurs eux-mêmes échouent à restituer la vérité de l'événement qu'ils ont vécu, comment espérer retrouver dans les collines grillées de Macédoine quoi que ce soit de l'antique bataille ? C'est bien ce que signifie la réaction du patron de café grec à qui le narrateur a fait dire par son ami que la bataille avait eu lieu « avant Jésus-Christ » :

> Le patron écoutait avec une attention perplexe Il écarta les bras dans un geste d'impuissance prit les autres à témoin Ils nous regardèrent d'un air réprobateur qu'est-ce qu'il dit ?
> il dit Avant le Christ mais alors *comment savoir*[3] ? (p. 582)

Certes, l'éloignement temporel a ici de quoi décourager, mais l'incertitude vaut pour toute guerre, et même pour le passé tout entier.

---

1   C. Simon, *Histoire*, p. 152.
2   C. Simon, *La Route des Flandres*, *Œuvres*, p. 404.
3   Je souligne.

CONSTRUIRE

Et pourtant, le miracle de l'écriture est que ce texte latin révolu puisse encore servir à une écriture moderne. C'est bien ce que suggère la description d'une moissonneuse-lieuse découverte par les voyageurs sur le site de Pharsale, dont le caractère métapoétique a été souvent commenté par la critique :

> Telle qu'elle se présente, il est évident que la machine est incomplète et que plusieurs de ses pièces manquent, soit qu'elle ait été endommagée dans un accident, soit que, plus probablement, la machine étant hors d'usage, ces pièces aient été enlevées pour remplacer celles, correspondantes, d'une autre machine [...].
>
> Toutefois, quoique son état actuel interdise de se faire une idée précise de son fonctionnement, il semble qu'en ordre de marche l'énergie transmise à partir de l'essieu des roues aux diverses pièces était alors transformée en mouvements [...] (p. 660)

Une mécanique complexe, porteuse autrefois d'une puissante « énergie », mais depuis longtemps immobilisée et dans laquelle le traducteur novice a toujours le sentiment qu'il manque quelque pièce indispensable pour la remettre en mouvement : tel apparaît en effet le texte latin de la bataille de Pharsale aux yeux du malheureux collégien. Mais ces pièces qui manquent ne sont-elles pas aussi celles qui servent à présent à « une autre machine » ? Ce recyclage infini des textes est bien en effet ce que l'on appelle « intertextualité », et pour reprendre l'expression de Julia Kristeva, *La Bataille de Pharsale* est par excellence une « mosaïque de citations[1] », à la manière de ces compositions de Gaudí admirées par Simon, faites de morceaux de carrelage ou de vaisselle colorés. Or le texte latin offre un matériau d'écriture privilégié, même si bien d'autres (tableaux de batailles, extraits de Proust, etc.) entrent dans la composition du roman.

Simon se montre d'abord particulièrement sensible au signifiant, à la matérialité sonore et visuelle de la langue latine, comme il l'est pour la langue française elle-même ou pour d'autres langues citées dans ses

---

1   J. Kristeva, *Seméiotikè. Recherches pour une sémanalyse*, Paris, Seuil, « Points », 1969, p. 85.

LA GUERRE EN LATIN

romans, telles que l'espagnol ou l'anglais. Elle est évoquée dans *Histoire* à propos d'un autre texte latin plusieurs fois sollicité, les *Métamorphoses* d'Ovide[1], avec ses mots

> aux consonances métalliques, dures (le monde ancien tout entier – les frises de cavaliers au galop, les trirèmes, les flots onduleux, les hanches des déesses, les villes – coulé, sculpté dans ces matières dures (bronze, marbre) comme les personnages des bas-reliefs, des médailles, et cette noire colonne d'airain retentissant du pas sonore des légions, d'un fracas de boucliers, de rames et de vagues de métal entrechoquées), les mots semblables à ces coupes, ces peignes, ces aiguilles, ces bracelets de bronze ou de cuivre verdis, un peu rongés, mais aux contours précis, ciselés, que l'on peut voir dans les vitrines de ces musées, ces petites constructions à l'ombre de trois cyprès, installés sur les lieux mêmes des fouilles et où somnole un gardien dans le torride après-midi[2]...

Les mots du latin, par leur forme autant que par leur sens, renvoient à tout un ensemble de matériaux et d'objets auxquels est associée l'idée de dureté, de résistance à l'usure du temps. S'ils n'ont plus cours aujourd'hui, comme ces monnaies depuis longtemps obsolètes (« pièces de bronze verdies rongées ou plutôt pustuleuses où se distingue un vague profil CAESAR AUGUSTUS IMP » [p. 623]), ils n'en gardent pas moins, et même d'autant plus, cette valeur de l'absolument *révolu* (« Le monde ancien tout entier ») qui fascine l'écrivain moderne. Car cette forme verbale a survécu aux siècles et s'en saisir, à la manière d'un archéologue, c'est comme manier des morceaux de durée, et les intégrer à son texte revient à y inscrire le temps même. À cela s'ajoute le caractère exogène du matériau, qui offre un riche contraste visuel et sonore avec la langue française. Autant chez un Montaigne une continuité culturelle liait la citation latine au texte français, autant dans le contexte contemporain le divorce est consommé, le contraste majeur. C'est sur cette opacité du texte latin que jouent les nombreux passages dans lesquels il est traduit par le collégien ou par son oncle, dans une alternance régulière entre les deux langues. Mais ces traductions disent aussi les limites de toute traduction, les segments latins sonnant haut et fort comme les bruits

---

1   Dans *La Bataille de Pharsale* (622-623), mais aussi auparavant dans *La Route des Flandres*. La sexualité est avec la guerre l'autre grand thème associé chez Simon à la langue latine. Dans *Histoire*, le collégien dérobe les *Métamorphoses* dans la bibliothèque de son oncle Charles.
2   C. Simon, *Histoire*, p. 109.

même de la bataille quand les segments traduits semblent en retrait, réduits à une plate signification.

Différentes en effet sont les traductions insérées dans le texte. C'est avec elles surtout que se développe ce qu'Antoine Compagnon a appelé le « travail de la citation », dont il a montré qu'il remonte à une sorte d'origine du rapport à l'imprimé : « La citation est la forme originelle de toutes les pratiques du papier, le découper-coller, et c'est un jeu d'enfant[1] ». Rappelons que Simon avait gardé de sa période plasticienne le goût du collage et qu'il avait composé selon cette technique deux grands paravents[2]. Au regard de la traduction linéaire à laquelle se livre le collégien avec son oncle, les citations traduites des textes latins ont une dimension ludique, non par absence de sérieux, mais par affirmation de liberté. Il en va sans doute d'une certaine irrévérence à l'égard de l'héritage classique, qui n'est en rien ici sacralisé, mais devient matériau soumis au bon vouloir de l'écrivain, ou si l'on veut matériau de récupération, recyclé pour servir à un autre usage. Mais plus profondément, ne s'agit-il pas de lui donner une nouvelle vie, au moins dans l'ordre de la littérature, et d'attester par là sa capacité de survivre à la mort de la civilisation qui l'a produit ?

Formellement, les citations traduites ne sont pas signalées par des guillemets, mais par des italiques. Toutefois, ces italiques ne sont pas réservés exclusivement aux citations latines ni même aux citations en général (celles du *Temps retrouvé* de Proust sont nombreuses dans le roman). Des faits vécus par le narrateur pendant la guerre peuvent être aussi ponctuellement en italiques, quand ils sont eux-mêmes insérés dans une description plus vaste, comme celle de *La Bataille de San Romano* d'Ucello (p. 632). Les italiques ont donc avant tout une valeur différentielle, ce qui contribue à brouiller davantage encore les sources énonciatives. La longueur des citations est variable, de quelques mots à plusieurs lignes. Elles sont intégrées au texte de Simon et souvent dans la continuité d'une phrase, à la faveur de cette ponctuation libre et rare qui caractérise son écriture. Simon va jusqu'à supprimer leur ponctuation originale, pour mieux les intégrer au flux de son propre texte. Et bien entendu elles sont dépourvues de références. L'écart est donc maximal

---

1   A. Compagnon, *La Seconde main ou le travail de la citation*, Paris, Seuil, 1979, p. 27.
2   Voir à ce sujet B. Ferrato-Combe, *Écrire en peintre. Claude Simon et la peinture*, Grenoble, ELLUG, 1998, p. 103*sq*.

avec la citation savante qu'appelleraient pourtant des textes aussi « classiques ». Toutefois, un extrait de la mort de Crastinus racontée par César fait l'objet de citations complémentaires de Plutarque et de Lucain, entre guillemets et avec références (p. 717). Mais cet usage érudit reste exceptionnel et contraste volontairement avec l'usage dominant, peut-être pour souligner les différentes versions de la mort de ce personnage, en écho à celle du capitaine de Reixach dans *La Route des Flandres*[1].

C'est que la fonction de la citation est ici tout autre. Elle ne vient pas à l'appui d'un propos érudit, mais entre en relation avec son environnement textuel en termes d'analogies ou de contrastes, donc selon une logique de composition. Texte cité et texte citant s'en trouvent modifiés, car comme l'écrit encore Compagnon : « La citation travaille le texte, le texte travaille la citation[2] ».

La première citation de César est caractéristique. Le texte est revenu sur l'image initiale du vol du pigeon :

> […] de sorte que, bien après sa disparition, tout ce qui a persisté ç'a été d'une part, pour l'esprit, non pas un oiseau mais seulement cette impression, déjà souvenir, de foudroyante montée, de foudroyante ascension verticale, et d'autre part, pour l'œil, cette image d'arbalète, et alors la voûte de flèches, les traits volant dessinant une arche entre les deux armées *s'étant reposés un petit moment et ayant repris de nouveau leur course ils lancèrent leurs javelots et rapidement*[3]… (p. 589)

Le glissement analogique du souvenir visuel au souvenir littéraire est assuré ici par un autre souvenir, pictural, celui du tableau de Tintoret, *La Bataille de Zara*, déjà évoqué de manière approximative à la première page du roman (car le texte se construit aussi constamment comme reprise interne) : « […] les traits mortels s'entrecroisant dessinant une voûte chuintante comme dans ce tableau vu où ? combat naval entre Vénitiens et Génois sur une mer bleu-noir crételée épineuse d'une galère à l'autre l'arche empennée bourdonnante dans le ciel obscur […] » (p. 569). L'enchaînement n'obéit donc pas ici à une logique narrative, mais associative, selon le principe formulé par Simon dans le *Discours de Stockholm* :

---

1   Voir à ce sujet la notice de J. H. Duffy, *Œuvres*, p. 1395.
2   A. Compagnon, *La Seconde main ou le travail de la citation*, p. 37.
3   César, *La Guerre civile*, III, 93.

[...] il semble aujourd'hui légitime de revendiquer pour le roman (ou d'exiger de lui) une crédibilité, plus fiable que celle, toujours discutable, qu'on peut attribuer à une fiction, une crédibilité qui soit conférée au texte par la pertinence des rapports entre ses éléments, dont l'ordonnance, la succession et l'agencement ne relèveront plus d'une causalité extérieure au fait littéraire, comme la causalité d'ordre psychosocial qui est la règle dans le roman traditionnel dit réaliste, mais d'une causalité intérieure, en ce sens que tel événement, décrit et non plus rapporté, suivra ou précédera tel autre en raison de leurs seules qualités propres[1].

Il y a donc davantage de « vérité » dans la ressemblance entre le vol d'un pigeon et une flèche, ou dans la ressemblance entre des batailles appartenant à des époques différentes, représentées par l'écriture, la peinture ou la mémoire personnelle, que dans l'histoire d'un personnage forgé de toutes pièces selon des catégories psychologiques et sociales plus ou moins conventionnelles. Les « qualités » sensibles qui relient ces éléments, l'écrivain s'attache à les révéler par l'écriture et le montage, et c'est au lecteur de les percevoir par une lecture qui ne cherche plus à suivre une intrigue, mais à saisir des « rapports ».

Il arrive que la marqueterie du texte soit encore plus minutieuse, travaillant sur de très brefs fragments d'auteurs différents incrustés dans le récit d'une scène contemporaine (le match de football sur le champ de bataille de Pharsale) :

de temps à autres de petits oiseaux gris surgissaient d'entre les pierres filaient en vols brefs tirant un trait rectiligne comme une pierre en même temps que s'élevait s'étirait leur cri rectiligne lui aussi grinçant imitant un bruit de poulie mal graissée tournant très vite puis disparaissaient Encore une fois parvinrent les clameurs discordantes ténues *avec l'idée qu'ainsi l'on effrayait l'ennemi et que l'on excitait les siens*[2] et l'arbitre siffla *non pas la mort qui est le châtiment réservé à tous mais après ton destin fatal le sentiment de ta mort*[3] il reçut dans la bouche un si violent coup de[4] Du haut de la colline on pouvait voir toute l'étendue du champ de bataille (p. 606)

---

1   C. Simon, *Discours de Stockholm* (1986), *Œuvres*, p. 896.

2   César, *La Guerre civile*, III, 92.

3   Lucain, *La Pharsale*, VII, 470. La phrase complète est citée à la p. 717. César dit à Crastinus, qui va se sacrifier pour la victoire : « Puissent les dieux te donner non pas la mort, qui est le châtiment réservé à tous, mais, après ton destin fatal, le sentiment de ta mort, Crastinus, toi, dont la main brandit la lance qui engagea le combat et la première teignit la Thessalie de sang romain ! ».

4   Plutarque, « Vie de Jules César », LIX, *Les Vies des hommes illustres*. La citation est complétée à la p. 610 : « *un si violent coup de glaive que la pointe en ressortit par la nuque* ».

Les « traits rectilignes » tracés par le vol des oiseaux rappellent bien
sûr le vol initial du pigeon, tandis que leur cri « grinçant » associé
aux « clameurs discordantes » des joueurs prépare l'évocation des cris
poussés par les guerriers. Et dans un fulgurant raccourci temporel,
le sifflement de l'arbitre résonne au moment même de la mort de
Crastinus, comme s'il sifflait une faute ou la fin de la partie. Mais
par-delà l'effet formel, se dégage aussi une sorte de *leçon* antihuma-
niste : entre la nature et l'homme, entre le sport et la guerre, plus
de hiérarchie, mais une simple coexistence dans le temps et l'espace,
dont rend compte un travail de montage qui place tout sur le même
plan. Ce principe est d'ailleurs formulé dans le livre même par le biais
d'une citation de l'historien de l'art Élie Faure à propos de Dürer,
peintre admiré par Claude Simon :

> *tout pour l'artiste allemand est au même plan dans la nature le détail masque toujours*
> *l'ensemble leur univers n'est pas continu mais fait de fragments juxtaposés on les voit*
> *dans leurs tableaux donner autant d'importance à une hallebarde qu'à un visage*
> *humain à une pierre inerte qu'à un corps en mouvement* [...] (p. 676)

On voit aussi à quel point Simon exhibe l'usage des « ciseaux[1] »
qui découpent la citation non selon les normes académiques, mais en
fonction des nécessités esthétiques de la composition, allant jusqu'à des
reprises de segments minimaux en *leitmotiv*, comme celui de la bouche
transpercée par une flèche ou une épée, qui réapparaît à plusieurs reprises,
associé à des contextes très divers : une publicité pour un film comique
dans un journal que le narrateur vient d'acheter (« Les deux comiques
renversaient la tête en arrière [...] riant aux éclats la bouche grande
ouverte *un si violent coup de glaive que la pointe en ressortit par la nuque* Je
croyais me rappeler une [flèche[2]] » (p. 610), ou une scène érotique plus
ou moins fantasmée par la jalousie (« et elle suspendue sous son ventre
gracile le buvant enfoncé *dans la bouche un coup de glaive si violent que la*
pointe en ressortit par » [p. 612]).

Prenons un dernier exemple, qui établit un autre rapprochement
insolite entre la guerre civile antique et la guerre de 1940 :

---

1   « *Scissors and paste* », des ciseaux et de la colle : Antoine Compagnon emprunte à Joyce ces
     emblèmes très concrets du travail de la citation, qui renvoient à la fois au jeu enfantin et
     au collage cubiste ou surréaliste (*La Seconde main ou le travail de la citation*, p. 17).
2   Pictogramme de la flèche.

> *on put voir dans le camp de Pompée des berceaux de verdure dressés avec soin les tentes couvertes de gazon frais quelques unes même comme celle de Lentulus ombragées par du lierre en sorte qu'on était facilement conduit à penser que des gens qui recherchaient des voluptés aussi superflues*[1] peu à peu nous avions fini par nous installer À mesure qu'avril s'avançait les petites feuilles des charmes grandissaient le sous-bois se piquetait d'abord de points clairs puis cela fit comme un léger brouillard vert transparent Sous la tente nous avions disposé une litière de petites branches entrecroisées entassées qui nous protégeait de l'humidité je ne savais pas qu'on pouvait si bien dormir avec une selle de cheval comme oreiller sa concavité je ne savais pas encore que la mort (p. 624)

Simon s'amuse manifestement de cette analogie entre le camp romain et le campement des soldats français dans les Ardennes pendant la « drôle de guerre », les deux situations étant présentées comme une sorte de partie de campagne voire de camping, avec cependant, pour les uns comme pour les autres, toute l'ironie tragique de la proche défaite, et quelque chose dans le rapprochement comme une leçon de l'histoire : car si l'armée de Pompée avait pu être victime de sa mollesse, l'armée française n'avait-elle pas eu tort d'attendre tout un automne et un hiver qu'Hitler veuille bien attaquer ?

Pour Claude Simon, écrivain de la modernité, la langue et la civilisation latines sont donc bien mortes. Elles évoquent le souvenir de laborieuses versions latines, ou encore de la visite décevante d'un site historique. Pourtant, elles peuvent trouver une nouvelle vie dans le travail de l'écriture, car elles font partie de cette mémoire culturelle qui, au même titre que la mémoire personnelle, constitue un immense réservoir dans lequel puise l'écrivain. *La Bataille de Pharsale* s'achève sur la description de sa table de travail au moment où il va tracer les premiers mots du livre que l'on vient de lire[2]. Sur cette table se trouve un dictionnaire, et sur ce dictionnaire « une carte postale représentant le buste et la tête d'un homme d'une trentaine d'années environ, en train de souffler dans une trompette » (p. 739). Ce détail d'un tableau de Piero della Francesca, *La Défaite de Chosroès*, est la dernière apparition du grand thème guerrier qui parcourt tout le livre. Plus largement, le dictionnaire et la reproduction de peinture emblématisent la fonction

---

1   César, *La Guerre civile*, III, 96.
2   Ce motif sera repris par Simon sous forme de dessin à l'ouverture du livre publié l'année suivante, *Orion aveugle*, Genève, Skira, « Les sentiers de la création », 1970.

de l'héritage culturel dans la production du texte. Dans cet héritage, le texte latin figure une mémoire très ancienne, mais qui ne se distingue pas fondamentalement de la mémoire récente. L'une et l'autre en effet sont soumises au travail destructeur du Temps, qui ne rend que plus précieux les fragments qui lui ont résisté. Ainsi pourrait-on dire du texte latin ce que Simon écrit ailleurs des *ruines* en tant qu'elles sont à la base de son travail d'écriture :

> Après tout, les ruines sont les manifestations de la vie dans ce qu'elle a de plus robuste, et tout passé est une addition de ruines auxquelles le temps, les mutilations, confèrent une majesté durable que l'édifice ainsi ennobli n'avait pas à l'état neuf. Nous sommes tous constitués de ruines : celles des civilisations passées, celles des événements de notre vie dont il ne subsiste dans notre mémoire que des fragments[1].

Il reste bien en effet quelque chose de potentiellement vivant dans ces pages antiques, fragments d'une civilisation disparue, que l'écrivain fragmente à nouveau par d'audacieux coups de ciseaux pour, paradoxalement, leur redonner une jeunesse.

Jean-Yves LAURICHESSE
Université Toulouse II–Le Mirail,
laboratoire PLH (EA 4601)

---

1   C. Simon, *Album d'un amateur*, Remagen-Rolandseck, Rommerskirchen, 1988, p. 18.

BIBLIOGRAPHIE GÉNÉRALE[1]

ÉTUDES DIACHRONIQUES

AYGON, J.-P., BONNET, C. et NOACCO, C., édit., *La mythologie de l'Antiquité à la Modernité*, Rennes, Presses Universitaires de Rennes, « Interférences », 2009.

BALLARD, M., *De Cicéron à Benjamin*, Lille, Presses Universitaires de Lille III, 1992.

BERMAN, A., *La Traduction et la lettre ou L'auberge du lointain*, Mauvezin, Éditions Trans-Europ-Repress, 1985, rééd. Paris, Seuil, « L'ordre philosophique », 1999.

BERNARD-PRADELLE, L. et LECHEVALIER, C., édit., *Traduire les Anciens en Europe du Quattrocento à la fin du XVIII⁰ siècle. D'une renaissance à une révolution ?*, Paris, PUPS, 2012.

BONNEFOY, Y., *La Communauté des traducteurs*, Strasbourg, Presses Universitaires de Strasbourg, 2000.

BRAGUE, R., *Europe, la voie romaine*, Paris, Gallimard, « Folio Essais », 1992.

CHAVY, P., *Traducteurs d'autrefois. Moyen Âge et Renaissance. Dictionnaire des traducteurs et de la littérature traduite en ancien et en moyen français (842-1600)*, Paris, Champion, 1986.

CURTIUS, E. R., *La littérature européenne et le Moyen Âge latin* [1948], Paris, PUF, 1956 (rééd. Presses Pocket Agora).

ECO, U., *Dire quasi la stessa cosa. Esperienze di traduzione*, Milan, Bompiani, 2003 ; *Dire presque la même chose. Expériences de traduction*, Paris, Grasset, 2007.

FOLENA, G., *Volgarizzare e tradurre*, Turin, Einaudi, 1991.

FOUCAULT, D. et PAYEN, P., édit., *Les Autorités. Dynamiques et mutations d'une figure de référence à l'Antiquité*, Grenoble, 2007.

FROMENTIN, V., GOTTELAND, S. et PAYEN, P., édit., *Ombres de Thucydide : la réception de l'historien depuis l'Antiquité jusqu'au début du XX⁰ siècle*, Pessac, Ausonius, 2010.

---

1 Nos vifs remerciements vont à F. Bercegol, C. Chauvin, R. Courtray, H. Frangoulis, A. Grand-Clément, et O. Guerrier qui ont généreusement contribué à l'établissement de cette bibliographie.

GUERRIER, O., édit., *Plutarque de l'Âge classique au XIXe siècle*, Grenoble, Jérôme Millon, 2012.

HERMANS, T., édit., *Translating Others*, I, Manchester – Kinderhook, S. Jerome Publishing, 2006.

JACQUART, D., édit., *Les voies de la science grecque. Études sur la transmission des textes de l'Antiquité au XIXe siècle*, Genève, Droz, 1997.

KITTEL, H., HOUSE, J. et SCHULTZE, B., édit., *Übersetzung. Ein internationales Handbuch zur Übersetzungsforschung, Translation : an International Encyclopedia of Translation Studies, Traduction : encyclopédie internationale de la recherche sur la traduction*, Berlin – New York, De Gruyter, 2007.

LEFEVERE, A., édit., *Constructing Cultures : Essays on Literary Translation*, Philadelphia, Clevedon, 1998.

PRETE, A., *All'ombra dell'altra lingua*, Turin, Bollati Boringhieri, 2011.

REYNOLDS, L. D. et WILSON, N. G., *D'Homère à Érasme. La transmission des classiques grecs et latins*. Nouvelle édition revue et augmentée. Traduite par C. Bertrand et mise à jour par P. Petitmengin, Paris, Éditions du CNRS, 1984.

RUBEL, P. G. et ROSMAN, A., édit., *Translating Cultures*, Oxford-New York, Berg, 2003.

SIMON, S. et ST-PIERRE, P., édit., *Changing the terms : Translating in Postcolonial Era*, Ottawa, University of Ottawa Press, 2000.

STEINER, G., *Après Babel. Une poétique du dire et de la traduction*, Paris, Albin Michel, « L'évolution de l'Humanité », 1998.

TERNES, Ch. M., édit., *Méthodologie de la traduction de l'Antiquité à la Renaissance. Actes du colloque de Luxembourg*, Luxembourg, Centre universitaire de Luxembourg, 1994.

VAN HOOF, H., *Histoire de la traduction en Occident*, Paris-Louvain, Duculot, 1991.

WAQUET, F., *Les enfants de Socrate. Filiation intellectuelle et transmission du savoir, XVIIe-XXIe siècle*, Paris, Albin Michel, 2008.

WINKLER, M. M., édit., *Troy from Homer's Iliad to Hollywood Epic*, Malden, Basil Blackwell, 2007.

ANTIQUITÉ

BASLEZ, M.-Fr., *Bible et histoire. Judaïsme, hellénisme, christianisme*, Paris, Fayard, 1998.

BETTINI, M., *Voci : antropologia sonora del mondo antico*, Turin, Einaudi, 2008.

BETTINI, M., *Vertere. Un'antropologia della traduzione nella cultura antica (Roma, la Grecia e i primi secoli del Cristianesimo)*, Turin, Einaudi, 2012.

BOGAERT, P.-M., « La Bible latine des origines au moyen âge. Aperçu historique, état des questions », *Revue théologique de Louvain*, 19, 1988, p. 137-159.

CAGNI, L., édit., *Il bilinguismo a Ebla*, Naples, Istituto Universitario Orientale, 1984.

CAJANI, G. et LANZA, D., édit., *L'antico degli antichi*, Palerme, Palumbo, 2001.

CALAME, C., *Masques d'autorité. Fiction et pragmatique dans la poétique grecque antique*, Paris, Les Belles Lettres, 2005.

CALAME, C., « Interprétation et traduction des cultures. Les catégories de la pensée et du discours anthropologique », *L'Homme*, 163, 2002, p. 51-77.

COARELLI, F., *Revixit ars. Arte e ideologia a Roma. Dai modelli ellenistici alla tradizione repubblicana*, Rome, Edizioni Quasar, 1997.

COURCELLE, P., *Les Lettres grecques en Occident de Macrobe à Cassiodore*, Paris, 1943.

COURTRAY, R., « Jérôme, traducteur du *Livre de Daniel* », *Pallas*, 75, 2007, p. 105-124.

COURTRAY, R., « La traduction de *Daniel-Vulgate* face à la *Néovulgate* », *Anabases*, 8, 2008, p. 107-126.

CUENDET, J., « Cicéron et saint Jérôme traducteurs », *Revue des études latines*, 11, 1933, p. 380-400.

CUSSET, C., *La Muse dans la Bibliothèque. Réécriture et intertextualité dans la poésie alexandrine*, Paris, CNRS Éditions, 1999.

DORIVAL, G. *et alii*, *La Bible grecque des Septante, Du judaïsme hellénistique au christianisme ancien*, Paris, Le Cerf, 1998.

FRANGOULIS, H., « Nonnos transposant Homère. Étude du chant 37 des *Dionysiaques* de Nonnos de Panopolis », *Revue de philologie*, 69/1, 1995, p. 145-168.

GAZDA, E., édit., *The Ancient Art of Emulation : Studies in artistic originality and tradition from the present to classical antiquity*, Ann Arbor, The University of Michigan Press, 2002.

HARL, M., *La Bible en Sorbonne ou la revanche d'Érasme*, Paris, Le Cerf, 2004.

HONIGMAN, S., *The Septuagint and homeric scholarship in Alexandria. A study in the narrative of the* Letter of Aristeas, Londres-New York, Routledge, 2003.

JAY, P., *Jérôme lecteur de l'Écriture. La Vulgate*, Paris, Le Cerf, Cahiers Évangile Supplément 104, 1998.

LÉONAS, A., *L'aube des traducteurs. De l'hébreu au grec : traducteurs et lecteurs de la Bible des Septante (IIIe s. av. J.-C. – IVe s. apr. J.-C.)*, Paris, Le Cerf, 2007.

MARVIN, M., *The Language of the Muses : The Dialogue between Greek and Roman Sculpture*, Los Angeles, Getty Publications, 2008.

MOMIGLIANO, A., *Sagesses barbares. Les limites de l'hellénisation*, Paris, Maspero, 1979 (éd. or. anglaise, 1975).

PAYEN, P., « Hérodote et ses traducteurs français (XVIe-XXe siècles) : histoire politique ou histoire des mœurs ? », *Euphrosyne. Rivista de filologia classica*, 29, 2001, p. 9-28.

PONCELET, R., *Cicéron traducteur de Platon. L'expression de la pensée complexe en latin classique*, Paris, De Boccard, 1957.

RIDGWAY, B. S., *Roman Copies of Greek Sculpture : The problem of the Originals*, Ann Arbor, The University of Michigan Press, 1984.

ROCHETTE, B., *Le latin dans le monde grec. Recherches sur la diffusion de la langue et des lettres latines dans les provinces hellénophones de l'Empire romain*, Bruxelles, Latomus, 1997.

ROCHETTE, B., « Les traductions grecques de l'*Énéide* sur papyrus. Une contribution à l'étude du bilinguisme gréco-latin au Bas-Empire », *Les études classiques*, 58, 1990, p. 333-346.

ROCHETTE, B., « Traducteurs et traductions dans l'Égypte gréco-romaine », *Chronique d'Égypte*, 69 [138], 1994, p. 313-322.

ROCHETTE, B., « La traduction de textes religieux dans l'Égypte gréco-romaine », *Kernos*, 8, 1995, p. 151-166.

ROCHETTE, B., « Du grec au latin et du latin au grec. Les problèmes de la traduction dans l'antiquité gréco-latine », *Latomus*, 54, 1995, p. 245-261.

ROCHETTE, B., « Grecs et Latins deux fois parents ? Aux origines de la conscience ethnique et linguistique des Grecs et des Romains », *Cahiers de Clio*, 121-122, 1995, p. 69-84.

ROCHETTE, B., « Grecs et Latins face aux langues étrangères. Contribution à l'étude de la diversité linguistique dans l'antiquité classique », *Revue belge de philologie et d'histoire*, 73/1, 1995, p. 5-16.

ROCHETTE, B., « Remarques sur le bilinguisme gréco-latin », *Les études classiques*, 64, 1996, p. 3-19.

ROCHETTE, B., « *Pistoi hermèneis*. La traduction orale en Grèce », *Revue des études grecques*, 109/2, 1996, p. 325-347.

ROCHETTE, B., « Le prologue du livre de Ben Sirach le Sage et la traduction des textes sacrés », *Babel. Revue internationale de la traduction publiée sous les auspices de l'UNESCO*, 44/2, 1998, p. 139-149.

ROCHETTE, B., « À propos du nom de l'interprète en latin », *Glotta*, 76, 2000, p. 83-93.

ROCHETTE, B., « Remarques sur le vocabulaire grec de la traduction », *Revue belge de Philologie et d'Histoire*, 80, 2002, p. 25-34.

ROCHETTE, B., « Remarques sur l'élaboration de la conscience linguistique des Grecs », *Glotta*, 79, 2003 [paru en 2005], p. 175-204.

ROTOLO, V., « La comunicazione linguistica fra alloglotti nell'antichità classica », *Studi classici in onore di Quintino Cataudella*, Catane, Università di Catania Facoltà di Lettere e Filosofia, 1972, vol. I, p. 395-414.

SUEUR, J.-J., *Interpréter & traduire. Actes du colloque international des 25 et 26 novembre 2005*, Bruxelles, Bruylant, 2007.

« Traduire les Anciens en Europe », Colloque, *Calenda*, publié le mardi 25 mars 2008, http://calenda.revues.org/nouvelle10151.html

WHITMARSH, T., *Greek Literature and the Roman Empire : the Politics of Imitation*, Oxford University Press, 2004.

MOYEN ÂGE

ANDERSEN, P., édit., *Pratiques de traduction au Moyen Âge / Medieval Translation Practices*, Copenhague, Museum Tusculanum Press, University of Copenhagen, 2004.

BALARD, M. et SOT, M., édit., *Au Moyen Âge, entre tradition antique et innovation*, Paris, Éditions du CTHS, 2009.

BEAUNE, C., *Naissance de la nation France*, Paris, Gallimard, 1985, chap. 1 (« *Trojani aut Galli ?* »).

BEER, J., édit., *Translation theory and practice in the Middle Ages*, Kalamazoo, Medieval Institute Publications, Western Michigan University, 1997.

BÉRIER, F., « La Traduction en français », *La Littérature française aux XIVe et XVe siècles*, édit. D. Poirion, Heidelberg, Carl Winter, 1988 (*Grundriß der romanischen Literaturen des Mittelalters*, VIII/1), chap. XIV.

BEYERS, R., BRAMS, R., SACRÉ, D. et VERRYCKEN, K., édit., *Tradition et traduction. Les textes philosophiques et scientifiques grecs au Moyen Âge latin*, Louvain, Leuven University Press, 1999.

BIARD, J., édit. *Langage, sciences, philosophie au XIIe siècle*, Paris, Vrin, 1995.

BLANCHARD, J., « Christine de Pizan : tradition, expérience et traduction », *Romania*, 111, 1990, p. 200-235.

BLUMENFELD-KOSINSKI, R., *Reading Myth : Classical Mythology and its Interpretations in Medieval French Literature*, Stanford, Stanford University Press, 1997.

BRAGUE, R., *Au moyen du Moyen Âge*, Chatou, Les Éditions de la Transparence, 2007, 4e partie (« Filiations ») ; rééd. « Champs » Flammarion, 2008.

BRUCKER, C., édit., *Traduction et adaptation en France à la fin du Moyen Âge et à la Renaissance*, Actes du colloque organisé par l'université de Nancy II, 23-25 mars 1995, Paris, Champion, 1997.

BRUSEGAN, R. et BUSCHINGER, D. *et alii, L'Antiquité dans la culture européenne du Moyen Âge*, Greifswald, Reineke, 1998.

BURIDANT, C., « *Translatio medievalis*. Théorie et pratique de la traduction médiévale », *Travaux de linguistique et de littérature*, XXX-1, 1983, p. 81-136.

CHENU, M.-D., « *Involucrum*. Le mythe selon les théologiens médiévaux », *Archives d'histoire doctrinale et littéraire du Moyen Âge*, 22, 1955, p. 75-79.

COZ, Y., « La traduction-adaptation de *L'Histoire contre les Païens* d'Orose en vieil anglais », *Bien dire et bien aprandre*, 24 (*Réception et représentation de l'Antiquité*), 2006, p. 271-285.

La Cultura antiqua nell'Occidente latino dal VII al'XI secolo, Spolète, « Settimane di studio del Centro italiano di studi sull'alto Medioevo », 22, 2 tomes, 1974-1975.

D'ALVERNY, M.-Th., « Les traductions à deux interprètes, d'arabe en langue vernaculaire et de langue vernaculaire en latin », *Traduction et traducteurs au Moyen Âge*, édit. P. Contamine, Paris, Presses du CNRS, 1989, p. 193-201.

DE BRUYNE, E., *Études d'esthétique médiévale* [1946], Paris, Albin Michel, 1998, 2 vol.

DUCOS, J., « Traduction et autorité : le cas des *Météorologiques* d'Aristote », *Bien dire et bien aprandre*, 14 (*Traduction, transposition, adaptation au Moyen Âge*), 1996, p. 207-218.

DUVAL, F., « Le glossaire de traduction, instrument privilégié de la transmission du savoir : Les *Décades de Tite-Live* par Pierre Bersuire », *La Transmission des savoirs au Moyen Âge et à la Renaissance, vol. 1 : Du XII⁰ au XIV⁰ siècle*, édit. P. Nobel, Besançon, Presses universitaires de Franche-Comté, 2005, p. 43-64.

DUVAL, F., « Comment interpréter les anachronismes ? Le cas de l'histoire romaine en français au début du XIIIᵉ siècle », *Anabases*, 8, 2008, p. 27-42.

DUVAL, F. et VIEILLIARD, F., « La transmission des auteurs classiques dans les traductions en français et en occitan du XIIIᵉ au XVᵉ siècle », *La Transmission des savoirs au Moyen Âge et à la Renaissance, vol. 1 : Du XII⁰ au XIV⁰ siècle*, édit. P. Nobel, Besançon, Presses universitaires de Franche-Comté, 2005, p. 363-384.

ECKARD, G., « Principes et pratique de la "translation" des œuvres classiques en langue vulgaire : le cas de la *Philomena* attribuée à Chrétien de Troyes (d'après Ovide, *Métamorphoses* VI) », *La Transmission des savoirs au Moyen Âge et à la Renaissance, vol. 1 : Du XII⁰ au XIV⁰ siècle*, édit. P. Nobel, Besançon, Presses universitaires de Franche-Comté, 2005, p. 143-153.

FARAL, E., *Recherches sur les sources latines des contes et romans courtois du Moyen Âge*, Paris, Champion, 1913.

FREEMAN, M. A., *The Poetics of* Translatio Studii *and* Conjointure : Chrétien's *de Troyes's* Cligès, Lexington, 1979.

FRITZ, J.-M., « Mise en scène de la *translatio* dans les *Vies* médiévales d'Adam et Ève », *La Transmission des savoirs au Moyen Âge et à la Renaissance, vol. 1 : Du XII⁰ au XIV⁰ siècle*, édit. P. Nobel, Besançon, Presses universitaires de Franche-Comté, 2005, p. 99-118.

GALDERISI, C., édit., *Translations médiévales. Cinq siècles de traductions en français au Moyen Âge (XI⁰-XV⁰). Étude et répertoire*, Turnhout, Brepols, 2011, 2 vol. en 3 tomes. Vol. 1 : *De la* translatio studii *à l'étude de la* translatio ; vol. 2 : *Le Corpus Transmédie* (Répertoire et annexes, en deux tomes).

GASSMAN, D., *Translatio studii : A Study of Intellectual History in the Thirteenth Century*, Ann Arbor, University Microfilm International, 1973, 2 vol.

GIBSON, M., « The Continuity of Learning (850-1050) », *Viator*, 6, 1975, p. 1-13.

GILSON, É., « Humanisme médiéval et Renaissance », *Les idées et les lettres*, Paris, Vrin, 1932, p. 171-196.

GOUGUENHEIM, S., *Aristote au Mont Saint-Michel. Les racines grecques de l'Europe chrétienne*, Paris, Seuil, « L'Univers historique », 2008.

HAMESSE, J. et FATTORI, M., édit., *Rencontres de cultures dans la philosophie médiévale. Traductions et traducteurs de l'Antiquité tardive au XVI⁰ siècle*, Louvain-la-Neuve – Cassino, Université Catholique de Louvain – Università degli studi di Cassino, 1990.

HARF-LANCNER, L. et BOUTET, D., édit., *Pour une mythologie du Moyen Âge*, Paris, ENSJF, 1988.

HARF-LANCNER, L., MATHEY-MAILLE, L. et SZKILNIK, M., édit., *Ovide métamorphosé. Les lecteurs médiévaux d'Ovide*, Paris, Presses Sorbonne nouvelle, 2009.

JAUSS, H. R., « Allégorie, "remythisation" et nouveau mythe. Réflexions sur la captivité chrétienne de la mythologie au Moyen Âge », *Mélanges Charles Rostaing*, Liège, 1974 (= Marche Romane, t. I), p. 469-499.

JEANNEAU, E., « *Nani gigantum humeris insidentes*. Essai d'interprétation de Bernard de Chartres », *Vivarium*, 5, 1967, p. 79-99.

JONGKEES, A., « *Translatio studii* : les avatars d'un thème médiéval », *Miscellanea Medievalia in memoriam Jan Frederik Niermeyer*, Groningen, Wolters, 1967, p. 41-51.

JUNG M.-R., *La légende de Troie en France au Moyen Âge*, Basel-Tübingen, Francke, 1996.

LECLANT, J. et ZINK, M., édit., *La Grèce antique sous le regard du Moyen Âge occidental*, Paris, De Boccard, 2005.

Lectures et images d'Ovide (XIIIᵉ-XVᵉ siècles), Cahiers de Recherches médiévales, 9, 2002.

LOGIÉ, Ph., *L'Eneas, une traduction au risque de l'invention*, Paris, Champion, 1999.

LUCAS, R. H., « Medieval French Translations of the Latin Classics to 1500 », *Speculum*, 45, 1970, p. 225-253.

LUSIGNAN, S., « La topique de la *translatio studii* et les traductions françaises des textes savants au XIVᵉ siècle », *Traduction et traducteurs au Moyen Âge*, édit. P. Contamine, Paris, Presses du CNRS, 1989, p. 303-315.

The Medieval Translator, collection d'actes de colloques (13 vol. 1989-2011).

MOHRMANN, C., « Le latin médiéval », *Cahiers de civilisation médiévale*, I, 1958, p. 265-294.

MONFRIN, J., « Humanisme et traductions au Moyen Âge », *Journal des Savants*, 1963, p. 161-190.

MONFRIN, J., « Les traducteurs et leur public en France au Moyen Âge », *Journal des Savants*, 1964, p. 5-20.

MONFRIN, J., « La connaissance de l'Antiquité et le problème de l'humanisme en langue vulgaire dans la France du XVᵉ siècle », dans *The Late Middle Ages and the Dawn of Humanism outside Italy*, Louvain, Peeters, 1972, p. 131-170.

MONFRIN, J., « Les *translations* vernaculaires de Virgile au Moyen Âge », dans *Lectures médiévales de Virgile*, Rome, Collection de l'École française de Rome, 80, 1985, p. 189-249.

[ces 4 articles sont réédités dans MONFRIN, J., *Études de philologie romane*, Genève, Droz, 2001, p. 757-837 et 859-917].

MORA-LEBRUN, F., *L'Énéide médiévale et la naissance du roman*, Paris, PUF, 1994.

MORA-LEBRUN, F., *L'Énéide médiévale et la chanson de geste*, Paris, Champion, 1994.

MORA-LEBRUN, F., « Entre physique et éthique : modalités et fonctions de la transmission des savoirs dans le *Commentaire sur l'Énéide* attribué à Bernard Silvestre », *La Transmission des savoirs au Moyen Âge et à la Renaissance, vol. 1 : Du XIIᵉ au XIVᵉ siècle*, édit. P. Nobel, Besançon, Presses universitaires de Franche-Comté, 2005, p. 29-42.

MORA-LEBRUN, F., *« Metre en romanz ». Les romans d'antiquité du XIIᵉ siècle et leur postérité (XIIIᵉ-XIVᵉ siècle)*, Paris, Champion, 2008.

MÜHLETHALER, J.-C., « L'*Eneydes* d'Octovien de Saint-Gelais : une "translation" à la gloire du roi de France ? », *CAMAREN*, 2, 2007, p. 85-100.

NOBEL, P., édit., *La Transmission des savoirs au Moyen Âge et à la Renaissance, vol. 1 : Du XIIᵉ au XIVᵉ siècle*, Besançon, Presses universitaires de Franche-Comté, 2005.

PANOFSKY, E., SAXL, F., *La mythologie classique dans l'art médiéval*, Brionne, Gérard Monfort, 1990.

PASTRÉ, J.-M., « L'Empire et Troie : les enjeux politiques (et) littéraires de la *translatio regni* », *Bien dire et bien aprandre*, 10, 1992, p. 119-128.

PICONE, M. et ZIMMERMANN, B., édit., *Ovidius redivivus. Von Ovid zu Dante*, Stuttgart, M. & P. Verlag, 1994.

RENUCCI, P., *L'aventure de l'humanisme européen au Moyen Âge (IVᵉ-XIVᵉ siècles)*, Paris, Les Belles Lettres, 1953.

RICHÉ, P. et VERGER, J., *Des nains sur des épaules de géants. Maîtres et élèves au Moyen Âge*, Paris, Tallandier, 2006.

RYCHNER J., « Observations sur la traduction de Tite-Live par Pierre Bersuire », *Journal des Savants*, 1963, p. 242-267.

TESNIÈRE, M.-H., « À propos de la traduction de Tite-Live par Pierre Bersuire. Le manuscrit d'Oxford, Bibliothèque Bodléienne, Rawlinson C 447 », *Romania*, 118, 2000, p. 449-498.

Traductions et transferts des savoirs dans l'espace euro-méditerranéen à l'époque médiévale / Übersetzungen und Wissenstransfer im mittelalterlichen Euromediterraneum, trivium.revues.org/3868.

"Translatio" médiévale, Actes du colloque de Mulhouse, 11-12 mai 2000, *Perspectives médiévales*, suppl. au nᵒ 26, 2000.

Les Translations d'Ovide au Moyen Âge, Actes de la journée d'études internationale à la Bibliothèque royale de Belgique le 4 décembre 2008, édit. A. Faems, V. Minet-Mahy, C. Van Coolput-Storms, Turnhout, Brepols, 2012.

VIARRE, S., *La survie d'Ovide dans la littérature scientifique des XIIᵉ et XIIIᵉ siècles*, Poitiers, CESCM, 1966.

WELKENHUYSEN, A., BRAET, H. et VERBEKE, W., édit., *Medieval Antiquity*, Louvain, Leuven University Press, 1995.

RENAISSANCE – ÂGE CLASSIQUE

AULOTTE, R., *Amyot et Plutarque. La tradition des Moralia au XVIᵉ siècle*, Genève, Droz, 1965.

AULOTTE, R., « Sur quelques traductions françaises d'épopées antiques au XVIᵉ s. », *Mélanges André Lanly*, Presses Universitaires de Nancy II, 1980, p. 1-20.

BURY, E., « Trois traducteurs français aux XVIᵉ et XVIIᵉ siècles : Amyot, Baudoin, d'Ablancourt – Les traductions dans le patrimoine français », *Revue d'Histoire Littéraire de la France*, 97/3, 1997, p. 361-371.

CAVE, T., *The Cornucopian Text. Problems of writing in French Renaissance*, Oxford,

Clarendon Press, 1979, traduit par G. Morel sous le titre de *Cornucopia. Figures de l'abondance au* XVIe *siècle*, Paris, Macula, collection « Argô », 1997, notamment p. 62-103.

COURCELLES, D. de, *Traduire et adapter à la Renaissance, The French Review*, 74/4, 2001.

D'HULST, L., *Cent ans de théorie française de la traduction, de Batteux à Littré* (1748-1847), Lille, Presses Universitaires de Lille, 1990.

DIONISOTTI, A. C., GRAFTON, A. et KRAYE, J., édit., *The Uses of Greek and Latin. Historical Essays*, Londres, The Warburg Institute, 1988.

GALLAND-HALLYN, P., édit, « Translations. Pratique de traduction et transferts de sens à la Renaissance », *Camenae*, n° 3, nov. 2007, www.paris-sorbonne. fr/fr/spip.php ?article6164.

GAMBINO-LONGO, S., *Savoir de la nature et poésie des choses. Lucrèce et Épicure à la Renaissance Italienne*, Paris, Champion, 2004.

GAMBINO-LONGO, S., « La météorologie au XVIe siècle entre Aristote et Lucrèce », dans *La Transmission des savoirs au Moyen Âge et à la Renaissance, vol. 2 : Au* XVIe *siècle*, édit. P. Nobel, Besançon, Presses universitaires de Franche-Comté, 2005, p. 275-288.

GODARD, A., *Le dialogue à la Renaissance*, Paris, PUF, 2001.

GUILLERM, L., *Sujet de l'écriture et traduction autour de 1540*, Paris, Aux Amateurs de Livres, 1998.

LAMBERT, J., « Théorie de la littérature et théorie de la traduction en France (1800-1850) », *Poetics Today*, 2-4, 1981, p. 161-170.

LARWILL, P. H., *La théorie de la traduction au début de la Renaissance (d'après les traductions imprimées en France entre 1477 et 1527)*, Munich, Wolf, 1934.

LAUVERGNAT-GAGNIÈRE, C., *Lucien de Samosate et le lucianisme en France au* XVIe *siècle*, Genève, Droz, 1988.

MALL, L., « Traduction, langue-culture et langue-corps au XVIIIe siècle : Du Bos sur Virgile, Marivaux sur Thucydide et Diderot sur Térence », *Revue de Littérature comparée*, 321, 2007/1, p. 5-19.

MOSS, A., *Ovid in Renaissance France. A Survey of the Latin Editions of Ovid and Commentaries printed in France before 1600*, London, The Warburg Institute, 1982.

MUND-DOPCHIE, M., *La survie d'Eschyle à la Renaissance. Éditions, traductions, commentaires et imitations*, Louvain, Peeters, 1984.

NORTON, G. P., *The ideology and language of translation in Renaissance France and their Humanist Antecedents*, Genève, Droz, 1984.

SEZNEC, J., *La survivance des dieux antiques. Essai sur le rôle de la tradition mythologique dans l'humanisme et dans l'art de la Renaissance* [1939], Paris, Flammarion, 1978.

STUREL, R., *Jacques Amyot traducteur des* Vies parallèles *de Plutarque*, Paris, 1908, Genève, Slatkine, 1974.

TERNES, C. M., édit., *Études classiques. Fascicule IV. Rencontres scientifiques de Luxembourg 1992. 3. Actes du colloque « Méthodologie de la traduction de l'Antiquité à la Renaissance »*, Luxembourg, Centre universitaire, 1994.

THOREL, M., VIET, N., « Traduction et littérature européenne à la Renaissance (1454-1559) », Paris IV Sorbonne, 14 juin 2008, http://www.panurge.org/spip.php?article205.

WORTH-STYLIANOU, V., *Practising translation in Renaissance France. The example of Étienne Dolet*, Oxford, Clarendon Press, 1988.

ZUBER, R., *Les « Belles infidèles » et la formation du goût classique*, Paris, Armand Colin, 1968, Albin Michel, 1995.

ÉPOQUES MODERNE ET CONTEMPORAINE

BROYER, J., *Le mythe antique dans le théâtre du XXe siècle*, Paris, Ellipses, 1999.

BRUNEL, P., *Baudelaire antique et moderne*, Paris, PUPS, 2007.

CASALI, D. et CARON-LANFRANC DE PANTHOU, C., *L'Antiquité éternelle par les peintres*, Paris, Seuil, 2010.

CHAUVIN, C., *Référence épique et modernité*, Paris, Champion, 2012.

COLOMBO, A., *Les Anciens au miroir de la modernité : traductions et adaptations littéraires en Italie au début du XIXe siècle*, Besançon, Presses Universitaires de Franche-Comté, 2005.

COLTMAN, V., *Fabricating the Antique : Neoclassicism in Great Britain, 1760-1800*, Chicago, University of Chicago Press, 2006.

COX, F., *Aeneas takes the metro. The presence of Virgil in twentieth-century French literature*, Oxford, Legenda, « Studies in comparative literature », 1999.

D'après l'Antique, Paris, Réunion des Musées Nationaux, 2000.

DAVID-DE PALACIO, M.-F., *Reviviscences romaines : la latinité au miroir de l'esprit fin-de-siècle*, Berne, Peter Lang, 2005.

GARNIER, B., *Rodin. L'Antique est ma jeunesse. Une collection de sculpteur*, Paris, Musée Rodin, 2006.

GOURMONT, R. de, *Le Latin mystique. Les poètes de l'antiphonaire et la symbolique au Moyen Âge*, Paris, Les Belles Lettres, 2010.

GRAZIOSI, B. et GREENWOOD, E., édit., *Homer in the Twentieth Century. Between World Literature and the Western Canon*, Oxford, Oxford University Press, 2007.

GUYOT, G., *Latin et latinité dans l'œuvre de Léon Bloy*, Paris, Champion, 2003.

HART, C. R., *Chateaubriand and Homer*, PUF, 1928.

HASKELL, F. et PENNY, N., *Taste and the Antique : The Lure of Classical Sculpture, 1500-1900* (New Haven, 1981), trad. fr. *Pour l'amour de l'Antique : la statuaire gréco-romaine et le goût européen : 1500-1900*, Paris, Hachette, 1988.

HUYSMANS, J.-K., *À Rebours* [1884], éd. D. Grojnowski, Paris, GF Flammarion, 2004, chap. III.

KAEMPFER, J., « Le latin des Nouveaux romanciers », *Poétique*, 113, février 1998, p. 45-59.

KLIEBENSTEIN, G., « Stendhal face au grec », *Stendhal à Cosmopolis. Stendhal et ses langues*, édit. M.-R. Corredor, Grenoble, ELLUG, 2007.

LAÜT-BERR, S., *Flaubert et l'Antiquité : itinéraires d'une passion*, Paris, Champion, 2001.

LÉTOUBLON, F., VOLPILHAC-AUGER, C. et SANGSUE, D., édit., *Homère en France après la Querelle, 1715-1900*, Paris, Champion, 1999.

MICHEL, A., « Baudelaire et l'Antiquité », *Dix études sur Baudelaire*, édit. M. Bercot et A. Guyaux, Paris, Champion, 1993, p. 185-199.

MOTTET, P., *La mètis de Giono. Présences de la mètis grecque, ou intelligence pratique, dans l'art romanesque de Jean Giono*, Aix-en-Provence, Presses de l'Université de Provence, 2004.

NAYLOR, L. H., *Chateaubriand and Virgil*, Baltimore, The Johns Hopkins Press, 1930.

NISARD, D., *Études de mœurs et de critique sur les poètes latins de la décadence*, Paris, Gosselin, 1834, 2 vol.

PAOLETTI, G., *Benjamin Constant et les Anciens : politique, religion, histoire*, Paris, Champion, 2006.

Paul-Louis Courier et la traduction : des littératures étrangères à l'étrangeté de la littérature, études recueillies et présentées par P. Petitier, Société des amis de Paul-Louis Courier, 1999.

PICARD-CAJEAN, P., édit., *Ingres et l'Antique : l'illusion grecque*, Arles, Actes Sud, 2006.

La Réception du latin du XIXᵉ siècle à nos jours, textes réunis par G. Cesbron et L. Richer, Presses de l'Université d'Angers, 1996.

RÉTAT, C., « *Sum qui sum*. Le Latin mystique de Remy de Gourmont », *La Pensée du paradoxe. Approches du romantisme*, édit. F. Bercegol et P. Philippot, édit., Paris, PUPS, 2006, p. 569-581.

ROBERT, R., *Premières leçons sur le mythe antique dans le théâtre contemporain*, Paris, PUF, « Bibliothèque Major », 1998.

SAMINADAYAR-PERRIN, C., *Modernités à l'antique : parcours vallésiens*, Paris, Champion, 1999.

Stendhal 1783-1842. Culture antique et médiévale, études rassemblées et présentées par G. de Wulf, *Les Lettres Romanes*, nᵒ hors-série, 1992.

TABET, E., « Les réminiscences virgiliennes dans le *Génie du christianisme* », *Bulletin de la Société Chateaubriand*, 2003, p. 123-132.

TABET, E., « Au tombeau de Virgile : pèlerinage virgilien et inspiration littéraire au début du XIXᵉ siècle », *Bien dire et bien aprandre*, 24, 2006, p. 171-185.

TABET, E., « De Virgile à Chateaubriand : réécritures et interprétations », *Contacts littéraires et naturalisation*, édit. S. Menant et S. Charles, PUPS, à paraître.

TUCKE, G. H., « Rimbaud latiniste : la formation d'un poète et d'un orateur », *Rimbaud : textes et contextes d'une révolution poétique, Parade sauvage*, Colloque nᵒ 4, Charleville-Mézières, septembre 2002, p. 5-28.

VIGNEST, R., *Victor Hugo et les poètes latins. Poésie et réécriture pendant l'exil*, Paris, Garnier, 2011.

INDEX

Les noms de personnes (auteurs et personnages) sont indiqués en petites capitales, les titres d'œuvres en italiques, les noms de lieux en caractères romains. Les renvois aux notes infrapaginales sont signalés par un « n » adjoint au numéro de page.

ADAM DE LA HALLE : 181
ALCIAT, André : 78, 82, 199
ALCUIN : 142
Alexandreis : 148
Alexandrie : 23-24, 26
Allemagne : 43, 44, 113, 141, 154, 196, 197, 204, 274, 301
Amadis de Gaula : 59
AMYOT, Jacques : 62, 64, 65, 67-69
Ancien Testament : 23, 54-55, 148, 151, 267
ANEAU, Barthélemy : 60, 66, 76, 77 n, 78, 81, 82, 86, 87
Angleterre : 47, 140, 142, 145, 146, 147, 157, 160 n, 170, 243, 252 n, 254
Annotations aux Vingt-quatre premiers livres des Pandectes : 199
Apophtegmes : 63
ARIOSTO, Ludovico (l'Arioste) : 85, 272
ARISTOPHANE : 183, 185, 188, 192
ARISTOTE : 14, 16, 86, 149, 193, 196, 216, 222-224, 226
Ars poetica : 34, 61, 77 n, 190
Art poétique françois : 74, 79, 80 n
Athènes : 15, 87, 110, 115-116, 122, 124, 242, 243, 245, 249, 250, 251

BACHET DE MÉZIRIAC, Claude-Gaspard : 67
Bâle : 62, 213, 226

BALZAC, Honoré de : 45
Banquet : 175 n, 176, 177, 178 n, 182, 183-185, 187-188, 190-191, 193, 194
BARTAS, Guillaume du : 216-217, 219-222, 224, 226, 229-230, 237
BARTHÉLÉMY, Jean-Jacques : 243
La Bataille de Pharsale : 15, 285-303
BATTEUX, Charles : 94
BAUDELAIRE, Charles : 285
BAUDOIN, Jean : 67
BELLAY, Joachim du : 76, 77, 80, 81, 89, 175, 189, 190 n
BENOÎT DE SAINTE-MAURE : 157, 161 n
BÉRARD, Victor : 181 n, 259, 262, 263-265, 280, 283
Bible : 9, 23 n, 26, 34, 35, 42, 43, 45, 50 n, 55 n, 56, 57, 59 n, 66, 143, 151, 179, 279
Bibliothèque française de tous ceux qui ont écrit ou traduit en français : 64
Blason du nombril : 182
BOAISTUAU, Pierre : 217, 218, 221-222, 225-226, 229, 238
BOCCACE : 89
BODIN, Jean : 62
BOUHOURS, Dominique : 69
BRANT, Sébastien : 63
BRUNI, Leonardo : 22, 60, 175 n, 176 n
Bucoliques : 80 n, 96-97, 100-106, 190

BUDÉ, Guillaume : 13, 187, 195, 197-205

Carthage : 88-89, 160, 161-166, 173 n
CASTELLION, Sébastien : 66
CELAN, Paul : 41, 54
CHANGY, Pierre de : 217
Chanson de Roland : 146, 270 n
CHATEAUBRIAND, François-René de : 239, 243, 249, 250 n, 256, 257 n
CHÉNIER, Marie-Joseph : 248
CHRÉTIEN DE TROYES : 145, 163
Chronique du Pseudo-Turpin : 143, 145 n
CICÉRON : 12, 21 n, 23, 28-32, 33 n, 34, 35, 37, 40, 76, 77, 79, 112, 118, 200, 215, 216, 242, 245
COLIN, Jacques : 65
Collège de France : 101, 195, 203
Commentaires de la langue grecque (Commentarii græcæ linguæ) : 201-203
Commentaire sur le Banquet de Platon : 175 n, 176, 178, 184, 185, 191
CORAIS, Adamantios : 242
Corinne ou l'Italie : 246, 252 n, 253-255, 256 n
Corpus Hermeticum : 27-28
CORROZET, Gilles : 74 n, 76 n, 82, 178 n
COURNAND, Antoine de : 97, 99
COUSIN, Victor : 242
Cratyle : 27-28, 60

Danemark : 139 n, 140, 150
DARÈS LE PHRYGIEN : 147, 153, 161, 167-168
De Asse et partibus eius libri quinque : 13, 200-201
Déclaration des droits de l'homme et du citoyen : 15, 245, 250, 252
Deffence et illustration de la langue françoyse : 76 n, 80 n, 175
De Finibus : 30, 31 n
De interpretatio linguarum : 62
De la traduction : 67
DELILLE, Jacques : 12, 93, 95-102, 104, 106

Délos : 117 n, 118, 131, 137
Delphine : 253-254
De optimo genere interpretandi : 29, 33 n, 34-35, 62
De recta interpretatione : 22
DES PÉRIERS, Bonaventure : 14, 176, 178-183, 185, 194
De Transitu hellenismi ad christianismum : 195, 203
Dicts des sept sages : 72 n, 82
DIDOT, Firmin : 101, 103, 242
DIODORE DE SICILE : 85, 88
Discours de la Queste d'Amytié : 178, 181-182
Divers traités de Lucien, Xénophon, Platon et Plutarque : 242
DOLET, Étienne : 60-61, 74, 79, 92, 175, 177 n, 202
DONNE, John : 46, 52
Dresde : 242
DU VERDIER, Antoine : 64

Ecclésiastique (Siracide) : 26, 48 n
ÉCHOUCHARD LE BRUN, Ponce-Denis (Lebrun-Pindare) : 97, 100
Églogues : 100, 101
Égypte : 23, 26, 27, 42
Énéide : 71, 76, 80, 81 n, 96 n, 102, 147, 157, 158, 160, 163, 165 n, 167, 168, 190, 272, 273, 279
Entretiens mémorables de Socrate : 242
ÉRASME : 43, 63, 68 n, 188, 195, 196, 199, 201, 213 n
Essais : 64, 67 n
ESTIENNE, Henry : 195, 203
Éthiopiques : 69
Europe : 14, 71, 139, 143, 144, 145, 150, 152, 153, 175, 196, 201, 203, 239, 243, 252, 254, 286
EUSÈBE DE CÉSARÉE : 36, 48 n, 49 n, 50, 68
EUSÈBE DE CRÉMONE : 33

FABRI, Pierre : 61

Faust : 39, 43-46, 54
FICIN, Marcile : 175-177, 178 n, 179-181, 183-187, 189 n, 190-192, 194, 196
FLAVIUS JOSÈPHE : 46-47, 48 n, 49 n, 50, 52, 151
Florence : 160, 175
FONTAINE, Charles : 71-92, 183
FOUGEROLLES, François de : 62, 66
France : 63, 71, 74, 93, 142, 146, 155, 175, 177, 178, 188, 195, 198, 204, 240, 241, 243, 248-251, 254
FREUD, Sigmund : 39

GAIL, Jean-Baptiste : 242
GAMON, Christophe de : 230
GAUTIER DE CHÂTILLON : 143, 148, 150 n, 153
Genèse : 45, 53, 189, 217, 279
GEOFFROY DE MONMOUTH : 142, 143, 147, 150 n
Géorgiques : 78 n, 93, 95-100, 102, 104, 106, 190
GESNER, Conrad : 86
GOETHE, Johann Wolfgang von : 39-40, 43, 45-46, 52, 274
GOULART, Simon : 67-68
Grèce : 72, 75, 87, 110-112, 117, 200, 243, 251, 261, 263, 280, 286, 290-291
Guerre des Juifs : 47, 151
GUYOT DESFONTAINES, Pierre-François : 93-94, 97 n, 101 n

Heimskringla : 139, 150
HÉLIODORE : 69
HERBERAY DES ESSARTS, Nicolas : 59
HERMOGÈNE : 60
HÉROËT, Antoine : 14, 177, 182-187, 192-194
Héroïdes : 71-73, 83-84, 86-88, 147
Histoire de la destruction de Troie (De excidio Troiae historia) : 147, 161 n
Histoire naturelle : 14, 119, 121, 213, 215-217, 222, 233
Historia Regum Britanniae : 142, 147

HÖLDERLIN, Friedrich : 267, 274-275, 277, 280-282
HOMÈRE : 15, 72 n, 94 n, 181, 189, 259-275
HORACE : 34, 61, 76-78, 94, 109, 111, 190
HUET, Pierre-Daniel : 63
HUMPHREY, Laurence : 62

Iliade : 61, 189
Islande : 139-149, 151-154
Italie : 39, 40, 60, 71, 77, 88, 117 n, 118, 121, 122, 154, 160, 162, 170, 175-176, 193, 195-201, 251, 254

JACCOTTET, Philippe : 15, 259-282
JAMBLIQUE : 27-28
JÉRÔME : 10, 21, 23, 31, 33-38, 40, 42,-43, 55
Jeu de Robin et Marion : 181
JÓNSSON, Bandr : 148-149

LA BRUYÈRE, Jean de : 69
LE FRANC DE POMPIGNAN, Jean-Jacques : 93, 97-100
LEIFSSON, Gunnlaugr : 142, 147
LEMAÎTRE DE SACY, Louis Isaac : 43
LE ROY, Louis : 14, 177, 187-194
Lettre d'Alexandre à Aristote : 149
Lettre d'Aristée à Philocrate : 24, 26
LÉVESQUE, Pierre-Charles : 242
Le vrai et grand art de pleine rhétorique : 61
Livret des Emblèmes : 78, 82
LUCAIN : 15, 151, 153, 190, 286, 291, 299, 300 n
LUCIEN DE SAMOSATE : 66, 67, 115, 242
LUCRÈCE : 190, 216
LUTHER : 43, 196
LYCOPHRON : 88
Lyon : 72, 86, 133, 176, 178, 181
Lysis : 176, 178-179, 180 n, 181-183, 194

MANETTI, Giannozzo : 60
Manière de bien traduire d'une langue en aultre (La) : 60, 74, 79

MANUCE, Alde : 175 n, 196
MAROT, Clément : 60, 71, 72, 73, 74 n, 75, 77, 81-82, 83 n, 85, 189, 202
MAZON, Paul : 260
Métamorphoses : 60 n, 66, 74 n, 76, 77, 81-82, 83 n, 87, 189, 190, 297
MONTAIGNE, Michel de : 54, 62, 64-65, 67, 297
MORE, Thomas : 201
MOREL, Claude : 62
MORO, Cristoforo : 160-161
Mystères d'Égypte (Les) : 27

Naples : 115, 123, 162
Narrenschiff : 63
Norvège : 13, 139, 140-150, 152-154
Nouveau Testament : 43, 54-56, 199, 201

Odyssée : 15, 78 n, 181, 190, 259-282
Œuvres morales et meslées : 62, 65, 67, 69 n
ORIGÈNE : 21
OVIDE : 60 n, 66 n, 71-77, 81, 88, 140, 147, 185, 189-190, 297
Oxford : 196, 201

Paris : 162, 177, 187, 188, 195-204, 242, 252, 286, 287
PAUL : 42, 45, 54, 56, 72 n
Pays-Bas : 197
PELETIER DU MANS, Jacques : 61, 63, 74, 75 n, 78
Peri arkhôn (De Principiis) : 21
PERROT D'ABLENCOURT, Nicolas : 66, 73 n
PÉTRONE : 57
PHILON D'ALEXANDRIE : 24, 26, 28
PIC DE LA MIRANDOLE, Jean : 189, 196
PINET, Antoine du : 213 n, 217-219, 222-223, 226-229, 234
PLATON : 14, 24, 27-28, 31, 32, 62, 68, 175-194, 199, 220, 242, 245
PLAUTE : 31, 32, 34
PLINE L'ANCIEN : 14, 111, 114, 115, 119, 121, 122, 200, 213-238

PLUTARQUE : 15, 62-65, 67-68, 69 n, 85, 86, 110-11, 195, 198, 242, 244, 249, 286, 289 n, 291, 299, 300 n
POLITIEN, Ange : 195, 198-200
POLITIEN, Maxime : 67
Pouzzoles : 123
PROUST, Marcel : 296, 298
Psaumes : 36, 60, 94-95

Quartien Latin : 13, 196, 201
QUENEAU, Raymond : 40
QUILLIAN, Michel : 231
QUINTILIEN : 37, 77, 121, 190 n

RACINE, Louis : 94-95
RAMUS, Petrus : 66
RASPERGER, Christoph : 54
REGIO, Raffaele : 77
RENAUD DE SEGRAIS, Jean : 93
Roland furieux : 85, 272
Roman d'Eneas : 13, 157-174
Roman de Thèbes : 161-163, 169-170, 171 n
Roman de Troie : 157, 161, 163
Rome : 13-15, 22, 23, 28, 48 n, 88, 109-125, 140, 146, 148, 151, 153-154, 198, 200, 201, 213 n, 242-243, 245-248, 251-254, 257
RONSARD, Pierre de : 71, 76, 280
Route des Flandres (La) : 293, 295, 297 n, 299
RUFIN D'AQUILÉE : 21, 33

Saga d'Alexandre (Alexanders saga) : 148-149, 151
Saga de Charlemagne (Karlamagnús saga) : 143, 145-146
Saga de Jarlmann et Herman (Jarlmanns saga ok Hermans) : 154
Sagas des Bretons (Breta sögur) : 146-147
Saga des Juifs (Gydinga saga) : 148-149, 151
Saga des Troyens (Trójumanna saga) : 146-147
SAINT-GELAIS, Octovien de : 71, 77, 80 n
SAINT-LAMBERT, Jean-François de : 93, 96 n

SALIAT, Pierre : 65
SALLUSTE : 148, 151, 153
SALUTATI, Coluccio : 60
SANADON, Noël-Étienne : 94
Satyricon : 57
SAUSSURE, Ferdinand de : 290
SAUVAGE, Denis : 66
SAXO GRAMMATICUS : 139, 150
Scandinavie : 13, 139-140, 142-144, 150, 151 n, 152-154
SCHILLER, Friedrich : 267, 275, 278
SÉBILLET, Thomas : 74, 76, 79, 80 n
SEGOND, Louis : 43
Semaine contre celle du sieur du Bartas : 230-231
Sepmaine ou Création du monde : 216-217, 237
Septante : 23-24, 36-37, 53, 56 n
SEYSSEL, Claude de : 65, 73 n, 85
SIMON, Claude : 15, 285-303
Sommaire des singularitez de Pline : 217
Sorbonne : 196, 197, 202
Sparte : 15, 87, 196, 198, 242-243, 245, 250
STACE : 161
STAËL, Madame de : 243, 246, 252 n, 253-256
STURLUSON, Snorri : 139, 144-145, 150
Suisse : 86, 202, 204
Sympose de Platon : 177, 187-193
Syracuse : 110-111, 118 n, 120

TÉRENCE : 31, 34, 37, 81 n
TERTULLIEN : 46, 55
Théâtre du monde (Le) : 217, 225, 238

THOMSON, James : 93
THUCYDIDE : 15, 65, 85, 242-243, 245
TISSOT, Pierre-François : 101-102, 106
TITE-LIVE : 110
Toulouse : 117 n, 124 n
Traité sur la Manière de bien traduire : 60
Trésor de la langue grecque (Thesaurus graeca lingua) : 203
Tristan et Yseut : 154
TYARD, Pontus de : 216, 219-224, 228-229, 236

Univers ou Discours des parties et de la nature du monde (L') : 216-217, 219

VALÈRE MAXIME : 12, 90 n
VALLA, Laurent : 198-199
Vie de Guillaume Budé : 187
Vie de Moïse : 24
Vies parallèles : 62, 110 n, 111 n, 289 n, 300 n
VIGENÈRE, Blaise de : 65, 69
VINCENT DE BEAUVAIS : 140, 143, 145, 151
VIRGILE : 12, 71, 73, 76-79, 88, 93-106, 140, 147, 153, 155, 157, 184, 190, 255, 260, 272-273
Voyage du jeune Anacharsis en Grèce : 243
Vulgate : 43, 53, 140, 151

WINCKELMANN, Johann Joachim : 113
Wittemberg : 196, 201

XÉNOPHON : 85, 242, 245

PRÉSENTATION DES AUTEURS

Cédric CHAUVIN, docteur en littératures française et comparée de l'université Toulouse II – Le Mirail est professeur agrégé à l'université Paul-Valéry – Montpellier 3 et membre du laboratoire RIRRA 21 (EA 4209). Il a traduit l'*Alexandra* de Lycophron (Paris, 2007) et publié plusieurs études sur la référence moderne puis contemporaine à l'épopée, dont l'ouvrage *Référence épique et modernité* (Paris, 2012).

Alexandra DARDENAY est maître de conférences en histoire de l'art antique à l'université Toulouse II – Le Mirail et membre du laboratoire TRACES (UMR 5608). Elle mène des recherches en histoire de l'art romain. Ses principaux travaux portent sur le décor, la peinture murale et l'iconographie. Elle a publié *Les Mythes fondateurs de Rome. Images et politique dans l'Occident romain* (Paris, 2010).

Pierre-Emmanuel DAUZAT est traducteur indépendant et auteur d'une dizaine d'ouvrages. Il poursuit actuellement une recherche sur les « contresens volontaires » dans l'histoire de la traduction. Il a récemment publié *Cioran et ses contemporains*, avec Yun Sun Limet (Paris, 2011).

Violaine GIACOMOTTO-CHARRA est maître de conférences en langue et littérature françaises de la Renaissance à l'université Michel-de-Montaigne – Bordeaux III, et membre du laboratoire TELEM (EA 4591). Elle travaille sur les formes de littérature savante à la Renaissance. Elle a publié récemment *La Forme des choses. Poésie et savoirs dans* La Sepmaine *de Du Bartas* (Toulouse, 2009).

Olivier GUERRIER est professeur de littérature de la Renaissance à l'université Toulouse II – Le Mirail, et membre du laboratoire PLH (EA 4601). Spécialiste de Montaigne, des rapports entre littérature et savoirs à la Renaissance, et de la réception européenne de Plutarque, il a dirigé et publié *Plutarque de l'Âge classique au XIXe siècle* (Grenoble, 2012).

Anne-Hélène KLINGER-DOLLÉ est maître de conférences en langue et littérature latines à l'université Toulouse II – Le-Mirail et membre du laboratoire PLH (EA 4601). Elle mène des recherches sur l'humanisme parisien de la première moitié du XVIe siècle. Elle prépare actuellement une traduction commentée du *De sensu* de Charles de Bovelles (1511).

Daniel LACROIX est professeur de littérature médiévale à l'université Toulouse II – Le Mirail et membre du laboratoire PLH (EA 4601). Il travaille sur les littératures de l'Europe médiévale et sur les échanges culturels au Moyen Âge en Europe occidentale. Il a participé au volume *La Mythologie de l'Antiquité à la modernité. Appropriation, adaptation, détournement* (Rennes, 2009).

Jean-Yves LAURICHESSE est professeur de littérature française à l'université Toulouse II – Le Mirail et directeur du laboratoire PLH (EA 4601). Spécialiste du roman des XXe et XXIe siècles (particulière-ment Giono, Simon, Millet), il a publié récemment l'ouvrage collectif *L'Ombre du souvenir. Littérature et réminiscence (du Moyen Âge au XXIe siècle)* (Paris, 2012).

Laure LÉVÊQUE est professeur de littérature française à l'université du Sud – Toulon – Var (USTV) et membre du laboratoire Babel (EA 2649). Elle travaille sur l'écriture de l'histoire dans le long XIXe siècle. Elle s'intéresse à la part des élaborations imaginaires et idéologiques dans la transmission et construction des référents culturels et a publié *Penser la nation. Mémoire et imaginaire en révolutions* (Paris, 2011).

Marine MOLINS est professeur agrégée de lettres modernes et membre du centre de recherches ALITHILA de l'université Lille 3. Elle travaille sur les traductions à la Renaissance (politique de commande, théories de la traduction, mise en page des traductions) et sur le rôle joué par le mécénat dans la traduction. Elle a publié *Charles Fontaine traducteur. Le poète et ses mécènes à la Renaissance* (Genève, 2011).

Francine MORA est professeur émérite de littérature médiévale de l'université de Versailles – Saint-Quentin-en-Yvelines, et membre du laboratoire ESR (EA 2449). Spécialiste de la réception de l'Antiquité au Moyen Âge, elle est l'auteur d'une synthèse sur le sujet, *Metre en romanz. Les romans d'antiquité du XIIe siècle et leur postérité (XIIIe-XIVe siècle)* (Paris, 2008).

Jean-Noël PASCAL est professeur de littérature française à l'université Toulouse II – Le Mirail et membre du laboratoire PLH (EA 4601). Il travaille sur les correspondances, le théâtre tragique, la poésie et les *minores* languedociens entre 1690 et 1830. Il est également président de la société des Amis des poètes Roucher et André Chénier. Il a publié *Lyres, harpes et cithares, les psaumes en vers français de 1690 à 1820* (Saint-Estève, 2011).

Bruno ROCHETTE est professeur de langue et littérature classiques à l'université de Liège. Il étudie divers aspects du bilinguisme gréco-latin : interprètes, *code-switching*, traduction du grec en latin et du latin en grec, politique linguistique dans l'Empire romain. Il a notamment contribué aux *Blackwell's Companion to Ancient Greek* (Oxford, 2010) et *Blackwell's Companion to the Latin Language* (Oxford, 2010).

Luigi SANCHI est chargé de recherche au CNRS au sein de l'IRHT Paris (UPR 841). Il mène des recherches sur l'histoire de la philologie classique, sur l'humanisme en France, en particulier sur Guillaume Budé. Il a récemment publié *Les* Commentaires de la langue grecque *de Guillaume Budé : l'œuvre, ses sources, sa préparation*, (Genève, 2006).

TABLE DES MATIÈRES

Corinne Bonnet et Florence Bouchet
Introduction 9

PREMIÈRE PARTIE

PENSER LA TRADUCTION

Bruno Rochette
« Traduire ou ne pas traduire ». Un dilemme bien connu
des auteurs grecs et latins 21

Pierre-Emmanuel Dauzat
L'ombre portée de la traduction. Des erreurs initiales,
de la Genèse à Goethe 39

Olivier Guerrier
Auteur – Traducteur – Public aux XVIe et XVIIe siècles.
Enjeux et mutations d'une relation triangulaire 59

Marine Molins
L'Antiquité comme source d'inspiration et matière à réflexion
chez les traducteurs de la Renaissance.
Les choix de Charles Fontaine 71

Jean-Noël Pascal
Naturaliser Virgile en vers français.
Le cas des *Bucoliques* et des *Géorgiques* (1770-1820) 93

DEUXIÈME PARTIE
L'ANTIQUE COMME ENJEU
DE TRANSFERTS CULTURELS

Alexandra DARDENAY
Rome, les Romains et l'art grec.
Translatio, interpretatio, imitatio, æmulatio... 109

Daniel W. LACROIX
La traduction des textes latins en prose norroise
au Moyen Âge 139

Francine MORA
Des *translations* différentes : les versions manuscrites
du *Roman d'Eneas*, du XIIᵉ au XIVᵉ siècle 157

Anne-Hélène KLINGER-DOLLÉ
Platon latin, Platon *françoys* : quelques traductions
de la Renaissance. Philosophie de l'amour
et « fictions poétiques » 175

Luigi-Alberto SANCHI
Guillaume Budé, de la *translatio studiorum* au *De Transitu* 195

TROISIÈME PARTIE

MODERNISER L'ANTIQUE :
INNOVER DANS LA TRADITION

Violaine GIACOMOTTO-CHARRA
La clémence de la terre.
Histoire d'un *topos* plinien à la Renaissance 213

Laure LÉVÊQUE
L'Antiquité au présent.
Lire et relire le politique, 1780-1850 239

Cédric CHAUVIN
Traduire Homère aujourd'hui.
L'*Odyssée* de Philippe Jaccottet 259

Jean-Yves LAURICHESSE
La guerre en latin.
Claude Simon et la bataille de Pharsale 285

Bibliographie générale 305

Index 319

Présentation des auteurs 325

Achevé d'imprimer par Corlet Numérique,
à Condé-sur-Noireau (Calvados), en juin 2013
N° d'impression : 98531 – Dépôt légal : juin 2013
Imprimé en France